普通高等教育船舶类规划教材

船体制图

（第三版）

杨永祥　李永正　王　珂　编

哈爾濱工程大學出版社

内容简介

本书内容共十章及八个附录，系统介绍了船体图样的表达内容、表达方法和表达特点以及与船体制图直接有关标准和规定，对识读和绘制船体型线图、总布置图、船体结构图、分段划分图的方法与步骤做了详细叙述。每章都配有一定数量的复习思考题及练习题，可帮助读者较快地熟悉、消化、掌握课程的基本内容。书末的附录，摘要介绍了与船体制图有关的常用标准和资料，供读者学习时参考。

本书可作为“船舶与海洋工程”专业本科学生教材。本书图文并茂，文字简洁，通俗易懂，便于自学，也可作为相关造船院校相应专业的教学参考用书，并可供从事船舶设计和船舶建造行业的有关人员参考。

图书在版编目(CIP)数据

船体制图/杨永祥，李永正，王珂编. —3 版. —哈尔滨：哈尔滨工程大学出版社，2017.8(2025.6 重印)

ISBN 978－7－5661－1629－1

Ⅰ. ①船… Ⅱ. ①杨… ②李… ③王… Ⅲ. ①船体－工程制图－高等学校－教材 Ⅳ. ①U662.2

中国版本图书馆 CIP 数据核字(2017)第 202749 号

选题策划 史大伟
责任编辑 薛　力
封面设计 刘长友

出版发行 哈尔滨工程大学出版社
社　　址 哈尔滨市南岗区南通大街 145 号
邮政编码 150001
发行电话 0451－82519328
传　　真 0451－82519699
经　　销 新华书店
印　　刷 哈尔滨市海德利商务印刷有限公司
开　　本 787 mm×1 092 mm　1/16
印　　张 16
插　　页 4
字　　数 457 千字
版　　次 2017 年 8 月第 3 版
印　　次 2025 年 6 月第 6 次印刷
定　　价 39.00 元

http://www.hrbeupress.com
E-mail:heupress@hrbeu.edu.cn

前　言

《船体制图》教材是1995年由江苏科技大学杨永祥等人编写，在哈尔滨工程大学出版社出版的普通高等教育船舶类规划教材，于2013年由江苏科技大学王庆丰等人修订第二次出版，本次由杨永祥、李永正、王珂再次修订第三次出版。此次编写全部采用现行的有关船体制图的各项新标准、新规定，以及总结我们多年从事"船体结构"与"船体制图"课程教学实践中碰到的一些问题，对全书的内容做了必要的充实和调整，更换了部分的插图，增加了部分章节的习题与思考题的内容，更加便于读者学习、消化和领会教材的内容。此次修订在附录中增加了"专用图样分类书"，按新的标准更换了附录"船体结构流水孔、透气孔、通焊孔"，修改了附录"船体常用钢板、型钢的尺寸和质量"的内容，使教材的主体内容更具系统性、适用性和时代性。教材中采用的插图、图例多为中小型船舶，使教材更具有广泛的适用性。

本书是为船舶与海洋工程专业学生编写的专业基础课教材。通过对本书的学习，学生能系统地了解船体图样的种类、各图样中所表达的主要内容，掌握船体图样的表达方式、绘制船体图样的技巧和识读船体图样的方法，并熟悉与船体制图有关的国家和行业标准及规定。本教材配有大量的图形和习题，内容叙述通俗易懂，便于读者自学。

编写过程中，我们充分听取了有关方面的意见和建议，得到了众多老师和同行专家们的指点、帮助，在此一并表示衷心的感谢。本教材的第一章至第二章和附录由杨永祥编写，第三章至第五章由王珂编写，第六章至第十章由李永正编写，全书由杨永祥统稿。

由于编者的学识水平和实践经验的局限，书中疏漏、错误和取舍不当之处在所难免，恳请广大读者给于批评和指正。

编　者

2016年10月于江苏科技大学

目　录

绪　论

船体图样是造船工程界用以表达设计思想、进行技术交流和指导造船生产的技术文件，属于工程图样范畴，绘制船图所依据的基本原理和采用的基本方法与其他工程图样基本一致。但是船舶相对一般工程产品而言，其尺度大、外形复杂，安装的机械、设备繁多，金属船体又是由钢板和各种型材所组成的薄壳结构，因此，船体图样的表达方法有其自身的特点。船体制图课程即是研究如何用图样来表达船体形状、结构和布置等的一门课程。

我国造船历史悠久，古代的造船技术远远领先于世界各国。我国也是世界上最早按船体图样造船的国家。有史书记载，早在宋代，我国的造船工匠就根据船舶的性能和用途的不同要求，先制造出船的模型，并进而画出船图，再进行施工。而欧洲到16世纪才出现简单的船图，我国要较其早三四百年。

由于船舶相对于一般机械有其自己的特点，故船体图样较其他工程图样又有所不同，图形复杂、种类繁多，要求较高，现将船体图样的特点和种类简要介绍如下：

一、船体图样的特点

1. 船体构件、船舶设备投影的简化处理

船体外形尺度较大，而船体构件和船舶设备的尺度相对较小。为了便于现场使用，图纸幅面不宜过大，因此船体图样采用的比例一般较小，于是船体构件和船舶设备在图样中的图形就较小。再则，船体构件和船舶设备的数量多，因而造成结构图、总布置图和其他设备布置图的图面繁复，不易识读，绘制不方便。为此船体制图标准规定，船体结构图中可用不同的图线表示各种构件的投影；总布置图和其他设备布置图中可用形象化的图形符号表示各种设备的投影，以简化图面。

2. 尺寸标注的特点

船体图样如果采用通常的尺寸标注方法标注船体曲面、构件以及设备的定型尺寸和定位尺寸，则尺寸标注工作就会十分繁复。为了清晰而简单地标注尺寸，船体图样中表示船舶总体尺寸的船体主尺度一般列表说明；凡涉及船体形状的尺寸，除在型线图中标注外，其他图样一般不加标注；型线图中，船体曲面的定型尺寸和定位尺寸主要以型值表的方式表达；在结构图中，船体构件的定型尺寸采用集中标注的形式，定位尺寸以“金属船体构件理论线”为度量的依据；总布置图中，各种设备的定型尺寸和定位尺寸一般不加标注，尺寸的粗略值可用比例尺在图样中直接量取。

3. 图样的画法

（1）基本要求

船体图样采取正投影法绘制，并优先采用第一角画法。图面布置应合理、整齐。绘制图样的图线按《金属船体制图》标准的规定。图面上，船尾在左，船首在右。

（2）视图

视图分基本视图和向视图。

船体与结构向基本投影面投影所得的图形为基本视图，是表示图样基本组成的视图，一般有艏视图、侧面图、平面图和艉视图等。

向视图是船体结构向某一方向投影所得的图形,用视向符号与大写拉丁字母表示其投影方向和视图名称。

(3)剖视图

剖视图根据剖切的情况分为全剖视图、半剖视图和局部剖视图:

①全剖视图

全剖视图是用剖切面完全剖开船体结构所得的剖视图,在基本结构图的舱底平面图中可以见到。

②半剖视图

半剖视图结构具有对称平面时,可以对称中心线附近为界,一部分用剖视图表示,另一部分用其他视图表示。如基本结构图中的双层底平面图。

③局部剖视图

局部剖视图即用局部剖视的方法来绘制的局部剖视结构。可在需要表示局部结构时使用。

剖视图的界线一般用折断线或波浪线表示,但折断线或波浪线不应与其他图线重合。

(4)剖面图

剖面图分为肋位剖面图、一般剖面图和分剖面图。

船图中的剖面图所表达的内容与机械图样不同,机械图样中的剖面图主要是表示零、部件的断面形状,而在船图中,剖面图除表达所剖构件的形状外,更主要的用来表示欲表达构件与其相连构件间的连接方式。如肋位剖面图用以表示肋位处的结构形式、连接方式;一般剖面图即除肋位剖面图外的所有其他位置的剖面图,它多用于表示纵向构件的结构形式和连接方式;分剖面图即在剖面图上再剖切所得的图形,标注图名时应注出原图名及分剖面图的序号,如在一般剖面图 A—A 剖面图中剖切的第一个分剖面图,即为 A—1。

(5)局部放大图

若视图中有表达不清楚的局部结构,可采用大于原图形绘制比例的比例,在原图形的附近绘制局部放大图。

(6)重叠画法

在有些结构图样中,把不在某一剖面表达范围内的构件,表示在该剖面的相应位置上,并规定这些构件的可见轮廓用细双点画线表示,这种方法称为重叠画法。

二、船体图样的分类、表达内容及送审图纸

1. 船体图样的分类及其表达内容

船体图样主要分以下几类。

(1)总体图样

总体图样是表示船舶形状和总体布置情况的图样。主要包括:

①型线图　表示船体形状的图样。

②总布置图　表示船体外形、上层建筑形式、舱室划分、门窗、通道以及机械设备等布置情况的图样。

(2)船体结构图样

船体结构图样主要是表示船体结构的组成、构件的结构形式和尺寸、构件间的连接方

式、构件数量、质量、所用材料等内容的图样。主要有：

①中横剖面图

表示船体中纵、横向构件的尺寸大小、结构形式及其纵向构件的布置情况和横向构件相互连接方式的图样。

②基本结构图

表示船体中纵、横向构件的尺寸大小、结构形式及其横向构件的布置情况和纵向构件相互连接方式的图样。

③肋骨型线图

表示全船肋骨剖面形状、外板纵、横接缝位置以及与外板相连的纵向构件位置的图样。

④外板展开图

表示船体外板在横向展开后的形状、外板厚度的分布、纵横接缝的排列、外板上开口的大小和位置以及外板的接缝与外板直接相连的纵、横向构件相对位置的图样。

⑤分段结构图

表示船体各分段中构件的形状、大小、数量、质量、材料、连接方式和工艺要求的图样。

⑥基座结构图

表示主辅机的底座结构情况及其构件形状和大小的图样。

(3)船体舾装图样

船体舾装图样是表示船体舾装件的布置及其结构的图样。主要有两类：

①舾装布置图

表示舾装设备布置情况的图样。通常有锚设备布置图，系泊和拖带布置图，舵设备布置图，起货设备布置图，救生设备布置图，金属门、窗、盖布置图，栏杆、扶梯、通道布置图，甲板备品搁架布置示意图等。

②舾装结构图

表示舾装件的结构形状和大小的图样。通常有舵结构图，桅结构图，烟囱结构图，各种舱口盖、箱柜、床架、门、窗结构图等。

(4)船体工艺图样

船体工艺图样是表示船体建造方法、装配顺序和工艺设备的图样，它是为了指导船体建造以及保证船体施工质量所绘制的图样。这类图样内容繁多，各造船厂绘制的习惯和数量也不尽一致，通常有：

①分段划分图

表示船体分段划分情况和分段数量的图样。

②构件理论线图

表示船体构件安装位置情况的图样。

③胎架结构图

表示船体胎架的结构及其构件大小的图样。

④分段装焊程序图

表示分段装配和焊接程序的图样。

⑤全船余量与补偿布置图

表示全船分段余量与补偿的布置和大小以及余量切割时机的图样。

⑥船台墩木布置图

表示船台上墩木在船底布置情况的图样。

2. 船舶各设计阶段所出的图纸

我国传统的船舶设计方法一般分为方案设计、技术设计和施工设计三个阶段,但我国现时的船舶设计分为合同设计、详细设计、生产设计三个阶段。众所周知,各种工程及建筑物的设计不仅要关注其性能和经济效益,更要关注其对人员生命安全的影响。船体图样作为表达技术人员的设计思想、指导施工生产、检验和使用的技术文件,从方案设计开始到船舶报废止,都要受到海事部门和船舶检验机构的法定检验。因此,在不同的设计阶段,对船体图样有不同的要求。

(1)方案(合同)设计及图纸

船舶方案设计,实际上是船舶设计的意向性设计阶段。这一阶段,一般是,设计部门根据船东提出的设计船舶的相关要求,而进行的初步设计,绘制的图样是合同双方进行沟通、交流和讨论的基本文件。这一阶段主要是设绘船舶总布置图。

(2)详细(送审)设计及送审图纸

详细设计是船舶设计的主要阶段,在传统的设计阶段中称之为技术设计,是船舶设计工作的核心和关键技术实施的重要阶段,对船舶建造工作的顺利进行和船舶设计的成功与否影响极大。因此,这一阶段的设计图纸必须提交船舶检验部门的审核、检验,故习惯上也称之为送审设计。

按照中华人民共和国海事局《船舶与海上设施法定检验规则》的要求,在船舶技术设计完成后,开工建造前,需要送交相关审图部门审查的船体部分的主要图纸有:(以一艘中型干货船为例,如审图部门认为必要,可要求增加送审图纸资料的范围)

①总布置图;

②中横剖面图;

③基本结构图,包括纵剖面图、各层甲板、内底结构、上层建筑和甲板室结构图;

④艏柱结构图;

⑤艉柱结构图;

⑥外板展开图;

⑦油密和水密舱壁图;

⑧机舱结构图;

⑨主机座和推力轴承座结构图;

⑩艉轴架结构图;

⑪货舱口围板结构图;

⑫货舱舱口盖结构图及其强度计算书;

⑬锚及系泊设备布置图,包括舾装数计算书;

⑭舵、舵杆和舵柄结构图及其强度计算书;

⑮桅杆、起重柱、起重机基座及其支撑结构图以及其强度计算书;

⑯总纵强度计算书(适用时);

⑰螺旋桨图及其强度计算书;

⑱冰区加强结构图;

⑲防腐蚀控制设计图;

⑳供备查的图纸:

a. 型线图;

b. 静水力曲线图;

c. 舱容图。

(3)生产(施工)设计图纸

所谓造船生产设计,是在详细设计的基础上,按照现代造船模式的要求,结合工厂的生产条件和技术水平,以总体建造方针为指导,以中间产品和施工区域为中心,绘制工作图、管理图表及提供其他相关信息,用以指导和组织生产的设计过程。生产设计不同于传统的施工设计,传统的施工设计仅完成施工图纸的设绘,即设计绘制分段结构图,不表示出该分段结构及其零部件的制造安装顺序、施工方法与工艺要领等,不提供相关的管理图表,更没有表示出船舶建造中涉及安全的要求与解决的措施。为此,上述工作还需要造船厂的施工部门在此后的工艺准备阶段来完成,延长了准备工作的周期,降低了工作效率。而生产设计提供的工作图和管理表中,将设计、工艺、管理三者结合为一体,把为解决"如何造船"和"如何更好地造船"所需的有关工艺指令、管理数据和生产信息全面反映其中。

工作图是根据详细设计阶段绘制的船体结构图,以及各种舾装图纸,包括综合布置图,并按船厂生产管理体系、生产技术手段、工艺流程、施工要领与建造精度所设绘的指导具体施工的图纸。船体生产设计主要工作图表有:部件图及零件表、分段图及零件表以及船台工作图、钢材切割图等。此外,还有分段质量重心计算、脚手架作业图、吊环布置等。

管理表是指设绘生产设计工作图过程中所提供的关于工艺流程、材料、设备、半成品的配套、成本控制、工时、物量负荷的平衡和生产日程计划控制等方面工作所需的图表。

(4)竣工设计图

竣工设计图即是根据船舶建造完工后的实际情况所绘制的图样。因为在船舶建造过程中,有些设备的变更、材料的替代以及工艺施工过程中的调整等原因,对原设计的图样必然会有一些变动。故船舶检验部门要求,需要将依据变动后船舶实际建造情况的设绘图样,提交相关部门和船东。

船体图样是用来指导施工生产和进行技术交流的语言,生产单位要根据图样进行施工,检验部门要根据图样进行检验,用船人员同样要根据图样进行使用,对于从事造船工作的人员来说,要熟悉这个"语言",首先应熟悉与船体制图相关的标准,并了解船体图样的组成、表达内容和表达方法,掌握船体图样的识读及绘图的技巧。

"船体制图"是船舶与海洋工程专业的一门专业基础课,专业先修课,其教学目的就是要求掌握船体图样的特点、表达方法、规定的画法以及读图方法。学习过程中除要熟悉大量的专业名词、术语以及船体制图的基本理论外,还要通过一系列的绘图和读图训练,以提高绘图和读图能力,熟悉与船体制图有关的国家标准和行业标准。

第一章　船体制图的有关规定

船体图样是船舶建造中的重要技术文件,为了便于船舶设计、造船生产和进行广泛的技术交流,船体图样的表达方法、尺寸注法、图线以及船图中所采用的符号,在有关标准中做了统一规定。

近年来,随着我国改革开放,与国外的合作日益增多,船舶出口数量不断增加,以往制定的一些标准不能适合国际技术合作和技术交流的需要。为此,国家有关部门制定和颁布了一系列新标准,其中有国家标准局批准的国家标准(以 GB 表示)、全国船舶标准化技术委员会和原中国船舶工业总公司批准的行业标准(分别以 CB* 和 CB 表示)、各工厂企业批准的企业标准。国家标准和行业标准又分为强制性标准(代号分别为“GB”,“CB*”和“CB”)和推荐性标准(代号分别为“GB/T”,“CB*/T”和“CB/T”)。强制性标准必须执行,推荐性标准国家鼓励企业自愿采用。标准适用范围不同,统属技术法规,它有利于缩短船舶设计和建造的总周期,每个从事造船工业的人员都必须树立标准化概念,并严格遵守,认真执行。

标准的编号由标准代号、标准发布的顺序和标准发布的年号构成。与船体制图有关的标准很多,现列几个绘制船体图样时常用的标准名称如下:

GB/T4476—2008　金属船体制图;

CB1295—1995　舰艇船体制图;

CB/T3243—1995　船舶产品图样和技术文件管理;

CB/T253—1999　金属船体构件理论线;

CB/T13—2007　船舶产品通用图样和技术文件编号;

CB/T14 -2011　船舶产品专用图样和技术文件编号;

CB*3182—83　船体结构相贯切口与补板;

CB*3183—83　船体结构型材端部形状;

CB*3184—83　船体结构流水孔、透气孔、通焊孔;

GB/T324—2008　焊缝符号表示法;

CB/T860—1995　船舶焊缝符号;

GB/T3894—2008/ISO1964:1987　造船船舶布置图中元件表示法。

本章及以后相关章节中将择要介绍这些标准的主要内容,作为绘图和读图的参考依据。

第一节　图纸幅面和图样比例

《金属船体制图》标准 GB/T4476—2008 的第一部分“一般规定”中，对船体图样应采用的图纸幅面和绘图所选用的比例作了明确规定。

一、图纸幅面

1. 基本幅面

绘制船体图样时使用的五种标准图纸的基本幅面见表 1－1。绘制船体图样时，应按实际需要选用。

表 1－1　基本幅面

幅面代号	A_0	A_1	A_2	A_3	A_4
B/mm × L/mm	841 × 1189	594 × 841	420 × 594	297 × 420	210 × 297
图纸面积/m^2	1.00	0.50	0.25	0.12	0.06
c/mm	10			5	
a/mm	25				

2. 幅面的延伸

绘制图样时，应优先采用基本幅面，如基本幅面不能满足需要，必要时可加长基本幅面的尺寸，其加长量按所选基本幅面短边尺寸的整数倍沿短边增加，如图 1－1 所示。所有的图幅宽度加长后的尺寸不应超过 A_0 幅面的宽度。

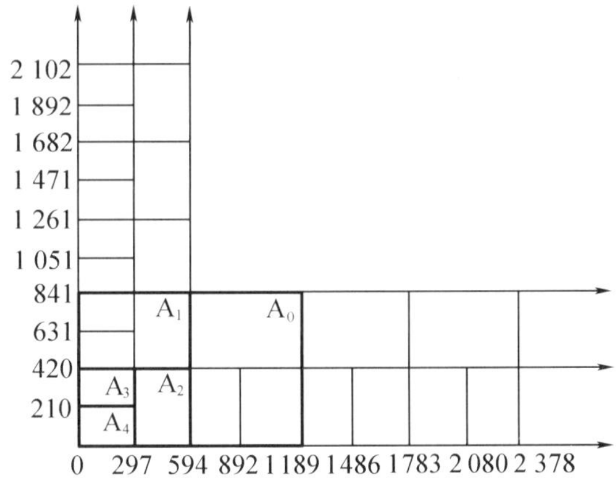

图 1－1　图纸幅面加长的规定

3. 图纸边框格式

图纸边框格式，如图 1－2 所示，边框线用粗实线绘制，a，c 尺寸见表 1－1 的规定。图样的右下角应有标题栏，左上角一般应有反向图号栏，其尺寸、格式，如图 1－3 所示。

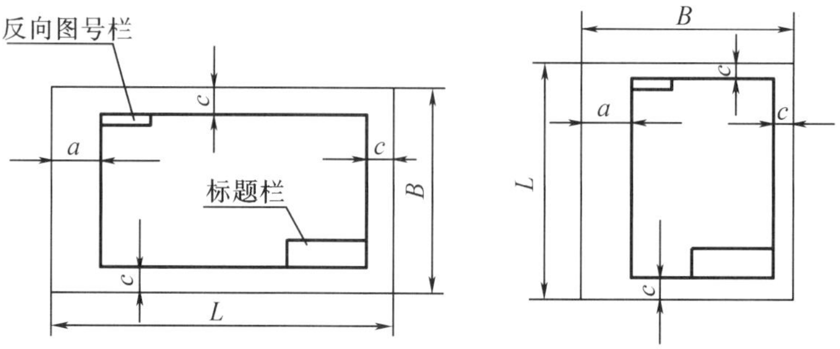

图 1－2　图纸边框格式

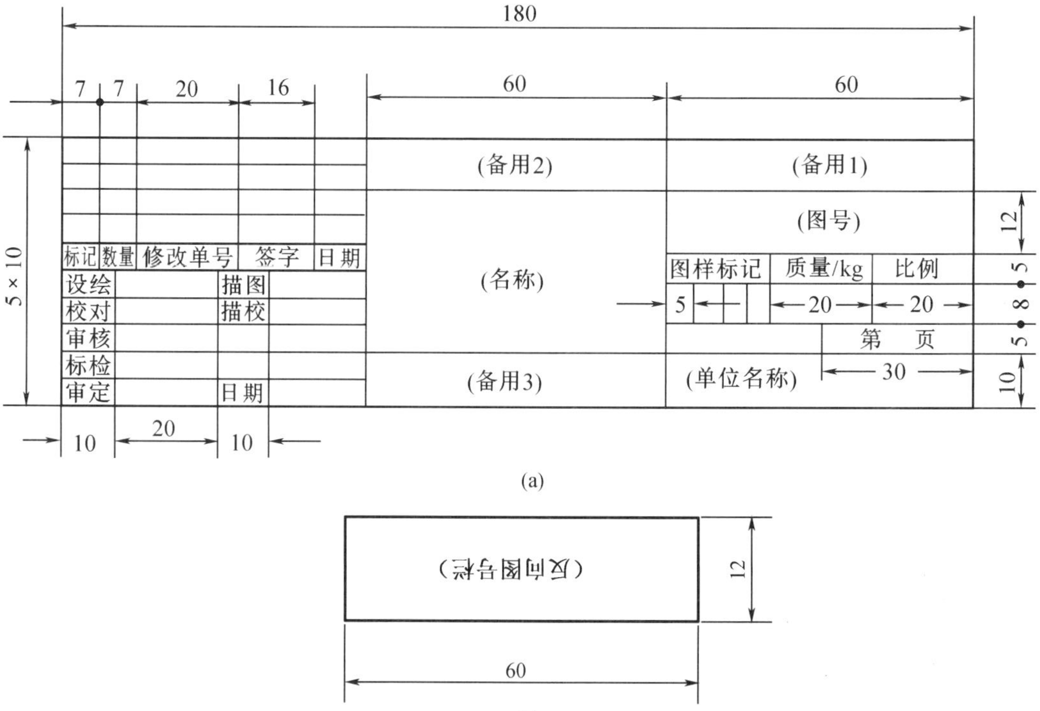

图 1－3　标题栏及反向图号栏

(a)图样标题栏杆；(b)反向图号栏

二、图样比例

1. 船体图样的比例

绘制船体图样时，应采用表 1－2 中规定的比例。

表 1－2　图样的比例

比例种类	采用的比例
原值比例	1:1
缩小比例	1:2　1:2.5　1:5
	1:10　1:20　1:25　1:30　1:40　1:50　1:75
	1:100　1:150　1:200　1:250
放大比例	2:1　2.5:1　5:1　10:1　50:1　100:1

2. 比例的标注

每张图样都必须注明绘图时所采用的比例，同一图样中，各图形采用的比例相同时，则将比例标注在标题栏内；各图形的比例不一致时，则将主要视图的比例标注在标题栏内，书写的方式如 1:50，1:100 等，其他图形的比例应标注在各图形名称线的下方，如图 1－4 所示。

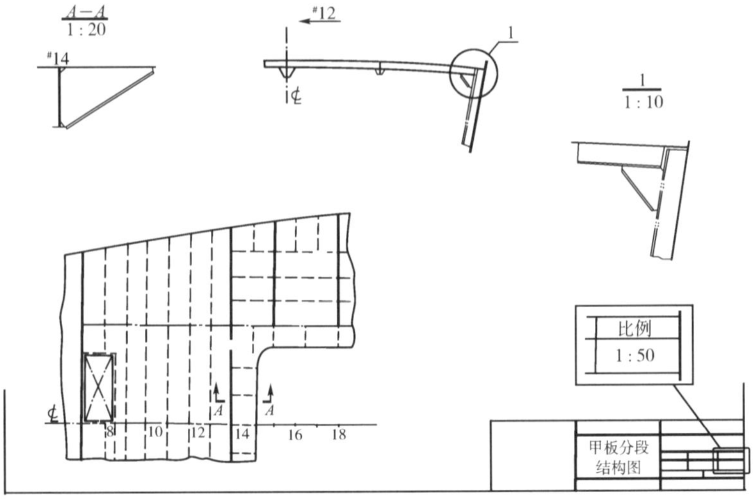

图 1－4　比例的标注

3. 书写方法

《金属船体制图》标准对文字的书写作了规定，现将有关主要内容介绍如下：

(1) 文字书写的要求

在所有的图样和技术文件中，书写汉字、数字和字母时，都必须做到：字体端正、笔画清楚、排列整齐、间隔均匀。汉字应写成长仿宋体，并应采用中华人民共和国国务院正式公布推行的《汉字简化方案》中规定的简化字。字体的高度，即号数，一般采用 10 mm，7 mm，5 mm，3.5 mm，3 mm，2.5 mm，1.8 mm 七种。根据图纸幅面、内容和书写位置等情况选用。用作指数、脚注等的数字或字母，一般采用小一号字体。

(2) 文字说明编号的规定

船体制图的技术文件按其内容可分成若干章、条进行叙述，章、条的编号采用阿拉伯数字加下脚点制，下脚点为圆点，加在阿拉伯数字的右下角。编号方法可参见下列的编号示例来进行：

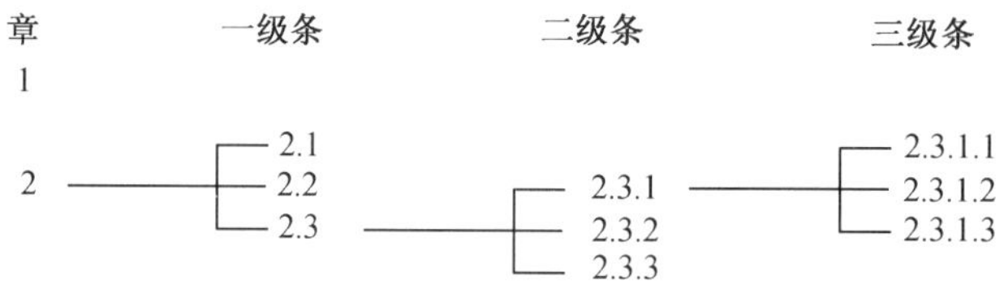

(3)计量单位的书写

计量单位应采用中华人民共和国法定计量单位,并用规定的符号表示。

图样中的尺寸,以 mm(毫米)为单位时,不需标注其计量单位的符号,如采用其他单位时,则必须注明。在文字叙述中列出同一计量单位的一系列数值时,可仅在最末一个数字后面列出计量单位符号,如:3.0 cm,5.0 cm,7.6 cm,10.0 cm,12.5 cm。

(4)数值的写法

①表示非物理量的数,数字一至九用汉字“一”“二”“三”……表示,大于九的数字一般采用阿拉伯数字表示。表示物理量的数值,应使用阿拉伯数值,后面写上法定计量单位符号。如:用五根 5 m 长的管子做试验后,再选 15 根管子做三次试验。

②图样和技术文件中的数值一般采用阿拉伯数字,尽量避免使用分数,而宜采用小数。小于 1 的数字写成小数形式时,应在小数点前面加零。如:0.001。采用分数或百分数时,不得将数字与汉字混杂使用。例如四分之三应写成 3/4,不得写成 4 分之 3;百分之三十五应写 35%,不得写成百分之 35。

③数值的有效位数应全部写出。标明量的数值,应能反映出所需的精确度。表格中的数值,书写时应注意上、下行的小数点对正。表格中的某些栏没有数值时应以短横线表示。如船体主尺度的标注(一般以列表的形式标注):

主 要 尺 度

总　　长	58.85 m
垂线间长	56.00 m
型　　宽	9.60 m
型　　深	5.60 m
设计吃水	3.60 m

第二节　图样和技术文件编号的规定

所谓技术文件,即为产品科研、设计、生产、验收和使用而编制的计算、使用说明、订货、试验和维修保养等技术资料。

在图样和技术文件的管理工作中,为了便于查阅和归档,需要对图样和技术文件进行分类编号。图样和技术文件的编号分别称为图号和文件号。

本节择要介绍 CB/T14—2011《船舶产品专用图样和技术文件编号》中规定的专用图样和技术文件的编号方法。通用图样和技术文件的编号方法可参阅 CB/T13—2007 中的规定。

一、专用图样编号的组成

图样编号由下列三部分组成。

1. 产品代号

产品代号通常由单位代号、船舶分类号及船舶序号三者组成，或用上级机关授予的其他代号。单位代号代表了产品的设计单位名称，由主管部门授予；船舶分类是各种不同类型船舶的代号，由标准规定，见表1-3。船舶序号表示该类产品的顺序号，由设计单位自行编定。

表1-3　船舶分类号

分类号	船舶类别	示例
1	战斗舰艇	驱逐舰、护卫舰等
2	辅助舰船	登陆舰、侦察船、布雷舰(船)、捞雷船、供应船、补给舰、消磁船、靶船、训练舰等
3	海洋开发用船	海上钻井装置、钻井驳船、钻井辅助船、铺管船、浮油回收船、采油用平台、海底采矿船、海水提铀船、海上浮式生产储油(气)船(FPSO)、近海供应船等
4	客船、客货船、货船、游艇	客船、客货船、旅游船、杂货船、散装货船、矿砂船、运木船、冷藏运输船、集装箱船、滚装船、载驳货船、补给船、自航货驳、交通船、气垫船、水翼艇等
5	油船、液货船、化学品船	成品油船、原油船、食用油船、沥青船、液化船、矿油船、散化船等
6	拖船、港作船、渡船、推船	港作拖船、海洋拖船、打捞救助拖船、工程拖船、三用拖船、顶推船、带缆船、引航船、海关船、消防船、污水回收船、汽车渡船、火车渡船、水面清扫船等
7	驳船、趸船、舟桥	干货驳、液货驳、甲板驳、船载驳、趸船、浮桥舟、铁路舟桥、分节驳、冷藏驳、泥驳、起重驳等
8	渔业船、农用船	渔业指导船、渔业监督船、渔业救助船、渔业调查船、渔业实习船、渔业冷藏运输船、拖网渔船、围网渔船、刺网渔船、钓渔船、捕鲸船、捕虾船、水产品采集船、渔业基地船、渔业加工船、渔业补给船、综合作业渔船、排灌船、水泥农用船等
9	特种船舶	挖泥船、航标船、布缆船、测量船、破冰船、海洋打捞船、电站船等
0	其他	以上均未涉及的船舶类别

2. 专用分类号

专用分类号表明产品的设计阶段、图样的类别和性质。图样及技术文件编号中的专用分类号,可用三位数表示,也可采用两位数表示,但在同一产品中,不允许有两位数和三位数专用分类号混用。

3. 分类中的图样序号

分类中的图样序号表示该类图样的顺序号,一般为三位数,也允许用两位数或一位数。

以上三部分以短横线隔开,一般结构形式如下:

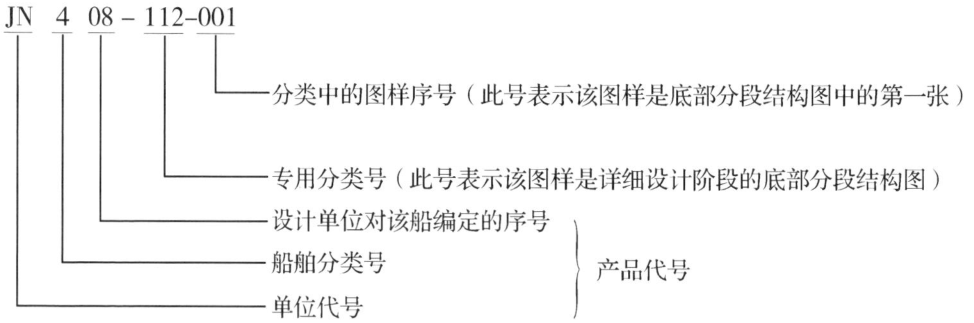

二、技术文件编号的组成

技术文件的编号方法与图样的编号方法相同,需加尾注时按表1-4规定。尾注说明文件的类别,例如JN408-208-002,表示详细设计阶段船舶设备和舱面属具的第二号设备订货明细表,例如JN408-100-001TM,表示总体、船体详细设计阶段的图样目录。

表1-4　尾注代号

文件名称	尾注代号	含义	文件名称	尾注代号	含义
计算书	JS	计算	技术规格书	JG	技规
技术条件	JT	技条	技术规格表	GB	技表
说明书	SM	说明	试验文件	SY	试验
图样(技术文件目录)	TM	图目	试验大纲	SG	试纲
总结	ZJ	总结	研制任务书	YR	研任
履历簿(表)	LL	履历	报告	BG	报告
明细表	MX	明细	标准化大纲	BD	标大
汇总表	HZ	汇总	标准化审查报告	BS	标审
证明书	CM	证明	可靠性大纲	KG	可纲
工艺文件	GY	工艺	经济成本核算	HS	核算
评审报告	PS	评审	清单	QD	清单
技术任务书	JR	技任			

三、其他规定

(1)多方案设计的产品,可在产品代号后加注 $F_1,F_2,F_3\cdots$ 以表示方案顺序,例如 JN406F3－000－001,表示第三设计方案。

(2)产品改型设计的图样和技术文件编号除按规定外,应在产品代号后加注Ⅰ,Ⅱ,Ⅲ…以示区别,例如 JN408Ⅱ－112－001,表示 JN408 产品Ⅱ型图样。

(3)船舶产品定型图样的技术文件编号除按规定外,可在产品代号后加注字母“D”表示,例如 JN408D－112－001,表示 JN408 产品定型图样。

(4)产品改装设计的图样及技术文件,其产品代号除按规定外,可在产品代号后加注 $G_1,G_2,G_3\cdots$ 以示区别。如 JN408G_2－521－001,则表示 JN408 产品第二次改装设计。

(5)产品制造过程中,如对外来图样及技术文件进行补充或局部修改,可在编号的产品代号后,加注该单位代号以示区别。如 JN408DL－521－001,则表示 DL 单位对 JN 单位图样的补充或局部修改的图样。

(6)图样有较大修改,须再版时,可新编图号或在原图号后加注 $A,B,C\cdots$ 以示区别。如 JN408－521－001A,即表示 JN408 产品第 1 次修改的图样。

第三节　船体图样中的图形符号

《金属船体制图》标准 GB/T4476.2—2008 中,对船体图样中常用的图形符号作了规定,见表 1－5。

表 1－5　金属船体制图图形符号

序号	名称	符号	示例
1	吃水符号		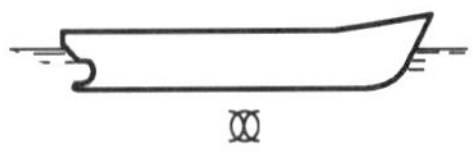
2	船中符号		
3	轴系剖面符号		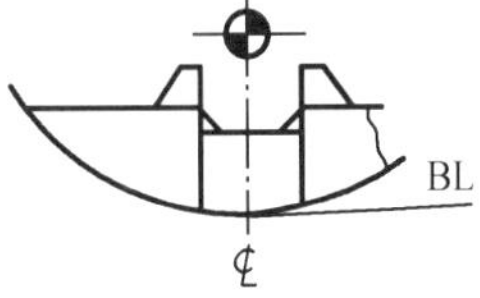

表 1 – 5(续 1)

序号	名称	符号	示例
4	端接缝和边接缝符号 一般接缝		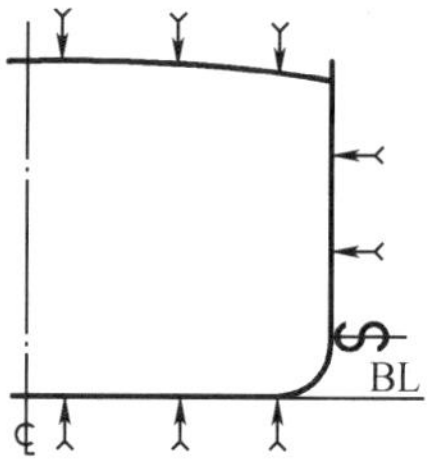
	端接缝和边接缝符号 分段接缝		
5	连续符号		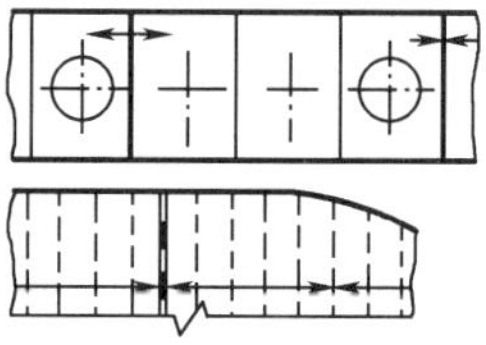
6	间断符号		
7	视向符号	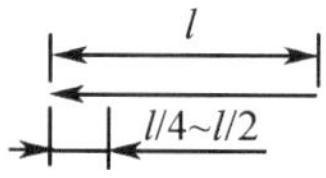	
8	肋位符号	FR 或FR 或#	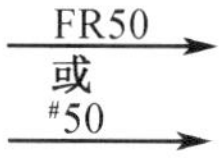
9	小开口剖面符号	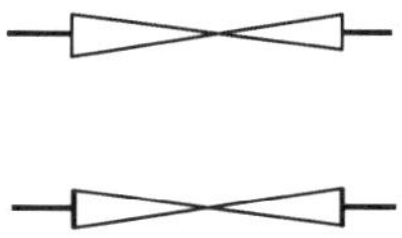	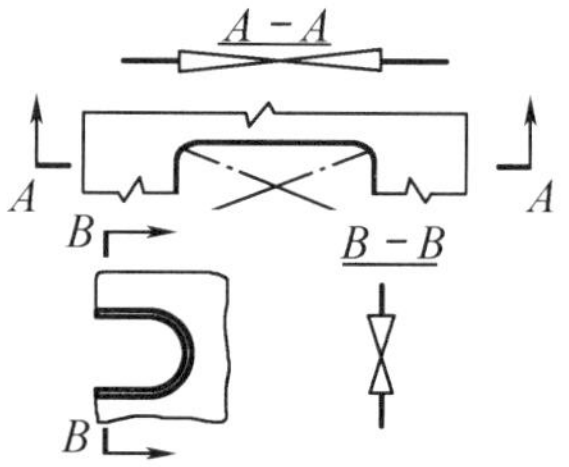
		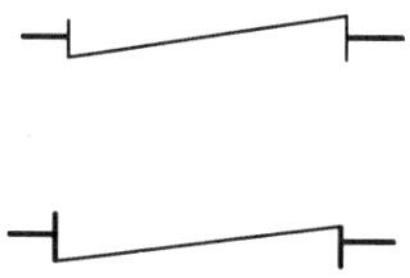	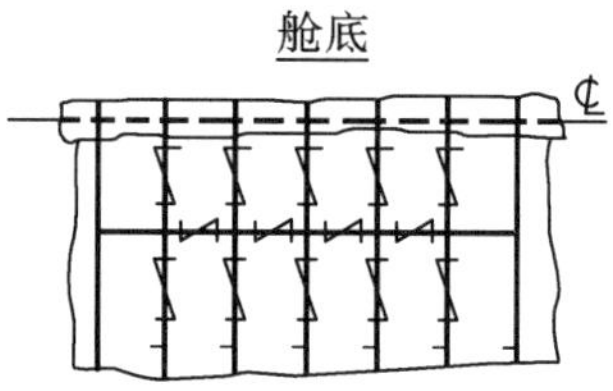

表 1－5(续 2)

序号	名称	符号	示例
10	剖切符号	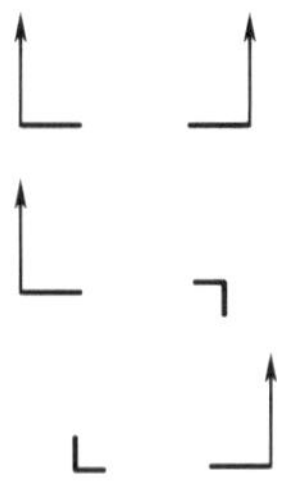	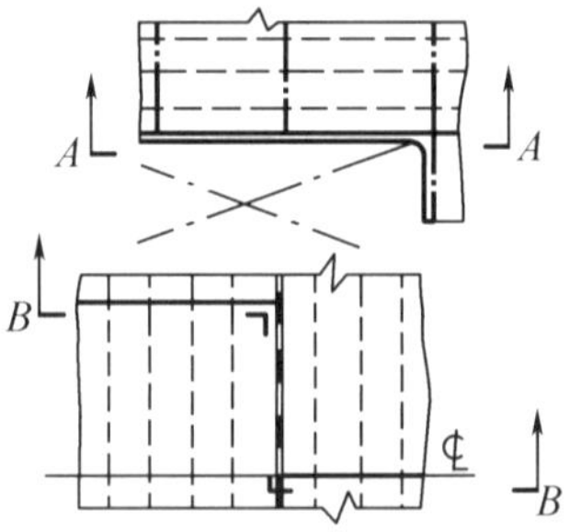

第四节　图线及其应用

图线除了组成图形表示船体、设备、构件的形状外，在结构图样中还以不同图线表示不同构件在视图中的投影。因此，熟悉船图中图线的形式及其应用范围，正确掌握图线的画法，对于绘制和阅读船体图样是十分重要的。

一、图线的形式及应用范围

《金属船体制图》标准 GB/T4476.1—2008 中规定，船体图样应采用的图线形式及其应用范围，见表 1－6。

表 1－6　图线的形式及应用范围

序号	名称	形　式	应用范围	示　例
1	粗实线		a. 板材、骨材剖面简化线； b. 设备、部件可见轮廓（总布置图除外）； c. 名称线	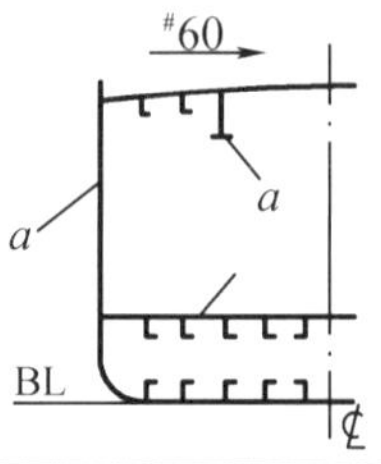
2	细实线		a. 可见轮廓线； b. 尺寸线与尺寸界线； c. 型线； d. 基线； e. 引出线与指引线； f. 接缝线 g. 剖面线； h. 规格线。	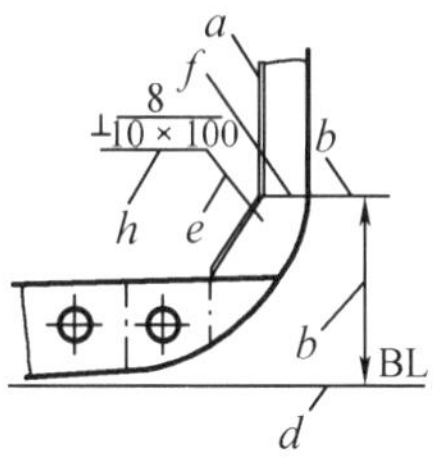

表1-6(续1)

序号	名称	形　式	应用范围	示　例
3	粗虚线		不可见板材简化线(不包括规定采用轨道线表示的情况)	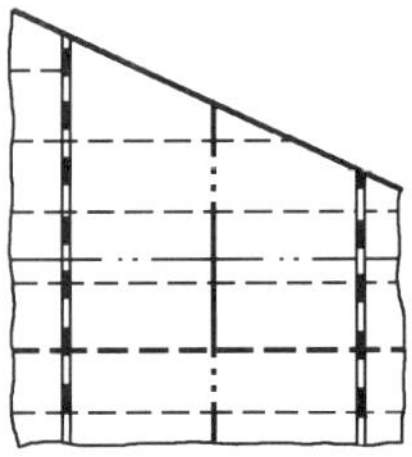
4	轨道线		主船体结构图内不可见水密板材简化线(肋骨型线图、分段划分图等除外)	
5	细虚线		a. 不可见轮廓线; b. 不可见次要构件(肋骨、横梁、纵骨、扶强材等)的简化线	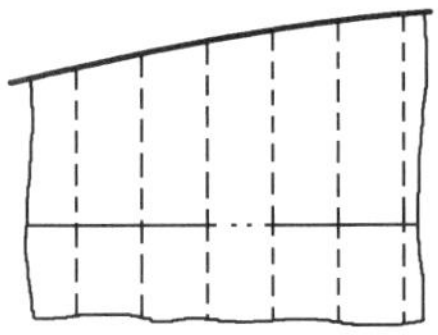
6	粗点画线		a. 可见主要构件(强肋骨、舷侧纵桁、舱壁桁材等)的简化线; b. 钢索、绳索、链索等的简化线	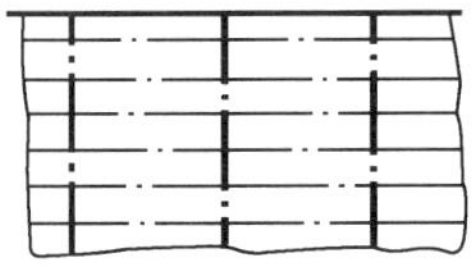
7	细点画线		a. 中线线; b. 可见次要构件(肋骨、横梁、纵骨、扶强材等)的简化线; c. 开口对角线; d. 转圆线; e. 液舱范围线; f. 折角线	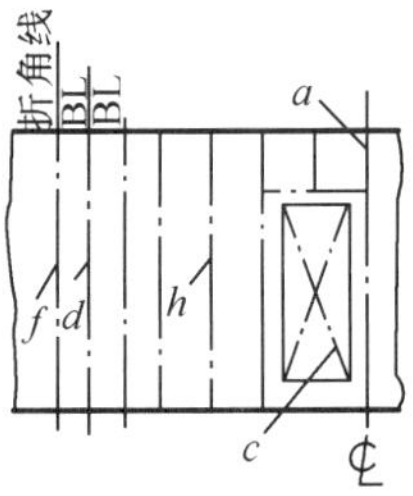
8	粗双点画线		不可见主要构件(强肋骨、舷侧纵桁、强横梁、甲板纵桁、舱壁桁材等)的简化线	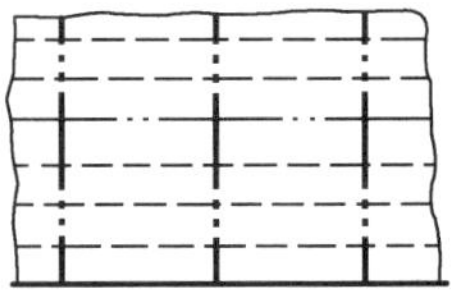
9	细双点画线		a. 非本图构件可见轮廓线; b. 假想构件可见轮廓线; c. 肋板边线; d. 工艺开口线	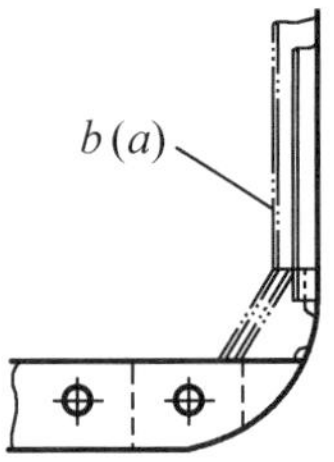

表 1-6(续 2)

序号	名称	形　式	应用范围	示　例
10	波浪线		构件断裂边界线	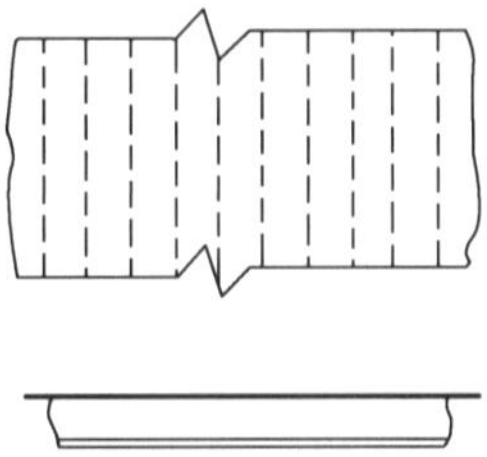
	折断线			
11	斜栅线		分段界线(分段划分图除外)	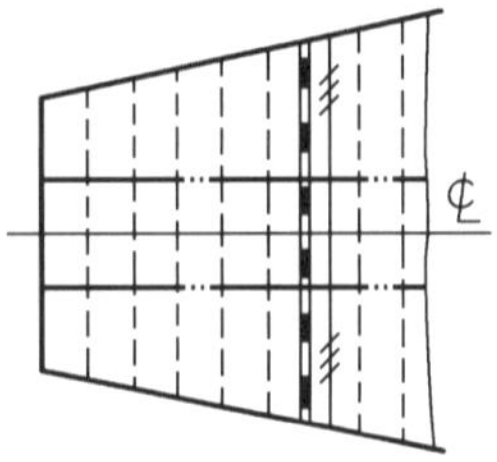

二、图线应用图例

图 1-5 是设备图样中图线应用的图例。

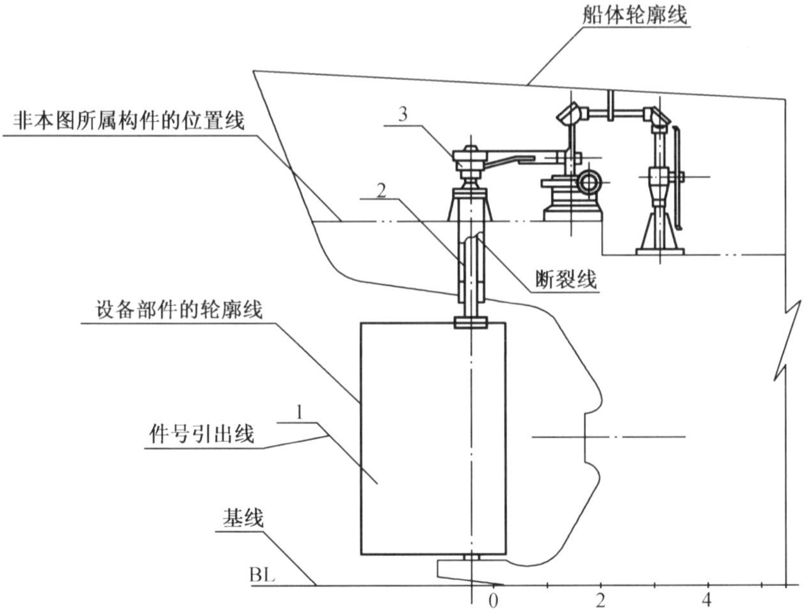

图 1-5　图线应用图例一

图 1 –6 是结构图样中图线应用的图例。

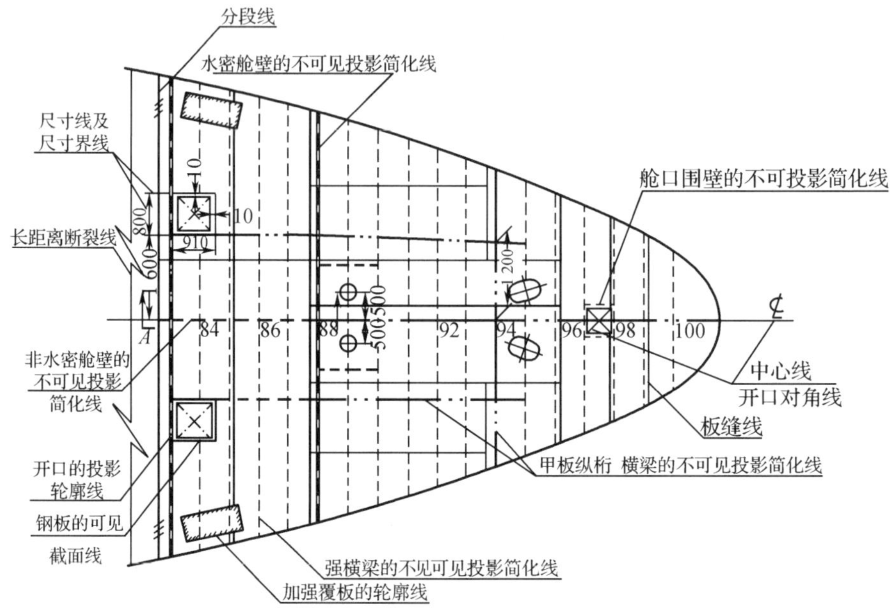

图 1 –6　图线应用图例二

三、图线的画法和要求

（1）对于表 1 –6 中，粗实线、粗虚线、粗点画线、粗双点画线的粗度，一般根据图样性质及图纸幅面的情况分为 0.35 mm，0.5 mm，0.7 mm，1 mm，1.4 mm 五种形式，但在同一张图上的粗线应尽量使用同一种线宽；轨道线视为粗线，其中空部分的两侧为细实线；细实线、细虚线、细点画线、细双点画线、波浪线、折断线、斜栅线的宽度不应大于粗线宽度的 1/3。

图线粗细的选择应根据图形的大小、复杂程度及图样的类型而定。一般来说，图形大而简单的，图线可取稍粗些，型线图中的图线则要求细些。粗细一经选定，则应保持同类图线的粗线浓淡基本一致。虚线、轨道线、点画线及双点画线的线段长短和间隔应各自大致相等。

（2）虚线、轨道线、点画线及双点画线的线段长短和间隔，在国标《金属船体制图》中未做具体规定，画图时可按图样的具体情况而定，一般可按图 1 –7 提供的参考数据绘制。

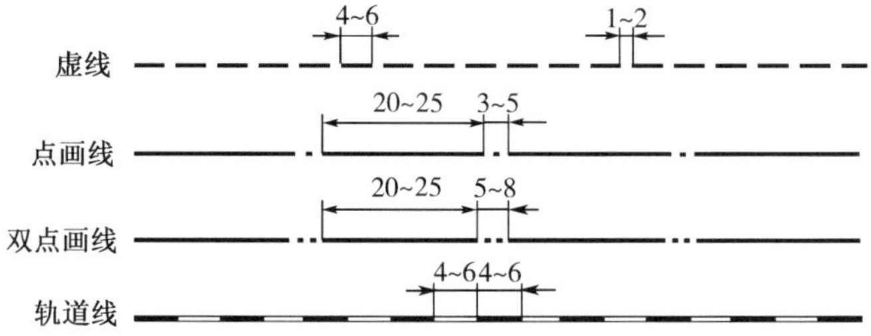

图 1 –7　虚线等的画法

(3)粗线应尽量画得黑而光亮,细线也应黑而清晰。通常粗线可用 B 或 2B 绘图铅笔绘制,细线可用 2H 绘图铅笔绘制。

第五节　尺 寸 注 法

《金属船体制图》标准 GB/T4476.4—2008 的第四部分,对尺寸标注的方法作了规定,摘要介绍如下:

一、尺寸标注的一般原则

(1)船体构件大小以图样上标注的尺寸数字为依据,与图形的大小和绘图的准确度无关。

(2)船舶图样和其他技术文件中的尺寸,以 mm(毫米)为单位时,不需标注其计量单位,若使用其他单位时,则须注明其单位。

(3)尺寸数字一般垂直填写在尺寸线的上方或中断处,并应尽量采用同一种方式。当位置不够时也可引出标注。尺寸数字不应被任何图线穿过,否则应将该图线断开。角度的数字一般写成水平方向,标注在其尺寸线的中断处,但必要时也可采用其他标注方式。

(4)同一船体构件的尺寸,一般只标注一次,规格或尺寸相同的构件可只标注一个。尺寸应标注在表示构件形状特征最清晰的视图中。

(5)船体构件的定位尺寸是指构件理论线距基准线(一般为基线、船体中线、艉垂线等)的距离。当不符合《金属船体构件理论线》标准规定时,则需用符号“ ”表示该构件的理论线位置,如图 1-8 所示。

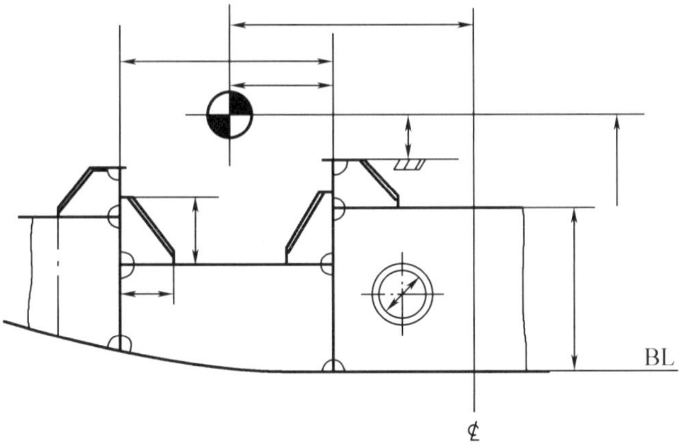

图 1-8　定位尺寸的注法

(6)定位尺寸:高度方向的基准线常为基线或水线;宽度方向的基准线采用距船体中线或船舷;船长方向的基准线采用距船中线、站线或肋位线的距离进行标注。

(7)待定尺寸:标注时要在尺寸数字前加符号“~”。

二、尺寸标注的有关规定

1. 尺寸线的标注

尺寸线用细实线绘制,其终端可以有下列两种形式:

(1)实心箭头　箭头的形式如图 1－9 所示;

(2)斜线　用细实线绘制,其形式如图 1－10 所示。采用该种形式时,尺寸线与尺寸界线应相互垂直。

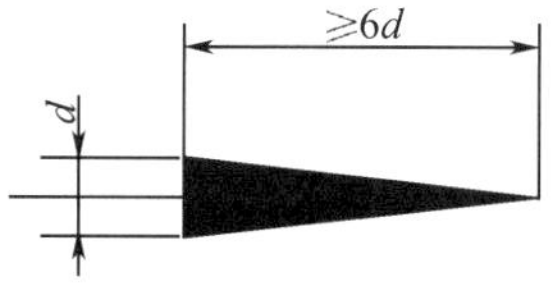

图 1－9　箭头的形式

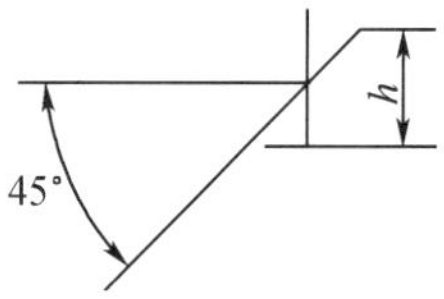

图 1－10　斜线的绘制

同一图样上尺寸线的终端应采用同一种形式。

2. 尺寸标注的注意事项

尺寸线应与所标注的线段或弧线平行。轮廓线、轴线、中心线及尺寸界线不应当作尺寸线使用。尺寸线不能用其他图线代替,一般也不应与其他图线重合和画在其延长线上。尺寸线的间距不应小于 4 mm。

3. 尺寸界线的标注

尺寸界线亦用细实线绘制,并应自构件的理论线、站线、肋骨线、轴线、中线、基线等处引出。也可用这些线本身和曲线轮廓线等作尺寸界线,如图 1－11 所示。尺寸界线一般应与尺寸线垂直,必要时允许倾斜,如图 1－12 所示。

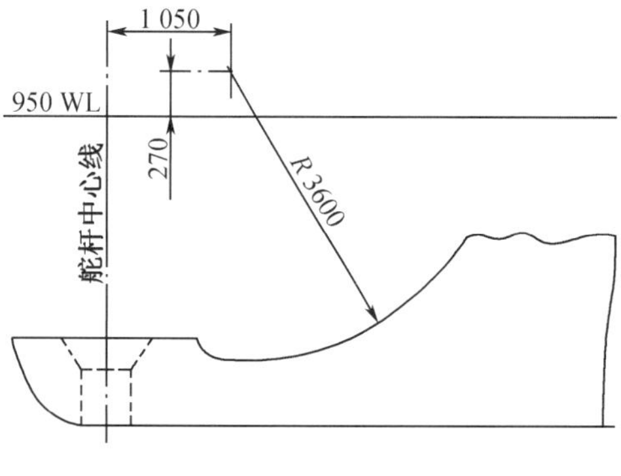

图 1－11　尺寸界线的绘法

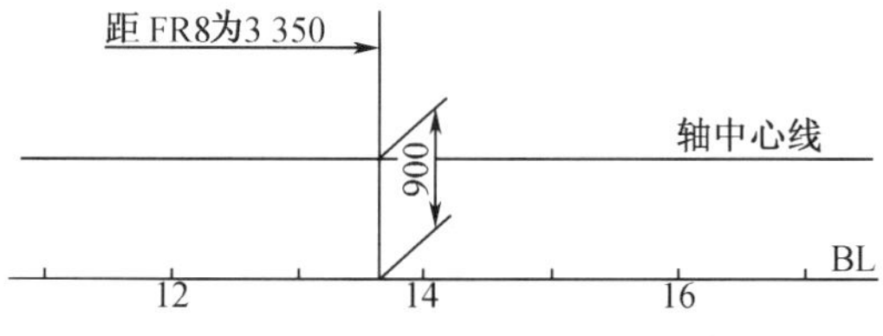

图 1－12　倾斜尺寸界线的绘法

4. 圆及圆弧尺寸的标注

(1)圆的直径和圆弧半径,按图 1－13 的形式标注。当圆弧半径过大或在图形范围内无法标出其圆心位置时,可按图 1－14 的形式标注。

(2)没有足够位置画箭头或写数字时,允许使用圆点代替箭头,如图 1－15 所示。

(3)在圆弧光滑过渡处标注尺寸,应用细实线将理论线(轮廓线)延伸,从它们交点处引出尺寸界线,如图 1－16 所示。

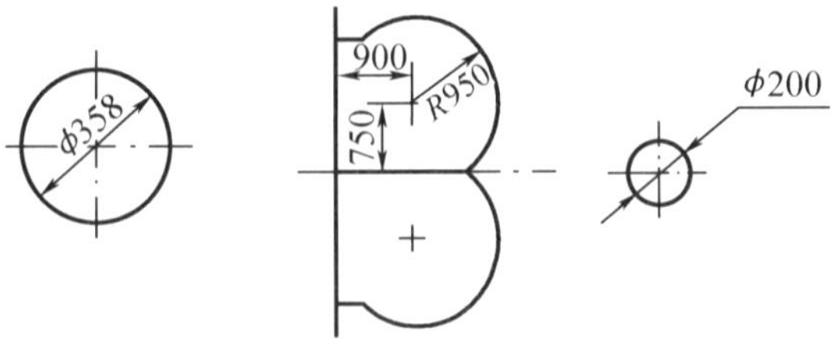

图 1－13　圆的直径和圆弧半径的注法

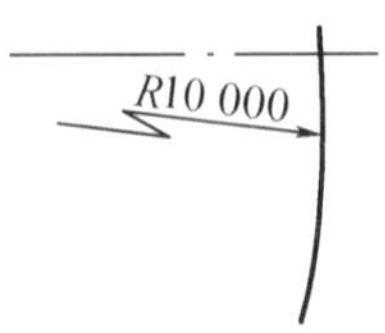

图 1－14　大圆弧半径的注法

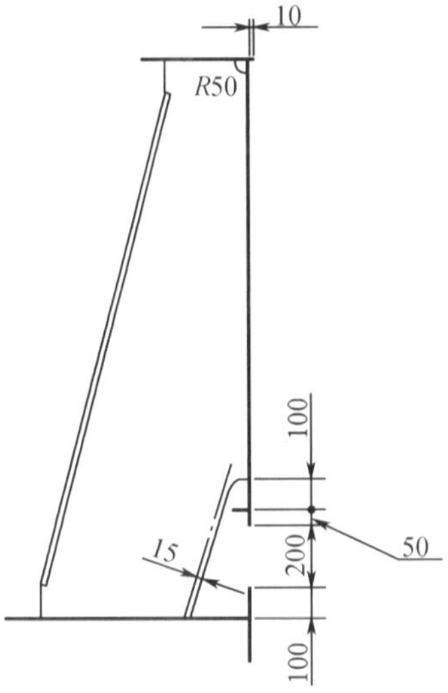

图 1－15　无足够位置画箭头或写数字时的尺寸注法

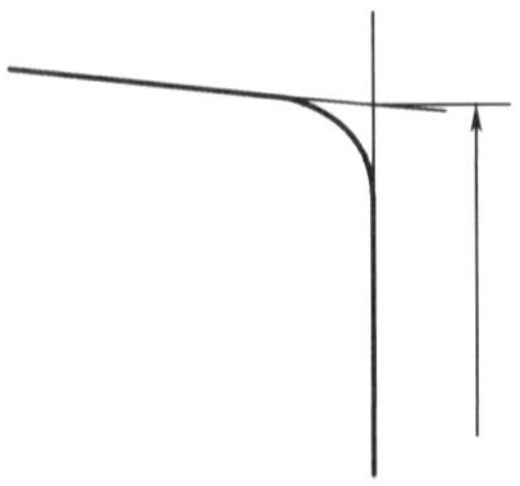

图 1－16　光滑过渡的尺寸注法

5. 开孔、开口的尺寸注法

(1)人孔、减轻孔的开孔尺寸标注方法,如图 1－17 所示。人孔需在开孔中心线下方标明“人孔”字样,如图 1－17(a)所示。

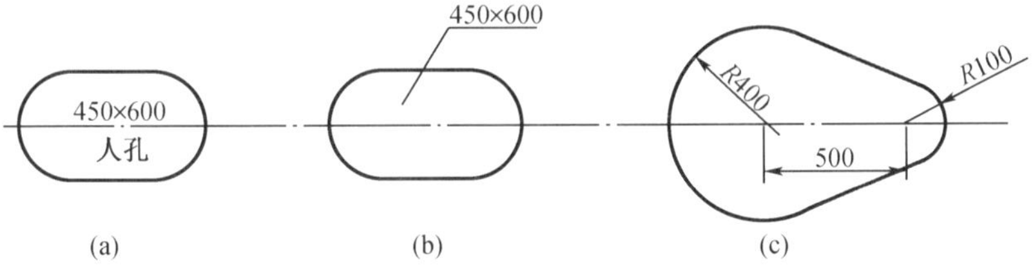

图 1－17　人孔、减轻孔的尺寸注法

(2)矩形开口尺寸的标注形式为:短边 × 长边,若开口四角为圆弧形,则用“R”表示开口圆角半径。窗的开口高度为开口中心到围壁下甲板上表面的垂直距离。“h”指门的开口下缘距甲板上表面的最小高度。同一图形中,对于相同尺寸的开口、孔、槽等,可只标注一个。图 1－18 表示了门、窗开口尺寸的标注形式。

(3)流水孔、通焊孔、透气孔的开孔尺寸标注方法,如图 1－19 所示。

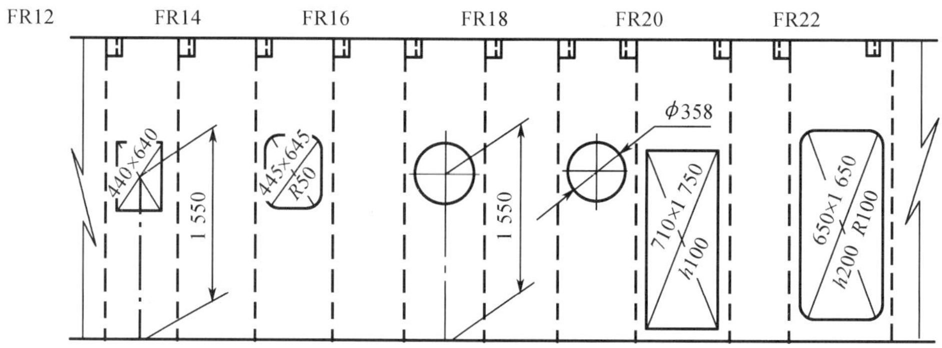

图 1－18　门、窗开口尺寸的注法

6. 尺寸简化注法

(1)构件等距离布置时,构件间距尺寸可采用图 1－20 及图 1－21 的标注形式。

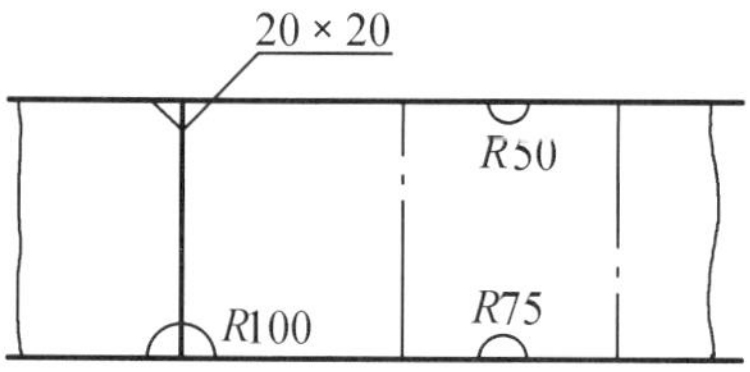

图 1－19　流水孔等的尺寸注法

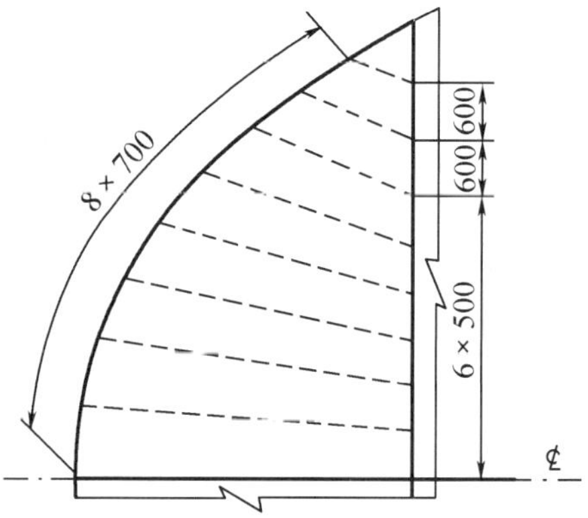

图 1－20　构件等距离布置的尺寸注法(一)

(a)　　(b)

图 1－21　构件等距离布置的尺寸注法(二)

(2)当尺寸界线的一端为基准平面,且尺寸线较长,则基准平面的尺寸界线可省略,如图 1－22 所示。

7. 曲线尺寸的注法

曲线尺寸通过标注曲线上若干点的坐标来表示,坐标值可用表格形式列出。图 1－23 表示了烟囱顶线和底线的尺寸注法。

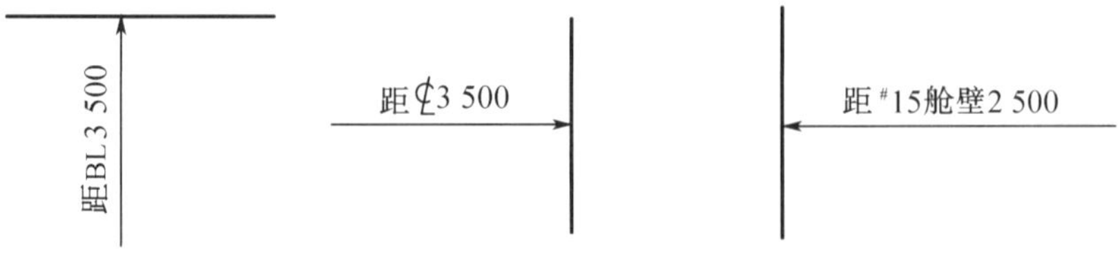

图 1－22　距基准较远时的尺寸注法

烟囱型值(半宽)

名称＼肋位	74	75	76	77	78	79	80	81	82	83	84
顶线	—	—	1 310	1 475	1 610	1 685	1 587	1 515	1 072	—	—
底线	1 332	1 530	1 722	1 890	2 045	2 170	2 235	2 200	2 032	1 710	1 040

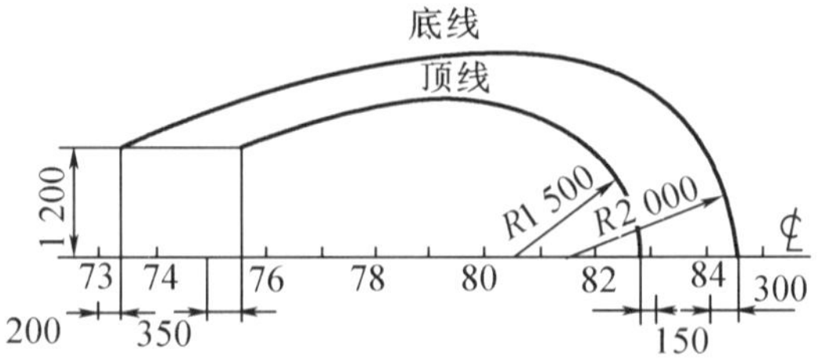

图 1－23　曲线尺寸标注

8. 肋位的编号及标注

民用船舶肋位由船尾向船首依次进行编号。全船性图样可每隔五档肋距标注肋位号，肋距不同时，应分别标注出不同区域的肋距，如图 1－24 所示。军用船舶、军用辅助船舶的肋位编号按《舰艇船体制图》的规定编号，与民用船舶的肋位编号方法不同。

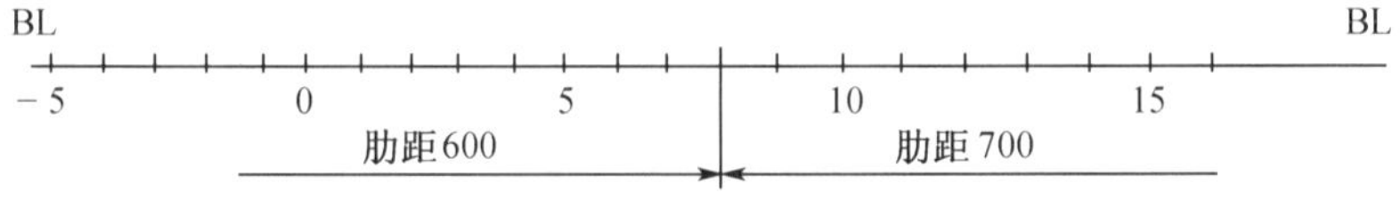

图 1－24　全船性图样中肋位号的标注

船体分段结构图中，肋位按偶数标注，不满四个肋位的均应标注出。不在船体中线或基线的肋位号，应在肋位号前加注“FR”或“#”，如图 1－25 所示。

(a)　(b)

图1-25　不在基线或中线上的肋位号的标注

第六节　船舶焊缝符号

现代钢质船体构件的连接几乎都是采用焊接方法实现的。焊接方法、焊缝形式及焊缝尺寸通过焊缝符号反映在船体施工图样中。因此,熟悉焊缝符号的含义和标注方法,对于识读和绘制船体施工图样是十分重要的。本节摘要介绍 CB/T860—1995《船体焊缝符号》和 GB/T324—2008《焊缝符号表示法》中焊缝符号的组成、符号及其标注方法。

一、焊接方法和焊缝形式

1. 焊接方法

现代船舶建造中常用的焊接方法有两类:电弧焊和电渣焊,其中电弧焊最为常用。

电弧焊是利用电弧热局部熔化焊件和填充金属(焊条和焊丝),然后凝固成坚实接缝的一种焊接方法。电弧焊分为手工电弧焊、埋弧焊(自动和半自动焊)、气体保护焊(CO_2 气体保护焊、氩弧焊)和等离子焊等。

电渣焊是利用电流通过液态熔渣(渣池)产生的电阻热使焊件和填充金属(电极)熔化,然后凝固成坚实接缝的一种焊接方法。根据电极的不同,分为板极、丝极和熔嘴电渣焊。

2. 焊缝形式

焊缝的形式主要取决于焊接接头的形式。焊接接头是指焊件相互连接需要焊接的部分。船体焊接中常见的焊接接头形式有:对接接头、T 形接头、角接接头、搭接接头和塞焊接头等,如图 1-26 所示。

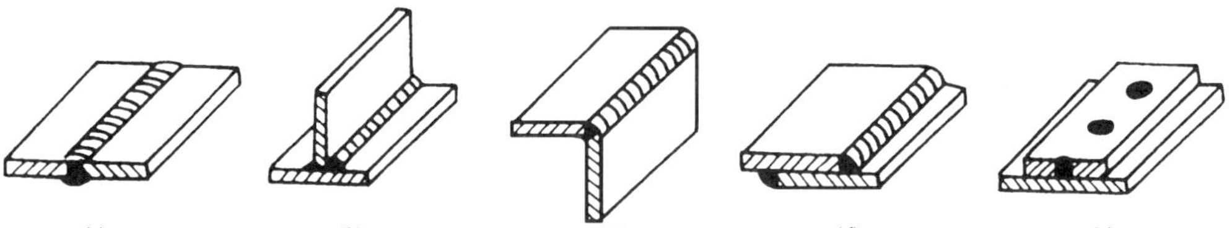

(a)　(b)　(c)　(d)　(e)

图1-26　焊接接头的形式

焊缝是焊接接头经施焊后形成的接缝。常见的焊缝形式有：

(1)对接焊缝

对接接头施焊后形成的焊缝称为对接焊缝。为了保证一定的熔深和连接强度，对接焊缝又可分为I形、V形、U形等形式，如图1－27所示。

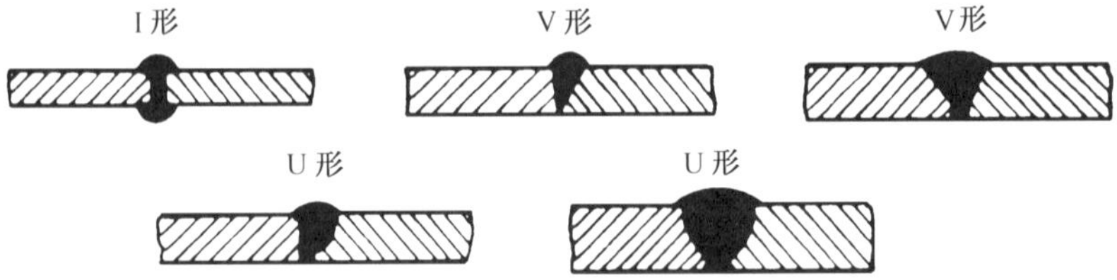

图1－27　对接焊缝的形式

(2)角焊缝

T形接头、角接接头及搭接接头施焊后形成的焊缝称为角焊缝。角焊缝又分为连续角焊缝和断续角焊缝两种。

①连续角焊缝　整条焊缝连续无中断的焊缝称为连续角焊缝。连续角焊缝可以是单面的，也可以是双面的。为了保证一定熔深和连接强度，连续角焊缝也有I形、V形、U形等形式，如图1－28所示。

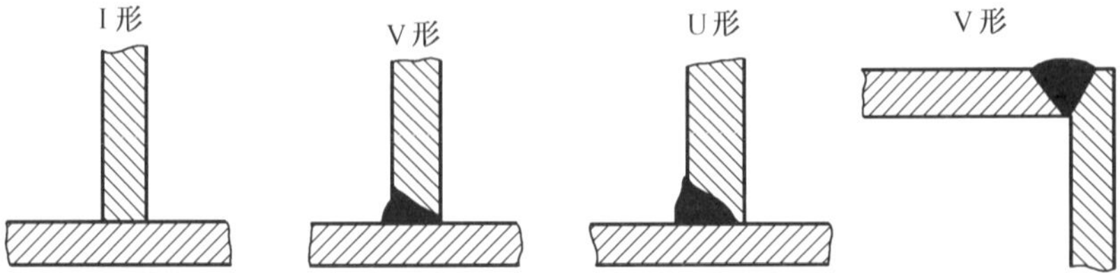

图1－28　连续角焊缝的形式

②断续角焊缝　间断施焊，焊缝不连续的角焊缝称为断续角焊缝。断续角焊缝又分为单面断续角焊缝、双面断续角焊缝和交错断续角焊缝三种，如图1－29所示，图中k为焊角高度；l为焊缝长度；e为断续焊缝的间距。

(3)塞焊缝

塞焊接头施焊后形成的焊缝称为塞焊缝。塞焊缝有圆孔塞焊缝和长孔塞焊缝两种，如图1－30所示，图中：d为圆孔塞焊直径；l为长孔塞焊孔长；c为长孔塞焊孔宽；e为圆孔塞焊中心距或长孔塞焊间距；e_1为行距；a为沿行距方向，圆孔或长孔中心线至板边距离；a_1为沿行向，圆孔中心线或长孔边缘至板边的距离。

船体焊接中，角焊缝数量最多，对接焊缝次之，塞焊缝较少。

二、焊缝符号

《船舶焊缝符号》标准CB/T860—1995中规定：焊缝符号包括焊缝基本符号、辅助符号、指引线、补充符号和焊缝尺寸符号及数据等组成。为了简化，在图样上标注焊缝时一般只采用基本符号和指引线，其他内容可在有关的工艺技术文件中明确。

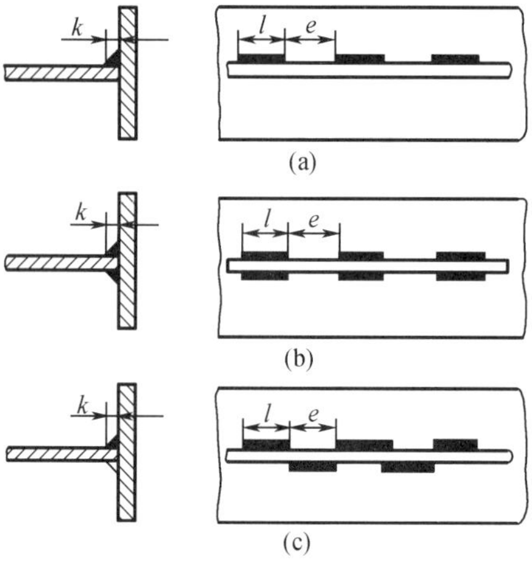

图 1－29　断续角焊缝的形式

(a)单面断续角焊缝;(b)双面断续角焊缝;(c)交错断续角焊缝

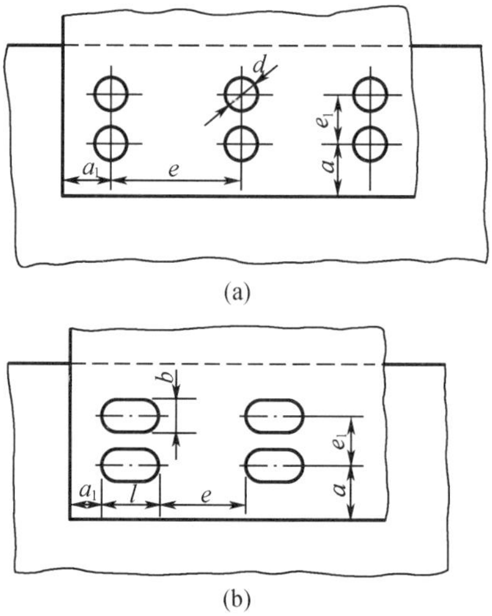

图 1－30　塞焊缝的形式

1. 焊缝基本符号

焊缝基本符号是用以表示焊缝横截面的形式或特征的符号,是焊缝符号中必须标注的符号,用粗实线绘制。常用的焊缝基本符号,如表 1－7 所示。

表 1－7　焊缝基本符号

名称	示意图	符号
I 形焊缝		
V 形焊缝		
单边 V 形焊缝		
带钝边 V 形焊缝		
带钝边单边 V 形焊缝		
带钝边 U 形焊缝		
带钝边 J 形焊缝		
陡边 V 形焊缝		
陡边单 V 形焊缝		
封底焊缝		
角焊缝	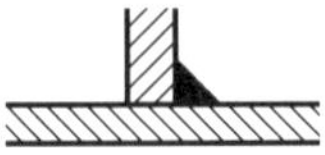	 一般省略只注角焊高 k
塞焊缝和槽焊缝		

2. 基本符合的组合

在标注双面焊缝或接头时，基本符号可以组合使用，根据焊缝形式的要求，在指引横线的上、下标注。基本符号的组合，见表 1－8。

表 1 -8　基本符号的组合

序号	名称	示意图	符号
1	双面 V 形焊缝(X 形式焊缝)		
2	双面单 V 形焊缝(K 形式焊缝)		
3	带钝边的双面 V 形焊缝		
4	带钝边的双面单 V 形焊缝		
5	双面 U 形焊缝		
6	双面角焊缝	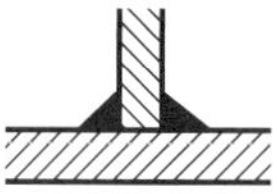	

3. 指引线

指引线一般由带有双边箭头的箭头线和两条基准线(一条为细实线和一条为细虚线)两部分组成,如图 1 -31(a)所示。箭头线应当倾斜,基准线一般应保持水平,箭头线可绘在基准线的左端或右端。箭头线上箭头要指向所标注的焊缝处。当图面位置受限制时,允许箭头线弯折一次,如图 1 -31(b)所示。

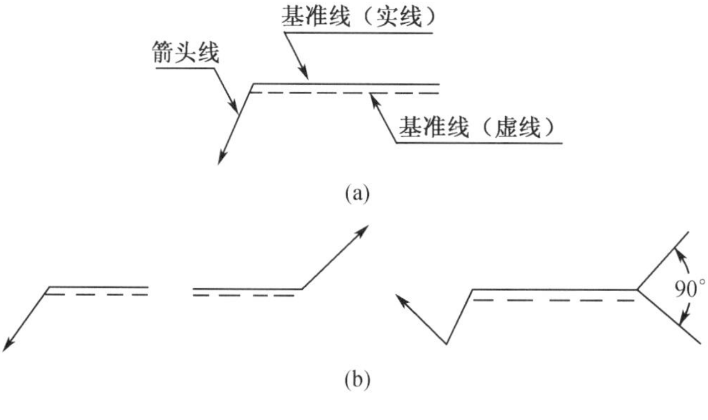

图 1 -31　指引线

4. 焊缝辅助符号

辅助符号是表示焊缝表面形状特征的符号,用粗实线绘制,见表 1 -9。当不需要确切地说明焊缝表面形状时,可以不用辅助符号。辅助符号的应用示例见表 1 -10。

表 1－9　焊缝辅助符号

名称	示意图	符号	说明
平面符号		—	焊缝表面磨平
凹面符号	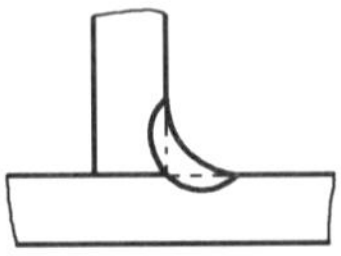	⌣	焊缝表面凹陷

表 1－10　辅助符号的应用示例

名称	示意图	符号
平面 V 形对接焊缝		
单平面 X 形对接焊缝	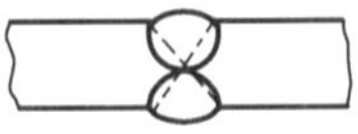	
凹面角焊缝	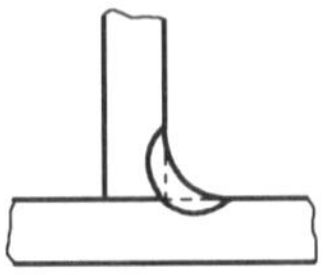	
平面封底 V 形焊缝		

5. 补充符号

补充符号是为了补充说明焊缝的某些特征而采用的符号，见表 1－11。

表 1－11　焊缝补充符号

名称	示意图	符号	标注示例	说明
平面		—	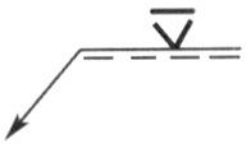	焊缝表面通常经过加工后平整
带垫板			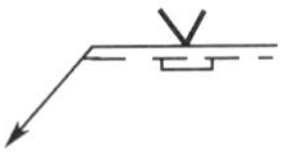	表示 V 形焊缝的背面有垫板
三面焊缝	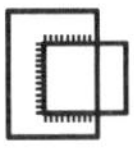			表示三面带有焊缝 *K* 表示焊脚尺寸

表 1-11(续)

名称	示意图	符号	标注示例	说明
凹面	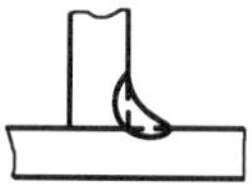		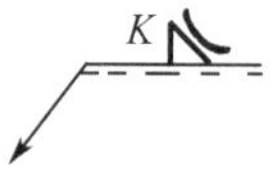	焊缝表面凹陷 *K* 表示焊脚尺寸
周围焊缝	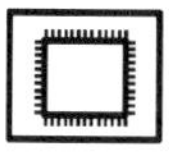		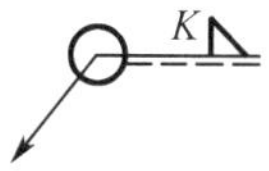	表示环绕工件周围焊缝 *K* 表示焊脚尺寸
现场焊缝			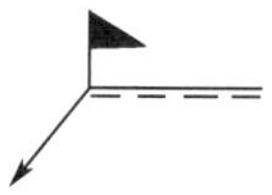	在现场焊接的焊缝
缓焊符号		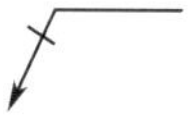		表示不同时施焊的焊缝
尾部			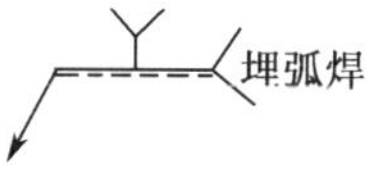	可以表示所需的信息示例表示 Y 形焊缝，焊接方法为埋弧焊

6. 尺寸符号

尺寸符号用来表示焊缝接头及坡口形状尺寸和焊缝外形尺寸。必要时，可以在焊缝符号中标注尺寸。尺寸符号见表 1-12。

表 1-12　焊缝尺寸符号

序号	名称	符号	示意图	序号	名称	符号	示意图
1	工件厚度	δ①	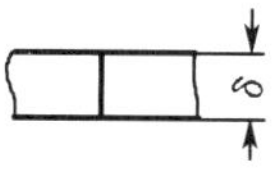	9	焊缝宽度	*c*	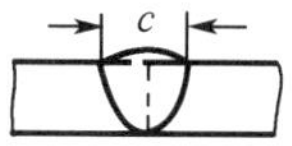
2	根部间隙	*b*	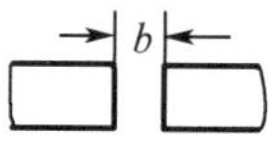	10	余高	*h*	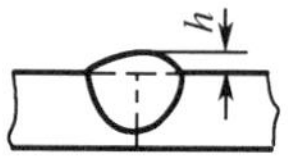
3	坡口角度	α	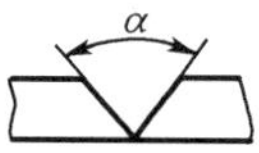	11	焊脚尺寸	*K*	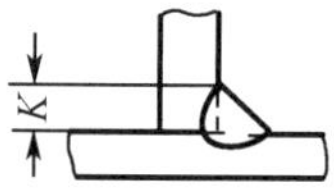
4	坡口面角度	β	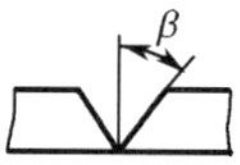	12	焊缝长度	*l*	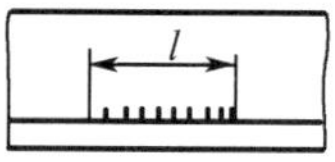

表 1－12(续)

序号	名称	符号	示意图	序号	名称	符号	示意图
5	钝边	p	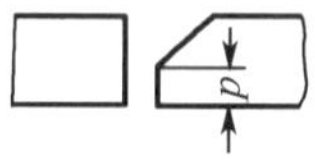	13	焊缝间距	e	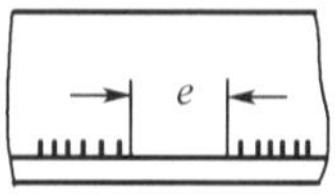
6	坡口深度	H	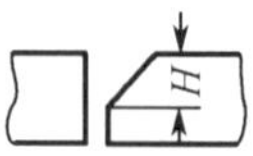	14	点焊:熔合直径 塞焊:孔径	d	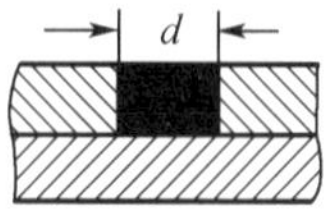
7	根部半径	R	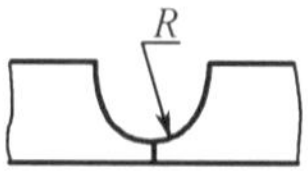	15	焊缝段数	n②	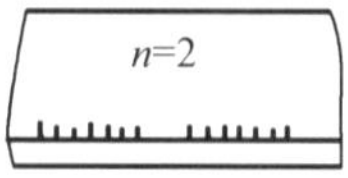
8	焊缝有效厚度	S	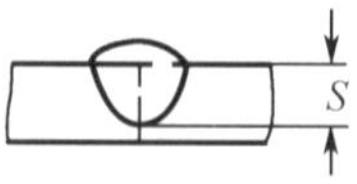	16	相同焊缝数量	N②	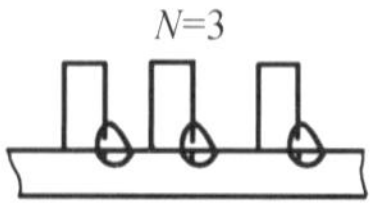

注:①工件厚度也可用 t 表示;

②在焊缝符号中标注尺寸时,焊缝段数 n 和相同焊缝数量 N 通常会省略。

三、焊缝符号在图样上的标注方法及注意事项

焊缝符号应在焊缝特征明显的视图中标注,便于识读。同一焊缝的焊缝符号一般只需标注一次,如图 1－32 所示。若干条焊缝和焊缝符号完全相同,位置又相邻近时,可以采用公共基准线,如图 1－33 所示。焊接接头焊缝标注方法,参见表 1－13 和表 1－14。

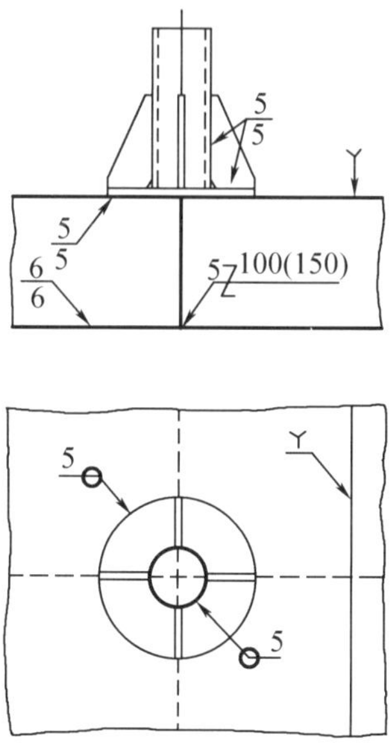

图 1－32　焊缝符号的标注(举例)

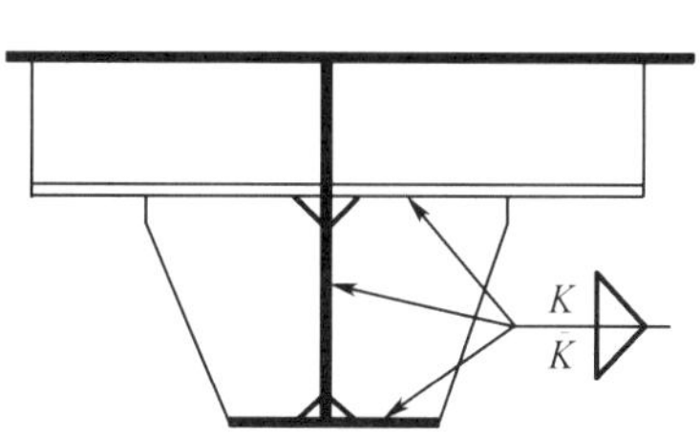

图 1－33　焊缝符号相同时的标注方法

表 1 – 13　船舶焊缝符号标注方法示例(1)

焊缝形式	示意图	标注方法
I 形焊缝单面焊		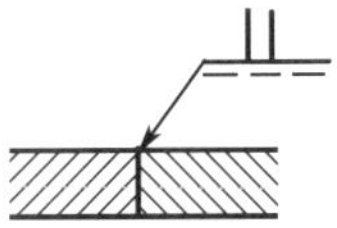
I 形焊缝双面焊		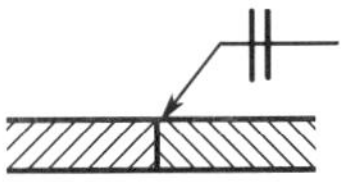
V 形焊缝单面焊		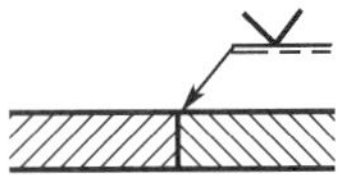
V 形焊缝带封底焊缝		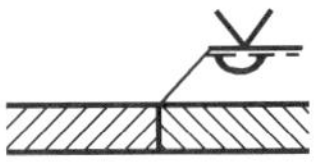
V 形焊缝背面有垫板		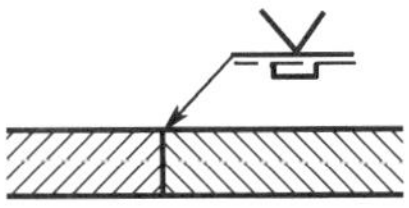
单面 V 形焊缝单面焊		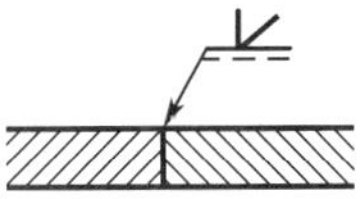
单面 V 形焊缝带封底焊缝		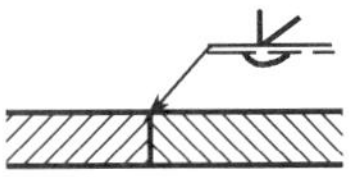
单面 V 形焊缝背面有垫板		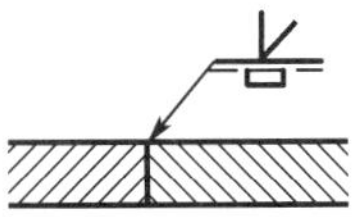
带钝边 V 形焊缝单面焊		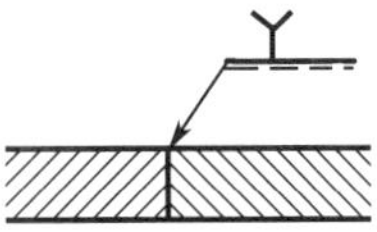
带钝边 V 形焊缝带封底焊缝		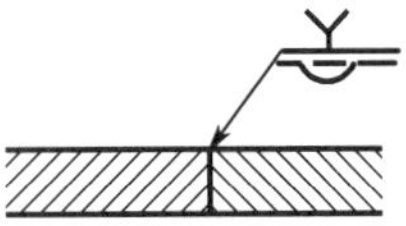
带钝边单边 V 形焊缝单面焊		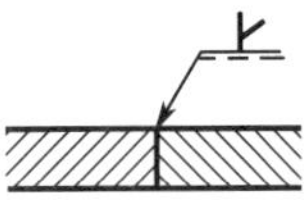

表 1－13(续)

焊缝形式	示意图	标注方法
带钝边单边 V 形焊缝封底焊缝		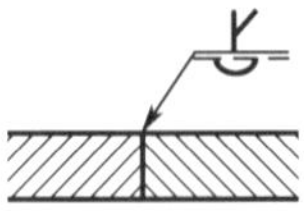
带钝边单边 U 形焊缝封底焊缝		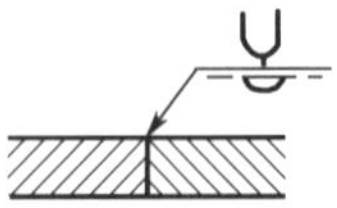
带钝边单边 J 形焊缝封底焊缝		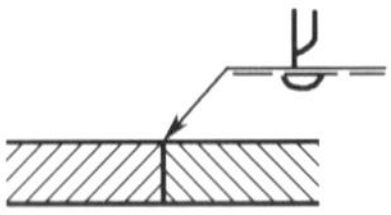
双面 V 形焊缝(X 形焊缝)	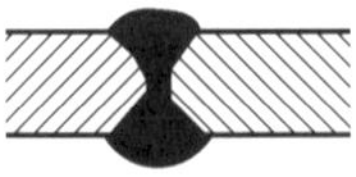	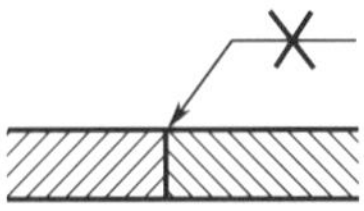
带钝边双面 V 形焊缝		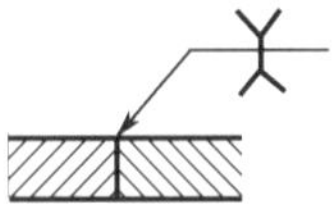
双面 U 形焊缝		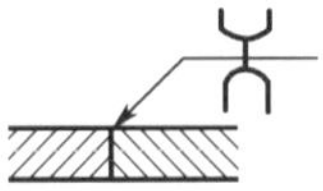

表 1－14　船舶焊缝符号标注方法示例(2)

焊缝形式	示意图	标注方法
连续角焊缝	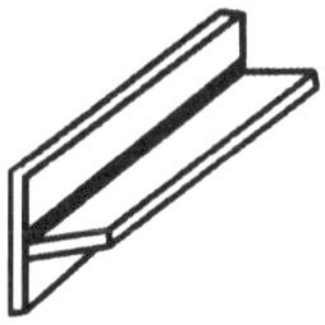	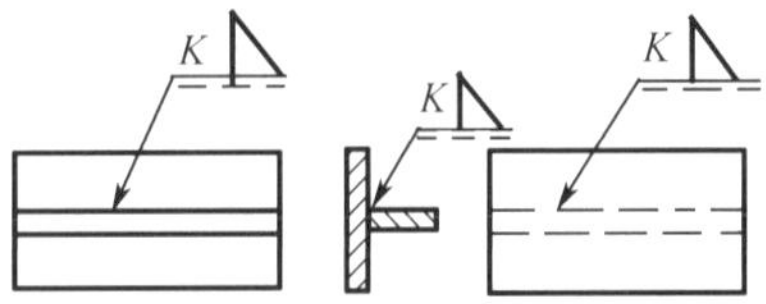
	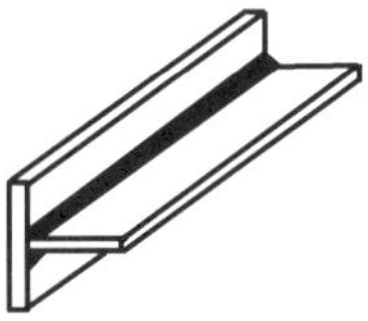	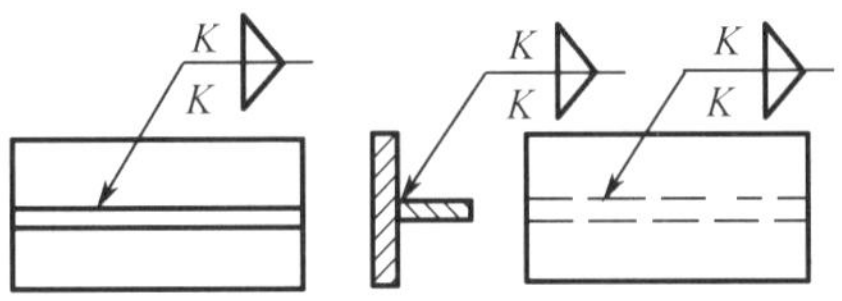
	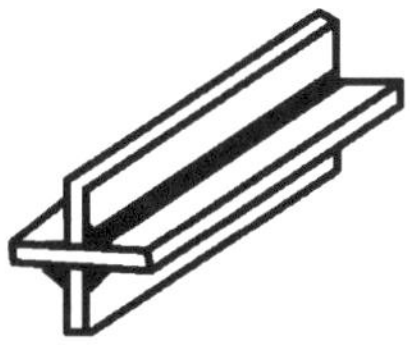	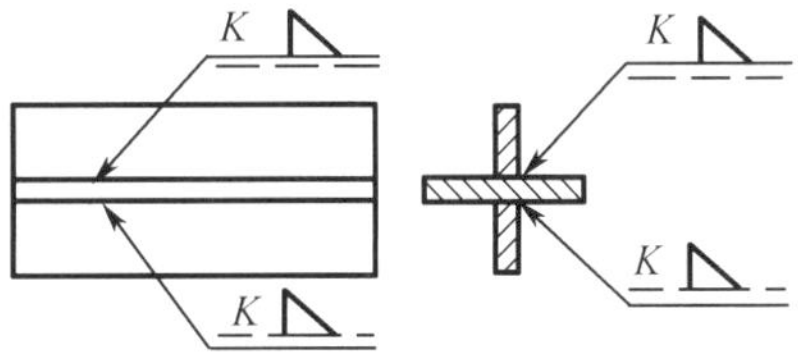

表 1 – 14(续)

焊缝形式	示意图	标注方法
	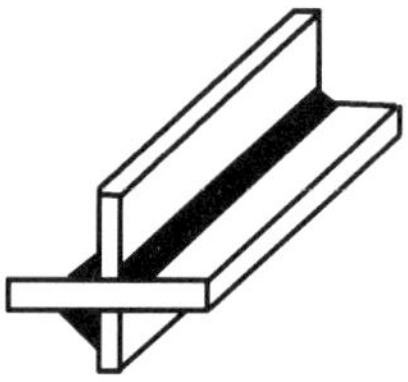	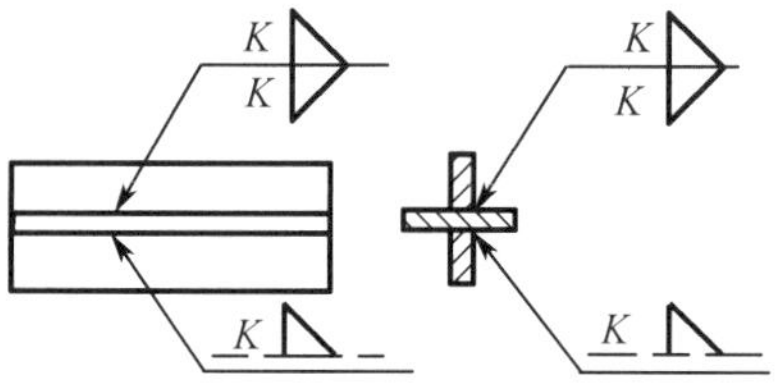
断续角焊缝	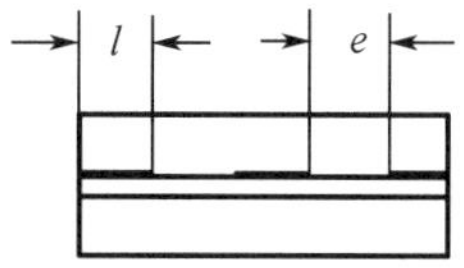	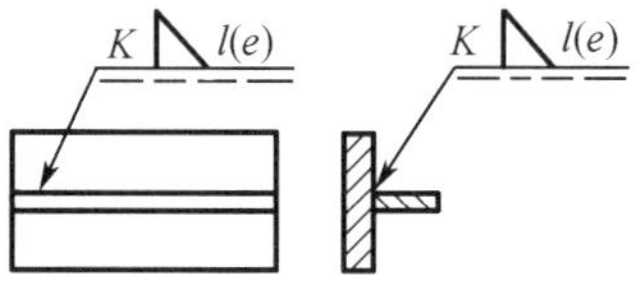
交错断续角焊缝	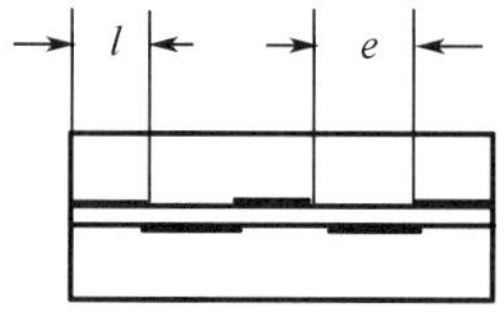	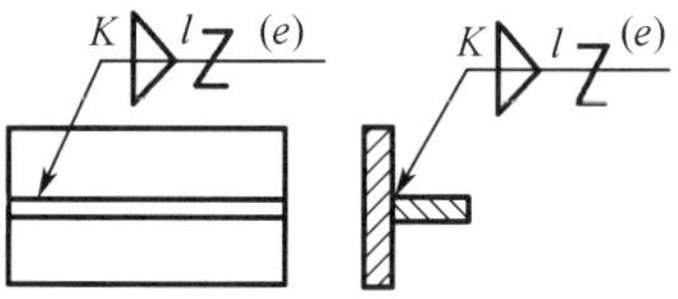
链式(并列)断续角焊缝	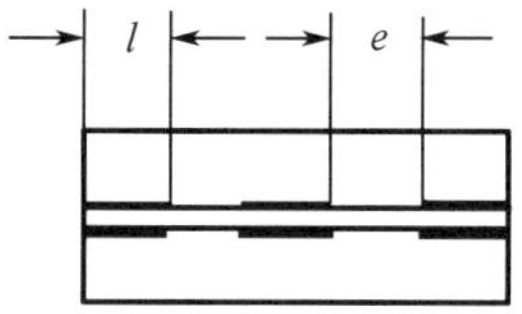	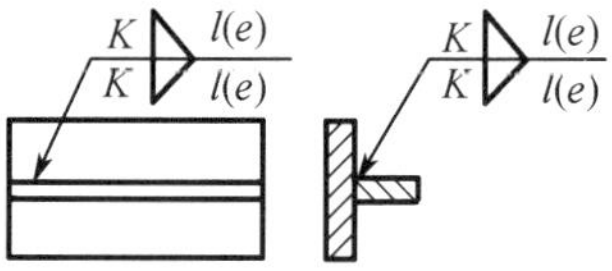
一面连续角焊缝另一面断续角焊缝	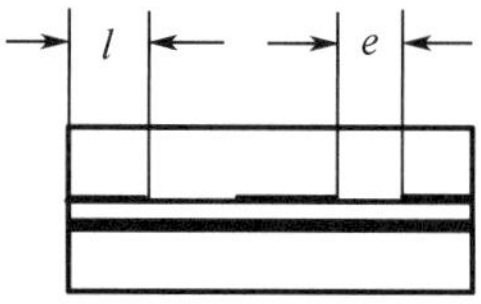	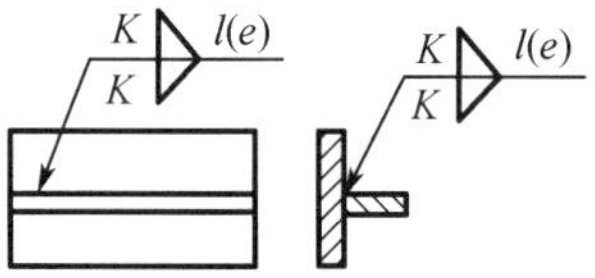
塞焊缝或槽焊缝周围焊缝	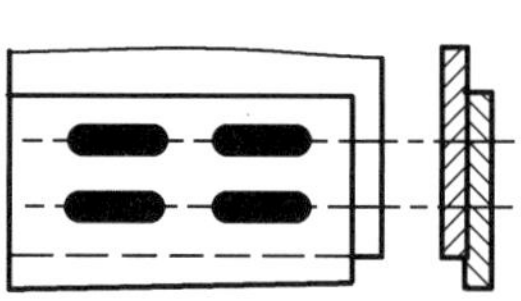	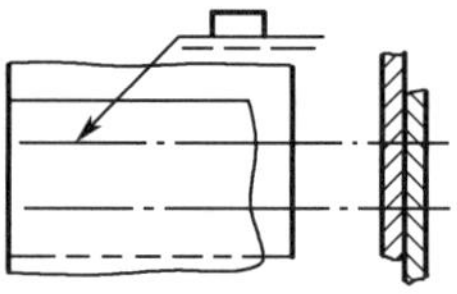
	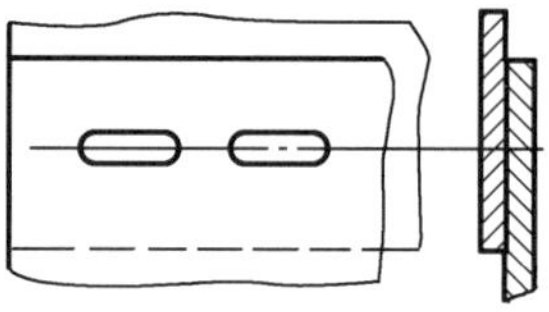	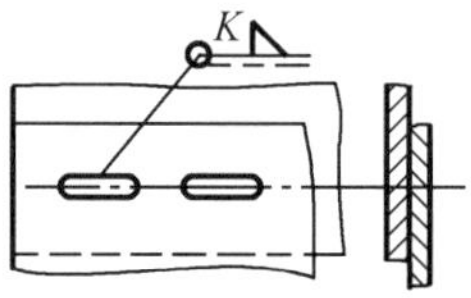

除上述要求外,标注焊缝符号时还应注意以下几点:

(1)标注基本符号时,对焊缝在接头的箭头所指一侧,基本符号应标注在基准线的实线一侧,如图 1-34(a)所示;当焊缝在接头的非箭头所指一侧时,基本符号应符号标注在基准线的虚线一侧,如图 1-34(b)所示;接头两面对称的焊缝,可以省略基准线的虚线,如图 1-34(c)所示;在焊缝分布位置明确的情况下,有些双面焊缝也可以省略基准线的虚线,如图 1-34(d)所示。

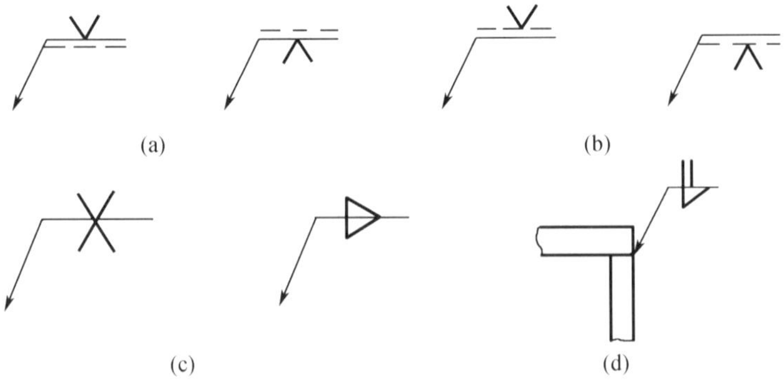

图 1-34　基本符号的标注方法

(a)焊缝在接头的箭头所指一侧;(b)焊缝在接头的非箭头所指一侧;
(c)接头两面对称的焊缝;(d)焊缝位置明确的双面焊缝

(2)当需要标注焊缝尺寸符号的数据时,横向尺寸(即焊缝横截面上的尺寸)标注在基本符号左侧,纵向尺寸(即焊缝长度方向的尺寸)标注在基本符号右侧,坡口角度、坡口面角度、根部间隙等尺寸标注在基本符号的上侧或下侧,如图 1-35 所示;焊缝相同数量符号标注在尾部。

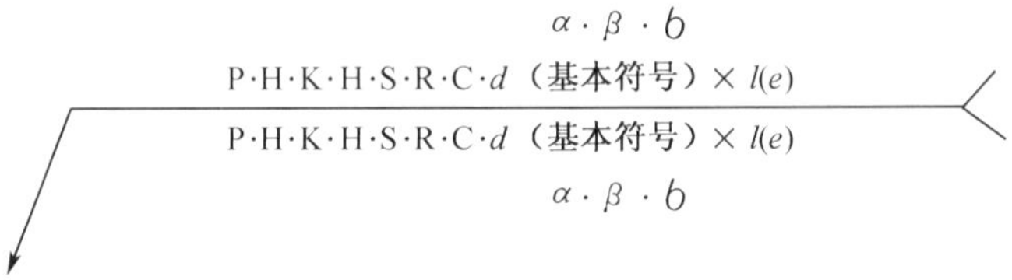

图 1-35　焊缝尺寸的标注方法

(3)标注单边 V 形、单边 U 形的焊缝符号时,箭头应指向带有坡口一侧的工件,如图 1-36 所示。

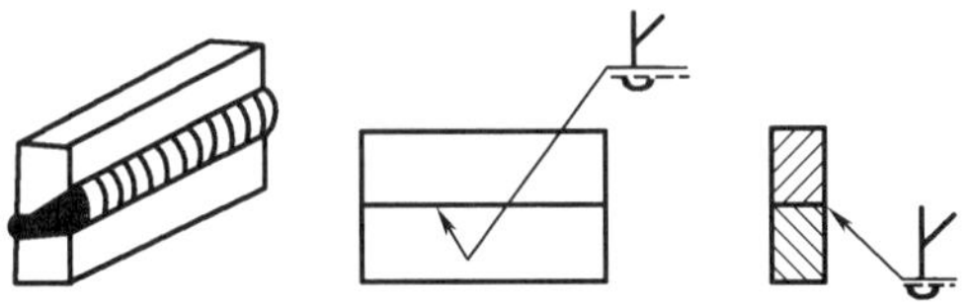

图 1-36　单边 V 形、单边 U 形焊缝符号的标注

(4)两个以上构件连接后产生的焊缝不能作为双面焊缝,其焊缝符号和尺寸应分别标注,如图1－37所示。

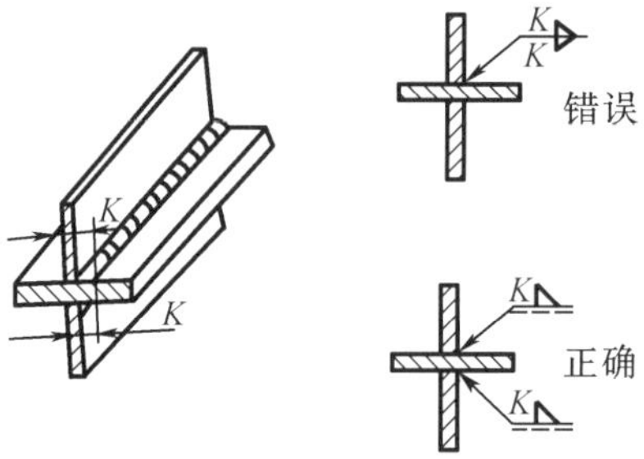

图1－37　两个以上构件连接焊缝符号的标注

(5)当按焊缝符号标注方法不能完全表达清楚,并需要保证某些部位的具体尺寸时,可以将焊缝另行绘制放大详图,如图1－38所示。

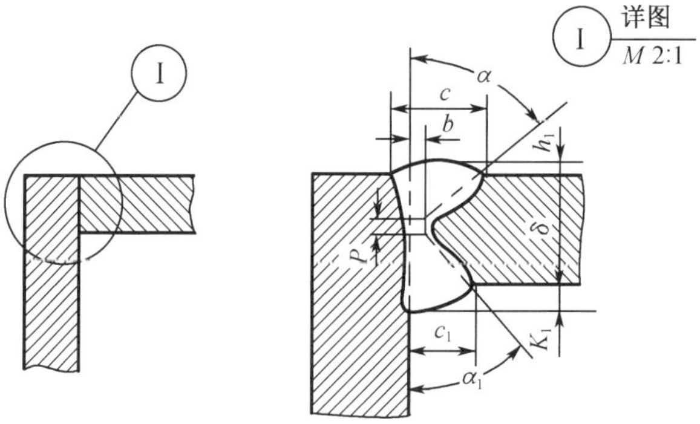

图1－38　焊缝接头放大详图

第七节　金属船体构件理论线

船体结构图样常采用小比例绘制,构件又通常用不同图线表示其投影。因此,图样中构件的定位尺寸可能出现不同理解,如图1－39(a)中的舷侧纵桁,距基线的距离为3 100 mm,可能理解为图1－39(b)中所示的多种情况。为了给予明确地表示,船舶行业标准《金属船体构件理论线》(CB/T253—1999),规定了船图中定位尺寸的度量原则。

船体构件理论线是确定构件定位尺寸的依据,在船体建造时是确定船体构件安装位置的基准线。理论线在图中以ML表示。为了简明易记,本节将CB/T253—1999标准的主要内容归纳如下:

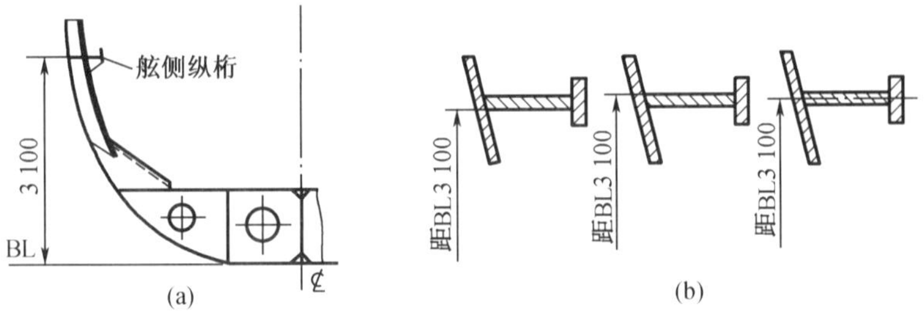

图 1 – 39　定位尺寸的度量

一、确定理论线的基本规定

(1)沿高度方向定位的构件,以靠近基线(BL)一边为理论线,如图 1 – 40 所示。

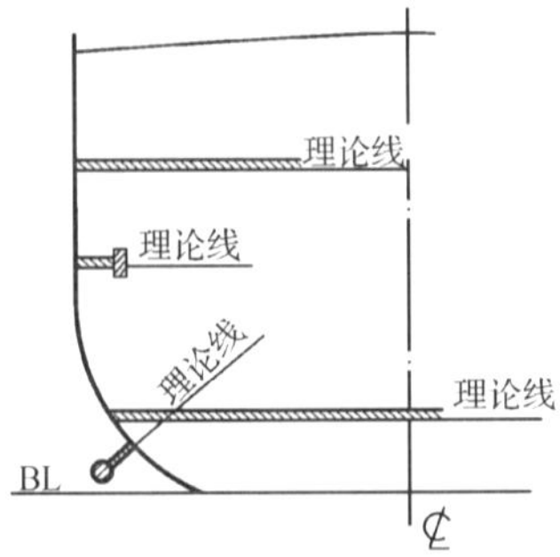

图 1 – 40　沿高度方向定位的构件的理论线

(2)沿船长方向定位的构件,以靠近船舯(⊗)一边为理论线,如图 1 – 41 所示。

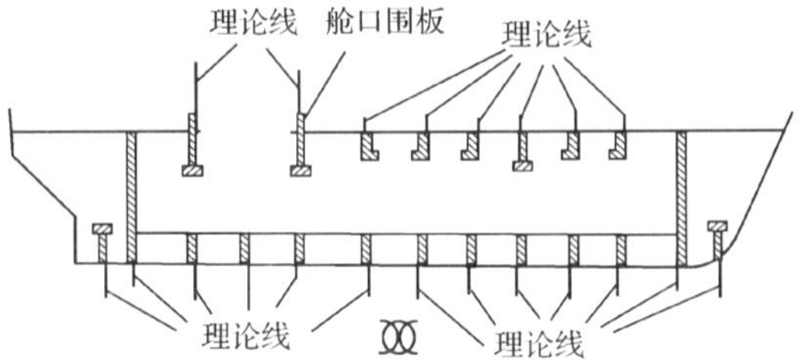

图 1 – 41　沿船长方向定位的构件的理论线

(3)沿船宽方向定位的构件,以靠近船体中线(℄)一边为理论线,如图 1 – 42 所示。

(4)位于船体中线上的构件,取其厚度中间为理论线,如图 1 – 43 所示。

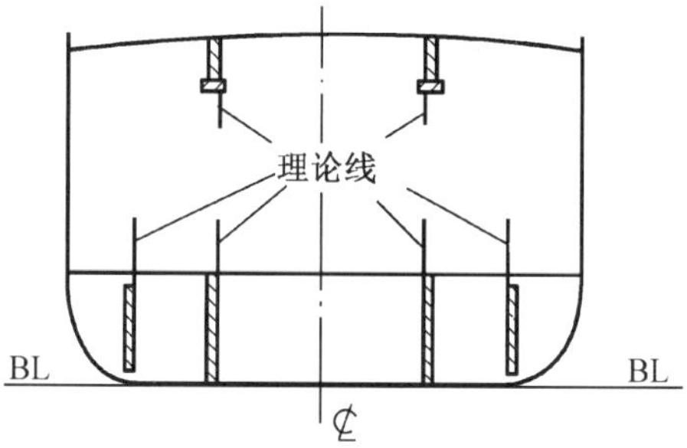

图 1－42　沿船宽方向定位的构件的理论线

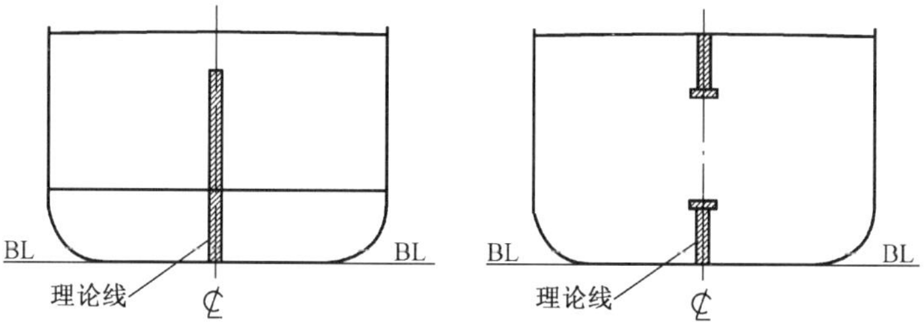

图 1－43　位于船体中线的构件的理论线

二、其他规定

下列构件或具有下列结构形式的构件,其理论线位置由下列规定确定,而与基本规定无关:

(1)不对称型材和折边板材以其背面为理论线,如图 1－41 和图 1－44 所示。

(2)封闭形对称型材,以其对称轴线为理论线,如图 1－45 所示。

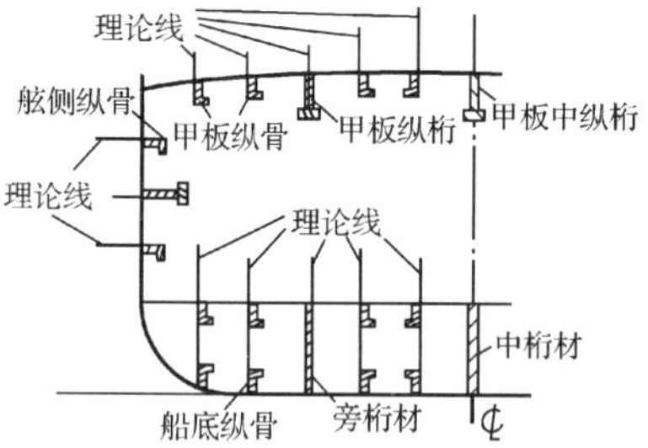

图 1－44　不对称型材的理论线

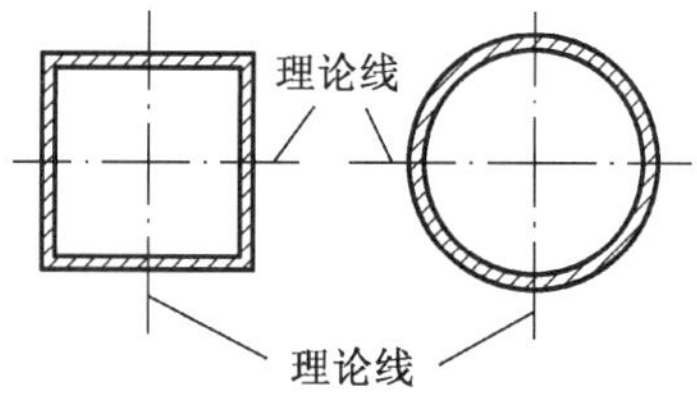

图 1－45　封闭形对称型材的理论线

(3)外板、烟囱、轴隧以板的内缘为理论线,如图 1－46 所示。锚链舱围壁以其外缘为理论线,如图 1－47 所示。

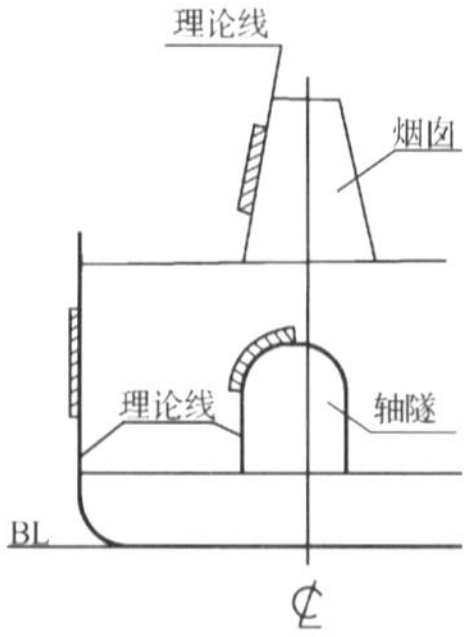

图1-46　外板、烟囱、轴隧的理论线

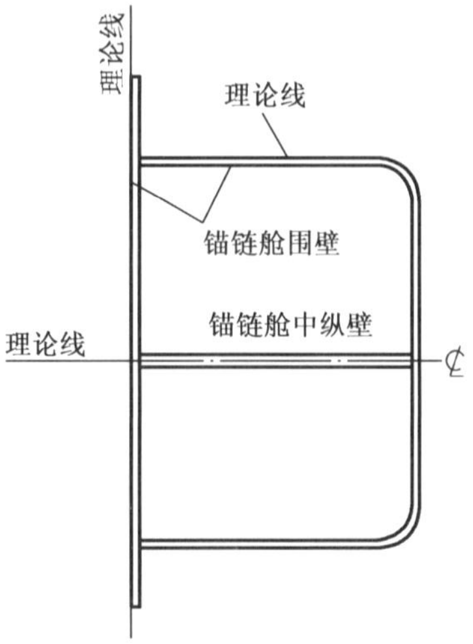

图1-47　锚链舱围壁的理论线

(4)基座纵桁腹板以靠近轴中心线一边为理论线,纵桁面板以面板下缘为理论线。与基座纵桁连接的旁桁材或旁内龙骨以及基座纵桁下的旁桁材的理论线同基座纵桁一致,如图1-48所示。

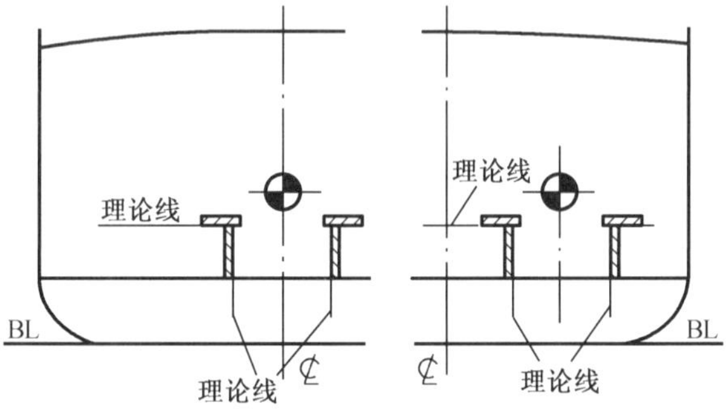

图1-48　基座纵桁的理论线

(5)舱口围板以靠近舱口中心线一边为理论线。舱口纵桁以及舱口端围板所在肋位的横梁、肋骨、肋板的理论线与舱口围板一致,如图1-41和图1-49所示。

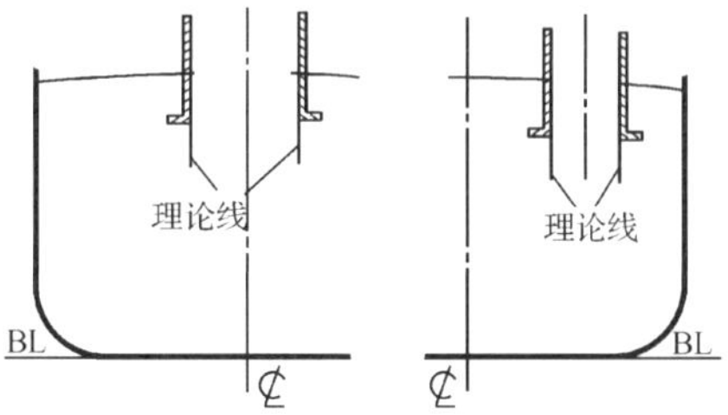

图1-49　舱口围板的理论线

(6)边水舱的纵舱壁以布置扶强材一边为理论线,如图 1－50 所示。

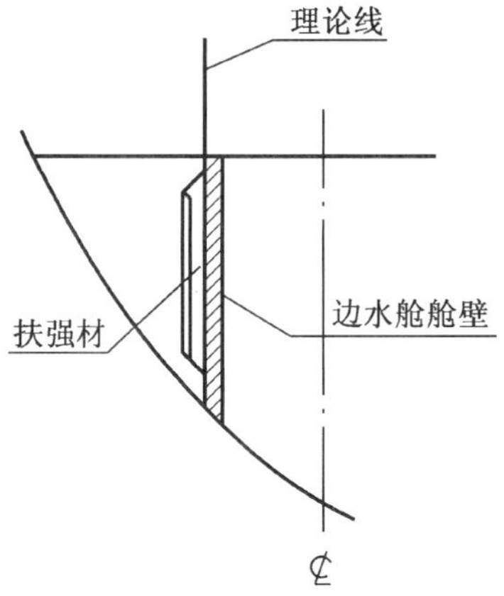

图 1－50　边水舱纵舱壁的理论线

习　　题

1. 熟悉与船体制图直接有关的常用标准。
2. 按习图 1－1,用 A_3 幅面图纸以 1∶50 的比例画出该图。

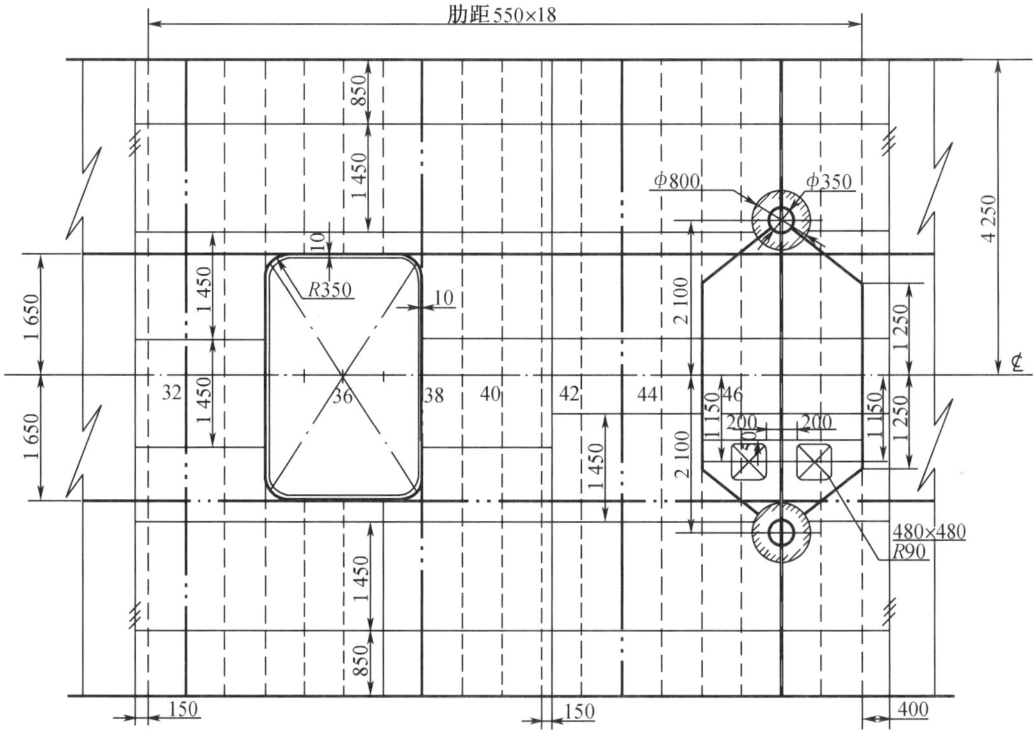

习图 1－1　图线及比例尺练习

3. 熟知尺寸标注的一般原则，掌握尺寸标准的规定。

4. 焊缝符号一般由哪几部分组成？什么叫角焊缝，角焊缝分为哪几种，角焊缝在图中如何标注？

5. 什么叫理论线？请按标准的规定，在习图 1－2 中标注出各板和型材的理论线位置。

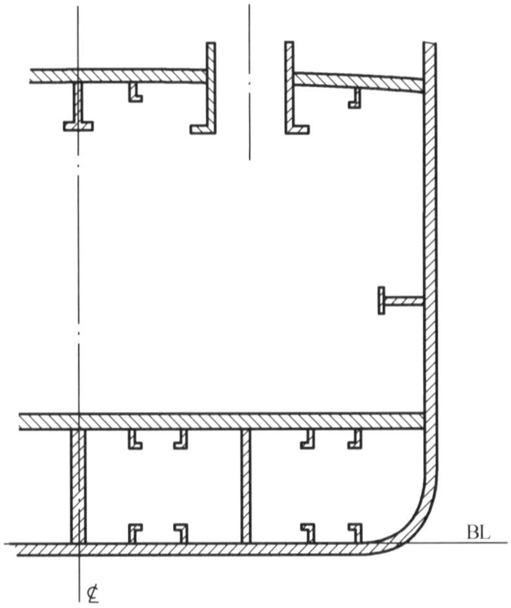

习图 1－2　理论线位置标注练习

第二章　船体型线图

船体外板和甲板所构成的表面是一个具有纵向和横向双重曲度的表面，形状复杂，它的真实形状用正投影三视图不能完整地表达。为了较准确地表达船体的形状，我们采用了剖切投影的方法——即标高投影法。如图 2 – 1 是地图中常用的标高投影法表示山的截面形状。它是以海平面作为基准面，100 m，200 m，…表示距海平面 100 m，200 m 等高处的截面形状，这样就能将山在高度方向的形状变化表示得非常清晰。

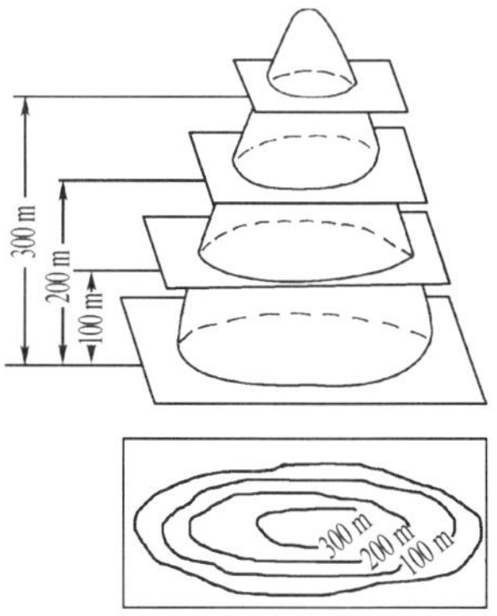

图 2 – 1　山的标高投影

船体的形状也可用标高投影法表示，只是船体形状复杂，仅用一个方向的标高投影还不能完整、精确地表示出船体各部分的形状，须在船长、船深、船宽三个方向“标高投影”，即用三个相互垂直的基本剖切平面，并分别用三组平行于这三个基本剖切平面的平面与船体相截，得到三组曲线，投影到三个投影面上，才可得到表示船体曲面形状的图样　　型线图。

金属船体的外板是由钢板构成的，钢板具有厚度，船体的外板具有内表面和外表面两层表面，而型线图所表示的曲面形状是船体外板内表面的形状。这是因为船体外板厚度在整个船上的分布是不相同的，内表面因要安装骨架，是平滑的曲面（外表面由于厚度不同，不是一个平滑的曲面）。型线图表示内表面的形状便于计算和施工。它所表示的形状与船体的真实形状相差一层外板厚度，故也称之为理论表面或型表面。

型线图是船体图样中最基本和最重要的图样之一。它除了表示船体的形状和大小之外，还是船舶设计时计算船舶的航海性能，绘制其他船体图样及船体放样工作的依据。由此可见，型线图绘制的精确程度，直接影响到船舶性能计算的准确性和船体建造的质量。因此，绘制型线图时必须十分仔细、谨慎，确保图形的精确性，以免产生误差，影响船舶建造质量。

第一节　型线图的三视图

一、三个基本剖切面

用标高投影法表示船体的形状，须先选取三个基本剖切平面。基本剖切平与船体表面的交线，应能比较清晰地反映出船体的真实外形轮廓。基于这个要求，型线图选择中线面（正投影面 V 面）、设计水线水平面（水平投影面 H 面）、中站面（侧投影面 W 面），三个面相互垂直的平面为基本剖切平面，如图 2 – 2 所示。

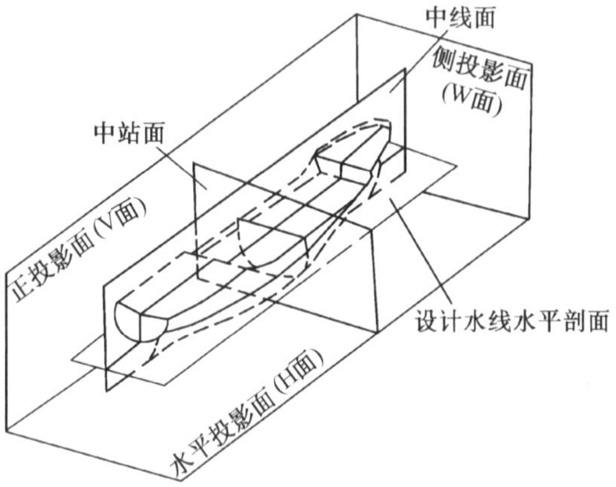

图 2－2　型线图的三个基本剖切平面

1. 中线面(平行于正投影面 V 面)

将船体分为左、右舷对称两部分,并垂直于基平面的纵向平面称为中线面。

船体制图标准规定,自船尾向船首看,左手一侧称为左舷,右手一侧称为右舷。

2. 设计水线水平剖面(平行于水平投影面 H 面)

通过船舶的设计吃水(民用船舶通常为船舶满载时的吃水线)所作的水平剖切平面,称为设计水线水平剖面。

3. 中站面(平行于侧投影面 W 面)

通过船体垂线间长的中点所作的横向垂直平面称为中站面。

中线面、设计水线水平面、中站面互相垂直,且相交,如图 2－2 所示。

二、型线图的三组型线、甲板边线、舷墙顶线及其投影

1. 纵剖面与纵剖线

型线就是船体型表面(包括其延伸部分)与剖切平面的交线。

以中线面剖切裸船体所形成的剖面,称为中纵剖面(即位于中线面处的纵剖面)。它将船体分为左、右对称的两部分。中线面与船体型表面的交线称为中纵剖线。它是由甲板中线、艏艉轮廓线及龙骨线所组成,如图 2－3 所示。

用平行于中线面的纵向剖切平面剖切裸船体所形成的剖面称为纵剖面。它与船体型表面的交线称为纵剖线,如图 2－4 所示。纵剖线在 V 面的投影常为曲线,并显示真形,表示了船体形状在船宽方向的变化规律。纵剖线在 H 面和 W 面的投影为直线,其中,中纵剖线在 H 面和 W 面的投影称为船体中线,以符号“℄”表示。

纵剖线的数量取决于船宽的大小、线型变化情况,以及对型线图精确度的要求而定。一般除中纵剖线外,还要再绘制 2～4 根纵剖线。纵剖线的间距可取船体半宽的等分值,或者取其完整后的数值,也可取水线间距的整数倍。

2. 水线面与水线

以设计水线水平剖面剖切裸船体,所形成的剖面称为设计水线面。它将船体分为水上和水下两部分。设计水线面与船体型表面的交线称为设计水线,如图 2－5 所示。通过中站面与龙骨线的交点所作的水平面称为基平面。基平面与中线面的交线,基平面与中站面的

交线均称为基线,在图样中以“BL”表示。

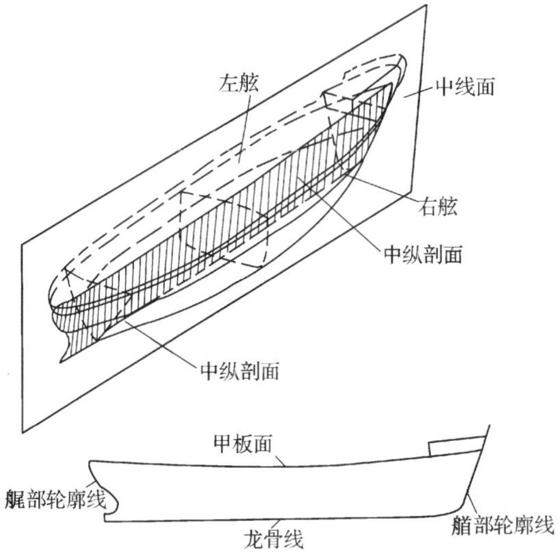

图 2－3　中纵剖面与中纵剖线

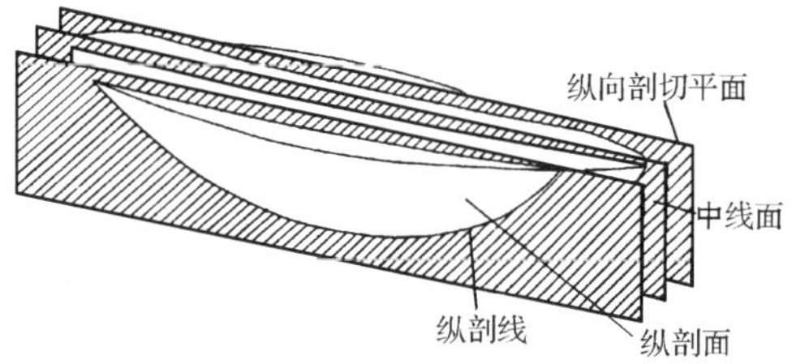

图 2－4　纵剖面与纵剖线

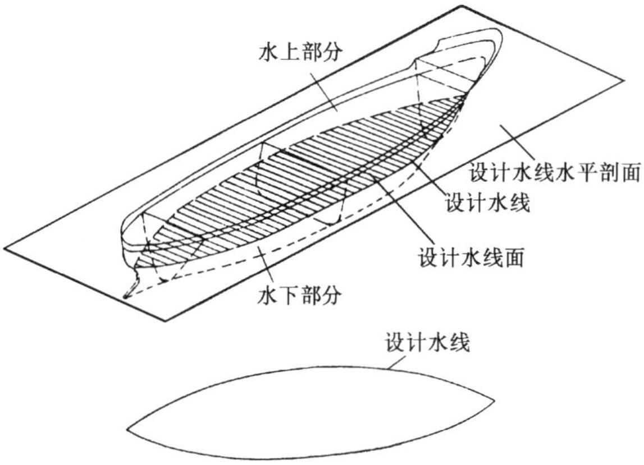

图 2－5　设计水线面与设计水线

用平行于设计水线水平剖面的剖切平面去剖切裸船体所形成的剖面称为水线面(即由水线所围成的平面)。它与船体型表面的交线称为水线。水线在 H 面的投影常为曲线,并显示真形。一组水线表示了船体形状在船深方向的变化规律,如图 2－6 所示。水线在 V 面和 W 面的投影为直线。由于船体对称于中线面,因此图中通常只绘制左舷部分水线的水平投影,参见(书末插页)图 2－12。

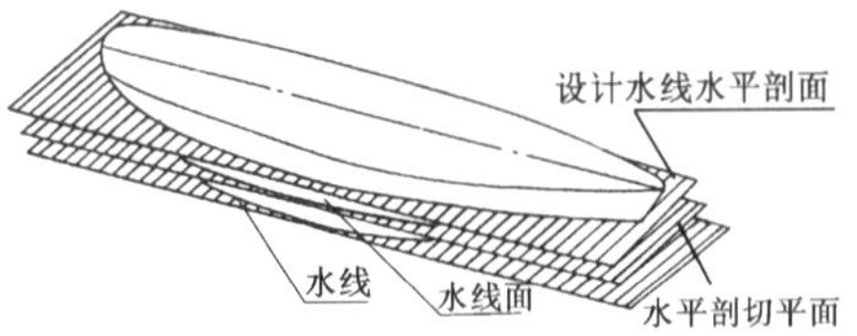

图 2－6　水线面与水线

水线的数量是根据船深和吃水的大小、线型变化的情况而确定。设计水线以下的部分,船体线型变化比较大,直接影响到船舶的航海性能,因此对形状的精度要求比较高,水线的数量可适当增加,一般不少于 6～7 根。设计水线以上的船体线型变化较平缓,所取数量较少,一般为 1～2 根。水线间距一般取设计水线的等分植,如果数字有小数,则可取完整后的数值,另外再加设计水线。

3. 横剖面与横剖线

以中站面剖切裸船体所形成的剖面为中横剖面(即位于中站面处的横剖面),它将船体分为前体和后体两部分。中站面与船体型表面的交线称为中横剖线,如图 2－7 所示。中横剖线在 V 面投影的位置用符号"⊗"表示。用平行于中站面的横向剖切平面剖切裸船体,所形成的剖切面称为横剖面,它与船体型表面的交线称为横剖线,如图 2－8 所示。横剖线在 W 面上的投影常为曲线,并显示真形。一组横剖线表示了船体形状沿船长方向变化规律。横剖线在 V 面和 H 面的投影为直线。

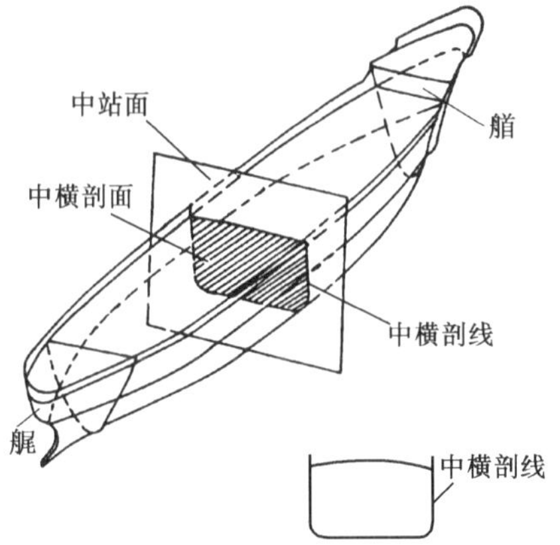

图 2－7　中横剖面与中横剖线

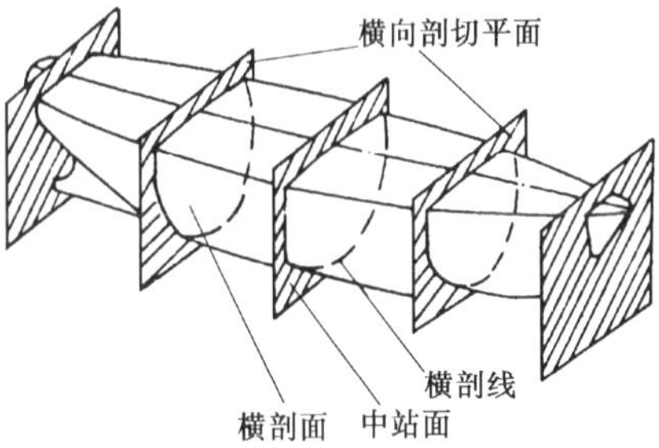

图 2－8　横剖面与横剖线

横剖线的数量通常是根据对线型要求的精确度而定,一般将船体的垂线间长 10 等分或 20 等分,即有 11 根或 21 根横剖线。两个横剖面之间的距离称为站距。在船体的首、尾两端线型变化较大,为了提高艏、艉端线型的精确性,可在艏、艉站距的 1/2 或 1/4 处再增添横剖线。由于船体对称于中线面,同时为了避免横剖线在 W 面上的投影相互重叠而影响视图的清晰,因此规定图中将中站面至艉的横剖线绘制在中线的左边,中站面至艏的横剖线绘制在中线的右边,参见书末插页图 2－12。

另外,在船体放样时还要画出平边线和平底线。所谓平边线,是船侧型表面的平面与曲面部分的分界线,亦即横剖线图上各横剖线与最大半宽线的切点所连成的光滑曲线,实际上就是半宽平面处的纵剖线,这根线在型线图上可以不画。所谓平底线,是船底型表面的平面与曲面部分的分界线,亦即横剖线图上各横剖线与船底斜升线(或基线)切点所连成的光滑曲线,如图2-9所示。平底船的平底线就是其高度为零的基线平面。对有横向底升高的船,如有底平的话,那就是沿着横向底升线的一个斜平面。

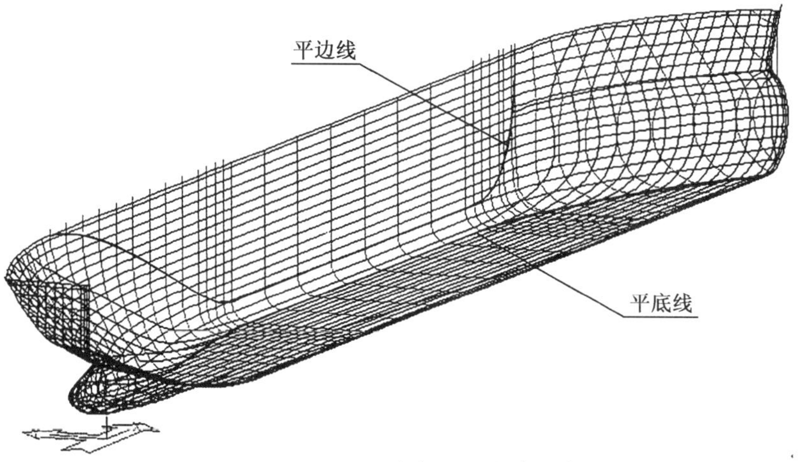

图2-9　平边线与平底线示意图

边界线,船体型表面的边缘和组成船体型表面的平面、规则曲面与不规则曲面的分界线的统称。边缘线包括艏、艉轮廓线、舷墙或甲板边线、最大横剖面线和最高水线等;分界线则有平边线、平底线、切点线、艉封板线及龙骨线等,如图2-10所示。确定边界线的目的在于为型线光顺,数控绘图和图形显示等提供各族剖面线的端点和斜率。

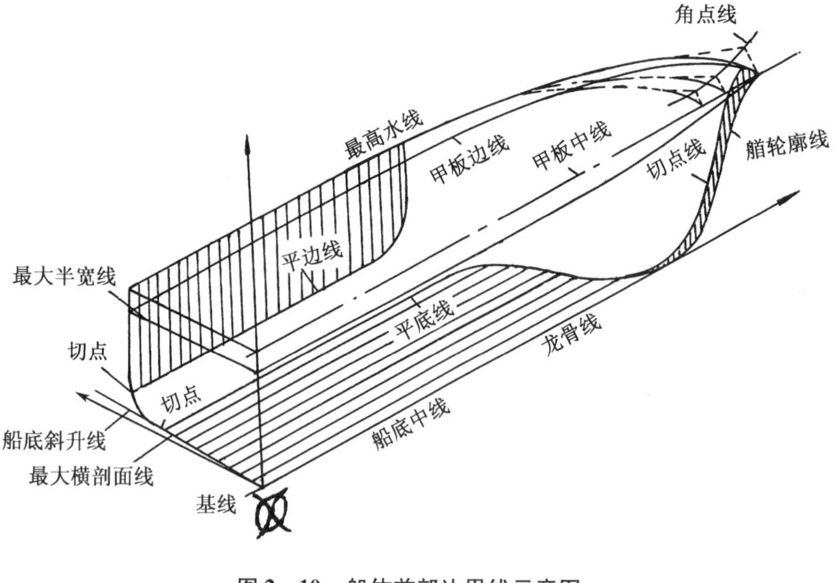

图2-10　船体首部边界线示意图

4. 甲板边线与舷墙顶线

甲板型表面与外板型表面的交线称甲板边线，即甲板型表面的边缘线。由于甲板在纵向和横向都具有一定的曲度，为复杂的曲面，而船体外板也为较复杂的曲面，因此，它们的交线通常是一根空间曲线。它在三个基本投影面上的投影都是曲线，且为非真实形状的曲线。甲板边线在 V 面的投影一般是船首与船尾部分高，中间部分低的曲线，这条曲线称为甲板舷弧。标准舷弧的作法，见附录七。舷墙顶线是表示舷墙板内表面上端边缘形状的曲线，舷墙顶线通常平行于甲板边线，故也是一根空间曲线，它在三个基本投影面上的投影都为非真实形状的曲线，如图 2－11 所示。

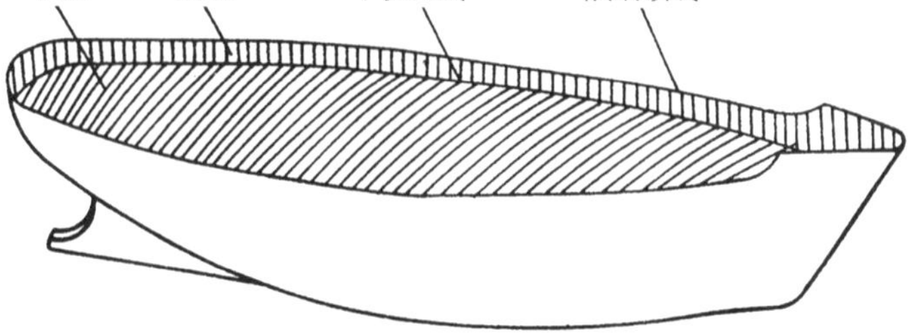

图 2－11　甲板边线与舷墙顶线

为了使各型线在三个基本投影面上的投影更易理解，现假定把三个基本投影面移出船体之外，则各型线的投影如图 2－12 所示。（见书末插页图 2－12 型线图）

三、型线图的三视图及其配置形式

型线图由纵剖线图、半宽水线图和横剖线图组成，参见图 2－12。

1. 纵剖线图

纵剖线图相当于主视图，由纵剖线、水线、横剖线、甲板边线、舷墙顶线等在 V 面上的投影所组成。在纵剖线图中，纵剖线的投影为显示船体型线真实形状的曲线，甲板边线和舷墙顶线为非真实形状的曲线，水线的投影为水平的直线，横剖线的投影为垂直的直线。水线和横剖线的投影组成了纵剖线图中的格子线。

2. 半宽水线图

半宽水线图相当于俯视图，由纵剖线、水线、横剖线、甲板边线、舷墙顶线等在 H 面上的投影所组成。在半宽水线图中，水线的投影为显示船体型线真实形状的曲线，甲板边线和舷墙顶线的投影为非真实形状的曲线，纵剖线的投影为水平的直线，横剖线的投影为垂直的直线。纵剖线和横剖线的投影组成了半宽水线图中的格子线。

3. 横剖线图

横剖线图相当于左视图，由纵剖线、水线、横剖线、甲板边线、舷墙顶线等在 W 面上的投影所组成。在横剖线图中，横剖线的投影为显示船体型线真实形状的曲线，甲板边线和舷墙顶线的投影为非真实形状的曲线，水线的投影为水平的直线，纵剖线的投影为垂直的直线。水线和纵剖线的投影组成了横剖线图中的格子线。

熟悉型线图中的型线及其投影特征，对于阅读和绘制型线图是非常重要的。为了便于记忆和理解，表 2－1 中列出了型线图的基本型线在各视图中的投影特征。

表 2 – 1　型线图基本型线的投影特征

视图名称	基本型线名称及其在视图中的投影特征				
	纵剖线	水线	横剖线	甲板边线	舷墙顶线
纵剖线图	曲线（真实形状）	水平的直线	垂直的直线	曲线（非真实形状）	曲线（非真实形状）
半宽水线图	水平的直线	曲线（真实形状）	垂直的直线	曲线（非真实形状）	曲线（非真实形状）
横剖线图	垂直的直线	水平的直线	曲线（真实形状）	曲线（非真实形状）	曲线（非真实形状）

型线图的三视图根据具体情况，在图纸上的布置通常有三种形式，如图 2 – 13 所示。

图 2 – 13(a)的布置形式适用于小型船舶，图纸需要长一些。

图 2 – 13(b)的布置形式是将横剖线图布置在纵剖线图的上方，使横剖线图中的船体中心线与纵剖线图和半宽水线图的中站线处于同一位置。这样布置，减少了图纸长度，增加了图纸宽度。

图 2 – 13(c)的布置形式是将横剖线图重叠在纵剖线图中间，使横剖线图的基线与纵剖线图的基线重合。横剖线图的船体中心线与纵剖线图的中站线重合。一般肥胖又有一段平行中体的船舶，用这种布置形式可节省图纸幅面。

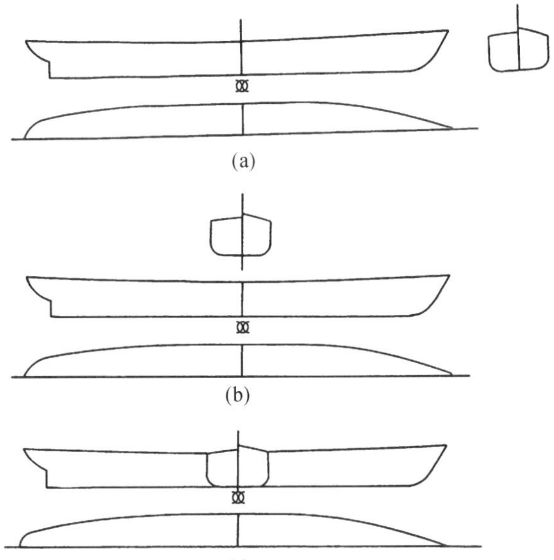
(a)

(b)

(c)

图 2 – 13　型线图的布置形式

第二节　型线的编号及标注

为了便于绘制、识读和使用型线图，对图中的每条型线都要进行编号和标注。标注时要注意整齐、美观、清晰，在格子线相交处不允许标注任何字样。具体标注方法如下：

一、纵剖线的编号与标注

纵剖线的编号方法是：以纵剖线距中线面的距离大小进行编号，如纵剖线距中线面宽1 100 mm，则该纵剖线编号即为1100纵剖线，依次称为2200纵剖线，其余类推。中纵剖线在水线半宽图和横剖线图中用船体中线符号“₵”表示。所有纵剖线的编号，在半宽水线图上标注在格子线的首尾两端，在横剖线图中标注在基线的下方，在纵剖线图上应沿着每根纵剖线的上方且标注在首尾部分，字体应尽可能与型线垂直。

二、横剖线的编号与标注

横剖线的编号方法是：从艉垂线开始至艏垂线沿船长依次用0，1，2，…，10（或20）等数字编号。在艏艉端增添$\frac{1}{4}$站或$\frac{1}{2}$站横剖线时，则用$\frac{1}{4}$，$\frac{1}{2}$，$1\frac{1}{4}$，$1\frac{1}{2}$以及$9\frac{1}{4}$，$9\frac{1}{2}$或$19\frac{1}{4}$，$19\frac{1}{2}$等表示。如果在艏艉垂线以外再增添横剖线，则艉垂线以后用$-\frac{1}{4}$，$-\frac{1}{2}$，-1等表示；在艏垂线以前用$10\frac{1}{4}$，$10\frac{1}{2}$或$20\frac{1}{4}$，$20\frac{1}{2}$等表示。

横剖线的编号在纵剖线图中，标注在基线的下方，在半宽水线图中标注在船体中线的下方，在横剖线图中标注在横剖线的上方，字体应尽可能与型线垂直。

三、水线的编号与标注

水线编号的方法是：以水线距基平面的距离大小进行编号，如水线距基平面高500 mm，则该水线编号为500WL，其余类推。水线的编号在纵剖线图和横剖线图中标注在格子线的外侧，相应的水线上方。在半宽水线图中，水线编号标注在水线艏艉部分，编号沿着型线，写在型线的上方，字体尽可能与型线垂直。

如果横剖线图重叠在纵剖线图中间，则横剖线图中的水线编号可不标注。

纵剖线图和横剖线图中的基线，用“BL”标注。

四、甲板边线、舷墙顶线的标注

甲板边线、舷墙顶线在三个视图中均以相应的文字标注在曲线上方，字体尽可能与曲线垂直。

型线编号标注时，如果型线稠密，型线间没有地方书写型线名称时，可用引出线标注在视图的外面，编号写在引出线水平线的上方。

第三节　型线图的尺寸标注

外板型表面和甲板型表面都是曲面,如果用一般方法标注定形尺寸和定位尺寸,则尺寸标注就会十分繁复。为了完整、清晰而又简便地表示船体大小和型表面的各部分尺寸,型线图中的尺寸标注采用了下列几种形式:

(1)列出船体的主尺度,表示船体外形的大小;

(2)列出型值表,提供各型线交点的坐标值,作为确定型线的定型尺寸;

(3)在视图中标注站号、水线号和纵剖线号,作为确定型线的定位尺寸;

(4)在视图中直接标注型值表中不易提供的有关尺寸。

一、船体主尺度

船体主尺度是表示船体外形大小的基本量度,通常有以下几项,如图 2-14 所示。

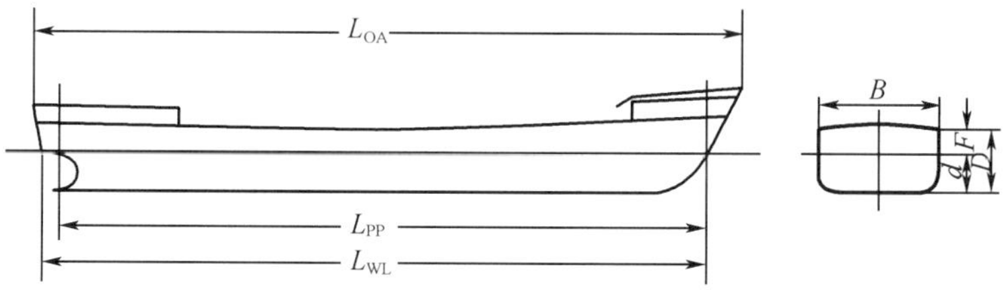

图 2-14　船体主尺度

1. 总长 L_{OA}

船体型表面(包括两端上层建筑在内)最前端和最后端之间的水平距离,称为总长,以 L_{OA} 表示。

2. 设计水线长 L_{WL}

设计水线与艏艉轮廓线交点之间的水平距离,称为设计水线长,以 L_{WL} 表示。

3. 垂线间长 L_{PP}

艏垂线与艉垂线之间的水平距离,称为垂线间长,以 L_{PP} 表示。

艏垂线是通过设计水线前端点所作的横向平面与中线面的交线。

艉垂线是根据不同船型和要求,通过某一固定点所作的横向平面与中线面的交线,这些固定点是:

(1)设计水线后端点;

(2)设计水线与舵柱后缘的交点;

(3)设计水线与舵杆中心线的交点。

4. 型宽 B

船体型表面之间垂直于中线面的最大水平距离,称为型宽,以 B 表示。

5. 型深 D

在船体中站面处,甲板边缘(无特殊说明,通常指上甲板边线)至基线间的垂直距离,称为型深，以 D 表示。

6. 吃水 d

在船体中站面处，设计水线至基线间的垂直距离，称为吃水，以 d 表示。

7. 干舷 F

在船体中站面处，型深 H 与吃水 T 的差值，称为干舷，以 F 表示。

此外，型线图中还列有梁拱高和艏、艉舷弧高等值。

二、型值与型值表

1. 型值

船体型表面的形状在型线图中是用一系列曲线来表达的，而这些曲线的投影主要是通过曲线上若干点的投影得到。点的投影可由表示点的空间位置的坐标值来确定。这些确定船体型线空间位置的各点的坐标值即称为型值。

为了确定船体型线上点的型值，通常将船体置于一个直角坐标系内，选择中线面、中站面和基平面为坐标平面，如图 2－15 所示。令船长方向为 x 轴，即中线面与基平面的交线。令船宽方向为 y 轴，即中站面与基平面的交线。令船深方向为 z 轴，即中线面与中站面的交线。三根坐标轴的交点为坐标原点 O，在这样的直角坐标系中，船体型线上任一点 A 的位置由 x_a,y_a,z_a 三个型值确定。

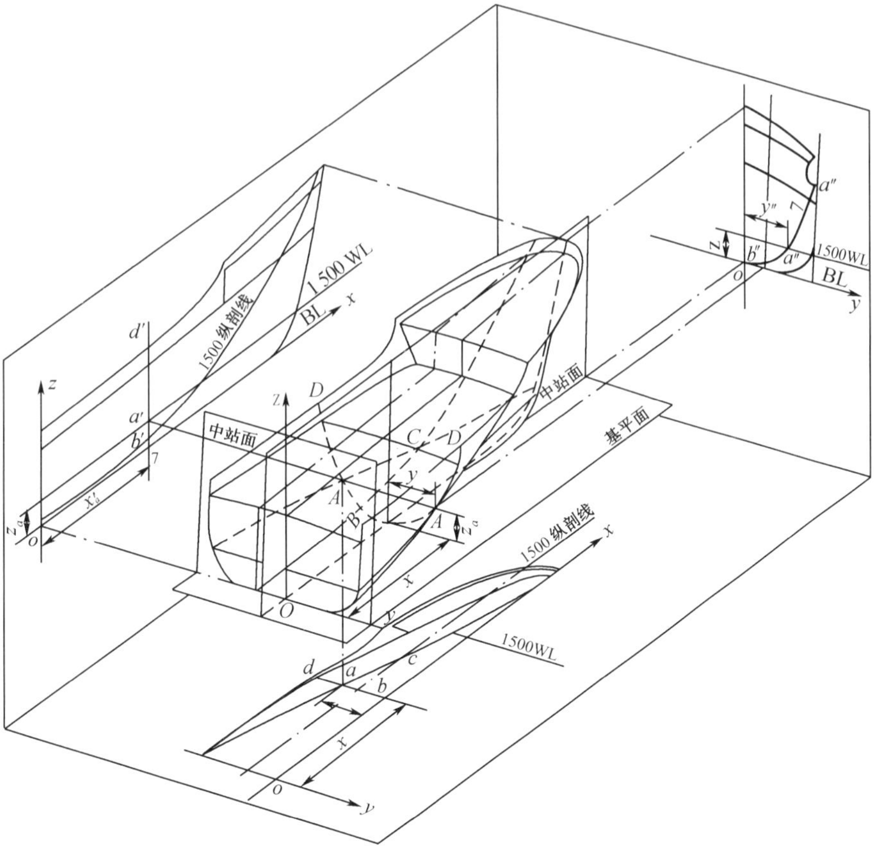

图 2－15　船体上的直角坐标系

其中　x_a——表示 A 点至中站面的距离，称 A 点的长度值；

y_a——表示 A 点至中线面的距离，称 A 点的半宽值；

z_a——表示 A 点至基平面的距离，称 A 点的高度值。

根据点的投影规律，点在某一视图（平面）中的投影，只需要 x,y,z 三个型值中的两个型值就可确定。如 A 点在纵剖线图中的投影 a'，只需要 x_a 和 z_a 就可确定，A 点在半宽水线图中的投影只需 x_a 和 y_a 就可确定，A 点在横剖线图中的投影 a''只需 y_a 和 z_a 就可确定。

由于型线图中的型线是相交的，它们的交点是相交型线的共有点。如果提供 A，B 两型线交点的型值，则这些型值既可用来确定 A 型线，又可用来确定 B 型线。这样就可以做到提供有限的型值而能确定全部型线。

2. 型值表

型值表是记录型线图上各型线交点型值的表格，见表 2－2。型值表常分为两部分，在型值表的左边部分，表中第一横栏提供了某一站号的横剖线与各水线、甲板边线、舷墙顶线交点的半宽值。表中的第一纵栏则表示了每根水线或甲板边线、舷墙顶线与各横剖线交点的半宽值。在型值表的右边部分，表中的每一横栏提供了某一站号的横剖线与各纵剖线、甲板边线、舷墙顶线交点的高度值。表中的每一纵栏则表示了某根纵剖线或甲板边线、舷墙顶线与各横剖线交点的高度值。

横剖线与纵剖线交点的半宽值以及横剖线与水线交点的高度值，已由纵剖线距中线面的距离以及水线距基平面的距离确定，是一个定值，为此型值表中不再提供。

型值表提供的只是横剖线与其他型线交点的半宽值和高度值，而其长度值则由横剖线编号（即站号）确定，也是一个定值。因为某一站离中站面的距离是确定的。如 3 号横剖线（以 10 站为例）离中站面 2 个站距，而站距为$\frac{L_{pp}}{10}$，所以 3 号横剖线与其他型值交点的长度值是$2\times\frac{L_{pp}}{2}$，其余类推。

由此可见，型值表完整地提供了各型线交点在 x,y,z 三个方向的型值（坐标值），这些型值表达了型线交点在视图中的位置，并由此确定了各型线在视图中的投影。

3. 艏、艉尺寸

艏、艉尺寸是表示艏、艉轮廓线的大小。它是以其与水线、横剖线、甲板边线、舷墙顶线等交点坐标值，这些尺寸不便在型值表中列出，而直接以尺寸的形式标注在视图中，参见图 2－12。

表 2－2　型值表

站号	半宽值/mm															高度值/mm							
	船底	250 WL	500 WL	1000 WL	1500 WL	2000 WL	2500 WL	设计水线	3000 WL	3500 WL	上甲板边线	艉楼甲板边线	艏楼甲板边线	外板顶线	舷墙顶线	1000纵剖线	2000纵剖线	3000纵剖线	上甲板边线	艉楼甲板边线	艏楼甲板边线	外板顶线	舷墙顶线
艉封板	—	—	—	—	—	—	—	—	420	1390	2280	3080	—	3080	—	—	—	—	4170	6270	—	6345	—
0	—	—	—	—	—	—	180	845	1235	2075	2850	3615	—	3615	—	2890	3450	4300	4100	6200	—	6275	—
$\frac{1}{2}$	80	100	125	160	235	360	1000	1600	2010	2750	3360	4010	—	4010	—	2500	2990	3720	4070	6170	—	6245	—
1	100	340	500	675	905	1295	1900	2395	2695	3300	3810	4200	—	4200	—	1240	2580	3250	4050	6150	—	6225	—
$1\frac{1}{2}$	380	875	1149	1500	1890	2260	2710	3050	3250	3690	4050	4250	—	4250	—	360	1700	2750	4020	6120	—	6195	—
2	950	1530	1900	2140	2792	3100	3390	3550	3670	3920	4150	4250	—	4250	—	60	580	1850	4000	6100	—	6195	
3	2400	2890	3290	3740	3970	4075	4140	4165	4190	4220	4250	—	—	—	4250	50	99	300	4000		—	—	5450
4	3250	3625	3900	4200	4245	4250	4250	4250	4250	4250	4250	—	—	—	4250	50	99	180	4000		—	—	4900
5	2210	3160	3610	3975	4160	4240	4250	4250	4250	4250	4250	—	—	—	4250	50	100	198	4000		—	—	4900
6	1580	2220	2690	3220	3560	3800	3950	4010	4050	4120	4190	—	—	—	4250	50	160	790	4020		—	—	4950
7	615	1300	1740	2260	2650	2980	3205	3340	3420	3580	3800	—	—	—	4090	180	740	2050	4170		—	—	5100
8	200	540	840	1260	1600	1910	2175	2340	2440	2660	3150	—	—	—	3690	680	2170	4190	4440		—	—	5350
$8\frac{1}{2}$	120	300	451	760	1050	1315	1575	1745	1840	2090	2675	—	3780	—	3880	1420	3320	5230	4610	—	—	—	6200
9	100	151	251	440	605	790	980	1100	1200	1330	2110	—	3200	—	3330	2530	4600	6360	4790	—	6690	—	6900
$9\frac{1}{2}$	80	100	110	190	260	350	470	560	640	810	1510	—	2500	—	2705	3990	6030	—	5030	—	6880	—	7210
10	—	—	—	—	—	—	—	70	135	275	840	—	1740	—	1960	5690	—	—	5240	—	7140	—	7555

第四节　型线图的绘制方法

型线图是根据船体主尺度、型值表以及艏、艉尺寸来绘制的,现以图 2 – 16 所提供的有关数据来介绍型线图的画法。

一、选取比例和决定布图形式

1. 选取比例

型线图采用的比例通常有 1∶25,1∶50,1∶100,1∶200 等几种,选用时主要根据对型线精度的要求和船舶尺度的大小而定。一般来说,型线精度要求高或船舶尺度较小,比例应选大些,船舶尺度较大或型线精度要求低,比例可选小些。

2. 决定布图形式

视图的布置形式,主要根据船舶尺度大小和线型变化情况而定,通常尺度大或线型变化大的船舶可采用分离布置。对于图 2 – 16 提供的数据,该货轮属小型船舶,且线型变化比较大,故考虑选择采用分离布置的形式。

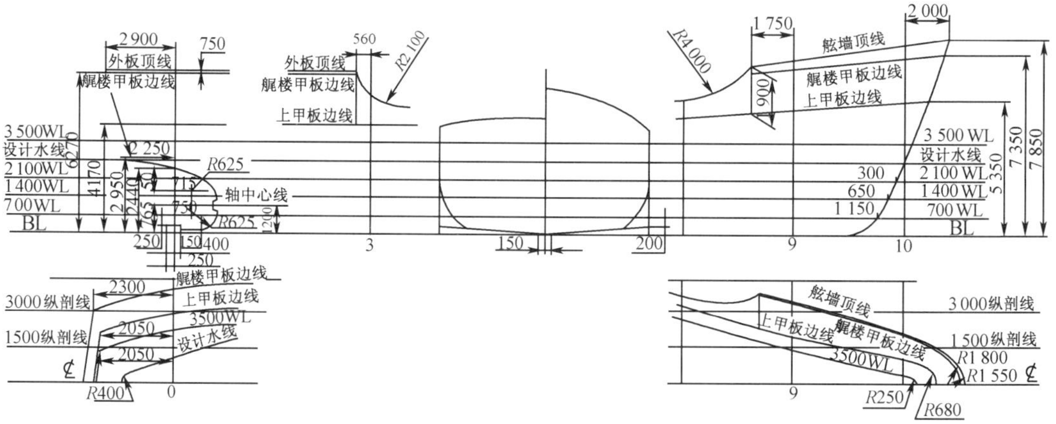

图 2 – 16　某船主尺度、型值表及其他尺寸

二、画格子线

格子线是型线图的三组基本型线在视图中的投影。型线图的绘制精度,在很大程度上取决于格子线的绘制是否精确,下面以图 2 – 16 提供的主尺度及其他尺寸为例,介绍绘制格子线的方法和步骤。

1. 作纵剖线图的基线

根据视图布置的形式和船体主尺度,在图纸上合理地布置视图的位置,画出纵剖线图的基线。基线为格子线的基准线,要求要十分平直,如图 2 – 17 所示。画基线可用钢直尺或丁字尺。为保证基线的精确,应先对直尺或丁字尺的边缘进行检验,检验方法如图 2 – 18 所示,先将尺放在位置Ⅰ,画一根直线,并分别在尺和直线上标出记号 A 和 B,然后将尺旋转 180°放在Ⅱ位置,使尺与直线上的记号仍对齐,画第二根直线,如果两直线相互吻合,则表明尺的边缘平直可用,如果不完全吻合,则表明尺的边缘不平直,不宜使用。

主　尺　度

总　　长	49.90 m	型　深	4.00 m
垂线间长	45.00 m	吃　水	2.80 m
型　　宽	8.50 m	梁拱高	0.17 m

型值表

站号	半宽值/mm										高度值/mm						
	700WL	1400WL	2100WL	设计水线	3500WL	上甲板边线	艉楼甲板边线	艏楼甲板边线	外板顶线	舷墙顶线	1500纵剖线	3000纵剖线	上甲板边线	艉楼甲板边线	艏楼甲板边线	外板顶线	舷墙顶线
艉封板	—	—	—	—	1390	2280	3080	—	3080	—	3600	6100	4170	6270	—	6345	—
0	—	—	—	850	2080	3620	—	3620	—	3620	3180	4390	4100	6200	—	6275	—
1	560	860	1410	2400	3300	3810	4200	—	4200	—	2150	3250	4050	6150	—	6225	—
2	2150	2720	3150	3550	3920	4150	4250	—	4250	—	250	1850	4000	6100	—	6175	—
3	3520	3940	4100	4170	4220	4250	—	—	—	4250	80	300	4000	—	—	—	5450
4	4100	4200	4250	4250	4250	4250	—	—	—	4250	80	180	4000	—	—	—	4900
5	3770	4110	4250	4250	4250	4250	—	—	—	4250	80	200	4000	—	—	—	4900
6	2930	3500	3810	4000	4120	4190	—	—	—	4250	80	790	4020	—	—	—	4920
7	1960	2580	3020	3340	3580	3800	—	—	—	4080	370	2050	4170	—	—	—	5070
8	1020	1530	1950	2340	2660	3150	—	—	—	3600	1370	4190	4440	—	—	—	5350
9	320	560	810	1090	1460	2110	—	3200	—	3330	3580	6360	4790	—	6690	—	6940
10	—	—	—	70	280	840	—	1740	—	1960	6620	—	5240	—	7140	—	7560

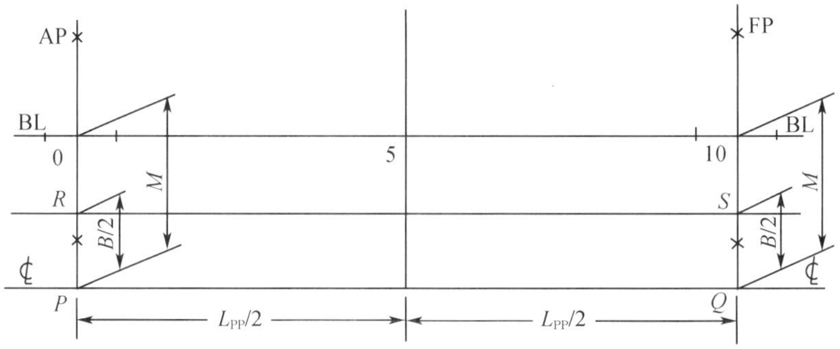

图 2-17　作格子线(一)

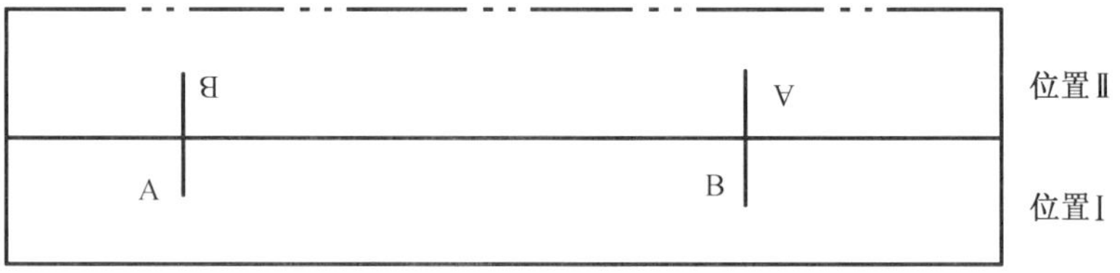

图 2-18　检验直尺的方法

2. 作艏、艉垂线和中站线

先根据艉端点至艉垂线的距离(本例为 2 900 mm),及总长 L_{OA} 的尺寸,在基线上确定艉垂线点(即 0 站位置),再用比例尺量取垂线间长 L_{PP} 以确定艏垂线点(即第 10 站或第 20 站位置),然后用比例尺量取 $\frac{1}{2}L_{PP}$ 确定中站线点(即第 5 站或第 10 站的位置,本图为第 5 站)位置,过此三点作基线的垂直线,并延长至半宽水线图的位置,如图 2-17 所示。

量取 L_{PP} 时,不能用站距叠加的方法,必须用整个比例尺来量取,以减少积累误差,保证垂线间长的准确性。量取 $L_{PP}/2$ 时,要先从艉垂线点量取 $L_{PP}/2$,确定出中站线的临时点,再从确定的临时点量到已确定的艏垂线点,是否正好是 $L_{PP}/2$,以保证中站线点的精确性,如图 2-17 所示。

3. 作半宽水线图的船体中线和型宽线

根据半宽水线图的布图位置,在艏、艉垂线上用分规或三角尺自基线起量取相同距离(如 M),得船体中线与艏、艉垂线的交点(如图 2-17 中的 QP 点),并从这两点沿艏、艉垂线向上量取 $B/2$(B 为型宽),得型宽线上两点(如 S,R 点)。用直尺或丁字尺分别连接 P,Q 和 S,R 各点,即得船体中线和型宽线,如图 2-17 所示。

4. 作纵剖线图和半宽水线图的站线

在纵剖线图的基线和半宽水线图的船体中线上,根据型值表的站数(本例为 10 站)等分垂线长 L_{PP},以确定各站线的位置。等分时,可用分规量取站距 ΔL_{PP}(本例 $\Delta L_{PP}=L_{PP}/10$)从艉垂线起沿基线进行。如果用 ΔL_{PP} 逐段叠加量得的 L_{PP} 与原先用比例尺量得的 L_{PP} 不一致时,应把不足或多余部分等分成与站数相同的份数,用这个等分值修正站距 ΔL_{PP},用修正后的 ΔL_{PP} 再等分垂线间长 L_{PP},直到两者一致为止。然后用修正后的 ΔL_{PP} 沿半宽水线图的船体中线等分 L_{PP},连接基线和船体中线上的对应各点,得纵剖线图和半宽水线图中的各站线,如图 2-19 所示。

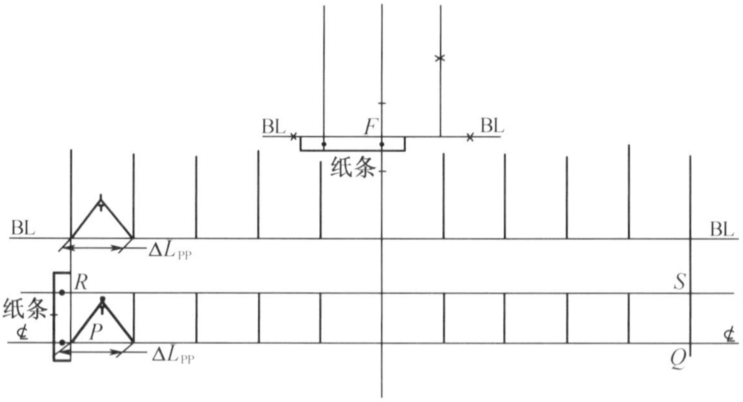

图 2－19 作格子线(二)

5. 作横剖线图的船体中线、基线和型宽线

将纵剖线图的中站线(本例为 5 号站线)向上延长作为横剖线图的船体中线。根据横剖线图的布图位置,在船体中线上取一点 F,过 F 点作船体中线的垂线,作为横剖线图的基线,再以 F 点为起点,沿基线用分规或纸条向左、右量取 $B/2$ 的距离得两点,过此两点分别作基线的垂线,即为横剖线图的型宽线,如图 2－19 所示。

纸条是绘制船体图样时移取尺寸的常用工具,通常在质地较好的纸张上用锋利的刀片沿着直尺裁得,纸条宽约 8 ~ 10 mm,长度视移取尺寸大小而定。使用时,先将纸条的一边紧靠半宽水线图中的 0 号站线(也可紧靠 10 号或 20 号站线),在纸条上录下 PR 或 QS 两点间的距离,即 $B/2$,然后将纸条移至横剖线图的基线上,向 F 点的左右各录下 $B/2$ 的距离,这样可以保证横剖线图与半宽水线图的半宽值一致,若用尺量取 $B/2$ 距离,会使两次量取的数值有误差,影响精度。

6. 作纵剖线图和横剖线图的水线

在纵剖线图中,以基线为准,沿艉垂线量取设计吃水的距离,并用水线间距(本例为 700 mm)等分(与作站线的等分方法相同),得设计水线及其他各水线的分点,用纸条或分规移取尺寸,在艏、艉垂线和横剖线图中的型宽线上,录下各水线点,用直尺连接对应点,即得纵剖线图和横剖线图中的各水线,如图 2－20 所示。

7. 作半宽水线图和横剖线图的纵剖线

在半宽水线图中以船体中线为准,沿 0 号站线向上量取邻近舷侧的纵剖线距中线面的距离(本例为 3 000 mm),并用纵剖线间距(本例为 1 500 mm)等分,得各纵剖线的分点,再用纸条或分规将各分点移至 10 号站线或 20 号站(本例为 10 站)和横剖线图上的基线及最高水线上,用直尺连接对应各点即得半宽水线图和横剖线图上的各纵剖线,如图 2－21 所示。

8. 检验格子线

格子线底稿画好后,需对其精度进行检验。格子线的检验可从两方面进行。

(1)检验对应的格子线间距在三个视图中是否相等,即纵剖线图与半宽水线图的站距是否相等;半宽水线图与横剖线图的纵剖线间距是否相等;横剖线图与纵剖线图的水线间距是否相等。检验可用分规或纸条进行。

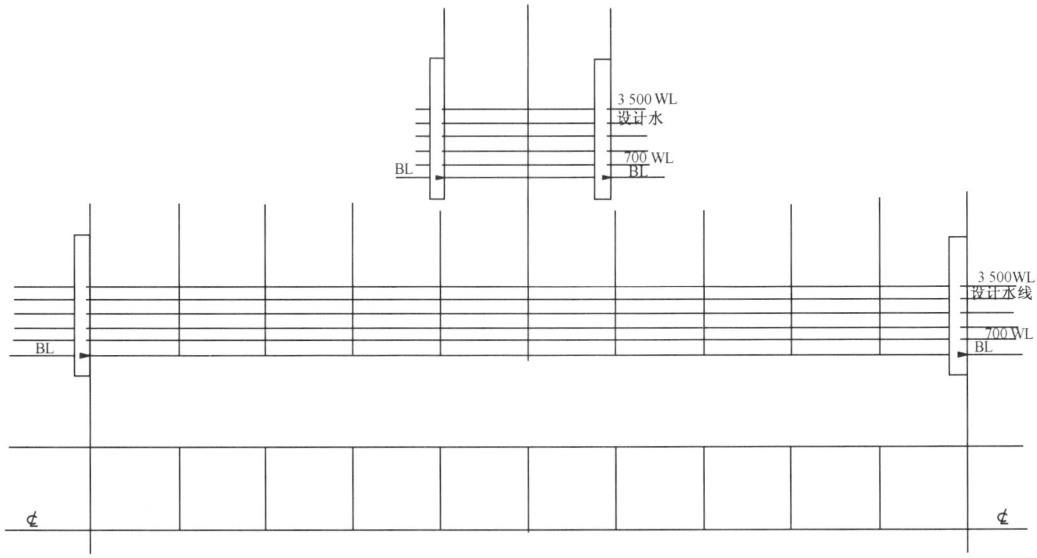

图 2－20　作格子线(三)

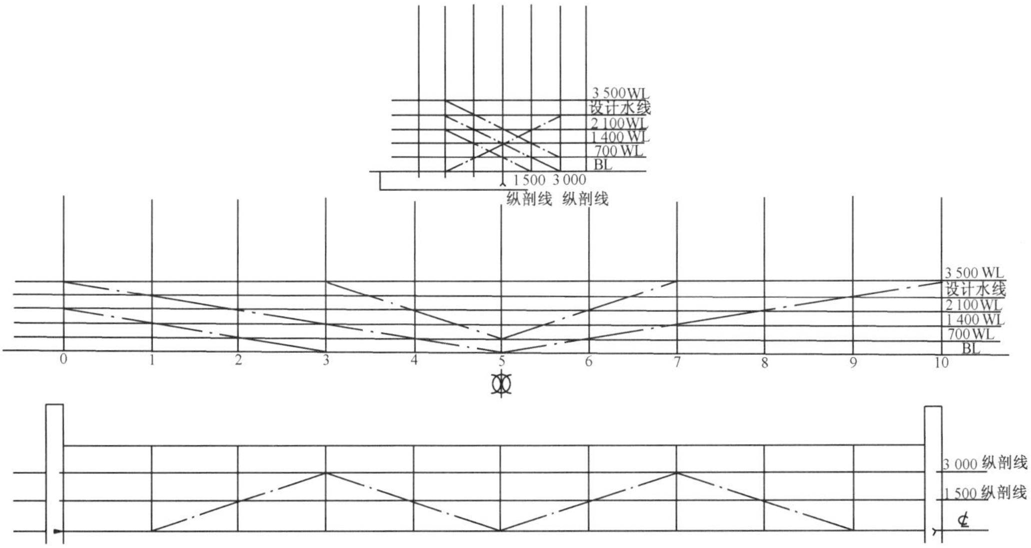

图 2－21　作格子线(四)

(2)检验格子线的平行和垂直。由于纵剖线之间、站线之间及水线之间的间距各自相等,相互又都垂直或平行,所以格子线可以看作由许多矩形所组成。根据矩形对角线必通过两中线交点的原理,格子线的平行和垂直可用对角线法来检验,如图 2－21 所示。如对角线不能通过两中线交点,则需找出原因,加以纠正。

9. 格子线上墨

为了避免绘制型线时因修改型线而将格子线擦掉,所以格子线需要上墨线。为了便于识别,通常设计水线、船体中线和基线可用红色墨水绘制,其他线条可用蓝色或黑色墨水绘制。为了保证型线图的精确性,格子线要尽量画得匀细,通常线条宽度不超过 0.1 mm 或更细,墨线与铅笔线底稿必须重合,以免破坏格子线的精度。墨线上完后,用铅笔写上格子线的编号,以免绘制型线时搞错。

三、绘制型线

1. 绘制纵剖线图的龙骨线及艏、艉轮廓线

如果是水平龙骨,则龙骨线与基线重合,不必专门绘制(本例为水平龙骨)。如果是倾斜龙骨,则龙骨线根据所给出的倾斜尺寸绘制。

艏、艉轮廓线可根据提供的有关尺寸,用比例尺量取,得各点,再用船用曲线板光顺连接各点,得艏、艉轮廓线,如图 2－22 所示。

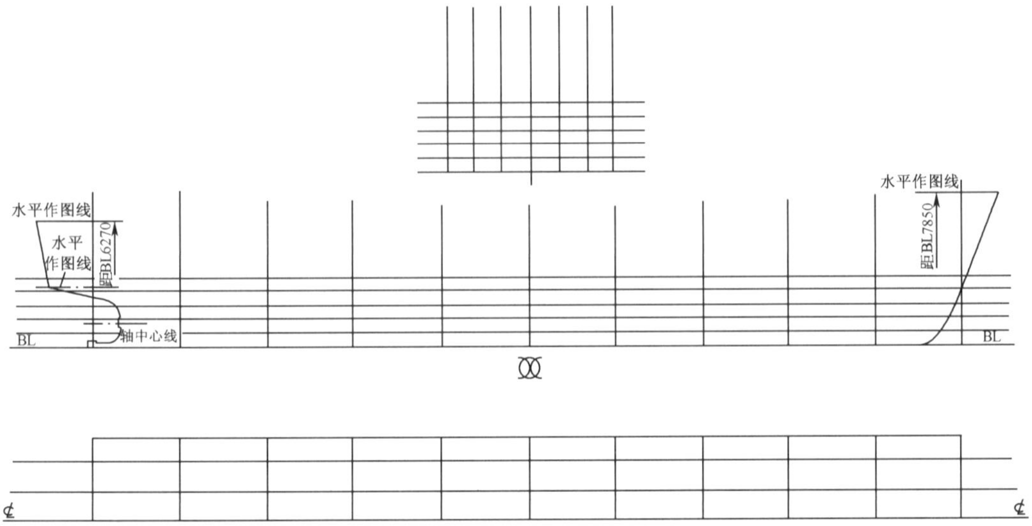

图 2－22　绘制龙骨线、艏艉轮廓线

船用曲线板是绘制船图中曲线的专用工具,通常由 85 块形状各异、大小不一的曲线板组成一套,用赛璐珞或塑料等材料制成。使用曲线板绘制曲线时,应使曲线板的边缘尽可能多的通过曲线上各点。如果曲线板边缘不能一次通过曲线上各点时,可分几段逐段绘制。但必须注意,每次绘曲线,曲线板边缘至少应通过曲线上三点,并且在绘制下一段曲线时,必须使曲线板的边缘与上一段曲线重合一部分,以保证整条曲线的光顺。

2. 绘制纵剖线图的外板顶线和舷墙顶线

根据型值表右边部分外板顶线和舷墙顶线纵栏的高度值,用比例尺沿纵剖线图的每根站线从基线向上量取其型值,得外板顶线和舷墙顶线上各点。利用压条或曲线板光顺连接各点,得纵剖线图的外板顶线和舷墙顶线,如图 2－23 所示。

压条也是绘制船体曲线的专用工具,通常断面为矩形,长为 0.5～2.0 m,用弹性较好的木材或塑料制成。压条主要用来绘制长而曲率较小的曲线,连接这类曲线,用压条比用曲线板方便,画出的曲线也比较光顺。但是,用压条绘制短而曲率较大的曲线,易使压条折断或产生变形。

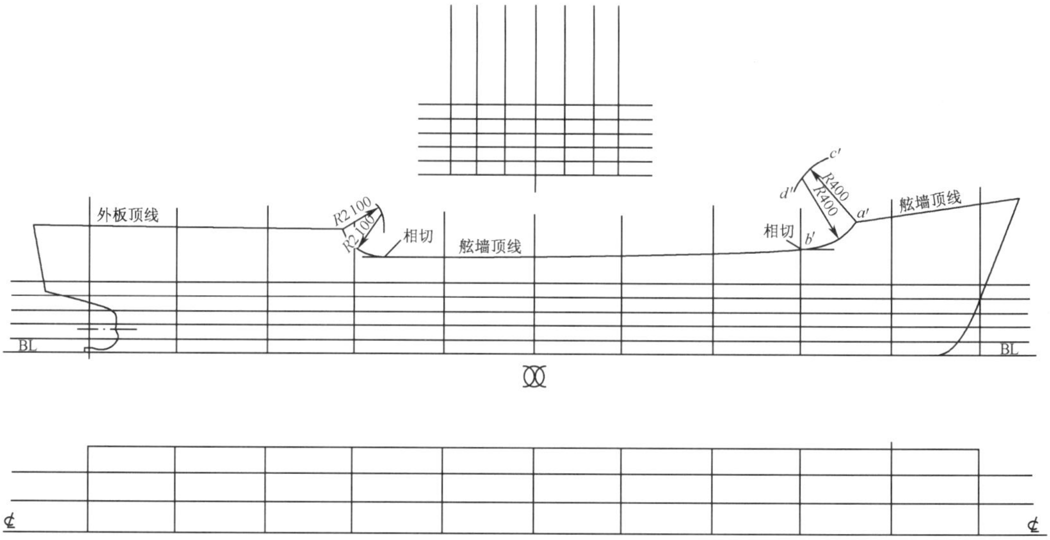

图 2－23　绘制纵剖线图的外板顶线、舷墙顶线

压条需要与压铁配合使用。压铁通常用钢、铸铁或铅制成，压铁的一端镶有钩子，使用时把钩子的端部压在压条上，以使压条处于所需要的位置，如图 2－24 所示。使用压条绘制曲线时，一般从曲线的中间压向两端，待全部压好后，用眼睛沿着压条观察，如果曲线光顺，则用铅笔沿着压条画出曲线。如果曲线不光顺，则需对不光顺处的个别交点的型值进行修改，直至曲线光顺。

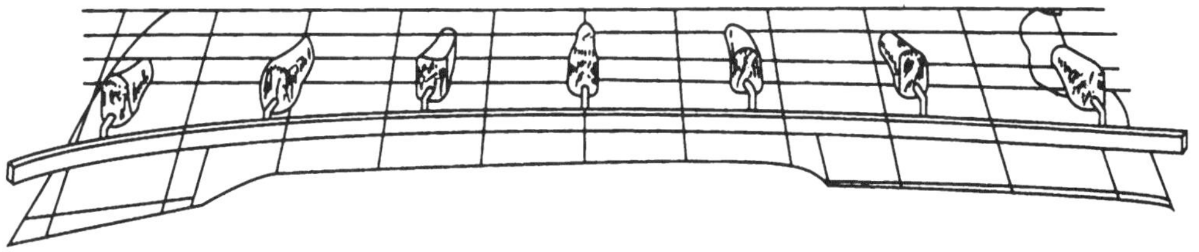

图 2－24　用压条绘制曲线的方法

舷墙顶线高低过渡的连接曲线及外板顶线与舷墙顶线过渡曲线（本例为圆弧）的作法是：先以 a' 点为圆心，连接圆弧半径值为半径作圆弧 $\widehat{c'd'}$，然后用同一圆规沿 $\widehat{c'd'}$ 圆弧移动，再作圆弧与低处舷墙线相切，如图 2－23 所示。

3. 绘制半宽水线图的外板顶线和舷墙顶线

根据型值表左边部分外板顶线和舷墙的半宽值，用比例尺沿各站线量取型值，得外板顶线、舷墙顶线与各横剖线的交点在半宽水线图上的投影。外板顶线、舷墙顶线与船体中线的交点，可根据投影规律，从纵剖线图中求得（用纸条或分规量取），如图 2－25 所示。再根据型线艏端的圆弧半径和艉端形状的有关尺寸（或艉端圆弧半径）画出艏端圆弧和艉端形状（或艉端圆弧），然后用压条压出曲线并与艏端圆弧相切（若艉端也为圆弧，也应与艉端圆弧相切）。等检查光顺后，画出曲线。

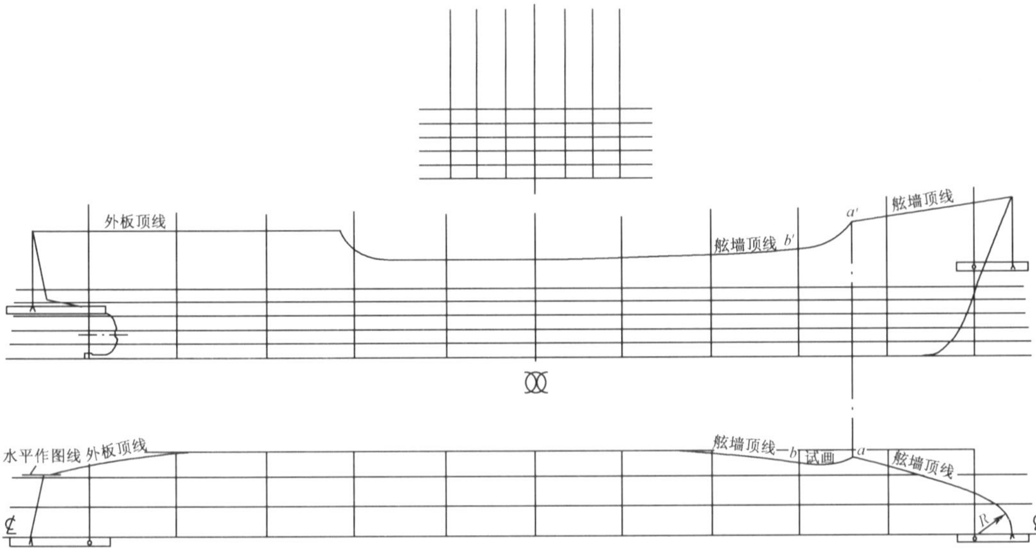

图 2-25 绘制半宽水线图的外板顶线、舷墙顶线

舷墙顶线宽狭过渡曲线的作法是:将突变点 a' 和切点 b',投影到半宽水线图中的舷墙顶线上得 a,b 两点,然后根据 a,b 两点用曲线板先试画一曲线,使舷墙顶线宽狭处得到光顺过渡。曲线的最后确定,要在绘制横剖线图中舷墙顶线时,再根据点的投影规律而定。

4. 作横剖线图的中横剖线、外板顶线和舷墙顶线

根据型值表左边部分中横剖线(本例为 5# 横剖线)横栏中的半宽值,在横剖线图上用比例尺沿各水线量取得各点,然后再根据船底升高值(本船为 200 mm)作船底线(如无升高值则船底与基线重合),用曲线板光顺地连接各点,底部曲线应与船底线相切,舷部曲线应与最大半宽线相切,如图 2-26 所示。

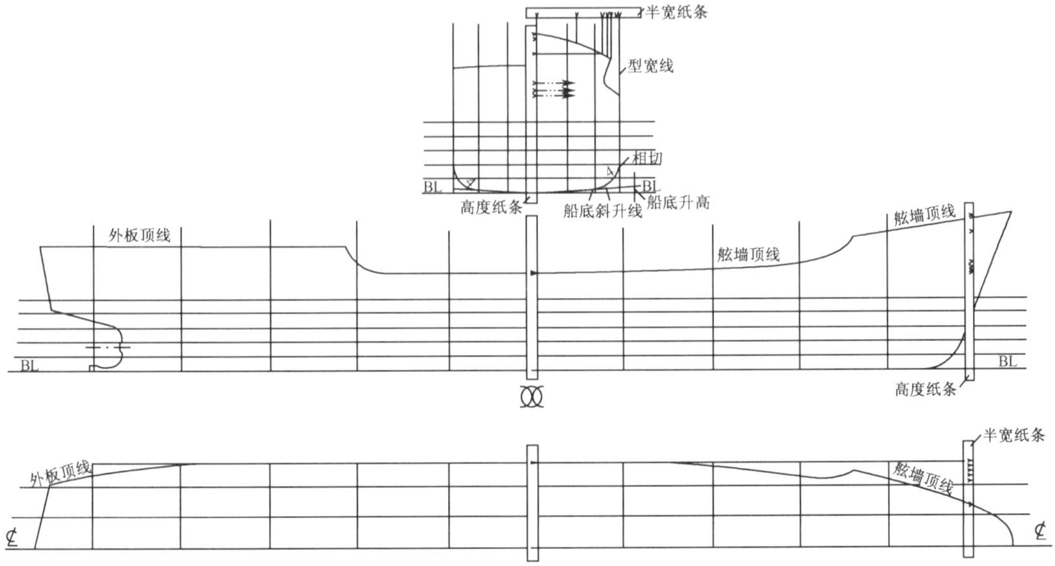

图 2-26 绘制横剖线图的中横剖线、舷墙顶线

在前面步骤2和步骤3中,已使用过型值表中甲板边线和舷墙顶线的半宽值和高度值,在绘制横剖线图的外板顶线和舷墙顶线时,只能从纵剖线图和半宽水线图进行投影而得,不能再利用型值表中已使用过的型值了。在绘制型线图时,凡用比例尺量过一次的型值,不能再量第二次。这是因为有两个原因:第一要保证点的投影一致性,因为第一次量取的型值,可能在连接曲线时,为了满足曲线的光顺性,对某些型值进行了修改,如果第二次仍用比例尺按型值表量取时,则会造成两个视图的型值不相等,而使点的投影不一致;第二要保证型线图的精确性。在用比例尺量取型值时,其第三、四位读数一般都是估计的,如果两次使用比例尺量取,则前、后两次估计的读数往往会有些误差,降低了型线图的精确性。因此,必须用纸条在第一次量过的地方录下型值,具体作法如下:

(1)用纸条在纵剖图中量取外板顶线及舷墙顶线与各横剖线及艏、艉轮廓线交点的高度值,并编好号码。再把纸条搬移至横剖线图的船体中线上,点下各点,编好号。过艏部横剖线各点向右作水平线,过艉部横剖线各点向左作水平线(该水平线是绘图的辅助线,应画淡一点,以防止过后不易擦掉)。

(2)再用纸条在半宽水线图上量取外板顶线及舷墙顶线与各横剖线交点的半宽值,编好号码,再把纸条搬移至横剖线图上,沿着上述所作对应的水平线上量取半宽值,得到各点,用曲线板连接各点就得到外板顶线及舷墙顶线在横剖线图上的投影。

舷墙顶线高低过渡曲线的画法是:根据纵剖线图上突变点 a' 和切点 b' 的高度值及半宽水线图上 a,b 点的半宽值求得横剖线图上的 a'',b''点。然后在纵剖线图的过渡圆弧线上任定一点 c',根据投影规律在半宽水线图上求得 c 点,并由 c,c'两点按点的投影规律在横剖线图上求得 c'',将 $a''c''b''$ 连成光顺曲线,如图2-27所示。如果通过 c''不能使 $a''c''b''$连成光顺曲线,则可使 c''的高度值不变,而修改其半宽值,使 $a''c''b''$曲线光顺,然后根据光顺曲线上的 c''的半宽值修改半宽水线图上的 c 点,画出 abc 曲线。如果 abc 曲线也不能连成光顺时,则可再放弃 c 点而将曲线连接光顺,再根据新的 c 点半宽值修改横剖线图中的 c''点,这样反复修改直至两视图中的曲线光顺,投影一致为止。在纵剖线图的过渡弧上定的点多,绘制的过渡曲线的精度就高。由于过渡曲线通常较短,所以一般定出1~2点即可。

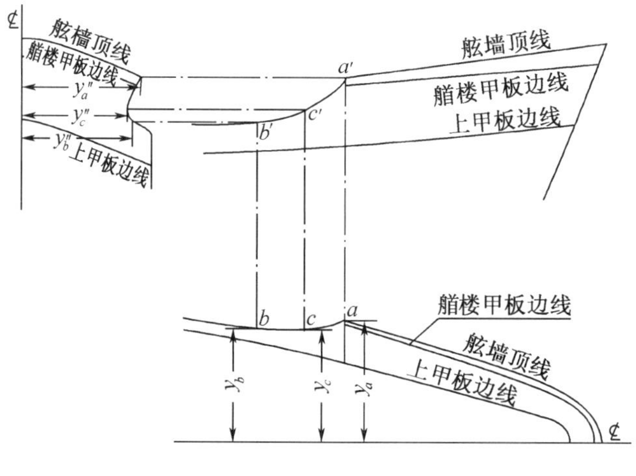

图2-27　舷墙顶线中过渡曲线的投影

5. 绘制甲板边线

(1)绘制纵剖线图的甲板边线

根据型值表右边部分甲板边线(包括上甲板边线、艏楼甲板边线、艉楼甲板边线)纵栏的高度值,用比例尺沿每根站线量取型值,得甲板边线与各横剖线的交点在纵剖线图上的投影,用压条光顺连接各点,得纵剖线图的甲板边线,如图 2-28 所示。

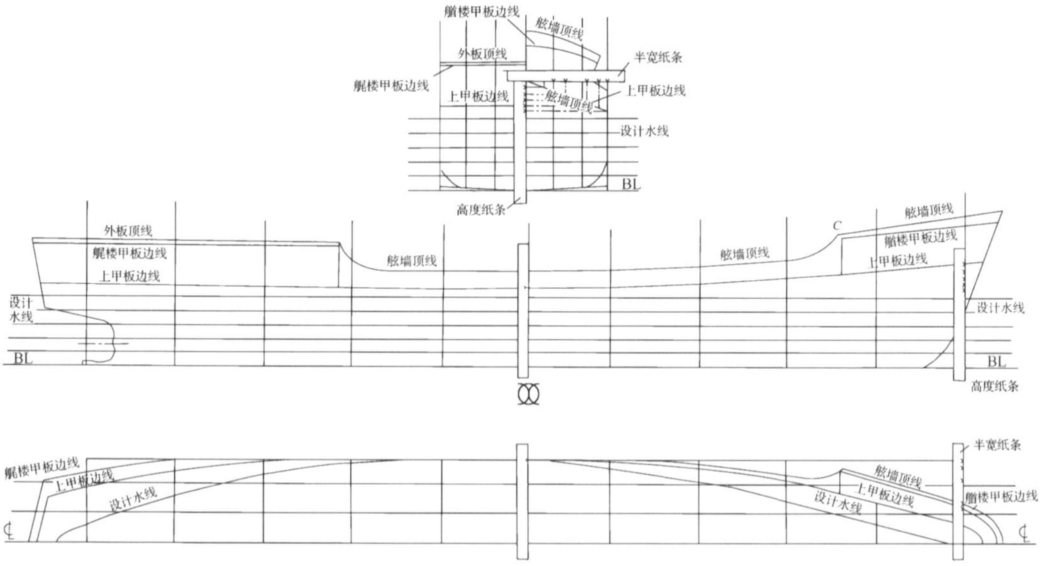

图 2-28　绘制甲板边线和设计水线

(2)绘制半宽水线图的甲板边线

根据型值表左边部分纵栏提供的型值,用比例尺沿着各站线量取甲板边线的半宽值,得甲板边线与各横剖线的交点在半宽水线图上的投影。甲板边线与船体中线的交点,可根据投影规律,从纵剖线图中求得,可用分规或纸条量取,如图 2-28 所示。再根据甲板边线艏端的圆弧半径和艉端形状的有关尺寸(或艉端圆弧半径)画出艏端圆弧和艉端形状(或艉端圆弧),然后用压条压出曲线并与艏端圆弧相切(若艉端为圆弧时,也应与艉端圆弧相切)。等检查光顺后,画出曲线。

(3)绘制横剖线图的甲板边线

甲板边线与横剖线交点的高度值用纸条在纵剖线图上量取,半宽值在半宽水线图中量取,并分别记下编号。然后把纸条搬移至横剖线图上,定出各点,甲板边线与船体中线的交点可根据投影规律由纵剖线图中得到。用曲线板光顺连接各点,得横剖线图的甲板边线,如图 2-28 所示。

6. 绘制半宽水线图中的设计水线

设计水线的形状对船舶航海性能有较大影响,一般不可轻易改动它的型值。具体画法如下:

用比例尺沿着各站线量取设计水线的半宽值,得设计水线与各横剖线的交点在半水线图上的投影,设计水线与船体中线的交点,可从纵剖线图中投影求得,如图 2-28 所示。再根据设计水线艏、艉端圆弧半径画出艏、艉端圆弧,然后用压条或曲线板画出曲线并与艏、艉端圆弧相切。

7. 绘制横剖线图中的各横剖线

用比例尺沿各水线量取横剖线与各水线交点的半宽值,沿各纵剖线量取横剖线与各纵剖线交点的高度值,得横剖线与水线、纵剖线的交点;横剖线与设计水线的交点,用纸条在半宽水线图中移取;与船体中线的交点,由纵剖线图中的相应站线与中纵剖线交点确定;与外板顶线、舷墙顶线、甲板边线的交点前面已经得到,用曲线板光顺连接各点,得横剖线图中的各横剖线,如图 2-29 所示。

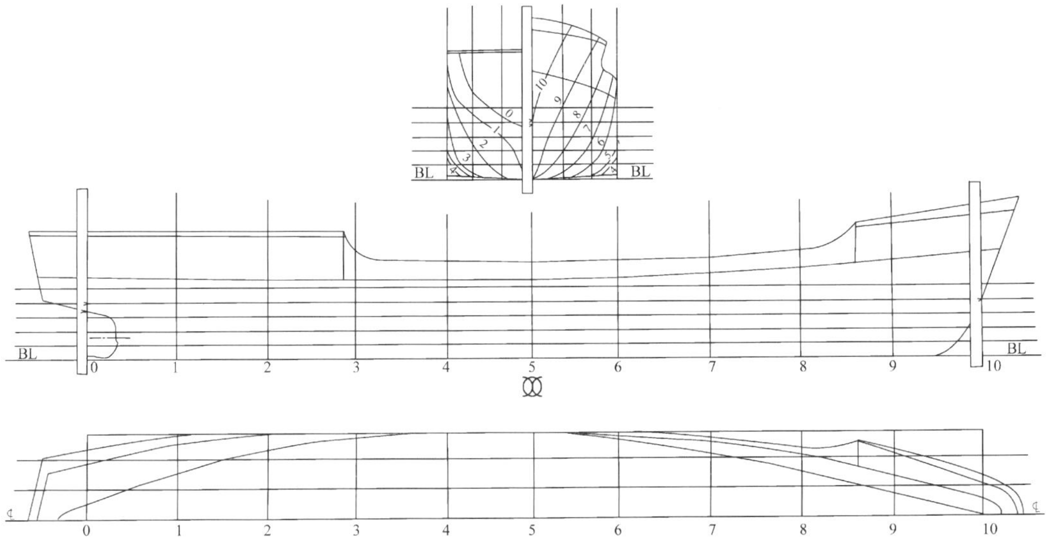

图 2-29　绘制横剖线图上的各横剖线

当横剖线各点不能连成光顺曲线时,必须修改某些点的型值,使型线光顺。修改时,横剖线与设计水线交点的型值一般不允许修改,以免影响船舶航海性能。

8. 绘制半宽水线图中的各水线

用纸条在横剖线图中将水线与各横剖线交点的半宽值量下,移至半宽水线图中相应的站线上(制作纸条时,可以每根水线作一纸条)。水线与船体中线的交点,要根据投影规律在纵剖线图上用纸条移取。然后根据水线艏、艉圆弧半径作出圆弧(或根据有关尺寸,作出艉端形状),用压条压出曲线并与艏、艉圆弧相切,待检查光顺后画出曲线,如图 2-30 所示。

如果水线上各点不能连成光顺曲线,则需要修改不光顺处某些点的型值,以使型线光顺。但这些点的型值变动,将引起横剖线图中横剖线相应点的型值变化,从而可影响横剖线的光顺性。为此,修改时应从全局考虑,既要保证水线的光顺,又要保证横剖线的光顺。同时,还要满足它们之间的投影一致。

9. 绘制艉封板曲线

艉封板与外板型表面的交线称为艉封板曲线。本例画法如下:

(1)半宽水线图中,艉封板曲线与外板顶线、甲板边线、水线的交点已在作图步骤 1,5,8 中得到。与船体中线的交点,可根据投影规律,由纵剖线图上量取。用曲线板光顺连接各点,得艉封板曲线在半宽水线图中的投影,如图 2-31 所示。

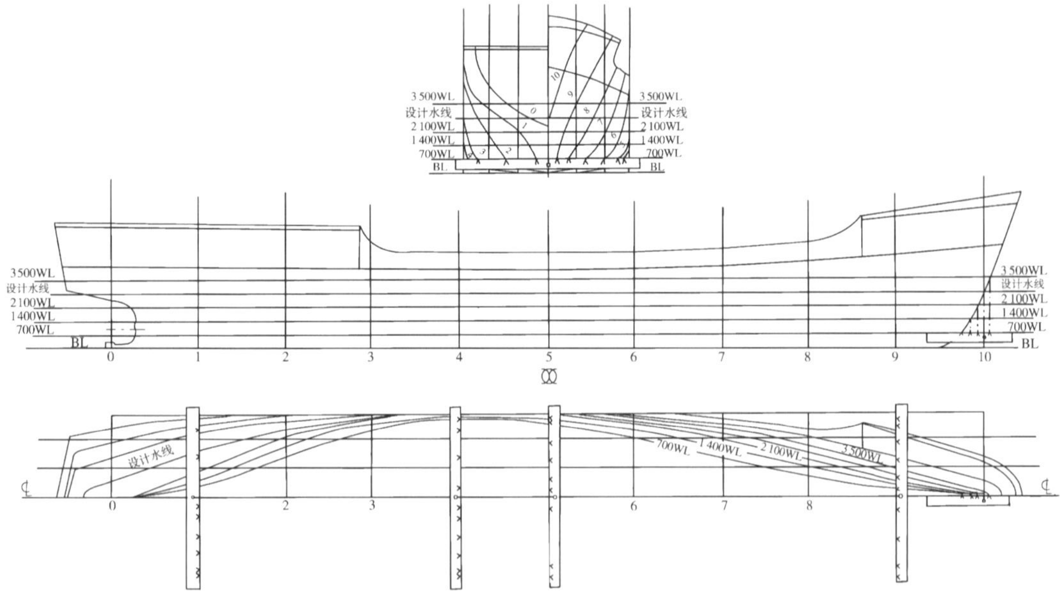

图 2－30　绘制半宽水线图上的各水线

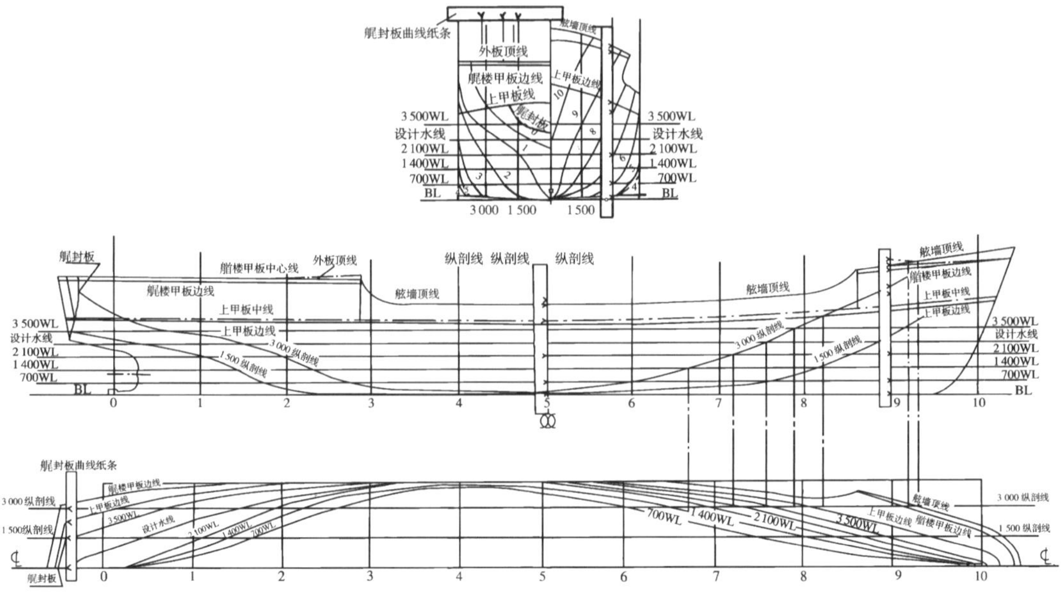

图 2－31　绘制尾封板曲线和纵剖线图上各纵剖线

(2)用纸条在半宽水线图中分别移取艉封板曲线与外板顶线、甲板边线和水线交点的半宽值和长度值。然后将半宽值纸条移至横剖线图,在外板顶线、相应的甲板边线和水线上得艉封板曲线各点。与船体中线的交点,可根据投影规律由纵剖线图上量取,用曲线板连接各点,得艉封板曲线在横剖线图上的投影;然后再将长度型值纸条移至纵剖线图,在外板顶线、相应的甲板边线和水线上得艉封板曲线各点。用曲线板光顺连接各点,得艉封板曲线在纵剖线图上的投影,如图 2－31 所示。

10. 绘制纵剖线图中的各纵剖线

用纸条将横剖线图中纵剖线与各横剖线、艉封板曲线交点的高度值移至纵剖线图中相应的站线和艉封板曲线上;再用纸条将半宽水线图中纵剖线与各水线、甲板边线、外板顶线、舷墙顶线交点的长度值移至纵剖线图中相应的水线、甲板边线、外板顶线、舷墙顶线上,得纵剖线上各点,用曲线板光顺连接各点,得纵剖线图上的纵剖线,如图 2 - 31 所示。如果横剖线图与纵剖线图采用重叠布置的形式,则纵剖线画到横剖线图处中断。

如果纵剖线上各点不能连成光顺曲线,则需要修改不光顺处某些点的型值,并以修改后的型值修改横剖线图和半宽水线图中相应点的型值,使有关型线都能光顺。

修改型线是一项细致的工作,对型线某一处的修改,常会引起型线上相邻部分的变化,并且牵涉其他型线。所以在修改型线之前,要对型线有关部分加以观察和分析,然后着手进行。如图 2 - 32 所示,1500 纵剖线如果按横剖线图中,c'',d'',b'',e''和半宽水线图中 c,d,b,e 投影而得 c',d',b',e'等点连接时,曲线不光顺。为使曲线光顺(如图中虚线所示),需变动 c',d',b',e'至 c'_1,d'_1,b'_1,e'_1。为此,要相应修改 8 号横剖线、1400WL、2100WL 和设计水线、而修改 8 号横剖线和 1400WL 等水线又可能引起其他型线的修改。修改纵剖线时,如果单一变动纵剖线上点的型值,往往型值修改量较大,对其他型线的影响也较大。为此,可先适当变动半宽水线图中 1400WL、2100WL 与 1500 纵剖线交点的型值,再变动纵剖线图中 1500 纵剖线与水线、横剖线交点的型值,这样使型值修改量小,型线也容易修改光顺。

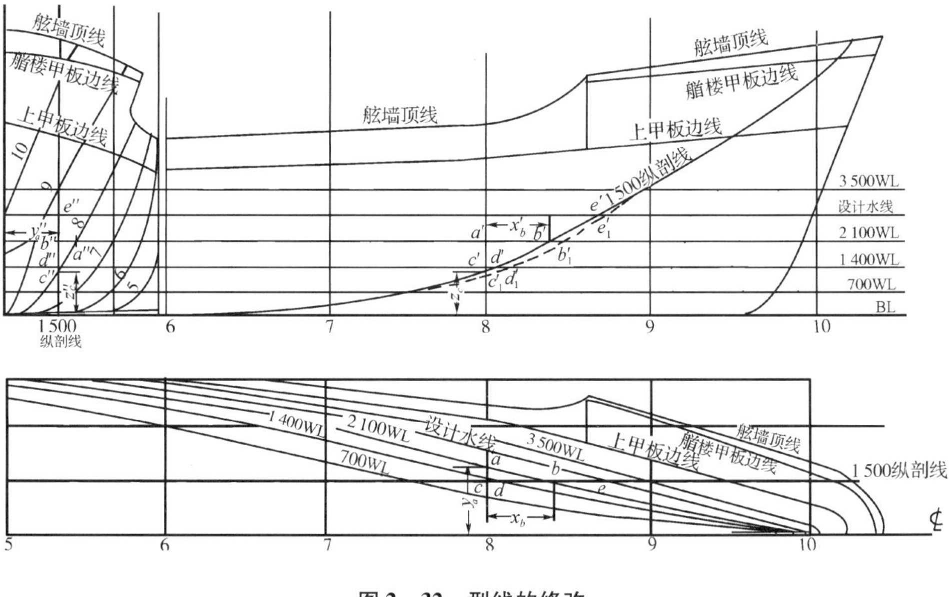

图 2 - 32　型线的修改

四、检验型线

型线绘制结束后,需要对型线的精确性进行检验。型线的精确性体现在型线的光顺、协调和投影一致三方面,通常就从这三方面进行检验。

1. 光顺性

型线的光顺性是指各型线的曲率应和缓地变化,不应有局部凹凸起伏和突变现象存在。单根型线的光顺性通过目测加以检验。检验时,用眼睛从型线的端部顺着型线的变化方向观察,看其是否光顺。

2. 协调性

型线的协调性是指同组型线间的间距大小应该有规律地变化,不应有时大时小的现象存在。

船体型线变化的特点通常是:沿船长方向,中部变化比较平缓,艏、艉两端型线变化较大;沿船深方向,底部型线变化较大。因此,反映在横剖线图中,站距相等的相邻两横剖线的间距,艏、艉部大,中部小。如图2－31的横剖线图中,9号和8号横剖线间距大于8号与7号横剖线的间距。反映在半宽水线图中,水线间距相等的相邻两水线的间距通常底部较大,如图2－32的半宽水线图中,700WL与1400WL的间距大于1400WL与2100WL的间距。初步检验型线协调性时,可以根据这样的规律用目测进行。

3. 投影一致性

型线的投影一致性是指型线上任一点在三视图中的投影应符合点的投影规律。对型线投影一致性进行检验时,通常主要检验型线交点在三视图中的投影是否符合投影规律。如图2－32所示,1500纵剖线与2100水线交点B在三视图中的投影b,b',b''应满足"长对正"($x_b = x'_b$)、"高平齐"(由格子线保证)、"宽相等"(由格子线保证)的投影规律。其中B点的长度型值在型值表中是不提供的,但型线画好后,该点的长度型值必须满足$x_b = x'_b$,检验时应加以注意,不能忽略。又如1500纵剖线与8号横剖线交点c在三视图中的投影c,c',c''也应符合投影规律:"长对正"(由格子线保证)、"高平齐"($z'_c = z''_c$)、"宽相等"(由格子线保证)。检验时要注意高度型值$z'_c = z''_c$。

产生型线不光顺、不协调和投影不一致的原因主要有:图中量取型值时可能有错误;连接曲线时没有通过规定的点子;格子线作得不够准确;型值可能有错误;用曲线板分段连接曲线时,两段间的连接不好,当发现型线有不光顺、不协调及点的投影不一致时,必须找出原因再进行修正。

光顺性、协调性与投影一致性常常是矛盾的,但它们又是统一的,因为船体型表面是一个光顺的曲面,如果不能同时满足这三个方面的要求,那就说明这张型线图没有正确地反映船体的真实形状。因此在修改某一型线时,其他有关型线也应作必要的修改,直到满足三方面的要求为止。

4. 绘制斜剖线

对型线精确度综合检验的方法通常是绘制斜剖线,斜剖线是斜剖面与船体型表面的交线。斜剖面则是通过中线面与设计水线水平剖面交线所作的斜平面,它与这两个平面相倾斜而与中站面相垂直。根据平面投影特性可知,这样的斜剖线在横剖线图上的投影积聚为直线,在纵剖线图和半宽水线图中的投影为不反映实形的曲线,如图2－33所示。

为了获得斜剖线的真实形状,须使曲线所在斜剖面转到平行于投影面的位置。一般转至与中线面平行,在纵剖线图中画出斜剖线的真实形状。如果得到的斜剖线是一条光顺的曲线,则表明该处的型线绘制正确,即这部分型线的光顺性、协调性和投影一致性是满足要求的。如果得到的斜剖线不光顺,则需要修改斜剖线上某些点,使斜剖线光顺,并以此修改相应的型线。

一般来说,船体舭部型线的曲率较大,变化也较剧烈。为此,常在舭部用包含中线面与设计水线面交线的侧垂面剖切外板型表面,求作斜剖线,其作图方法如下(见图2－34):

(1)在横剖线图中,连接MA,MB,这是斜剖线在横剖线图中的投影;

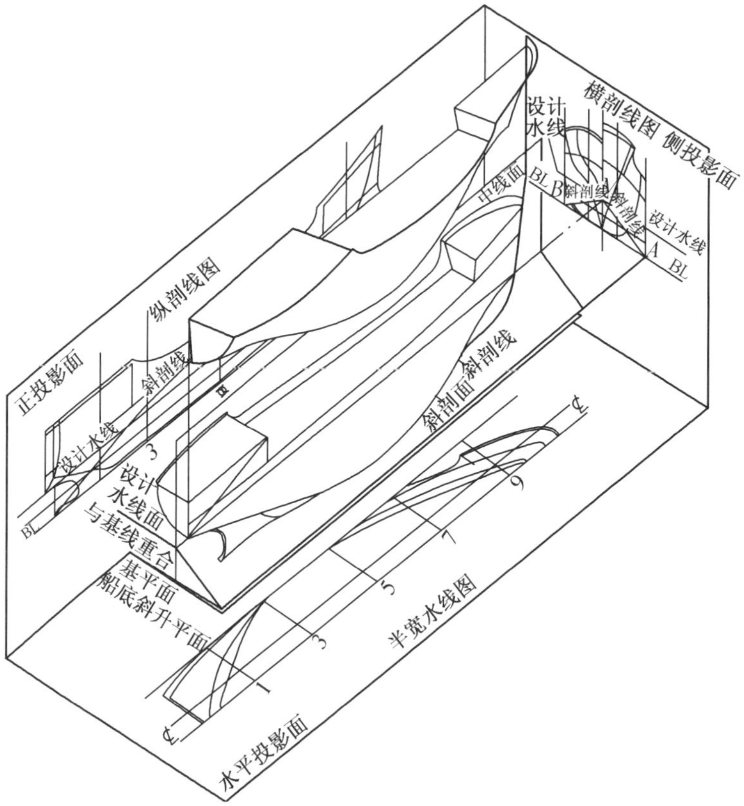

图 2－33　斜剖面与斜剖线

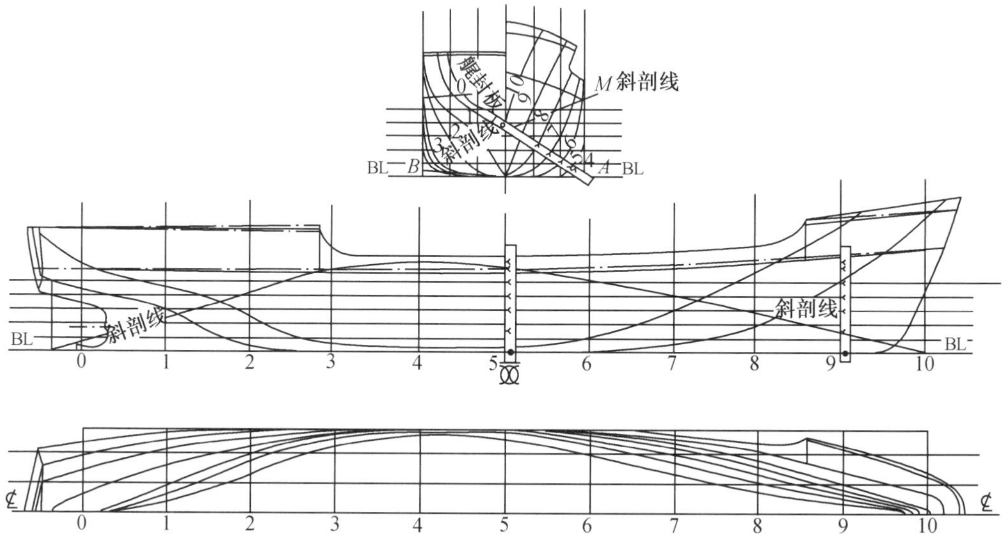

图 2－34　斜剖线的画法

(2)用纸条量取 M 点至斜剖线与各横剖线交点的距离,并注明横剖线编号;

(3)在纵剖线图中,将纸条上的 M 点与基线重合,在各站线上记下相应的交点,斜剖线与艏、艉轮廓线的交点,可从纵剖线图中设计水线与艏、艉轮廓线的交点投影得到;

(4)用压条或曲线板光顺连接各点,即得到斜剖线在纵剖线图中的投影。

五、注字和标注尺寸

型线图画完后,整理图面,擦去多余的线条,最后在图上注字和标注必要的尺寸:

(1)标注型线和格子线的编号及名称;

(2)在图纸的右上方或上方标注船体主尺度,在图纸上方或左上方的空白处列出型值表;

(3)标注艏、艉尺寸和其他有关尺寸;

(4)绘制和填写标题栏、反向图号栏。

第五节　绘制任意型线

在已绘制完成的型线图的基础上,可以绘制出任意横剖线、水线和纵剖线。只是首先要在型线图中定出剖切平面的位置,然后求取剖切平面与型线图中已知横剖线、水线、纵剖线、甲板边线及舷墙顶线的交点,即所求型线与这些已知型线的交点,最后连接这些交点,即可得到所求型线。任意位置横剖线、水线、纵剖线的绘制方法基本相同,现以图 2－34 中 A 横剖线为例,说明作图步骤。

一、作格子线

作格子线,即图 2－34 中横剖线图中的格子线,如图 2－35 所示。绘制比例可与原型线图相同,也可根据需要另选比例。

二、量取交点型值

若绘制比例与原型线图相同,可用纸条在半宽水线图中量取 g,h,i,j,k,d,e,f 各点的半宽值;在纵剖线图中量取 a',b',c',d',e',f 各点的高度值,并记下编号,将量取的半宽值和高度值直接搬至已绘好的格子线中;如果绘制比例与原型线图不同,则应先按原型线图的比例用比例尺量取,并记下各点型值,再按新图的比例确定其与各型线的交点。

三、画出型线

将纸条放在格子线相应编号的水线、纵剖线上,记下交点。若绘制比例不同时,则可根据记下的型值,按所选用的比例,用比例尺量取。用曲线板光顺连接各点,得 A 横剖线,如图 2－35 所示。

通过肋骨平面所作的横剖线称为肋骨型线。图 2－12 中基线下方的肋位编号位置是船体上所有肋骨平面的位置,通过全船肋骨平面作出的横剖线就是全船的肋骨型线,是肋骨型线图的组成部分之一。

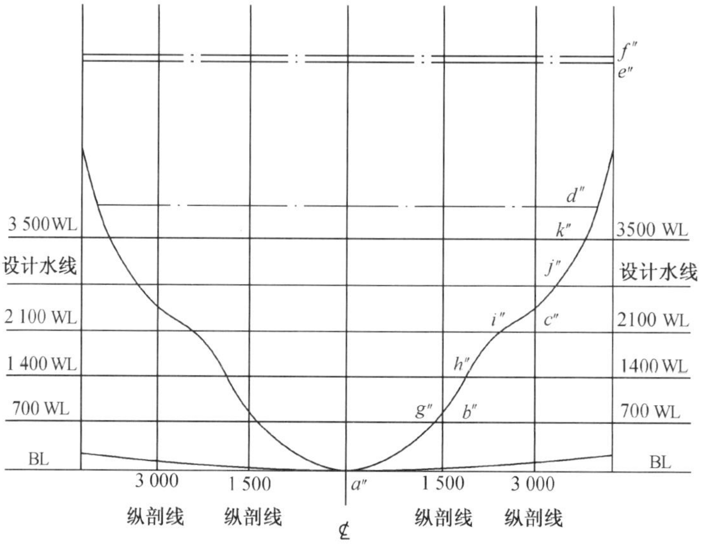

图 2 - 35　任意位置横剖线的画法

习　　题

1. 什么叫型线图,型线图的主要用途有哪些?

2. 何谓中线面、中站面、设计水线水平面、基平面?

3. 何谓纵剖线、横剖线、水线、基线?它们分别在纵剖线图、横剖线图、半宽水线图中的投影形状是怎样的?

4. 根据某沿海货船的主尺度、型值表及其有关尺寸,以 1:100 的比例,绘制该船的型线图。

(1)主尺度

总　　长	64.63 m	设计吃水	3.80 m
垂线间长	59.00 m	肋　　距	0.60 m
型　　宽	10.80 m	梁　　拱	0.22 m
型　　深	5.10 m		

(2)型值表,见习表 2 - 1。

(3)其他有关尺寸,见习图 2 - 1。

5. 根据 1 000 t 货船的主尺度、型植表及其他有关尺寸,以 1:100 的比例绘制该船的型线图。

(1)主尺度

总　　长	65.11 m	型深	5.35 m
垂线间长	59.23 m	吃水	4.20 m
型　　宽	10.80 m	梁拱	0.22 m

(2)型值表,见习表 2 -2。

(3)其他有关尺寸,见习图 2 -2(见书末插页习图 2 -2 其他有关尺寸)。

6. 根据 2 200 t 货船的主尺度、型值表及其他有关尺寸,以 1:100 的比例绘制该船的型线图。

(1)主尺度

总　　长	71.82 m	型　　深	6.20 m
垂线间长	66.00 m	设计吃水	4.80 m
型　　宽	12.80 m	梁　　拱	0.25 m

(2)型值表,见习表 2 -3。

(3)其他有关尺寸,见习图 2 -3。

7. 根据习图 2 -4,补齐该图中的水线、纵剖线,并绘制斜剖线。

习表 2-1　型值表

项目	半宽值/mm										高度值/mm							
站号	475 WL	950 WI	1900 WL	2850 WL	3800 WL	4750 WL	上甲板边线	艏部升高甲板线边	艉楼甲板边线	舷墙顶线	950 纵剖线	1900 纵剖线	2850 纵剖线	3800 纵剖线	上甲板边线	艏部升高甲板边线	艉楼甲板边线	舷墙顶线
0	—	—	—	—	908	1967	2806	—	—	3403	3833	4677	5966	—	5895	—	—	7000
1	223	293	474	912	2038	3096	3840	—	4634	—	2898	3699	4495	5684	5760	—	7851	—
2	592	859	1456	2156	3090	3917	4450	—	5120	—	1111	2555	3556	4594	56t7	—	7868	—
3	1251	1790	2622	3333	3979	4534	4863	—	5321	—	263	1062	2196	3528	5496	—	7762	—
4	2200	2896	3741	42377	4621	4944	5123	—	5400	—	14	317	913	1954	5389	—	7670	—
5	3126	3834	4524	4859	5064	5208	5280	—	5400	—	8	87	353	921	5300	—	7591	—
6	3849	4460	4983	5173	5343	5369	—	—	5400	7	30	144	451	5228	—	7527	—	
7	4394	4884	5226	5324	5370	5390	5400	—	—	5400	7	27	57	219	5174	—	—	6650
8	4733	5122	5334	5381	5400	5400	5400	—	—	5400	7	27	47	93	5132	—	—	6232
9	4906	5271	5387	5398	5400	5400	5400	—	—	5400	7	27	47	67	5108	—	—	6208
10	5023	5324	5400	5400	5400	5400	5400	—	—	5400	7	27	47	67	5100	—	—	6200
11	4924	5232	5367	5390	5392	5395	5397	—	—	5400	7	27	47	67	5117	—	—	6217
12	4683	5003	5248	5310	5345	5367	5374	—	—	5388	7	27	47	92	5164	—	—	6264
13	4320	4670	4974	5120	5215	5277	5303	—	—	5350	7	27	46	192	5244	—	—	6343
14	3831	4200	4581	4811	4974	5087	5150	—	—	5260	7	27	66	449	5358	—	—	6435
15	3152	3652	4000	4309	4552	4749	4894	—	—	5103	7	31	261	1410	5501	—	—	6600
16	2292	2696	3201	3501	3884	4198	4601	—	—	4881	8	226	1194	3552	5670	—	—	6830
17	1353	1769	2265	2650	2977	3370	3881	4552	—	4941	200	1156	3460	5690	3864	7263	—	8060
18	612	905	1326	1654	1998	2373	—	3825	—	4350	1038	3583	5691	7298	—	7339	—	8185
19	128	269	499	730	995	1332	—	2898	—	3569	3650	5882	7349	—	—	7417	—	8310
20	—	—	—	—	80	280	—	1739	—	2531	6348	7696	—	—	—	7494	—	8434

习表 2－2　型值表

站号	半宽值/mm											高度值/mm					
	475 WL	950 WL	1900 WL	2850 WL	3800 WL	设计水线	4750 WL	上甲板边线	艇甲板边线	艏升高甲板边线	舷墙顶线	1900 纵剖线	3800 纵剖线	上甲板边线	艇甲板边线	艏升高甲板边线	舷墙顶线
0	—	—	—	—	900	1440	1990	2950	4020	—	3450	4650	—	6150	8510	—	7250
1/2	220	290	470	910	2040	2530	3100	3980	4740	—	4420	3690	5690	6000	8360	—	—
1	590	860	1450	2200	3100	3480	3920	4580	5140	—	4910	2510	4590	5870	8230	—	—
$1^{1/2}$	1260	1790	2620	3330	3980	4230	4540	4960	5330	—	5200	1060	3530	5750	8110	—	—
2	2200	2900	3740	4240	4630	4770	4950	5180	5390	—	5310	324	1990	5640	8000	—	—
3	3880	4490	4980	5180	5280	5310	5340	5370	5400	—	5390	30	440	5480	7840	—	—
4	4750	5120	5340	5390	5400	5400	5400	5400	—	—	5400	30	100	5380	—	—	6480
5	5030	5320	5400	5400	5400	5400	5400	5400	—	—	5400	30	70	5350	—	—	6450
6	4680	5020	5250	5320	5360	5370	5380	5400	—	—	5400	30	80	5410	—	—	6560
7	3830	4200	4580	4810	4970	5020	5090	5190	—	—	5340	30	450	5610	—	—	6880
8	2290	2700	3200	3660	3880	4020	4200	4580	—	—	5040	230	3550	5920	—	—	7350
$8^{1/2}$	1350	1770	2270	2630	2990	3150	3370	3980	—	4630	4710	1160	5720	6110	—	7460	7620
9	600	910	1330	1650	1980	2140	2370	—	—	3980	4200	3580	7330	—	—	7560	7920
$9^{1/2}$	80	230	480	720	980	1110	1330	—	—	3070	3540	5880	—	—	—	7620	8240
10	—	—	—	—	—	70	220	—	—	1930	2690	770	—	—	—	7730	850

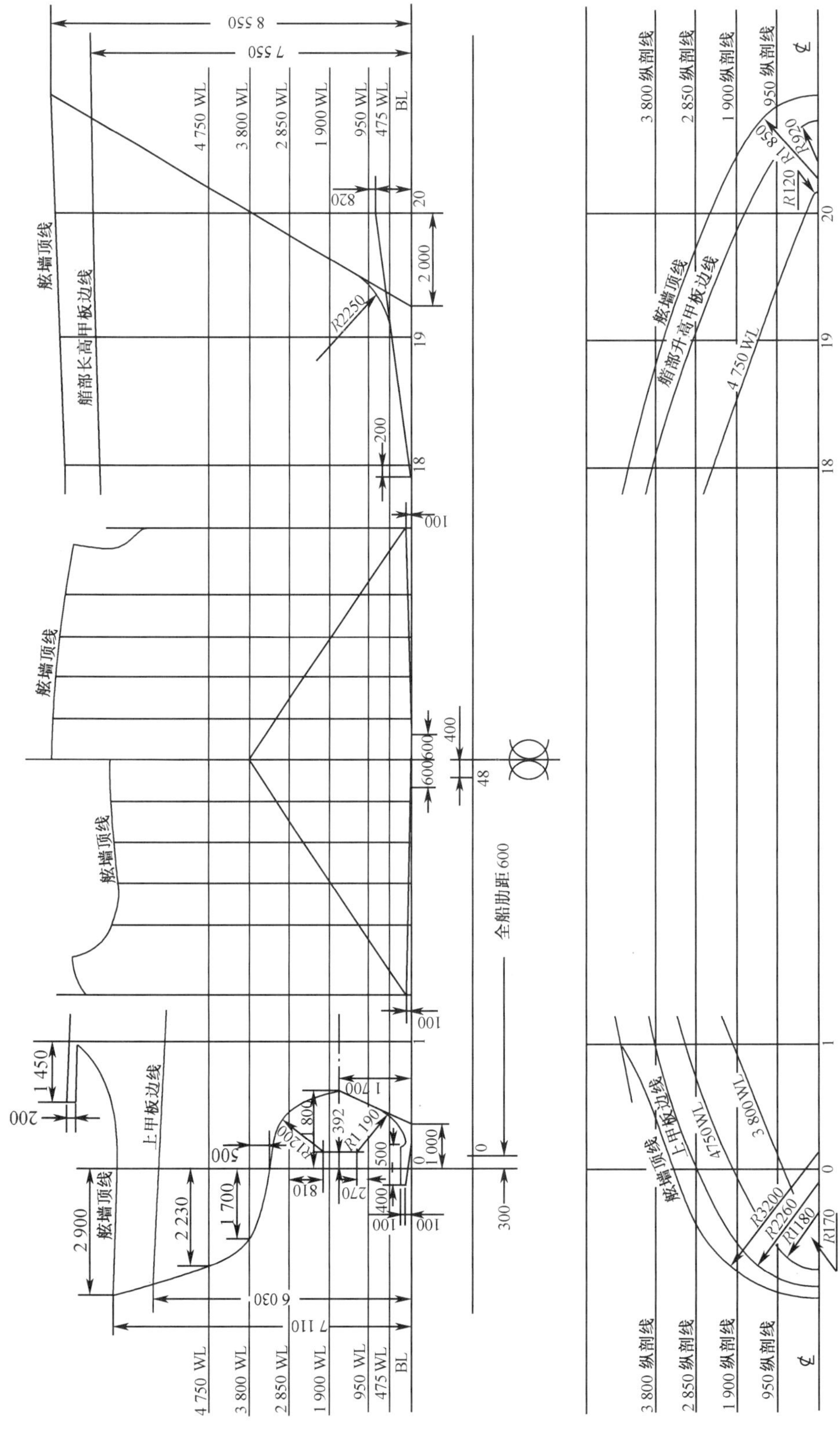
8 550
7 550
4 750 WL
3 800 WL
2 850 WL
1 900 WL
950 WL
475 WL
BL
舷墙顶线
艏部长高甲板边线
R2250
820
2 000
200
100
舷墙顶线
舷墙顶线
600
600
400
48
全船肋距 600
1 450
200
上甲板边线
舷墙顶线
2 900
2 230
1 700
500
R1200
800
392
R1 190
1 700
810
270
500
1 000
400
100
100
300
6 030
7 110
3 800 纵剖线
2 850 纵剖线
1 900 纵剖线
950 纵剖线
℄
R920
R120
舷墙顶线
艏部升高甲板边线
4 750 WL
3 800WL
4750WL
上甲板边线
舷墙顶线
R3200
R2260
R1180
R170
0
1
18
19
20

习图2-1　其他有关尺寸

习表 2-3 型值表

站号	半宽值/mm											高度值/mm						
	船底线	600 WL	1200 WL	2400 WL	3600 WL	4800 WL	6000 WL	上甲板边线	折角线	艏楼甲板边线	舷墙顶线	1200 纵剖线	2400 纵剖线	3600 纵剖线	4800 纵剖线	上甲板边线	艏楼甲板边线	舷墙顶线
尾封板	—	—	—	—	—	340	1460	2400	2480	—	2480	5620	7090	—	—	7090	—	8200
0	—	—	—	—	—	1270	2760	3820	3900	—	3900	4740	5700	6735	8055	6955	—	8055
$\frac{1}{2}$	130	430	508	660	1330	2680	4230	5120	5220	—	5220	3470	4565	5500	480	6750	—	7850
1	500	1280	1580	2060	2870	4100	5420	5965	6020	—	6020	500	2970	4330	5415	6580	—	7675
$1\frac{1}{2}$	1090	2200	2760	3510	4290	5200	6100	6355	6400	—	6400	20	775	2540	4300	6425	—	7525
2	1600	3250	3890	4710	5330	5860	6310	6400	6400	—	6400	0	140	895	2510	6295	—	7385
3	3040	5070	5585	6100	6305	6370	6400	6400	—	—	6400	0	0	40	405	6200	—	7300
4	4440	5965	6305	6400	6400	6400	6400	6400	—	—	6400	0	0	0	20	6200	—	7300
5	4750	6025	6340	6400	6400	6400	6400	6400	—	—	6400	0	0	0	1	6200	—	7300
6	4750	6025	6340	6400	6400	6400	6400	6400	—	—	6400	0	0	0	1	6200	—	7300
7	4390	5910	6245	6370	6385	6400	6400	6400	—	—	6400	0	0	0	55	6200	—	7300
8	1900	4760	5365	5805	5995	6095	6180	6200	—	—	6260	0	5	145	630	6215	—	7315
$8\frac{1}{2}$	810	3525	4235	4855	5140	5280	5490	5570	—	—	5835	10	210	650	2200	6260	—	7360
9	155	1915	2650	3350	3695	3895	4220	4370	—	5380	5460	240	945	3155	7275	6330	8465	8660
$9\frac{1}{2}$	75	650	1000	1485	1785	2028	2440	2620	—	4140	4425	1600	5865	7995	—	6390	8825	9230
10	—	—	—	—	—	100	495	680	—	2320	2780	7475	9290	—	—	6445	9180	9800

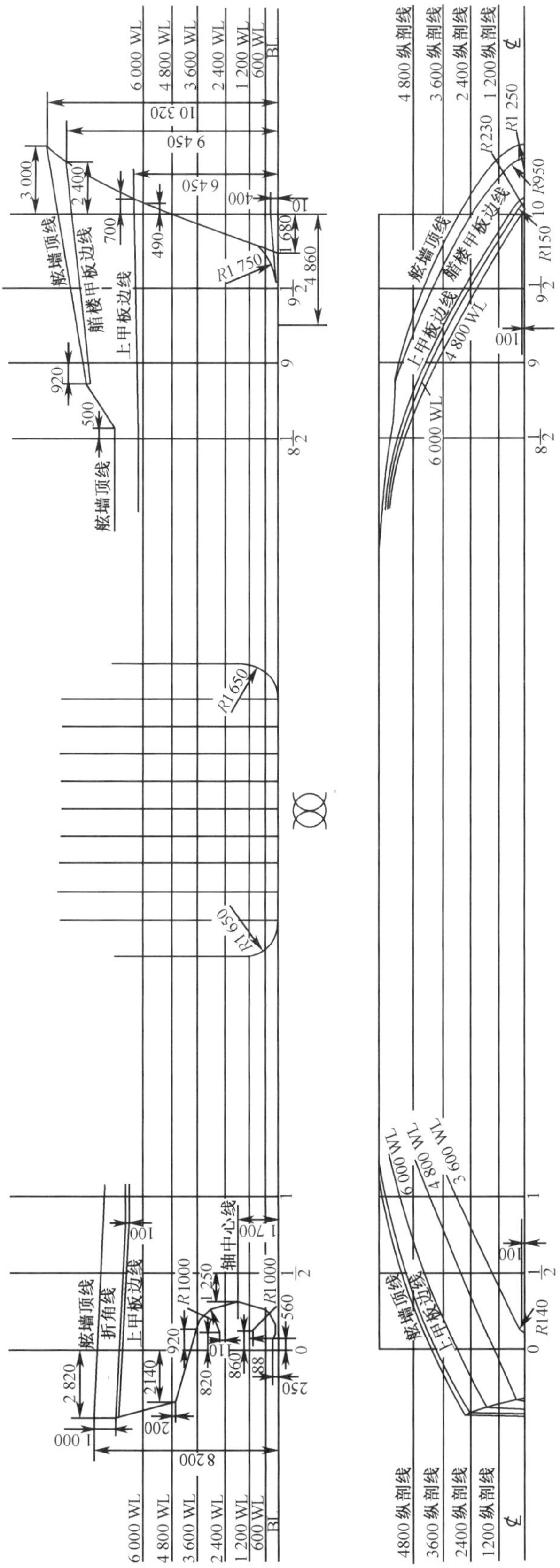
6 000 WL
4 800 WL
3 600 WL
2 400 WL
1 200 WL
600 WL
BL
舷墙顶线
艏楼甲板边线
上甲板边线
折角线
轴中心线
4 800纵剖线
3 600纵剖线
2 400纵剖线
1 200纵剖线
10 320
9 450
6 450
3 000
2 400
700
490
400
10
1 680
4 860
R1 750
920
500
R1 650
R1 250
R230
R950
R150
6 000 WL
4 800 WL
3 600 WL
2 820
2 140
1 000
200
8 200
920
820
860
110
188
250
560
R1 000
1 250
1 700
100
R140

习图2-3 其他有关尺寸

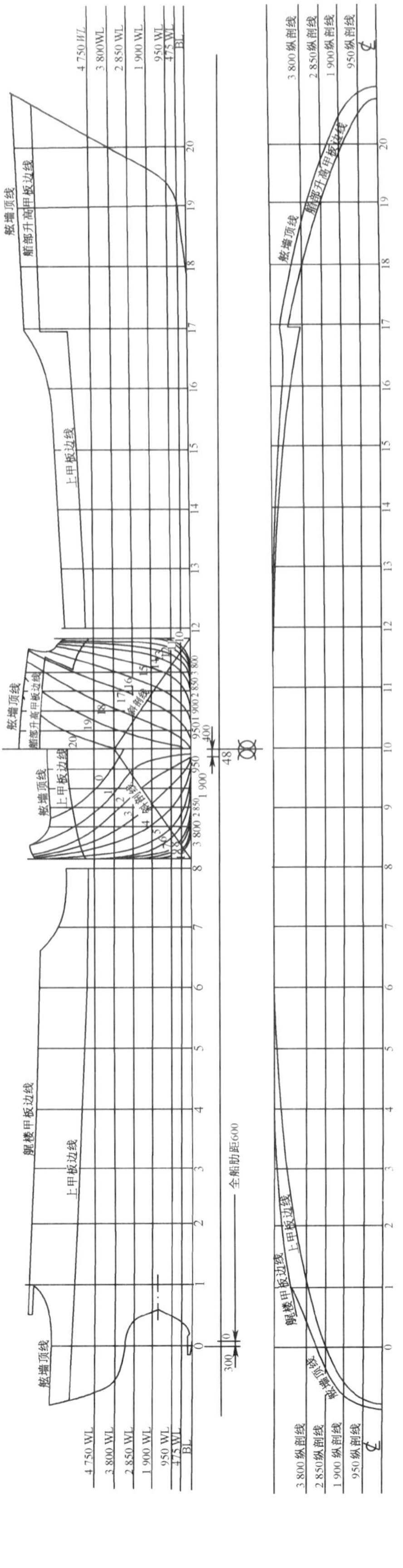

习图2-4　补齐图中关型线

第三章　总 布 置 图

总布置图是表示全船总体布置的图样，它比较集中地反映了船舶的技术、经济性能，是重要的全船性图样之一，它的主要的用途是：

（1）表示船舶上层建筑的形式、舱室的划分、主要机械、设备、武备、门窗、扶梯、通道等的布置情况。

（2）进行其他设计和计算的依据。如进行全船质量和重心位置计算，船舶设备和结构设计等的依据。

（3）作为绘制其他图样的依据。如绘制各类设备、系统布置图；门、窗、扶梯布置图；木作、绝缘布置图；以及船体基本结构图等的依据。

（4）在施工时，可作为对舾装工作的指导性图样。

第一节　总布置图的组成、表达内容及特点

总布置图由主要量度栏和一组视图组成，如图 3－1 所示（见书末插页图 3－1 总布置图）。

一、主要量度栏

主要量度栏中列有说明船舶技术、经济性能的一组数据，通常布置在图纸的右上方。其内容一般有船体的主尺度、排水量、载货量或载客量、主机功率、主机转速、航速、船员定额、续航力以及各层甲板间高度等。

二、总布置图的表达内容

1. 侧面图

侧面图是从船舶右舷向正影面投影（即正视船舶）所得到的视图，通常绘制在图纸的上方，如图 3－1 所示（见书末插页图 3－1 总布置图）。侧面图是总布置图的主视图，它表达的基本内容有：

（1）表示了船舶侧面外貌。具体来说，表示了艏艉轮廓、龙骨线和舷墙的形状，上层建筑的形式、船型、舵和推进器的类型以及舷窗、烟囱、桅的设置等。

（2）表达了主要舱室划分的概况。船体内部空间由内底板、甲板、平台分成若干层，每层空间又由舱壁或围壁划分成不同用途的舱室。根据内底板、甲板、平台、舱壁或围壁的数量及设置位置就可确定舱室划分的情况以及这些舱室在船长和船深方向的具体位置。侧面图主要表达主船体内舱室划分概况。

（3）表达了船舶设备布置的概况。通常在侧面图中可以看到锚、系泊、救生、起货、舵等设备布置的概况。

（4）表达了门、窗、扶梯等布置概况。对于舱室和设备较多的船舶，如舰艇、大型客船

等，为了比较清晰地表示船体内部的布置，常以中纵剖视图代替侧面图，或者另画中纵剖视图加以表达。中纵剖视图是以中线面剖切船体后向 V 投影面投影所得的剖视图。为了使图面清晰而且表达方便，规定各种设备不论是否被中线面所剖切，在图中一律画其轮廓投影。对于船体构件，也只画出被中线面剖切到的横向构件（如横梁、肋板、横舱壁等）的剖面形状和在中线面内的纵向构件（如中桁材、甲板纵桁、纵舱壁）等的投影，其余构件均省略不画。

2. 甲板、平台平面图

甲板、平台平面图是总布置的俯视图。它们是沿上一层甲板、平台的下表面剖切后，向该甲板、平台投影（即俯视）而得到的视图，对于最上层甲板或平台则是从其上方向水平投影面俯视。如图 3－1 中，罗经甲板平面图就是在罗经甲板上方俯视投影所得的视图；驾驶甲板平面图就是沿罗经甲板下表面剖切船体后，将驾驶甲板及其上方的有关布置进行投影而得到的视图；艇甲板平面图则是沿驾驶甲板下表面剖切船体后将艇甲板及其上方的有关布置进行投影而得到的视图；其余甲板、平台平面图形的所得，依此类推。它们表示的是该甲板、平台到上一层甲板、平台之间整个空间的布置情况。甲板、平台平面图通常绘制在侧面图的下方，且按甲板、平台的位置，从上而下排列，如图 3－1 所示。甲板、平台平面图表达的基本内容有：

（1）甲板或平台上舱室划分和舱内设备、用具等布置的情况，以及这些舱室和设备、用具等在船长和船宽方向的位置；

（2）甲板或平台上舱室外船舶设备、机械的布置情况以及这些设备、机械在船长和船宽方向的位置；

（3）甲板或平台上通道、门、窗、扶梯的布置。

3. 舱底平面图

舱底平面图是沿最下层甲板或平台下表面剖切船体后而得到的俯视图，它绘制在图样的最下方，如图 3－1 所示。舱底平面图表达的基本内容有：

（1）双层底部分　表示了双层底上面的舱室、设备布置的情况，以及双层底空间液舱布置的情况；

（2）单底部分　表示了船底构件上方舱室、设备布置的情况。

对于舱室、设备繁多的船舶，为了把主要舱室中的设备等表达清楚，有时还绘制横剖面图。横剖面图是在主要舱室部位用横向平面剖切船体，然后把剖切平面附近的设备和船体构件向侧面投影而得到视图。对各种设备不论是否被剖切到，也只画外形轮廓投影。

总布置图的侧面图、甲板平面图、平台平面图、底平面图，从不同方向反映了船舶总体布置情况，它们之间保持着对应的投影关系。

三、总布置图的特点

总布置图中表达的内容繁多且涉及面广。为了便于使用，图纸幅面又不宜过大，故图样采用小比例绘制。这样，如果全船的机械、设备、用具、门、窗、扶梯等都按投影方法绘制，则视图既繁复又不清晰。为能完整地表达全船总体布置的情况，又便于绘制和识读，总布置图采用了一些特殊的表达方法。

1. 图形符号表示法

船用的各种设备、家具、门、窗、舱口盖、栏杆、灯具及绝缘敷料等，在总布置图中都采用形象化的图形表达。图形符号由 GB/T3894—2008/ISO1964:1987《造船船舶布置图中元件表示法》具体规定。常用的图形符号见附录二。《造船船舶布置图中元件表示法》标准中对图形符号的尺寸没有具体规定，绘图时需要根据要表达的机械设备、家具等的外形比例进行绘制。

标准中除给出规定的基本图形符号外，还给出了一些组合图形符号的实例，例如带有门柜和双层抽屉的单人床“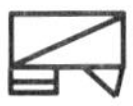”；有淋浴喷头的嵌入式浴缸“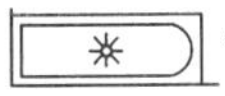”等。

凡是国家标准中未提到的各种特殊设备等，可用与其实际形状相似的图形符号来表示。

2. 图中不直接标注定形尺寸和定位尺寸

为了详尽地表达出要表达的内容，又使图面保持清晰，总布置图中通常不标注具体尺寸。机械、设备、家具的外形精确尺寸由设备明细表或其他专用图样提供。机械、设备、家具等在船体上布置的定位尺寸，船长方向由肋位号确定，船宽方向以中线面为基准，船深方向由其所在的甲板或平台确定，具体的尺寸数字以及船体外形轮廓的尺寸，需要时可按比例从图中直接量取。

四、常用图线及其应用范围

总布置图中常用的图线及其应用范围见表 3 - 1。

表 3 - 1　总布置图中常用的图线及其含义

图线名称	图线型式	侧面图中图示的含义	甲板图中图示的含义	舱底图中图示的含义
粗实线	━━━━━━	栏杆的简化线	甲板以上的钢质舱壁、围壁剖面轮廓；栏杆的简化线	船体外轮廓线；被剖切构件的轮廓线
细实线	——————	船体和各种设备、属具的可见轮廓线	甲板以上的非金属围壁剖面轮廓；甲板的可见轮廓和各种设备、属具的可见轮廓	船体和各种设备、属具的可见轮廓
粗虚线	━ ━ ━ ━ ━	舱壁、甲板与外板和围壁的交线	舱壁、围壁与甲板的交线	肋板、底桁材等和内底板的交线
细虚线	– – – – –	不可见轮廓线		
粗点画线	━━ · ━━	钢索、绳索、锚链等简化线		
细点画线	—— · ——	中心线；中纵舱壁上的可见扶强材的简化线	开口、开孔对角线；液舱范围线；对称中心线	开口、开孔对角线；液舱范围线；对称中心线

表 3－1(续)

图线名称	图线型式	侧面图中图示的含义	甲板图中图示的含义	舱底图中图示的含义
细双点画线	——··——··——	被剖去构件的假想轮廓线(如遮阳棚轮廓线等)	被剖去构件的假想轮廓线(如上层甲板轮廓线等)	单底船的肋板边线;被剖切后的内底板边线
阴影线	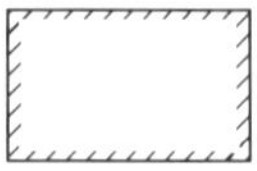		甲板上的加覆板、垫板的轮廓线	内底板上的加覆板、垫板的轮廓线

绘制图形符号所用的图线有细实线、粗实线、细虚线、粗虚线、细点画线等,具体可见附录二《造船船舶布置图中元件表示法》(GB/T3894—2008/ISO1964:1987 摘录)。

第二节　识读总布置图

识读总布置图主要是了解船舶的类型、大小、上层建筑形式、舱室的划分以及机械、设备、用具等的布置。下面以图 3－1 为例说明读图的方法。

一、阅读标题栏和主要量度栏

读标题栏和主要量度栏,目的是对船舶类型及主要性能有个概括的了解。本船是一艘冷藏货船,总长 49.90 m,垂线间长 45.00 m,型宽 8.50 m,型深 4.00 m、设计吃水 2.80 m、满载排水量 598 t、载货量 167.6 t。本船允许超载,超载时最大吃水 3.10 m,相应的超载排水量 684 t,超载时载货量为 243.6 t。主机功率 441 kW,航速 11.80 kn,船员人数 18 人。并且可以知道载燃油 34.4 t、淡水 18 t,由此可以估计本船的续航力和自给力。

二、识读侧面图

识读侧面图的目的主要是了解船舶的外形、上层建筑的形式、船体的舱室和设备的布置概貌。

1. 了解船舶外貌

本船为倾斜式船首、方艉、水平龙骨、单舵、单螺旋桨的艉机型船。设有艏楼和艉楼,艉楼上有烟囱和装设天线、信号灯的三脚桅。两个货舱之间设有一桅杆,桅杆上设有两副起货吊杆。

2. 了解主船体内舱室划分

本船的主船体由上甲板和内底板划分为船舱和双层底舱两部分。船舱中的$^{\#}$5,$^{\#}$21,$^{\#}$26,$^{\#}$47,$^{\#}$70,$^{\#}$73 设有六道横舱壁,将主船体划分为艉尖舱(后压载水舱)、机舱、冷冻机舱、后货舱、前货舱、清水舱、艏尖舱(艏压载水舱)等七个舱室。双层底舱位于$^{\#}$17 至$^{\#}$64 肋位之间,由水密肋板划分为燃油舱、压载水舱、备用清水舱。

3. 了解上层建筑内舱室划分概况

本船设有艉楼和艏楼。艉楼设于船尾至$^{\#}$23 肋位之间,由艉楼甲板、驾驶甲板和罗经平台划分成三层空间。上甲板至艉楼甲板的空间里,由围壁划分为舵机舱、厨房、餐厅等舱室。

其余各层空间的划分未表示,可见相应的甲板或平台平面图。艏楼设于#70 肋位至船艏,首楼内划分有灯间、杂物间、油漆间等舱室。

4. 了解设备布置概况

罗经平台上布置有磁罗经、探照灯、扩音喇叭。并设有三脚桅,桅杆上装有无线电天线、雷达天线、信号灯。驾驶甲板上布置有机舱顶棚、船名灯牌。艉楼甲板上布置有系泊设备、救生设备、烟囱等。上甲板上设有起货设备、机动工作艇,通风筒及系泊设备、扶梯等。艏楼甲板上设有锚设备和系泊设备。各种设备详细布置情况可与相应的甲板或平台平面图联系起来看。

三、详细了解全船的布置情况

详细了解全船布置情况,可以逐层甲板,逐个舱室根据甲板平面图、平台平面图和舱底平面图对照侧面图进行详细阅读。也可以根据需要,对某一设备或某一部分内容进行详细阅读。不论是全面了解,还是根据需要局部了解,在阅读时必须将平面图与侧面图、平面图与平面图配合起来,相互对照,这样才能全面了解布置情况。现举例说明读图方法如下:

1. 了解艏部锚及系泊设备的布置

艏部锚设备和系泊设备布置在艏楼甲板上,如图 3 - 2 所示。从图 3 - 2 的平面图中可见;锚设备由起锚机 1、锚链 2、止链器 3、锚链筒 4、锚 5 组成。它们对称于船体中线布置,起锚机的链轮轴线位于#74 肋位,止链器位于#76 ~ #77 肋位之间,锚链筒在甲板上开口的中心位于#78 $\frac{1}{2}$肋位处,在外板上开口的中心位于#81 肋位附近,锚链将锚与起锚机联系在一起。系泊设备由缆索卷车 6、带缆桩 7、双滚轮导缆钳 8、普通导缆钳 9 组成。它们对称于船体中线布置。缆索卷车共三部,其中两部的轴线位于#71 肋位,另一部的轴线位于#82 $\frac{1}{2}$肋位上。带缆桩共有两对,一对靠近船舷,中心位于#74 肋位附近,另一对在锚链筒开口的两侧,中心位于#79 肋位附近,一对双滚轮导缆钳的中心位于#84 肋位处,一对普通导缆钳的中心则位于#71 肋位处。各设备在船宽方向的定位尺寸可在图中按比例量取。

2. 了解船员房间的布置

船员房间的布置主要了解房间内家具设备、门窗位置等的布置。图 3 - 3 为位于艉楼甲板上的船长房间,从图中可见,房间里布置有带柜及抽屉的单人床 1、写字台 2、椅子 3、单门衣柜 4、在靠尾部的横围壁上有扇木门 5、在侧围壁上有两扇上、下移动的方窗 6、前端围壁上也有一扇上、下移动的方窗。

3. 了解扶梯、通道的布置

扶梯、通道的布置主要了解室内外出入通道和上、下扶梯的布置情况。图 3 - 4 表示了艉楼甲板上扶梯、通道布置的情况。从图中可以看到:在两侧纵围壁上,#16 $\frac{1}{2}$ ~ #18 肋位之间布置有两扇木门 1 及 2,以沟通室内外,通过木门 1 可从右舷出入室内外;通过木门 2 可从左舷出入室内外。在#15 ~ #18 肋位之间设有内通道。在甲板的两舷#23 ~ #25 肋位之间设有室外扶梯 3,4;在甲板中部#15 ~ #16 $\frac{1}{2}$肋位之间设有室内扶梯 5,6;在报务室和储藏室

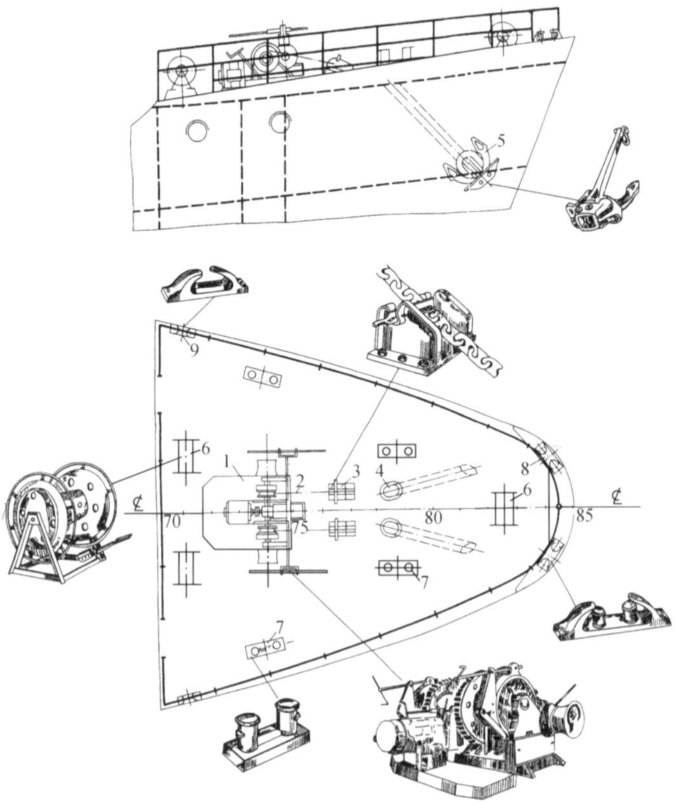

图 3－2　锚及系泊设备布置

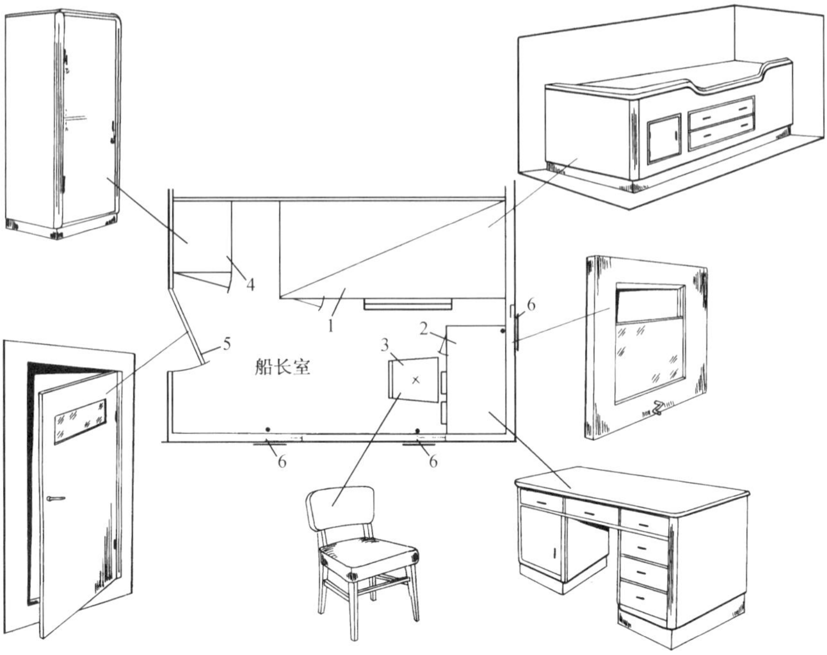

图 3－3　船长房间的布置

后端壁上设有直梯7,8。扶梯3,4,5用来沟通艉楼甲板与上甲板间的上下联系,通过扶梯3可从艉楼甲板右舷室外下至上甲板;通过扶梯4可从左舷室外下至上甲板;通过扶梯5可从室内下至上甲板;扶梯上的箭头表示走向,“-”表示从本层甲板向下的扶梯,即表示向下沟通与下层甲板的联系。对照上甲板平面图,可在相应位置找到三部扶梯,其走向正好相反,其上标有“+”表示从本层甲板向上的扶梯,即表示向上沟通与上层甲板的联系。扶梯6及直梯7,8用来沟通艉楼甲板与驾驶甲板间的上、下联系。通过扶梯6可从内通道上至驾驶甲板;通过直梯7,8可从室外上至驾驶甲板。对照驾驶甲板平面图,可在相应位置找到一部向下的扶梯和两部直梯。由于扶梯布置涉及上、下两层甲板,读图时必须使上下层甲板平面图对照起来识读。

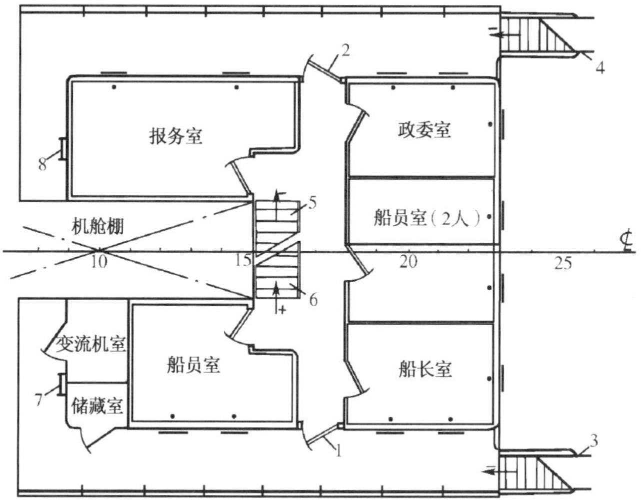

图3-4 尾楼甲板上扶梯、通道的布置

第三节 总布置图的绘制方法和步骤

绘制总布置图时,其表达内容的深度和广度视不同设计阶段有所不同。在初步设计阶段绘制的总布置图,主船体部分通常只表示出各种不同用途的船舱位置,上层建筑则根据舱室面积、驾驶视野、梯道和设备等的布置要求,表示其外形轮廓,在此阶段绘制机械、设备、武备等的简单的外形轮廓。在详细设计阶段,则要求详尽地表示全船舱室、设备、门、窗、扶梯等布置情况。不同设计阶段,总布置图表达内容的深广度虽然不同,但绘图步骤和方法还是基本一致的。通常绘制总布置图的步骤如下:

一、选取比例、图纸幅面及布置图面

1. 选取比例和图纸幅面

总布置图图样比例的大小应根据图样表达内容的深度与广度、船舶的大小、设备的繁简而定。通常初步设计阶段的总布置图的比例可选用小些;详细设计阶段的总布置图的比例可选用大些。船舶尺度大而设备比较简单的船舶,其总布置图比例可取小些。为了便于

绘图,一般采用同一设计阶段中型线图的比例,常用的比例有1:100,1:50,1:25等。

图纸幅面主要是根据所选用的比例、船体主尺度、甲板层数等因素选择的。考虑到图样使用上的方便,图纸幅面不宜过大。当船舶甲板层数较多时,则视图可布置在两张或两张以上的图纸上。

2. 布置图面

选好图纸幅面后,可画出边框线及标题栏,并合理布置图面。通常,侧面图布置在图纸上方,甲板、平台、舱底平面图按自上而下的次序逐层对应布置在侧面图下方。首先是上层建筑各层平台、甲板,其中包括艉楼甲板、救生艇甲板、驾驶甲板、罗经甲板、艏楼甲板等;其次是主船体内各层甲板、平台,最下方是舱底图。为了减少图纸幅面,当上层建筑各层甲板的长度较小时,它们的平面图可以不按照投影关系布置,而布置在侧面图下方的适当位置。为了便于绘图和读图,肋位上下应尽量对齐。主要量度栏一般布置在图纸右上方。

二、绘制各视图的外形轮廓

1. 作基线和船体中线

根据各视图的位置,作出侧面图的基线,甲板、平台及舱底平面图的船体中线,并在基线和船体中线上,根据肋距定出各肋位,轻轻地标注上肋位号,以方便绘制机械设备、门、窗以及各舱壁在图中的位置。

2. 画侧面图外形

根据型线图给出的数据,画出艏艉轮廓线、龙骨线、舷墙顶线。根据上层建筑形式、甲板层数、甲板间高度,画出上层建筑的外形。

3. 画甲板、平台、舱底平面图的外形

根据型线图给出的数据,画出主船体内各层甲板、平台、舱底及艏艉楼甲板的平面图外形。其中与主船体外板相连的各层甲板、平台及舱底平面图的外形根据型线图中半宽水线图确定,其型值可查型线图的型值表;上层建筑中的其他各甲板、平台平面图的外形,可根据设计时确定的外形尺寸绘制。

三、绘制与分舱有关的船体构件

为了表明舱室和通道等布置情况,总布置图中需要画出与分舱有关的船体构件,其基本内容如下:

(1)在甲板、平台平面图中,根据舱室划分情况画出甲板上的舱壁及舱室围壁(甲板下的舱壁及舱室围壁一般省略不画);

(2)在舱底平面图中,根据舱室划分情况画出纵、横舱壁或舱室围壁、水密肋板、水密底纵桁;

(3)在侧面图中,画出内底板、甲板、平台,并根据甲板、平台、舱底平面图中横舱壁、舱室围壁、水密肋板的位置画出横舱壁、舱室围壁(被右舷舱室遮挡的舱室围壁省略不画)、水密肋板。

四、绘制门、窗、开口、扶梯及液舱

先在甲板、平台、舱底平面图中画出门、窗、开口和扶梯,然后投影到侧面图中相应的位置。

在侧面图、舱底平面图中画出表示液舱的对角线。

五、绘制舱室设备及其他各种装置

先在甲板、平台平面图中画出舱室设备,船舶设备、通风装置、烟囱、机舱顶棚、栏杆、导航仪器、信号灯等,然后将它们投影到侧面图中相应的位置,画出舱室设备、船舶设备、通风装置、烟囱、机舱顶棚、栏杆、导航仪器、信号灯以及旗杆、舵、推进器等(各种设备、装置的不可见投影一般省略不画)。

六、检查、加深和在图中注字

全图绘制结束后,仔细检查是否有遗漏和错误。检查时可逐层甲板、平台及舱底平面图对照侧面图和有关视图进行。检查无误后,按图线要求加深,并在图中注字。注字的基本内容有:

(1)在视图的上方标注视图名称(侧面图一般可省略不注);在视图中标注各舱室的名称及肋位号;

(2)在图纸的右上方标注主要量度;

(3)填写标题栏及反向图号栏。

习　　题

1. 何谓总布置图,总布置图的主要用途有哪些?

2. 总布置图一般由哪几个视图组成,各视图是如何剖切和投影的?各视图中表达的主要内容有哪些?

3. 总布置图的表达特点有哪些?

4. 总布置图中常用的图线有哪些,各图线的含义是什么?

5. 请熟悉总布置图中常用的图形符号。

6. 识读习图 3 - 1 所示的 1 000 t 沿海货船总布置图(见书末插页,习图 3 - 1,1 000 t 沿海货船总布置图),其要求如下:

(1)了解反映该船主要技术、经济性能的数据;

(2)了解该船的外貌特征,指出艏楼和艉楼设置的位置;

(3)了解船舱和双层底舱中舱室划分的情况,并指出各舱在船长方向的位置;

(4)了解艏部锚设备、系泊设备的组成及各设备布置的位置;

(5)指出救生艇、救生浮布置的位置,起货设备布置的位置;

(6)指出艉楼甲板上的舱室划分情况,指出各舱室中家具布置情况;

(7)说出从罗经平台走到餐厅的路线(请说出从室内、外行走的路线各一条)。

第四章　船体结构图样的基础知识

整个船体的结构主要是由外板和骨架组合而成。现代金属船体外板是由钢板制成，骨架则由具有一定截面形状的钢材——型钢所制成。如图 4 - 1 所示，船体某段的结构，它是由许多开孔和不开孔的钢板、角钢、T 型钢、折边和不折边的肘板等组合而成。因此，船体结构的表示方法，基本上就是钢板和各种型钢的表示方法。所以，阅读和绘制船体结构图样，首先必须掌握板材和各种型材的表达方法和尺寸注法。

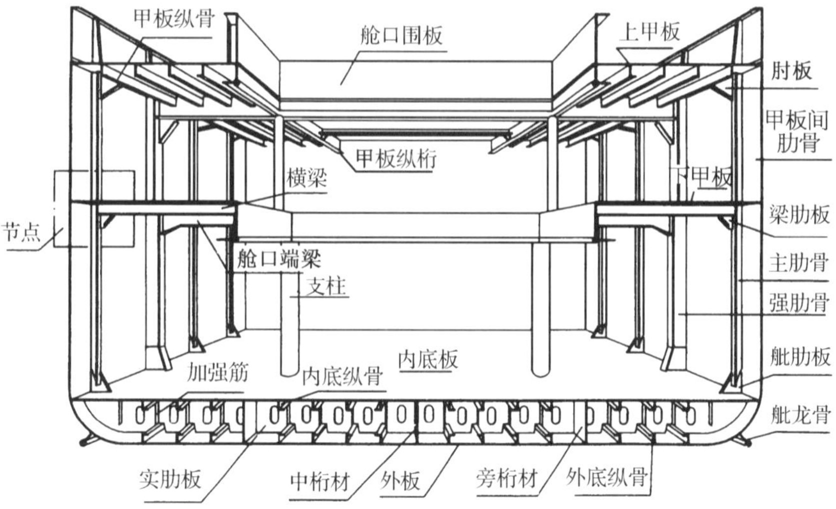

图 4 - 1　船体主要构件的名称

第一节　板材与常用型材的表达方法

板材与型材的画法遵循正投影的基本原理，但由于绘制船体图样时要采用较小的比例，故板材与型材的画法和尺寸注法又有别于其他机械图样，有它的特殊之处，必须按国家和船舶行业的有关绘图标准规定进行。

一、板材的画法及尺寸注法

在船体结构图中，板材的轮廓线用细实线表示。小比例时，板材的厚度在图样上往往不能按比例绘出，因此规定：当板厚按绘图比例缩小后，在图样上的尺寸小于或等于 2 mm 时，将表示板厚投影的两条细实线的距离画成粗实线的宽度，而板厚的剖面则用粗实线表示，不画剖面符号，即用涂黑代替剖面符号。板材断裂时，折断处用波浪线或折断线表示。

钢板的尺寸注法有三种：整块板材尺寸按“厚度 × 宽度 × 长度”集中标注；断裂钢板不

标注折断方向尺寸;仅需知道厚度而没有必要知道宽度和长度的图样中,仅标注出钢板的厚度。尺寸可标注在图形中,也可用引出线标注在图形外面。

船体上常用的板材的形式有平直板材、弯曲板材和折边板材三种。

(1)平直板材　平直板材主要用于平面舱壁板、内底板和平台等部位,其画法及尺寸标注法,如图 4 - 2 所示。

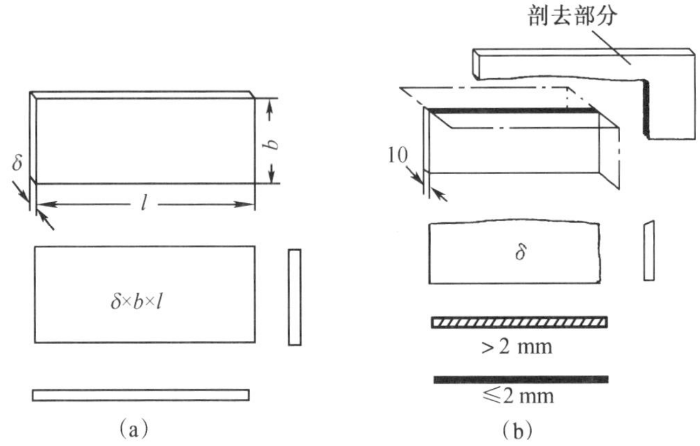

图 4 - 2　平直板材

(2)弯曲板材　弯曲板材主要用于船体外板、甲板板等,其画法及尺寸标注法,如图 4 - 3 所示。

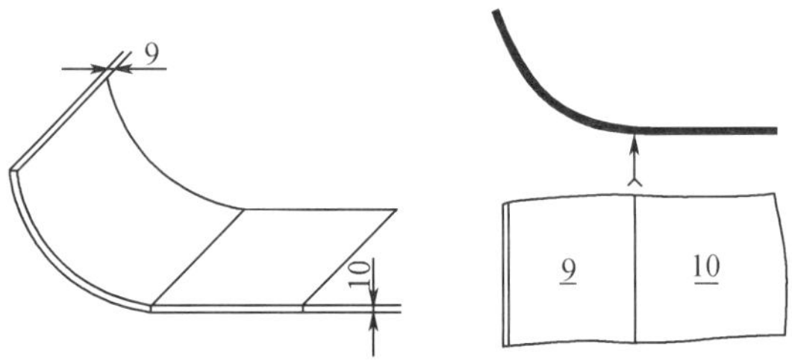

图 4 - 3　弯曲板材

(3)折边板材　折边板材通常是将平直的长方形板材沿板边某一距离的直线折角而成(折角常为 90°),常用其作为船体的构件。它的视图画法,如图 4 - 4(a)所示,折断画法,如图4 - 4(b)所示。在小比例时,板材厚度及剖面的画法与平直板材相同。折边板材的尺寸数字前要标注折边符号“L”,尺寸按折边板材的“厚度 × 高度/折边宽度”形式标注。

二、常用型材的画法及尺寸标注

型材是断面具有一定几何形状的钢材,可由钢厂轧制或用板材加工组合焊接而成。严格地说,型材是由轧钢厂轧制而成,组合型材是由人工加工焊接而成。船体上常用的型材主要有扁钢、角钢、球扁钢、槽钢、工字钢、组合 T 型钢、圆钢和钢管等。

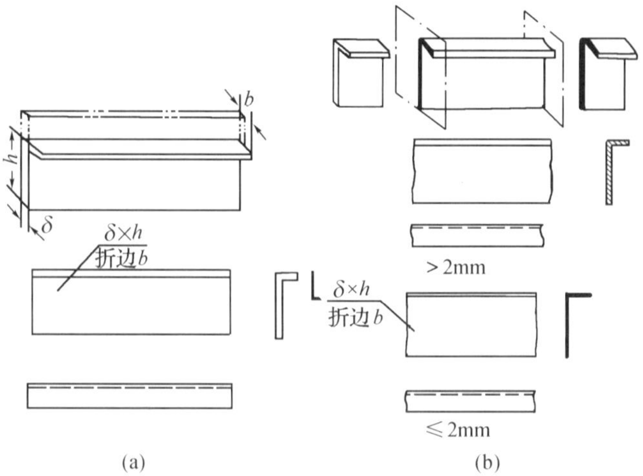

图 4-4　折边板材

1. 扁钢

扁钢是由钢厂轧制或用钢板剪切、割制而成的具有一定宽度的钢板条，故也称其为带钢。它的视图画法和断裂画法，如图 4-5 所示，与钢板基本相同，只是断裂时仅断长度方向。

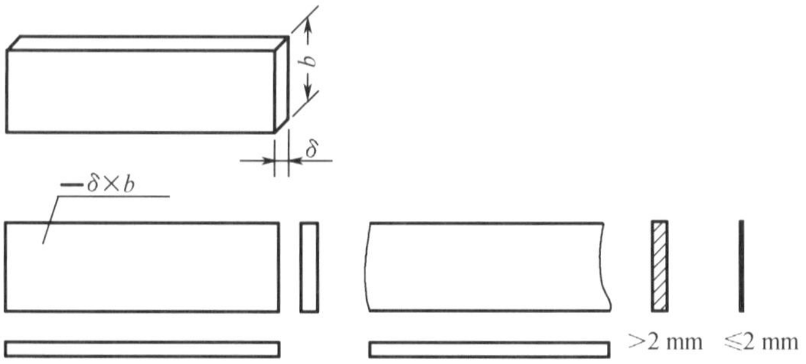

图 4-5　扁钢

扁钢的尺寸表示方法是在扁钢断面符号“—”或“FB”后面写出其断面尺寸（宽度和厚度），如图 4-5 所标注的 $-\delta \times b$。扁钢的长度一般不用标注。如 -100×10 或 FB100×10，即表示扁钢的宽度 $b = 100$ mm、厚度 $\delta = 10$ mm。

2. 角钢

角钢是由钢厂轧制而成，包括等边角钢（即断面的两边宽度相等）和不等边角钢（即断面的两边宽度不相等），船体构件中以常用不等边角钢为多。角钢的视图画法和断裂画法与折边钢板的画法基本相同，如图 4-6 所示。

角钢的尺寸表示方法与扁钢相同，即在断面形状符号之后，写出角钢断面的两边之宽和厚度，如图 4-6 中∟ $h \times b \times \delta$。如：∟ $100 \times 63 \times 8$，即表示不等边角钢的长边宽 $h = 100$ mm、短边宽 $b = 63$ mm、厚度 $\delta = 8$ mm。如：∟ $100 \times 100 \times 10$，即表示等边角钢，其断面尺寸为两边宽 $h = b = 100$ mm、厚度 $\delta = 10$ mm。同样，角钢的长度在图样中一般不必写出。

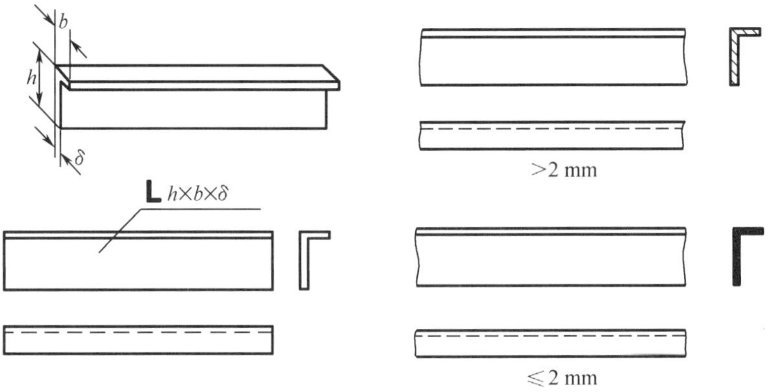

图 4－6　角钢

3. 球扁钢

球扁钢也是由钢厂轧制而成的型钢，它的视图画法和断裂画法都与角钢基本相似，但断面符号与角钢有所差异，如图 4－7 所示。

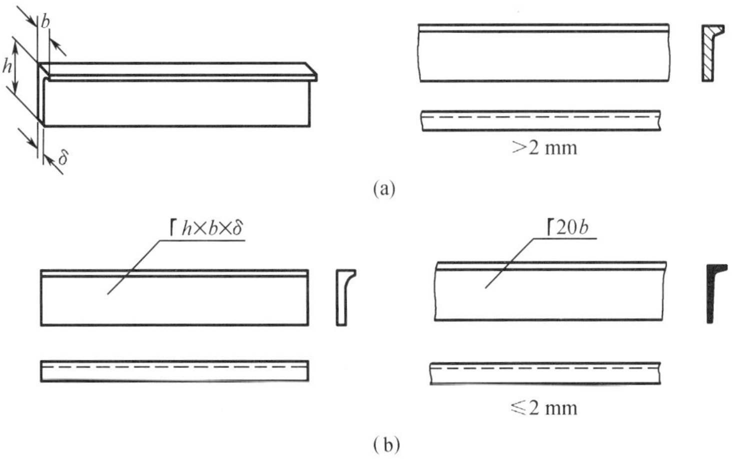

图 4－7　球扁钢

球扁钢的尺寸表示方法有两种：一种与角钢表示法相同，即在其断面形状符号“Γ”或 HP 之后写出断面尺寸，如图 4－7(a) 中的Γ $h \times b \times \delta$。如：Γ 200 × 38 × 10（也可写成 HP200 × 38 × 10）即表示球扁钢高 $h = 200$ mm、球缘宽度 $b = 38$ mm、厚度 $\delta = 10$ mm。另一种是标注球扁钢的型号，即在球扁钢断面形状符号或 HP 之后写上球扁钢编号，如图 4－7(b) 中的Γ 20b 或 HP20b。这里 20 为球扁钢的编号，同时又表示其高度为 200 mm（通常高度 = 编号数 × 10）。至于其他尺寸可由编号数查型钢表获得，见附录三中的附表 3－4。

4. 组合 T 型钢

在船体的结构中，某些较大的骨架常用组合 T 型钢结构。它是由水平的面板和垂直的腹板组合焊接而成。它的视图画法，当采用小比例绘制时（即按比例缩小，板厚≤2 mm），其腹板规定用粗虚线表示，如图 4－8(a)所示(在画小比例时的不可见板材的板厚投影多用此法表示)。T 型钢的断裂画法如图 4－8(b)所示。

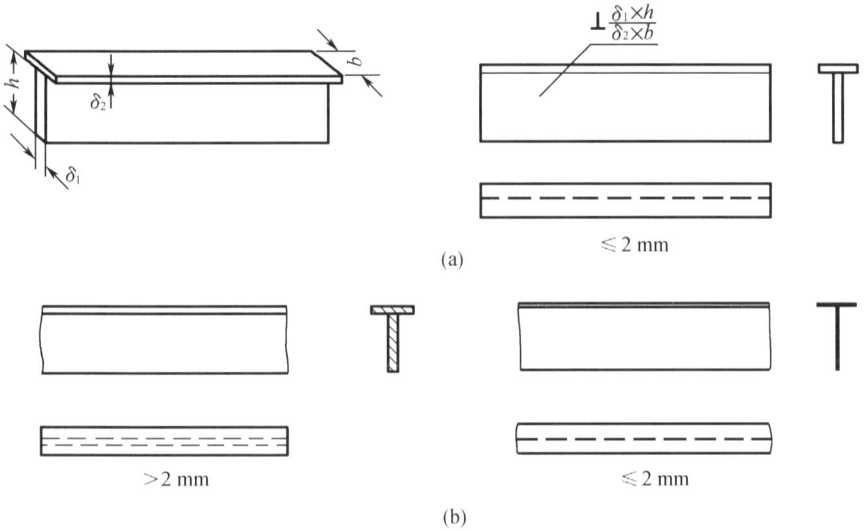

图 4－8　组合 T 型钢

组合 T 型钢的尺寸表示法是在 T 型钢的断面符号后面写出它的断面尺寸，如图 4－8 中 $\perp\frac{8\times300}{12\times150}$，即表示 T 型钢的腹板厚度 $\delta_1=8$ mm、高度 $h=300$ mm；面板厚度 $\delta_2=12$ mm、宽度 $b=150$ mm。

5. 钢管

在船体结构中，钢管通常作为支柱。它的视图画法，如图 4－9 所示，即为圆柱曲面的投影。实线表示可见的外圆柱曲面，虚线表示不可见的内圆柱曲面。小比例的画法也与其他型钢相同。钢管的断裂画法，如图 4－9(b)所示，图左为大比例时的画法，图右为小比例时的画法。

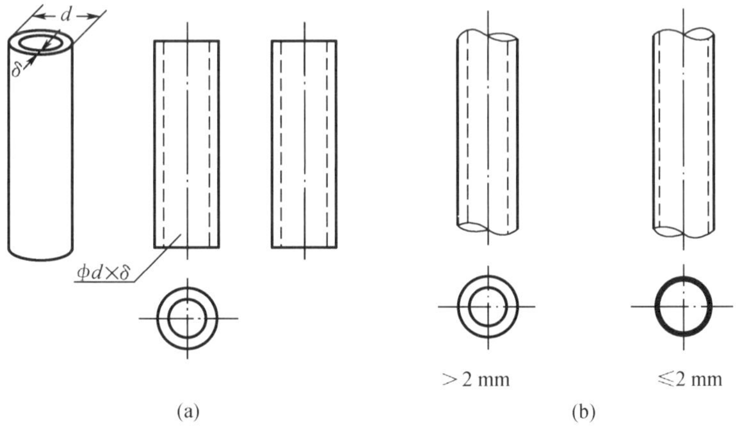

图 4－9　钢管

钢管的尺寸是在其断面符号后面写出其断面尺寸(即外径和管壁厚度),如图 4 - 9 中的 $\phi d \times \delta$。如 $\phi 102 \times 8$ 即表示钢管的外径 $d = 102$ mm,管壁的厚度 $\delta = 8$ mm。除上述几种型钢外,船体构件中常用的型材尚有槽钢、工字钢、半圆钢及圆钢等。它们的画法及尺寸表示法,见表 4 - 1。造船常用钢板、型钢的规格及质量可参阅附录三。

表 4 - 1　船体常用型材的画法和尺寸标注

型材名称		符号	尺寸标注法
圆钢		ϕ	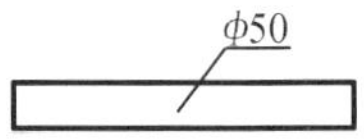
半圆钢	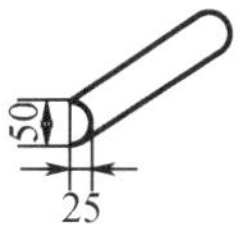	◓	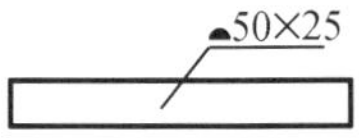
槽钢	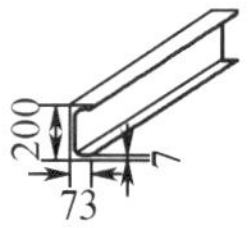	[	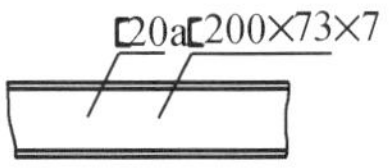
工字钢	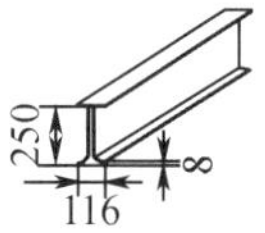	I	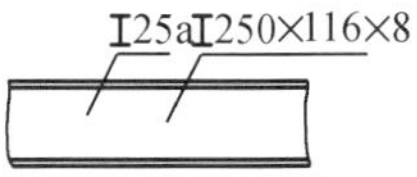
T 型钢	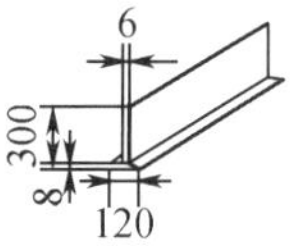	T	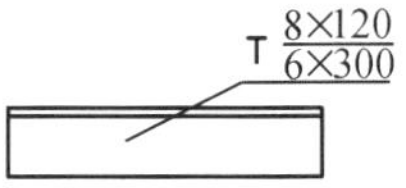
组合工字钢	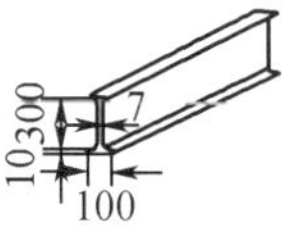	I	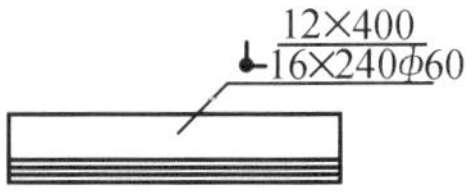
组合角钢	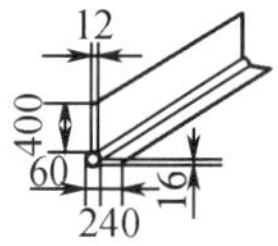		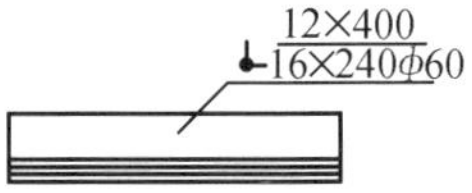
组合球扁钢	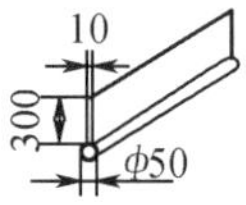		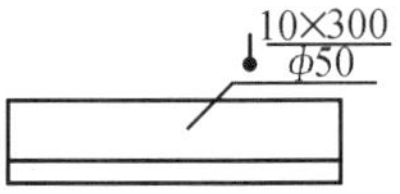
组合箱形梁	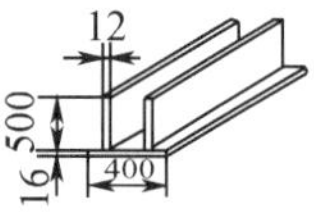	⊔	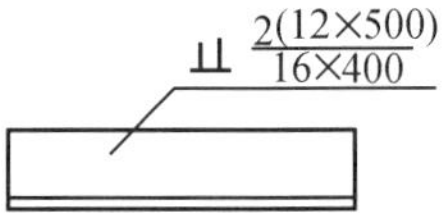

三、肘板的画法及尺寸标注

肘板是由板材加工而成的板件，通常作构件间的连接，以减少端点连接处的应力集中。肘板的形状多为三角形，其形式一般分为 T 形肘板、折边肘板、无折边肘板三种。在用小比例绘图时，视图可以简化绘制，见表 4－2，肘板的画法及尺寸注法。

肘板的尺寸以集中标注的形式标注，其中，折边肘板和 T 形肘板的尺寸数字前还需分别标注符号“└”和“⊥”。

表 4－2　肘板的画法及尺寸注法

肘板形式		正投影图	小比例时简化画法和尺寸注法
无折边肘板	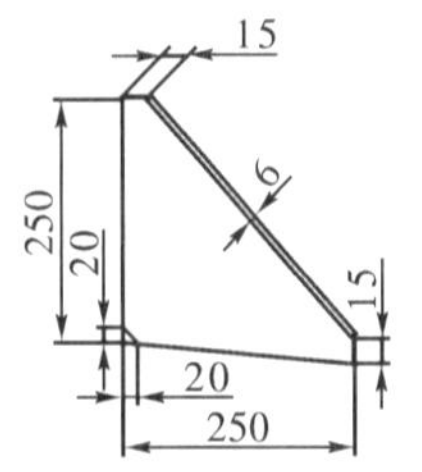	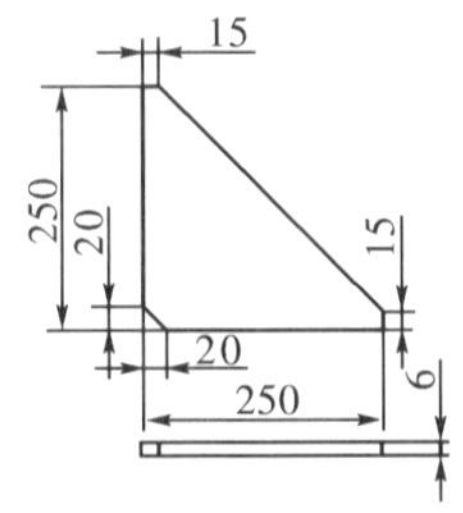	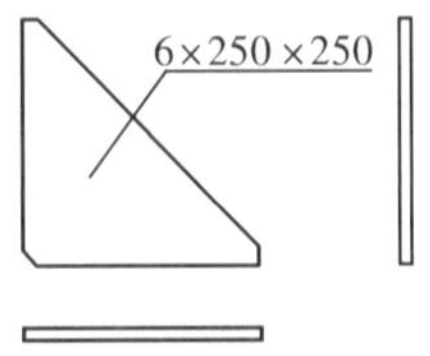
折边肘板	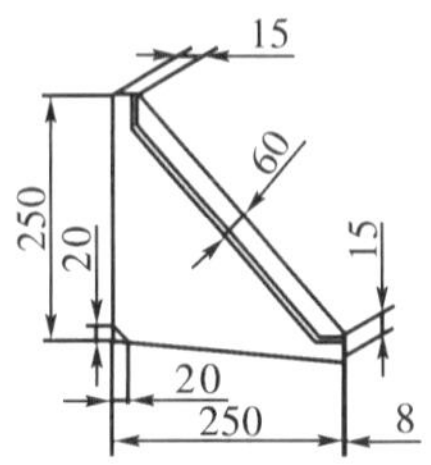	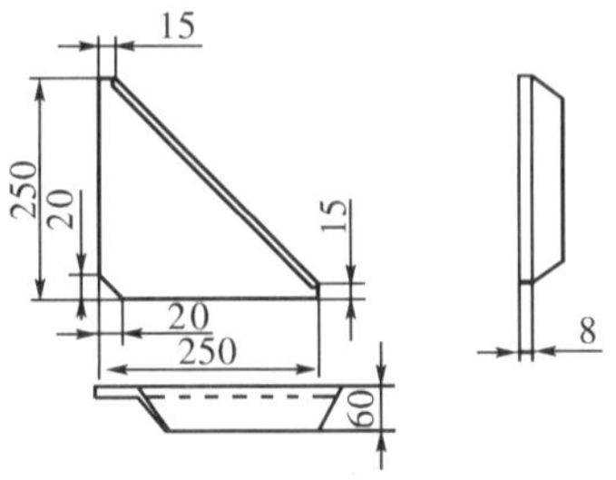	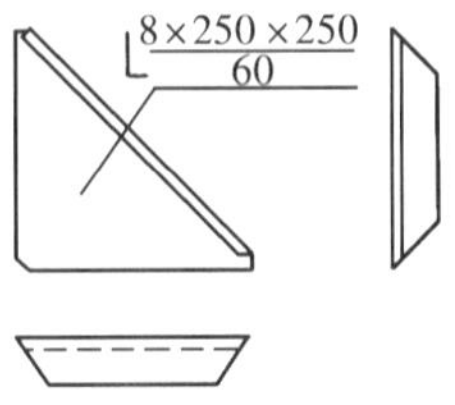
T 形肘板	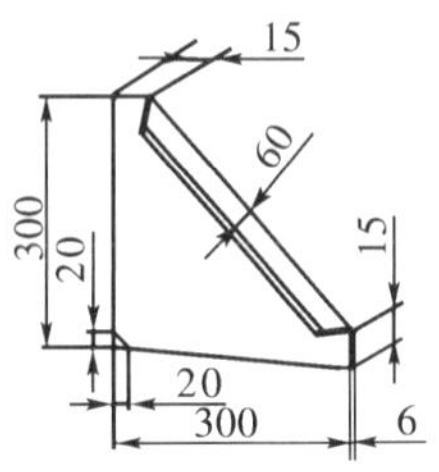	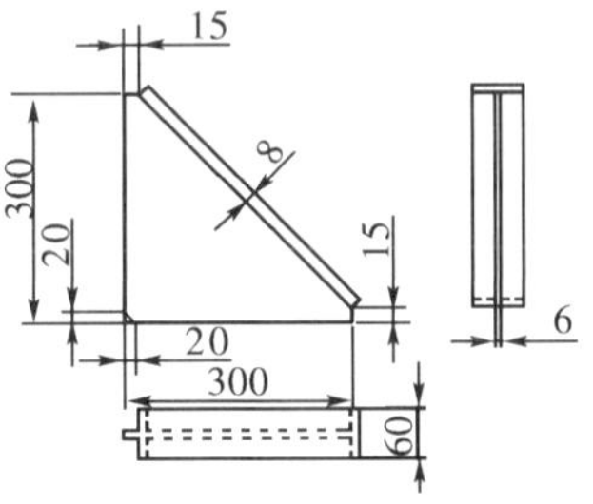	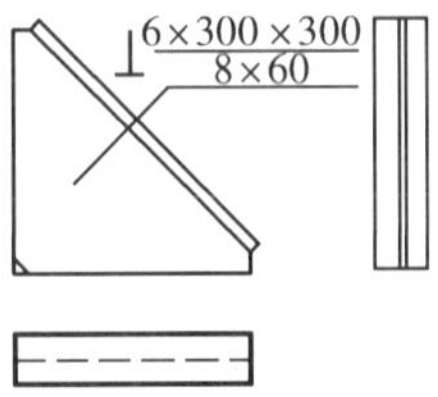

第二节　板材、型材连接的表达方法

船体构件相互连接以形成牢固的整体,它们的连接方式基本分为板材与板材的连接、型材与型材的连接,型材与板材的连接等几种形式。

一、板材与板材连接的画法

板材与板材的连接通常有对接、搭接,角接、交叉连接和加覆板等几种连接形式,它们在视图中的表达方法,见表4－3。

表4－3　板材与板材连接的画法

连接形式		视图画法	说明
对接	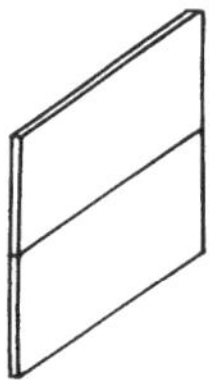	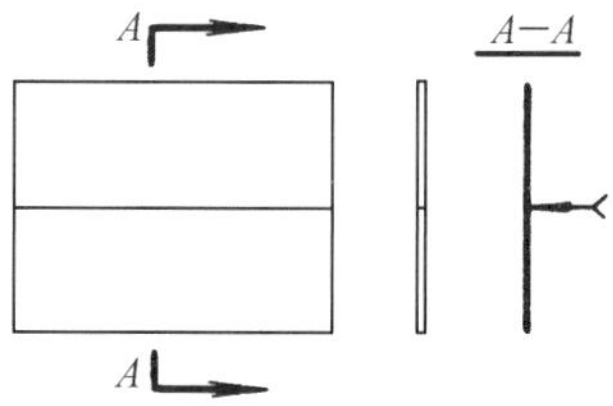	(1)板材接缝用细实线表示; (2)小比例的剖面图中,板材接缝位置用板材接缝符号“”表示
搭接	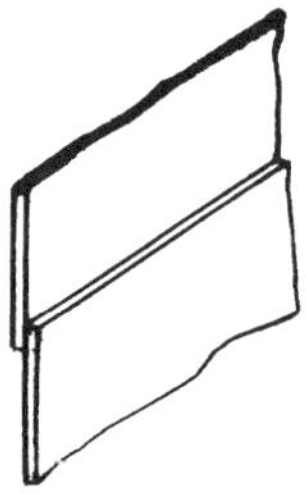	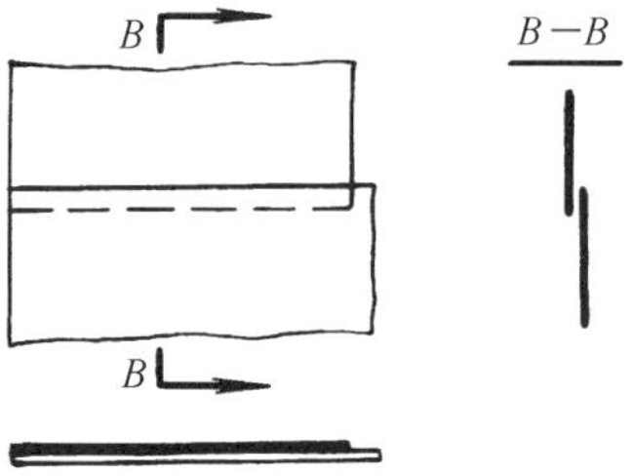	小比例的剖面图中,板材重叠处留有间隙,间隙不大于粗实线宽度
角接	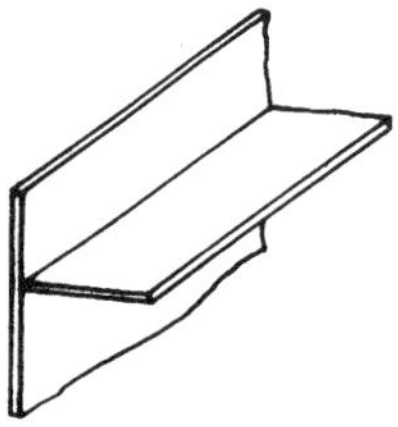	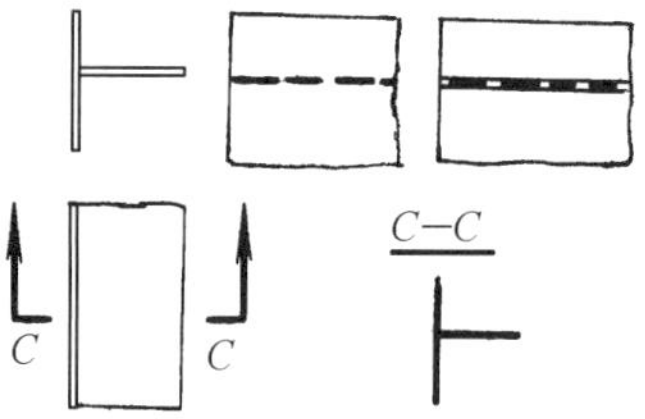	允许用粗虚线表示非水密板材腹板的不可见投影,以轨道线表示水密板材的不可见投影
	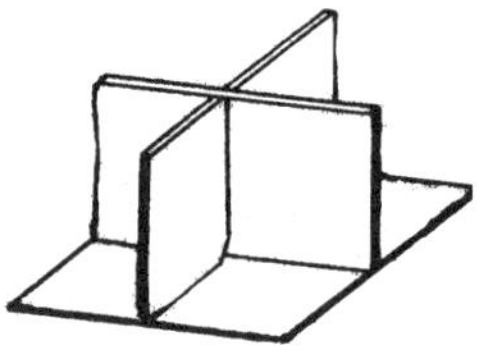	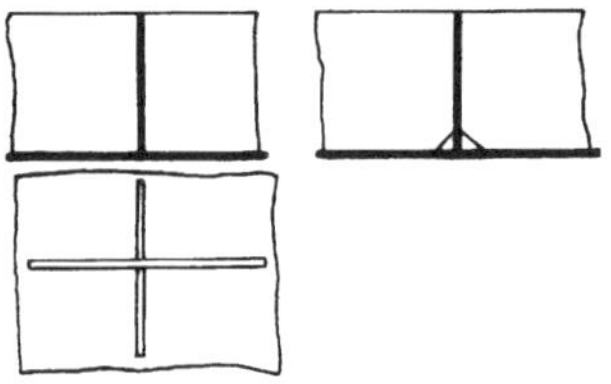	间断构件的工艺性切角只表示在外形形状显著的视图中(见左视图),其他视图省略不画

表 4－3(续)

连接形式		视图画法	说明
加强覆板	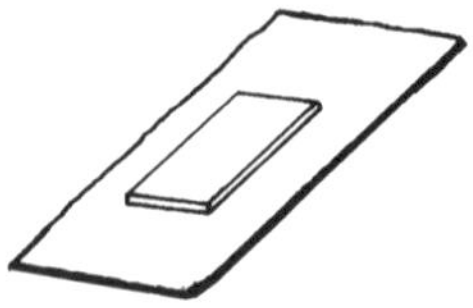	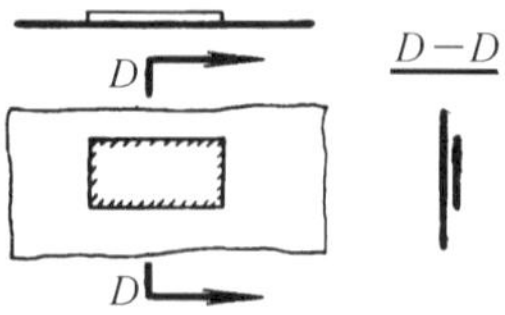	(1)平面图中,沿腹板轮廓线的内缘画细斜线; (2)小比例的剖面画法与板材搭接的画法相似

表中:钢板对接,即两块钢板的边缘相对地连接;搭接,即两块钢板的板边重叠一部分的连接。小比例绘图时,为清晰表达两板的搭接位置,剖面图中的两条粗实线间要人为留一条粗实线粗度的间隙;角接,即板材与板材成一定角度的连接,当两块板成 90°连接时,称为垂直连接;当钢板交叉连接,即两板相交连接时,必然有一板连续一板间断。如何在视图中来区别板和板的连续和间断呢?通常在间断的钢板上与连续钢板的连接处开有切口(切口的大小由有关标准规定,见附录四)。如遇水密结构,钢板上不能开切口时,则可由结构的特点判别。从表中可以看出,左右方向的钢板是间断的,前后方向的钢板是连续的;加覆板,即在一块钢板上再叠加一块钢板。在某些构件的下面(或上面)和开口的周围或开口的四角,常需要再叠加一块板来增加该处的强度。为了使覆板区别于其他构件和板上的开口,在平面图形上覆板的四周画上阴影线。实际上覆板也是板与板搭接的一种,所以它的画法与板的搭接画法基本相同。

二、型材与型材的连接的画法

型材与型材的连接,通常有对接、搭接、相交等几种形式,它们的画法,见表 4－4。

表 4－4　型材与型材连接的画法

连接形式		视图画法	说明
对接	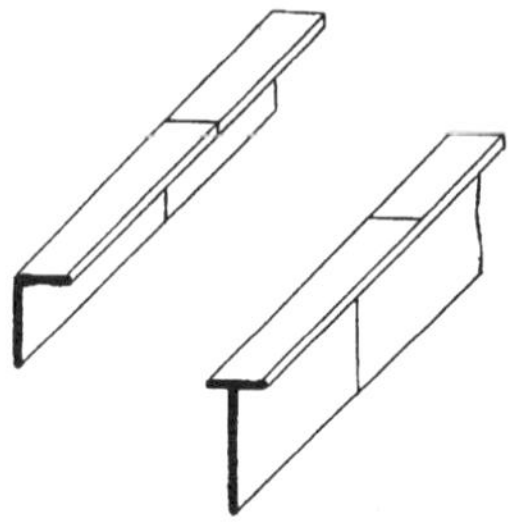	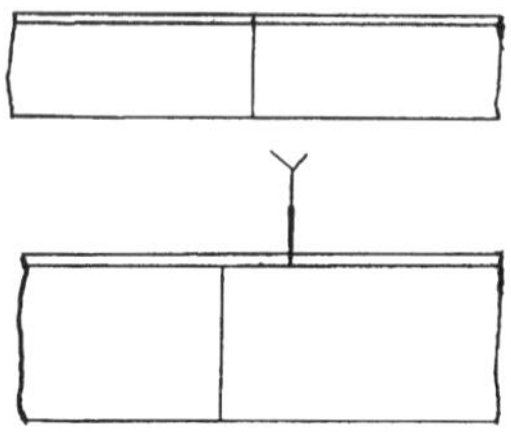	T 型材面板的接缝位置,可用符号“”表示
搭接	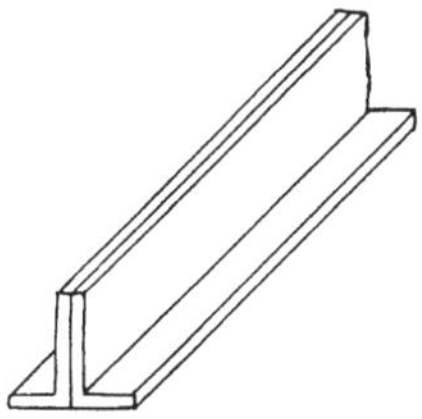	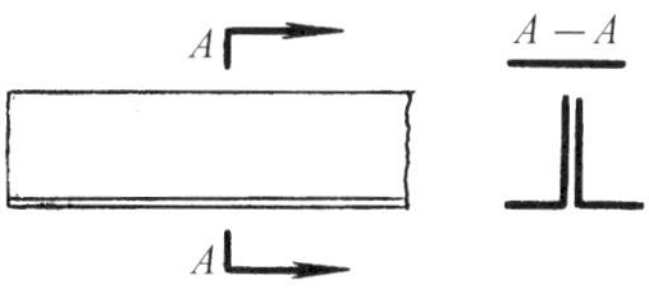	小比例的剖面图中,两型材之间留有间隙,间隙不大于粗实线宽度 b

表 4－4(续)

连接形式		视图画法	说明
相交	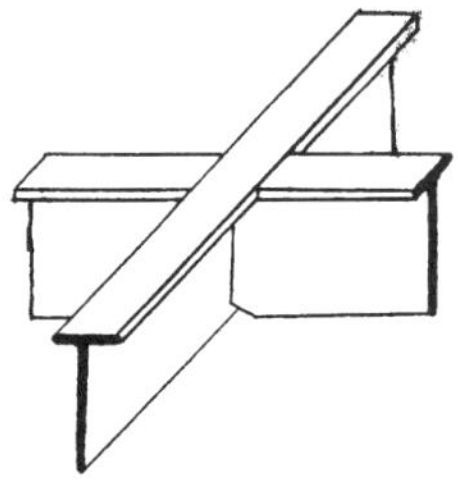	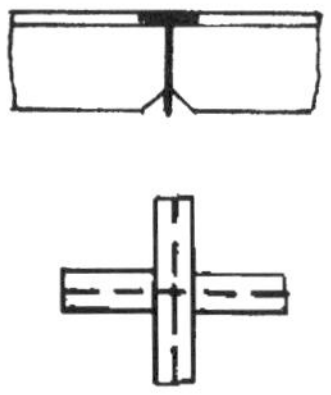	间断构件的工艺性切角,只表示外形显著的视图中(见主视图),其他视图省略不画

三、型材与板材的连接的画法

型材与板材的连接形式,通常有如下几种。

1. 角接

型材的一边与板材成一定角度的连接称角接(通常多为 90°)。在现代钢质船舶上,型材和板材的连接绝大多数都是采用角接形式,它的表达有视图画法和简化画法两种。

(1)视图画法

如角钢与板材角接的视图,见图 4－10,其中,图 4－10(a)为俯视图中角钢不可见的画法;图 4－10(b)为角钢可见的画法。

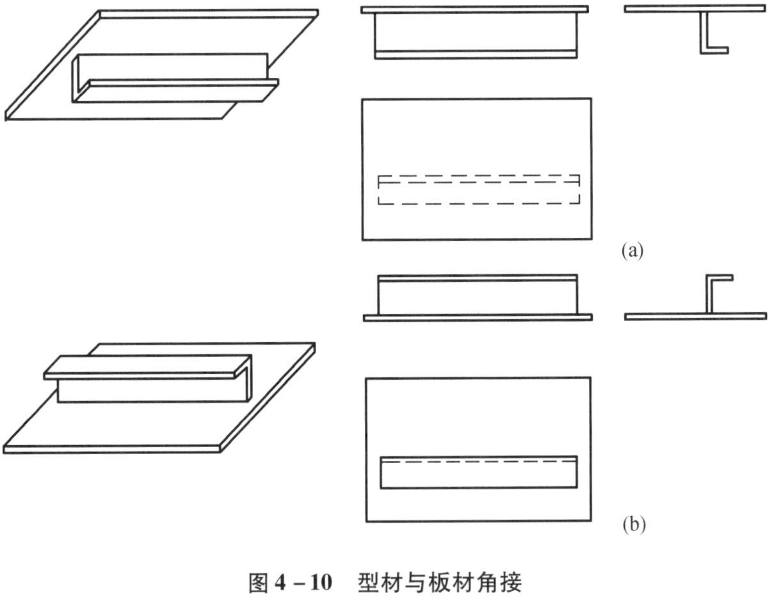

图 4－10　型材与板材角接

(2)简化画法

若型材角接的根数比较多时,在俯视图中会出现许多线条,既不便于画图,又不便于看图(尤其在小比例时),所以通常采用简化画法。图 4－11(a)为型材不可见时的画法,即用一根细虚线表示普通型材(如角钢、球扁钢)的不可见投影;图 4－11(b)为角钢可见时的画法,即用一根细点画线表示普通型材的可见投影。如果在多根型材中有尺度较大的型材(通常为 T 型钢,在船体结构中作为强构件)为不可见时,即用粗双点画线表示,如图 4－11(c)所示;当较大型材为可见时,则用粗点画线表示,如图 4－11(d)所示。

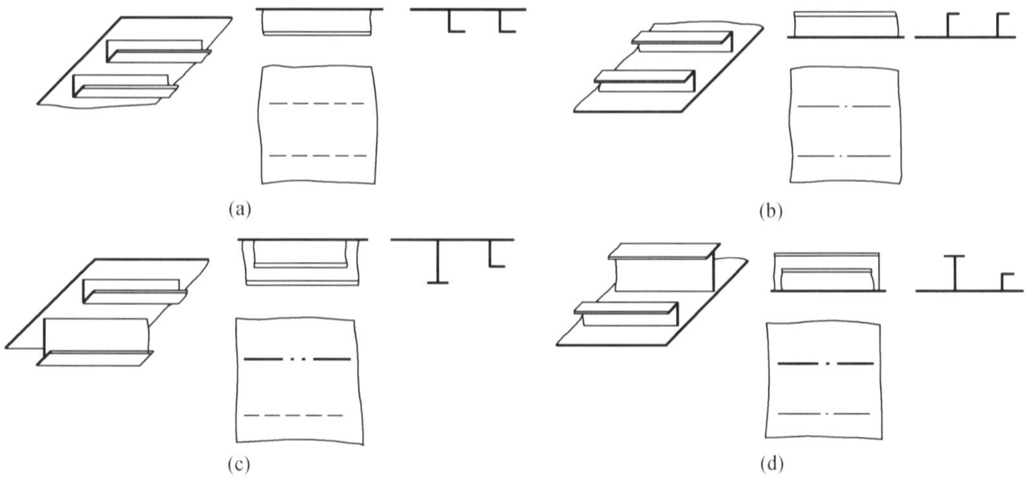

图 4－11　型材与板材角接的简化画法

有时为了结构和工艺上的要求,将型材端部削斜,其画法见表 4－5。削斜的尺寸及标注要求,见附录五。

表 4－5　型材端部削斜的画法及标注

削斜形式		画法和标注方法
角钢非 固定端削斜	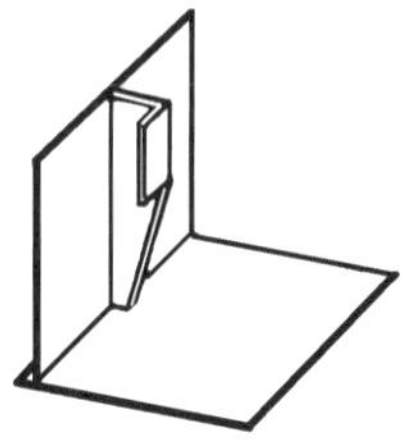	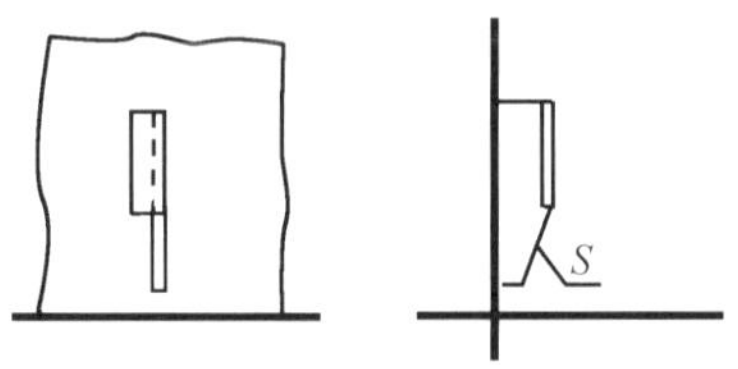
T 型钢非 固定端削斜	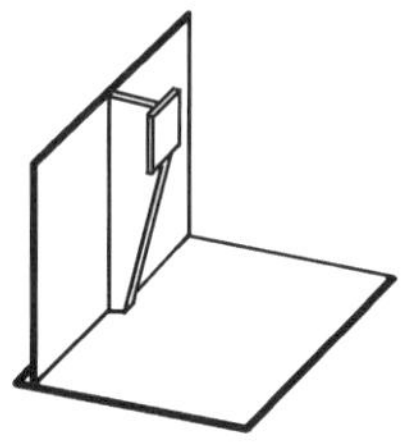	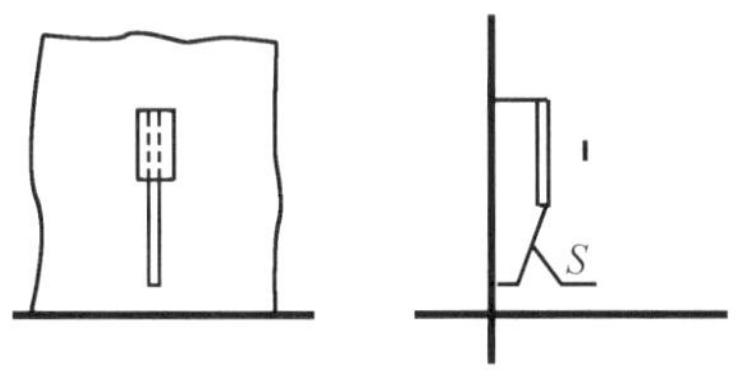

表 4 – 5(续)

削斜形式		画法和标注方法
角钢搭接 端部削斜	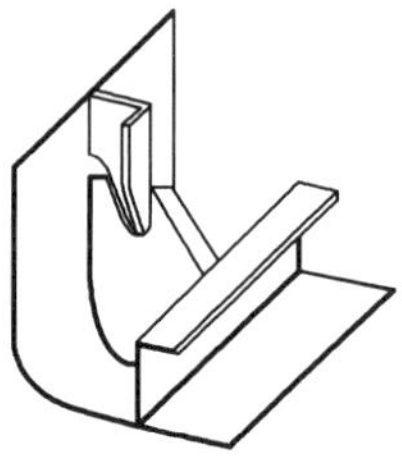	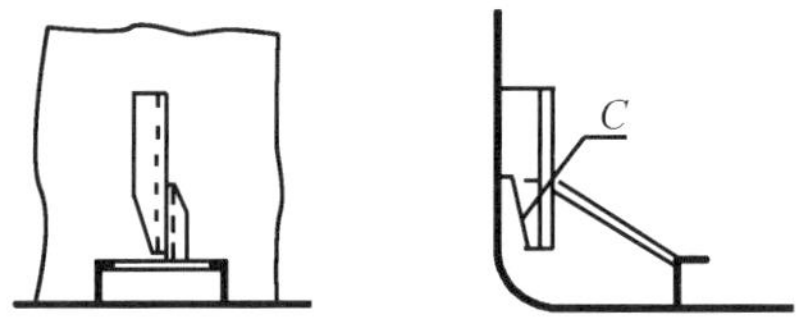

2. 搭接

型材的一边与板材迭合连接称为搭接。这种连接形式只有在船体的局部地方使用。如有些大、中型船舶上采用的舷边角钢连接。搭接的画法，如图 4 – 12 所示。在断裂画法中，当板厚按比例缩小后≤2 mm 时，型材断面和板材断面的粗实线应留有间隙，这与板材搭接时的表达方法相同。

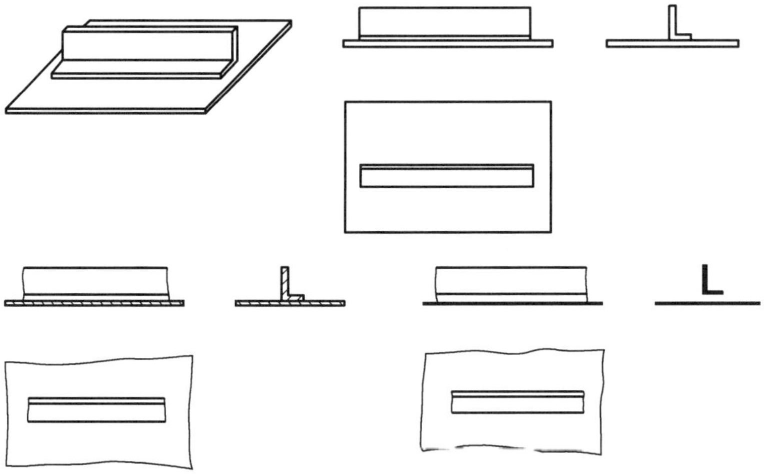

图 4 – 12　型材与板材的搭接

3. 肘板连接

为使型材与板材，型材与型材有效连接，并起到传递力的作用，常在型材与板材、型材与型材之间用肘板连接，如图 4 – 13 就是肘板连接的一种形式。它的画法在大比例时如图 4 – 13(b)所示，俯视图和侧视图中，肘板厚度的不可见部分，用两条细虚线表示；小比例画法时如图 4 – 13(c)所示，肘板厚度的不可见部分允许用粗虚线表示。

四、型材贯穿的画法

当型材与板材或与一尺度较大的型材垂直相交时，为了保持尺度较小型材的连续性，往往在板材或较大的型材上开切口让较小的型材穿过，这种连接方式即称为贯穿。贯穿连接形式在船体结构中采用较为广泛。

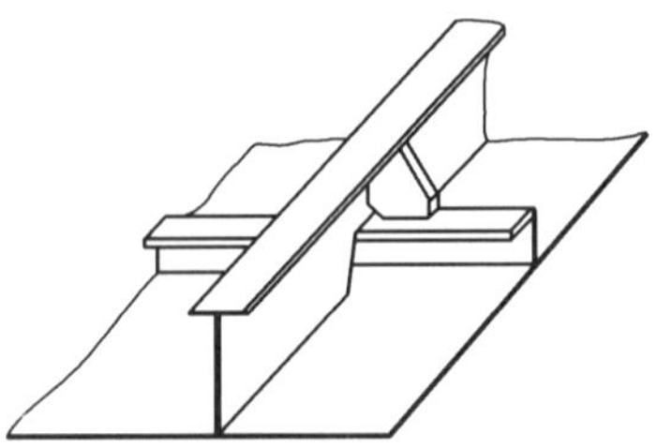

(a)

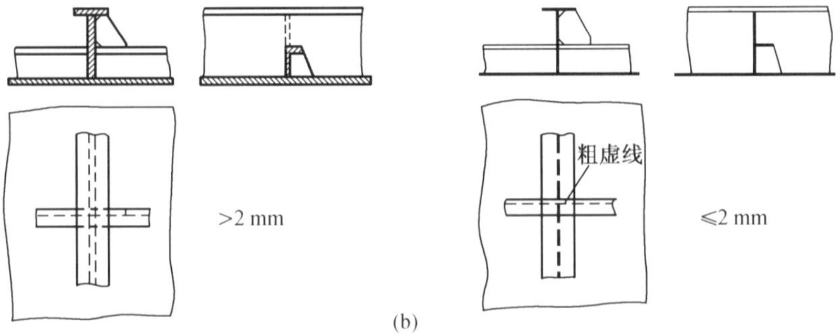

(b)

图 4－13　肘板连接

根据结构和工艺上的要求，型材的贯穿有直通型、腹板焊接型和补板型等几种形式，见表 4－6。其切口与补板的标准形式和尺寸，由全国船舶标准化委员会专业标准规定，见附录四。

表 4－6　型材贯穿的画法及注法

连接形式		视图画法	说明
不加补板的贯穿	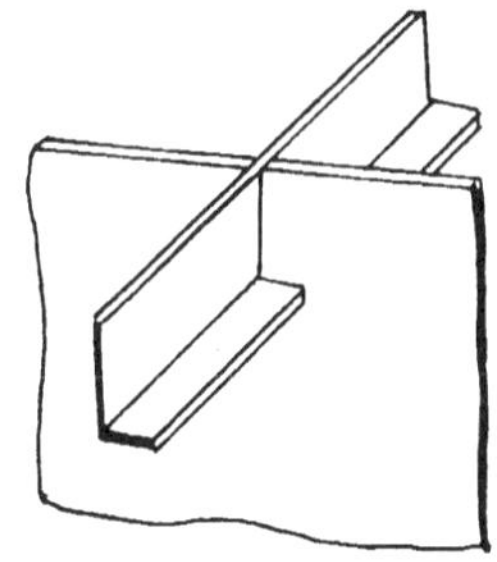	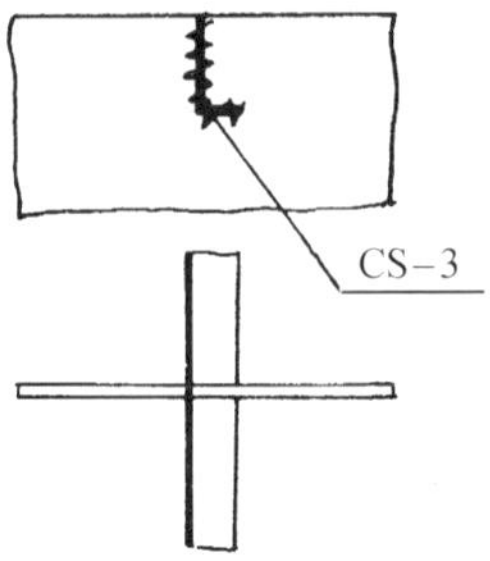	为了表示型材穿过板材，在型材剖面周围画短斜线
	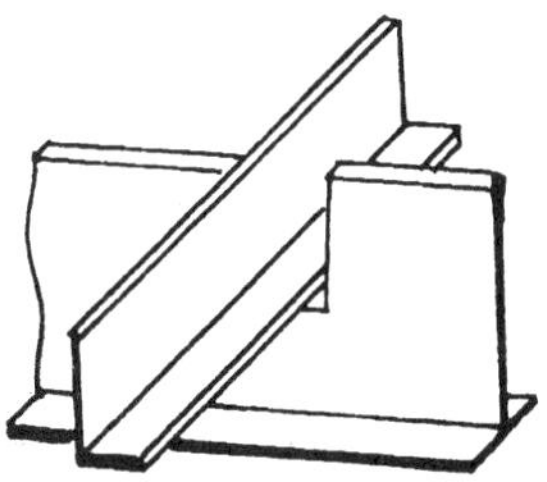	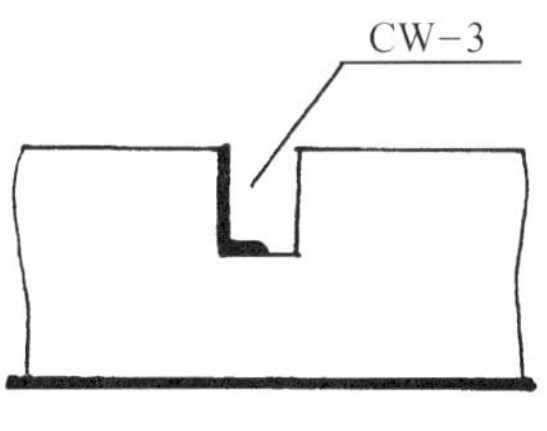	(1)切口的标准形式和尺寸由 CB* 3182—83 规定，见附录四； (2)采用标准形式的切口视图中，只需注明切口型别；采用非标准形式的切口则须注明切口的全部尺寸

表 4－6(续)

<table>
<tr><th colspan="2">连接形式</th><th>视图画法</th><th>说明</th></tr>
<tr><td rowspan="2">加补板的贯穿</td><td>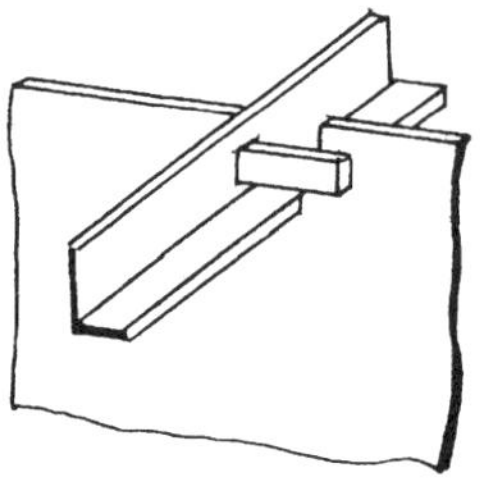</td><td>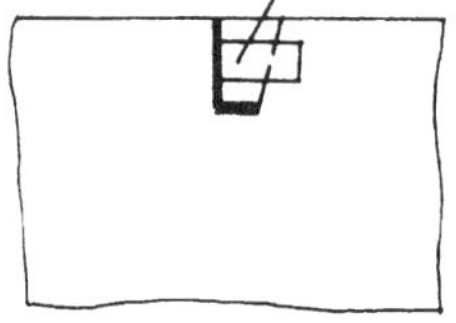</td><td rowspan="2">(1)补板的标准形式和尺寸由 CB* 3182—83 规定，见附录四；
(2)采用标准形式的补板，视图中只需注明补板的型别和补板的厚度，如：$\frac{CT-9}{5}$,即为T型材穿过某水密板材,CT－9为补板的型别,5 mm为加补板的厚度。</td></tr>
<tr><td>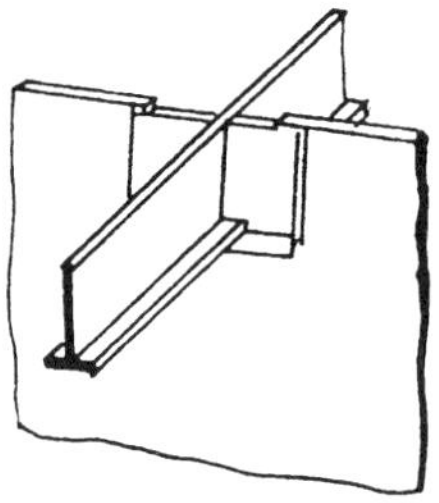</td><td>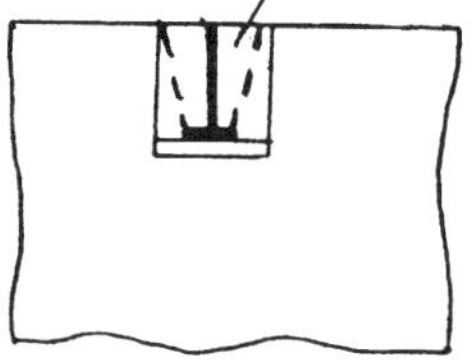</td></tr>
</table>

第三节　船体结构节点视图

所谓节点就是船体纵(船长方向)、横(船宽方向)构件相互交汇的地方,参见图 4－1。表示节点处结构详细情况的视图称为节点视图。节点是船体上局部结构,包含有多个船体某一局部的结构。它的结构比较复杂,如图 4－14 支柱节点。因此,掌握节点和局部结构的视图画法和识读方法,对于阅读和绘制船体的结构图样有很大的帮助。

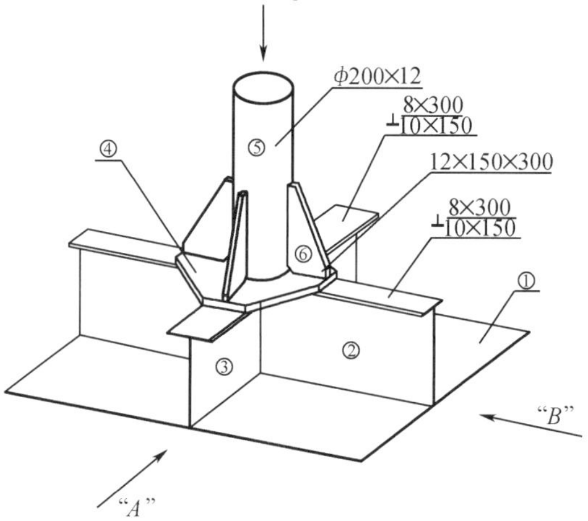

图 4－14　支柱节点

绘制和识读节点及局部结构的视图时，主要采用形体分析的方法，即将节点和局部结构分成单个的钢板、型钢或它们的简单组合，来分析绘图和读图中的问题，然后加以综合以形成全局的概念。

节点是取自船体中的局部的结构。因此，钢板在长、宽方向，型钢在长度方向通常都是断裂的。又因船体的图样，通常都是采用较小的比例绘制，所以下面所述的节点和局部结构的画法，都采用小比例的断裂画法。

一、节点视图的画法

现举两例说明节点图的画法。

【例 1】　如图 4－14，为船体上的一个支柱节点。具体作图步骤如下：

1. 构件分析

将图 4－14 中的构件人为地拉开，如图 4－15 所示。这样，从图 4－15 中可以看出，该节点是由水平放置的板材 1，垂直布置在板材之上且相互垂直相交的 T 型材 2 和 3，其中 2 是连续的，3 是间断的，布置在 T 型材交叉处的八角垫板 4，垂直安装在垫板上面的钢管 5，位于 T 型材腹板平面内用来连接钢管和垫板的 4 块无折边肘板 6。这个支柱节点是由钢板、型钢、肘板和简单的组合构件相互连接而成的。

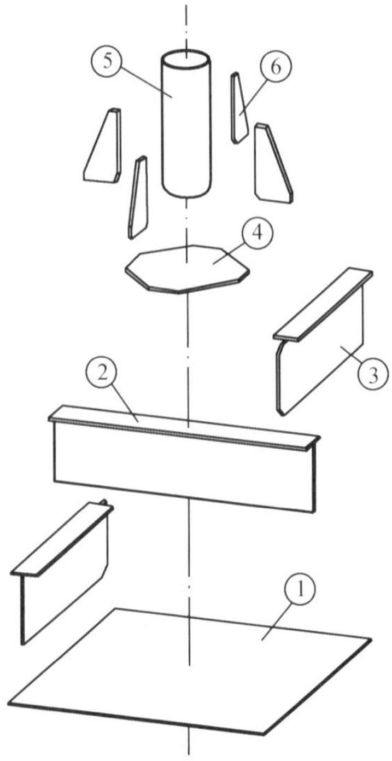

图 4－15　支柱节点的构件分析

2. 选择视向，确定视图的数量

视向选择时，主视图一般要求能反映出节点的主要结构特征，选择其他视向来弥补主视图中未能表达清楚的结构。视图的数量视节点的复杂程度而定，其原则是在清楚地表达节点结构的情况下，尽量使视图最少。本例这个支柱节点，如果选择“*A*”向或“*B*”向（见图4－14）作为主视图的投影方向，都能反映出节点的结构特征及构件的连接方式，但垫板的形状还不能表达清楚；如果选择“*C*”向为投影方向，也能反映多数构件的形状，但构件的相对位置的表达就会不如“*A*”向或“*B*”向。所以选择“*A*”向或“*B*”向作为主视图的投影方向较为合适。本例选择“*A*”向作为主视图的投影方向，选择“*C*”向作为俯视图投影方向，即可将该节点中的结构及构件与构件的连接方式表达清楚。

3. 视图的绘图

绘图时通常将节点的主要平面（或轴线）平行（或垂直）投影面。节点图的绘制可以根据构件的投影规律，采用构件叠加的方法，几个视图相互对应同时绘制。本例的作图步骤如下（见图 4－16）：

（1）合理布置视图，画出主、俯视图的基准线，见图 4－16（a）。（画基准线时应考虑节点的长、宽、高的外形尺寸，使各视图间留有一定的空隙。）

（2）画出水平钢板 1 的投影，见图 4－16（b）。

（3）画出T型材 2 和 3 的投影，见图 4－16（c）。

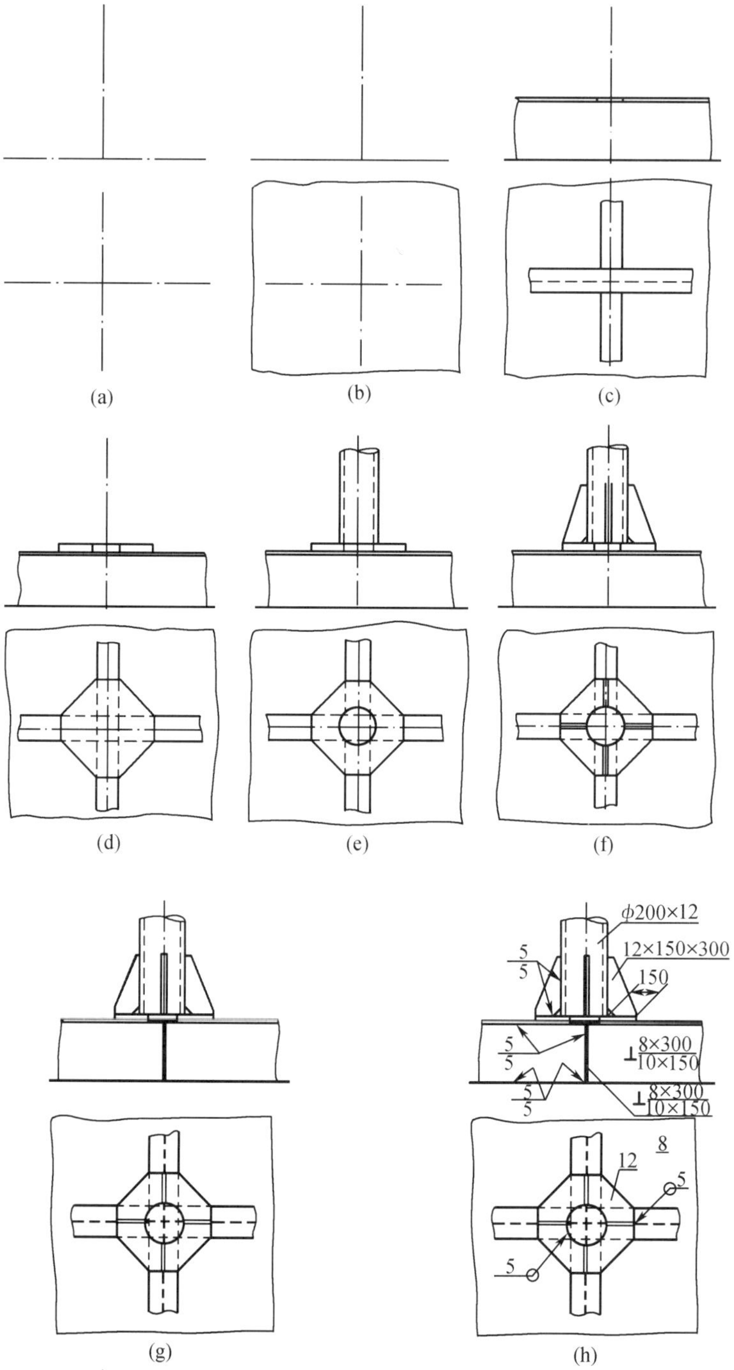

图 4-16　节点视图的画法

(4)画出垫板4的投影,见图4-16(d)。

(5)画出钢管5的投影,见图4-16(e)。

(6)画出肘板6的投影,见图4-16(f)。

(7)检查底图,擦去多余的线条,按图线要求加深,完成全图,见图4-16(g)。

(8)标注尺寸。节点图的尺寸应尽量标注在表示构件外形特征较明显的视图中,并要求相对集中,便于阅读。如本例中,将钢管、肘板和T型材的尺寸标注在主视图中,将水平钢板和垫板的尺寸标注在俯视图中,见图4-16(h)。

(9)标注焊缝符号。焊缝符号的标注,可参见本教材第一章第六节的规定。同样,焊缝符号也应标注在接缝特征较明显的视图中,并要求相对集中。如T型材与水平钢板、T型材2和3以及肘板与钢管、垫板的连接的焊缝符号标注在主视图中,垫板与T型材面板、钢管与垫板的连接的焊缝符号标注在俯视图中,如图4-16(h)所示。

【例2】 如图4-17已知船底部支柱节点的主、俯视图,要求画出左视图。

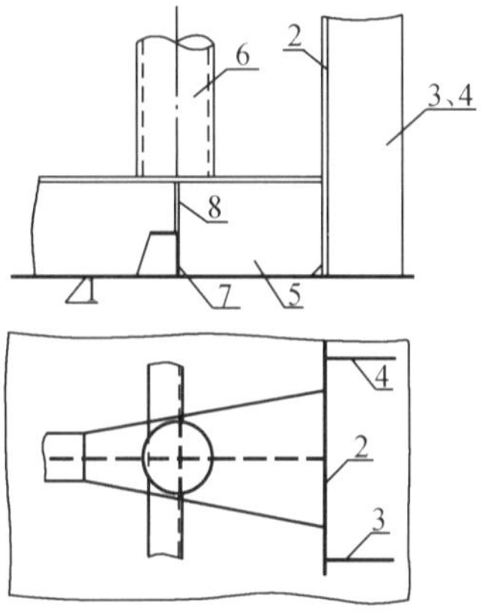

图4-17　船底部支柱节点

要画出该节点的左视图,就要根据主、俯视图看懂节点的组成,弄清楚各构件的相对位置和连接情况,并在画图过程中逐步想象出整个节点的结构情况。其步骤如下:

(1)用构件分析的方法,分析主、俯二个视图。从图4-17中可知,该节点是由水平钢板1;垂直钢板2,3,4;T型材5、管子6、角钢7和肘板8组成。然后逐一分析各构件的相对位置、相互间的连接关系,运用投影规律画出每个构件的左视图。

(2)画出钢板1,2,3,4的左视图。根据主、俯视图的投影,可知钢板1是水平放置的,平行于水平投影面;钢板2在主、俯视图的投影都为断面,因此钢板2既垂直于水平投影面,又垂直于正投影面而平行于侧投影面;钢板3与4是相互平行的两块钢板,它们是垂直于水平投影面,平行于正投影面,因而也垂直于侧投影面。又根据它们在视图中的上、下、前、后、左、右的位置关系,可以看出,钢板2,3,4位于钢板1之上;钢板3,4位于钢板2之右;钢板4位于钢板3之后。根据上述分析,就可想象出四块钢板的空间位置,然后根据投影规律画出它们的左视图,如图4-18所示。

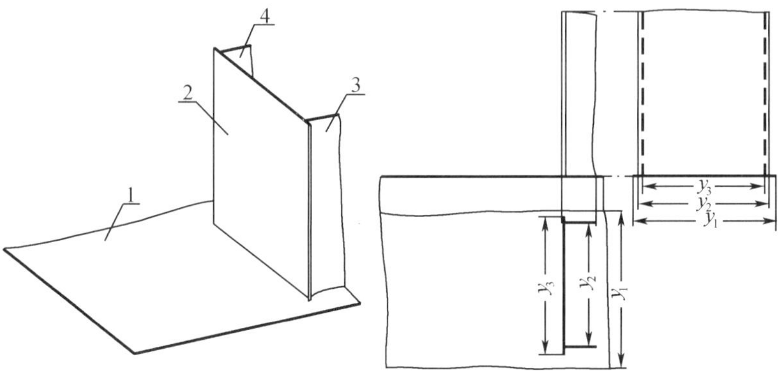

图4-18　板材1,2,3,4的空间位置与作图

(3)画出 T 型钢的左视图。从主、俯二视图中可看出,T 型钢面板平行于水平投影面,垂直于正投影面,因而也垂直于侧投影面;面板在与钢板 2 连接部分的形状呈梯形;腹板平行于正投影面垂直于水平投影面,因而也垂直于侧投影面,它的一端与钢板 2 连接,且位于它的中央。据此分析可以想象出 T 型钢的形状和空间位置,然后按投影规律画出它的左视图,如图 4 – 19 所示。

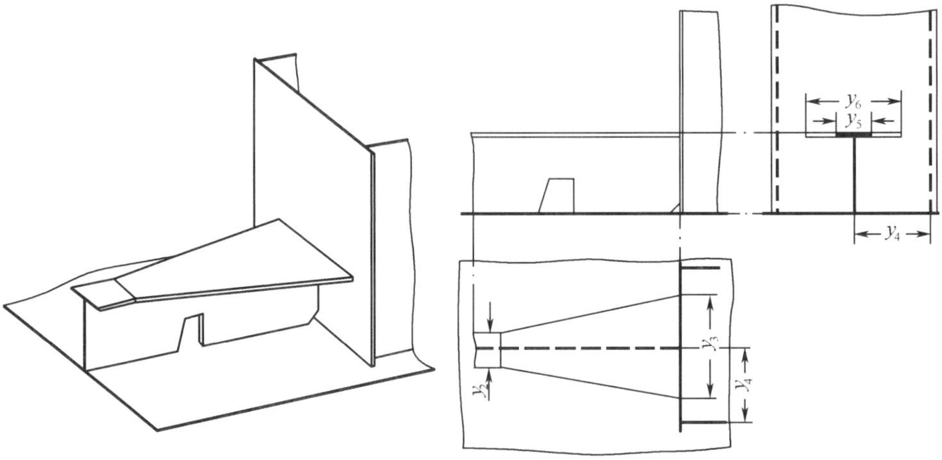

图 4 – 19　T 型材的空间位置与作图

(4)画出管子的左视图。从主、俯视图中可看出,管子位于 T 型钢面板之上,中心平面与 T 型钢腹板位于同一平面上,轴线垂直于水平投影面,它的空间位置及其左视图(可按圆柱面的投影画出,即前、后转向线就是它的投影轮廓线),如图 4 – 20 所示。

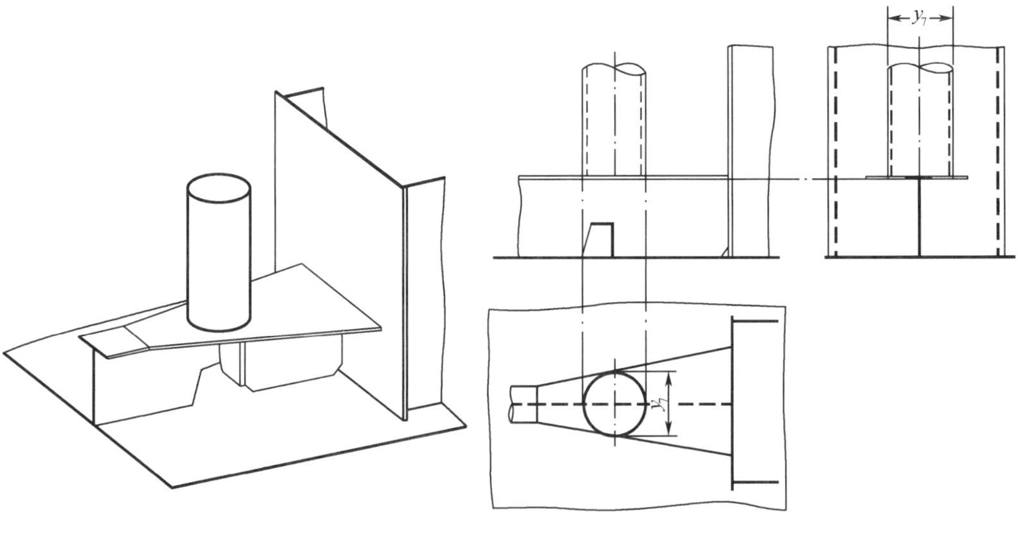

图 4 – 20　管子的空间位置与作图

(5)画出角钢的左视图。从主、俯视图中可知,角钢贯穿于T型钢,并垂直于正投影面,角钢的一边垂直于水平投影面而平行于侧投影面,并位于管子中心平面上;另一边折向左,并平行于水平投影面而垂直于侧投影面。其高度与左视图平齐,如图4-21所示。

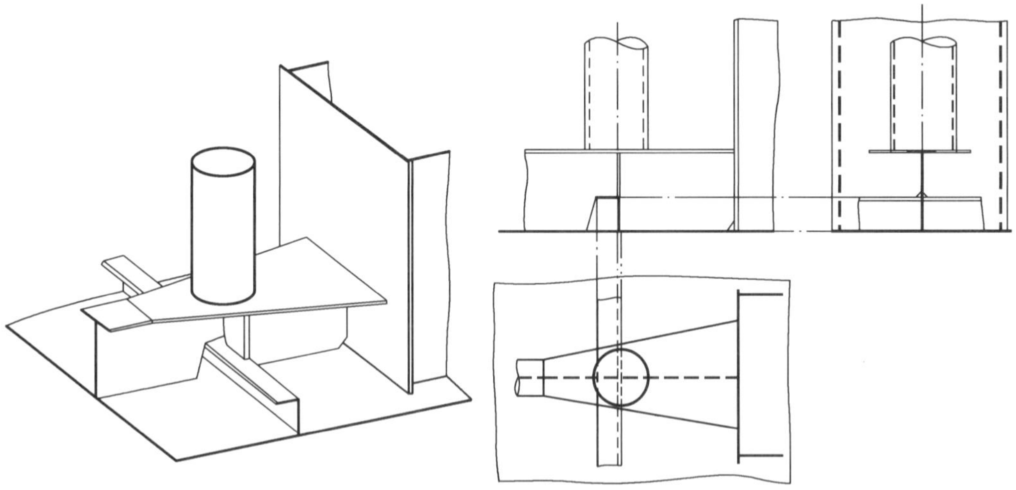

图4-21　角钢的空间位置与作用

(6)画出肘板的左视图。从主、俯二视图中可见,肘板是前、后两块,位于T型钢腹板的两边,用来连接角钢与T型钢。肘板的平面垂直于正投影面和水平投影面而与侧投影面平行,并与角钢的垂直边在同一平面内。它的空间位置与左视图,如图4-22所示。

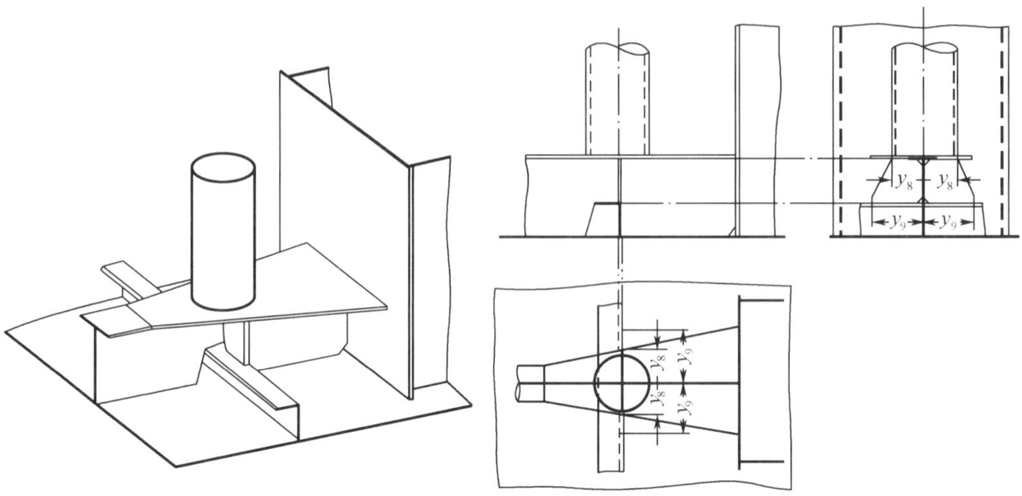

图4-22　肘板的空间位置与作图

这样对逐个构件的分析和画图,就能想象出节点的空间结构情况和画出节点的左视图。

二、节点视图的识读

识读视图的基本方法与画视图的基本方法一样,先对节点中的构件进行分析,弄清构件的组成,然后按投影规律看懂各部分的形状、空间位置以及它们间的相互连接关系。

现以图 4 – 23 船底纵骨节点的三视图为例,说明识读节点视图的步骤如下:

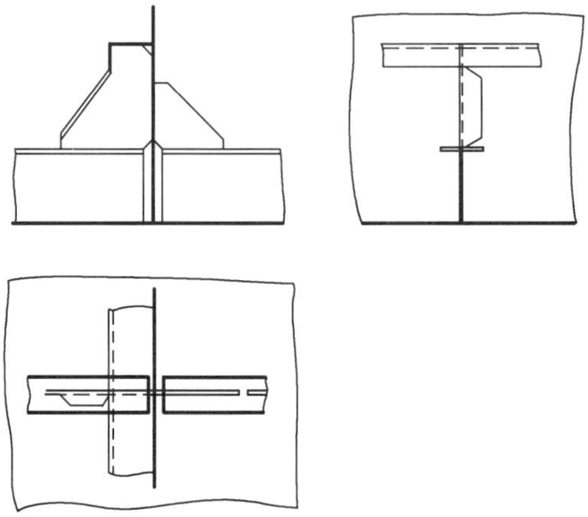

图 4 – 23　纵骨节点

(1)对主视图进行形体分析。由于主视图反映节点的基本结构特征,一般可先从主视图进行分析。从图中可以大致看出节点由水平钢板 1、垂直钢板 2、左 T 型钢 3、右 T 型钢 4、角钢 5、大肘板 6、小肘板 7 等构件组成,如图 4 – 24 所示。

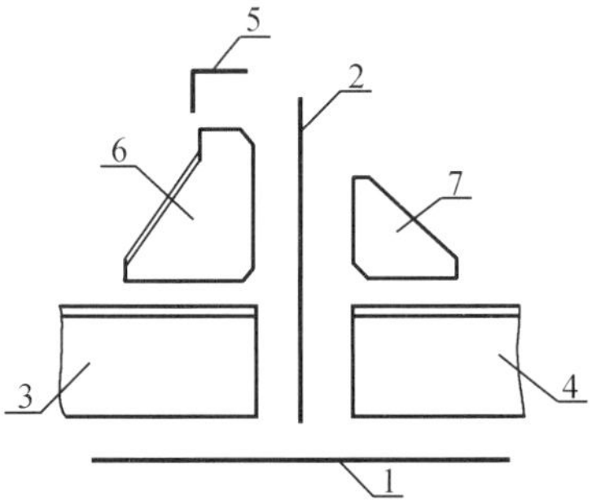

图 4 – 24　节点的构件分析

(2)根据投影规律,按线框和线条分别找出各构件在其他视图中的投影,从而想象各部分的形状和空间位置,如图 4 – 25 所示。

(3)根据各构件在视图中上、下、左、右、前、后的相对位置以及连接情况,想象出整个节点的结构。从图 4 – 25 中可以看出:位于节点的最下部水平放置的钢板 1,其中间与钢板 2 角接;T 型钢 3,4 位于钢板 2 的左、右两面,放在钢板 1 的中间;肘板 6,7 同样位于钢板 2 的左、右两面而放在 T 型钢面板的中央,肘板一边与 T 型钢面板连接,另一边与钢板 2 连接;角钢 5 与钢板 2 角接,且位于肘板 6 的上部并与它连接。这样就可想象出纵骨节点的空间结构情况,如图 4 – 26 所示。通过上述两个例子,对识图的步骤大致归纳如下:

①初步了解

根据节点的视图,用形体分析法初步了解节点是由哪些构件组成的。

②逐个解决

从反映节点结构特征的主视图着手,根据投影关系,对节点的每个构件的空间位置进行具体地分析。

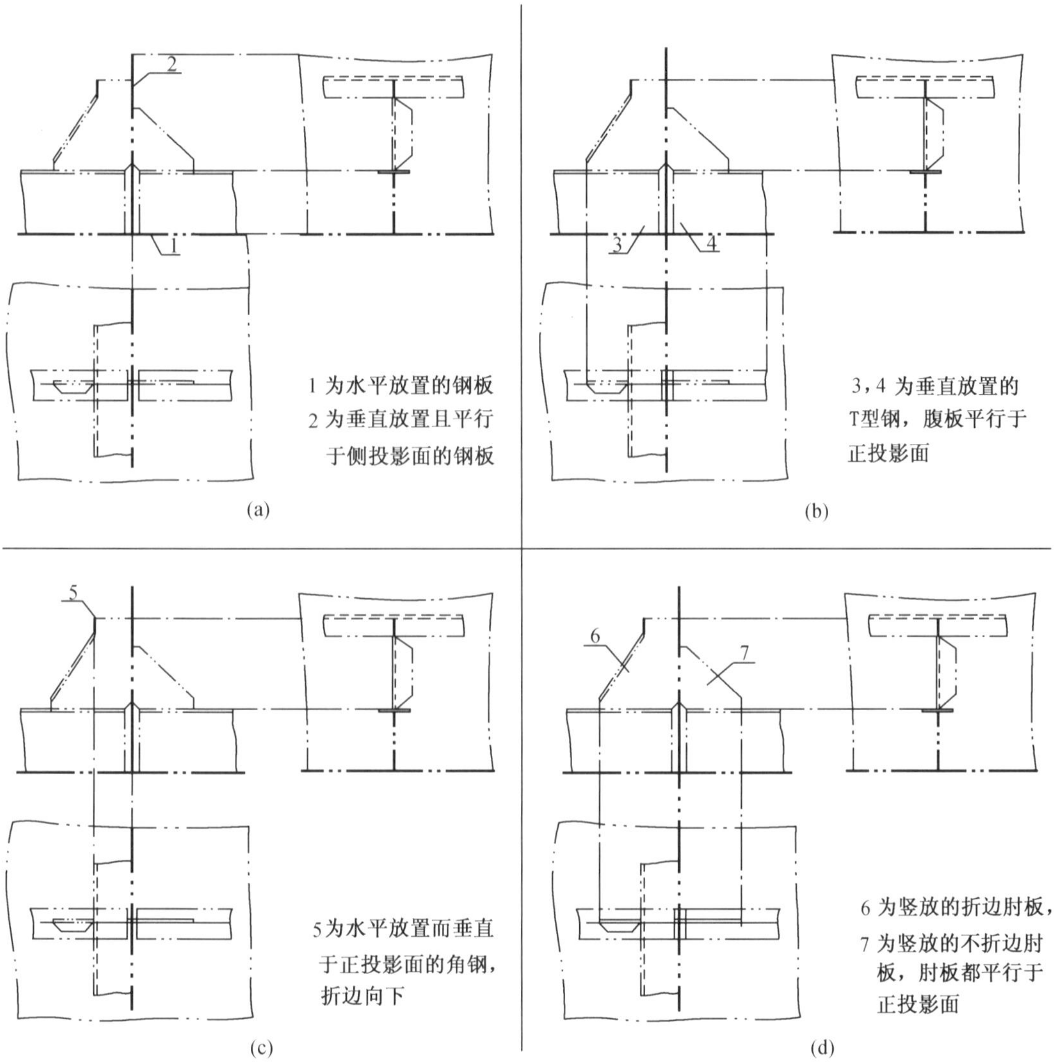

图 4-25　节点视图识读

③综合想象

通过对每个构件的分析之后，再用“定位置、明关系、合起来、想整体”的方法，确定各构件在节点中的上、下、左、右、前、后位置，以及相互之间的关系，从而想象出整个节点的结构情况。

在看图过程中，要边分析、边画图、边想象，这样有利于较快地看懂视图所表示的整个节点的结构情况。通常画图和看图的顺序是先钢板、后型钢、再肘板。

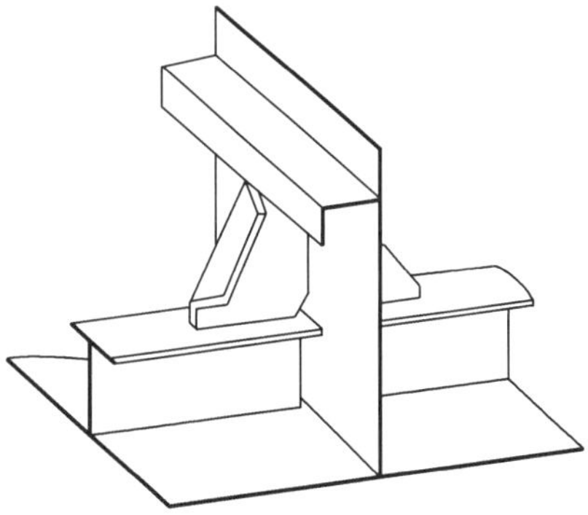

图 4-26　纵骨节点的立体图

第四节　船体结构图样的表达方法

前面介绍了用主、俯、左三个视图来表达结构节点的组成和连接情况。但整个船体的结构是很复杂的,为便于识读,易于绘制,国家标准《金属船体制图》中,规定了图样的画法。本节将介绍船体图样中常用的几种表达方法。

一、视图

1. 基本视图

一般来说,物体都有六个面,即上、下、左、右、前、后六面,这六个面即为物体的六个基本投影面。船体与结构向六个基本投影面的投影所得的图形为基本视图,基本视图的名称分别为主视图、俯视图、左视图、右视图、仰视图和后视图等六个。各投影面及视图配置方式,如图 4-27 所示。在一张图纸中若按图 4-27(b)配置各视图时,一律不标注视图的名称。而前面所讲的主、俯、左三个视图仅表示了前、上、左三个方向的形状和结构情况。然而,有的结构节点单选用这三个视图并不能清晰表达各种结构在图中的投影,如图 4-28 所示的甲板下支柱节点,若选用俯视图,则俯视图中由于各构件均被甲板遮住,画出后均为虚线,就不能清晰表达各构件的形状,而需采用仰视图来代替俯视图。为此,上述六个基本视图,除主视图以外,其他各面视图,在制图时,可根据节点的具体结构情况选用。

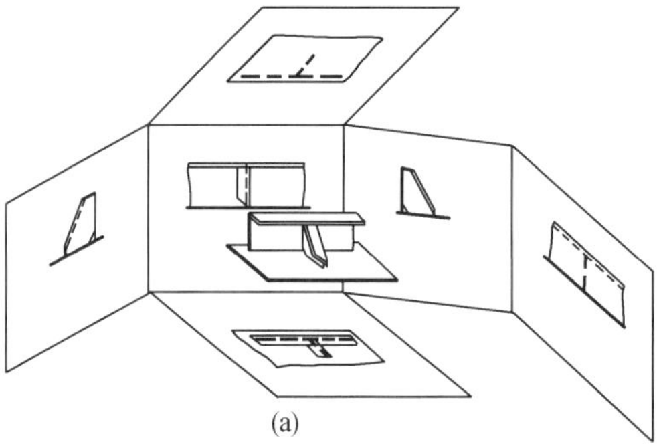

(a)

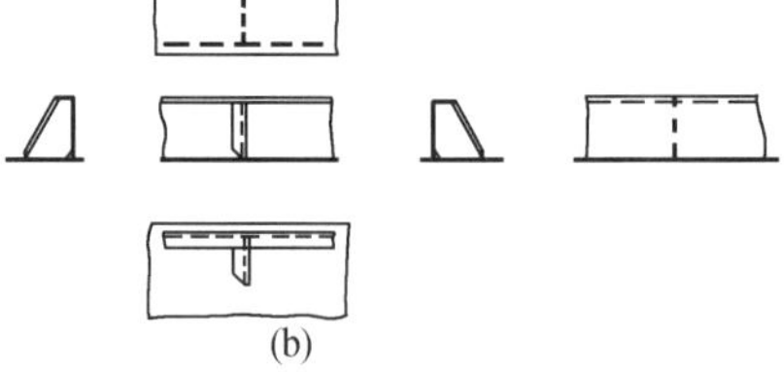

(b)

图 4-27　六个基本视图及其配置

2. 向视图

船体结构向某一方向投影所得的图形为向视图。向视图用符号与大写的拉丁字母表示其投影方向和视图名称。如图 4-29 及图 4-30 中的“A 向”。在同一张图纸上画几个向视图时,应按字母顺序注写,如 $A,B,C\cdots$向。视向符号一般为长 15 ~ 25 mm 的粗实线箭头,习惯上箭头长为总长的 1/3 ~ 1/2,如图 4-29(b)所示。

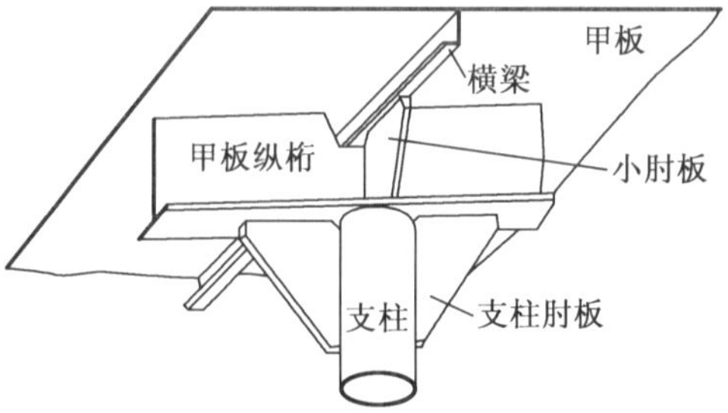

图 4－28　甲板下支柱节点

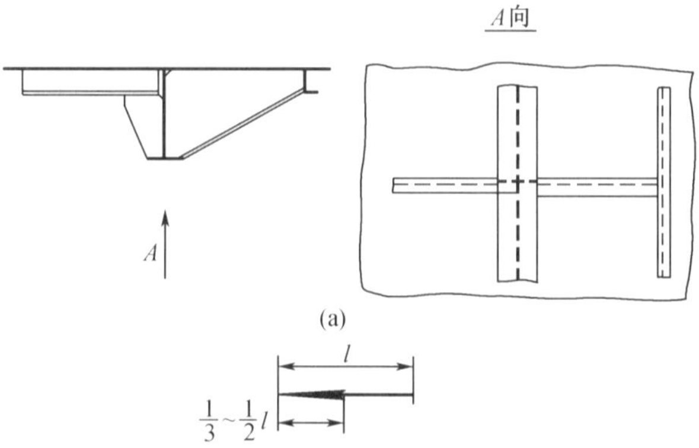

(a)

(b)

图 4－29　向视图的标注方法(一)

3. 展开视图

把不在同一平面内的结构展开在同一平面上，且用向视图表示的方法所得的视图称为展开视图。展开视图在视图名称中注明，如图 4－30 中的“B 向展开”，图中注有 *RL* 的细点画线为转圆线。

展开视图常用于船舶上层建筑围壁板的展开。

二、剖面图

船图中，剖面图除用来表达所剖构件的形状外，更主要的用来表示欲表达构件与其相连构件间的连接情况。为此，船图中剖面图是假想在要表达的构件附近作一个剖切面，将位于视者与剖切面之间的部分移去，而把欲表达的构件及其直接相连的其他构件向投影面投影所得到的图形，船图中常见的剖面图有肋位剖面图，一般位置剖面图以及分剖面图。

1. 肋位剖面图

剖面图中以肋骨平面作为剖切平面得到的表示肋位处的结构情形的剖面图称为肋位剖面图。例如，为了表示图 4－31(a)舷侧结构中的#16 肋位上的普通肋骨结构，可以假想取剖切面 I，移去剖切面和视者之间的部分，而把#16 肋骨及与其连接的外板、舷侧纵桁和肘板向投影面投影，得到图形就是表示#16 肋骨结构的剖面图，见图 4－31(b)中的$\xrightarrow{\#16}$。其标注形式是用肋位号与视向符号表示剖切位置、剖面图名称和投影方向。如$\xrightarrow{\#16}$即表示 16 号

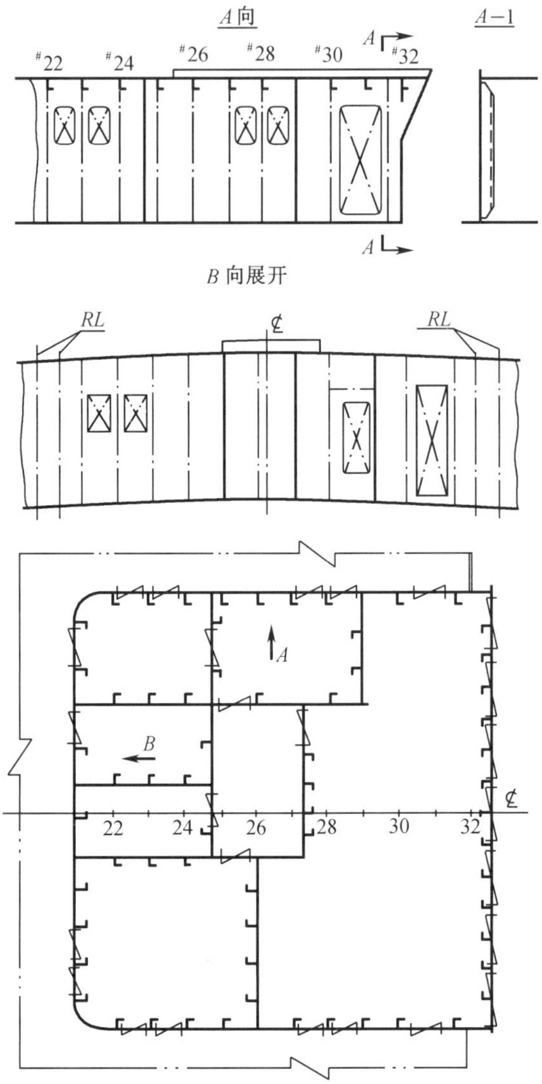

图4-30 向视图的标注方法(二)

肋位剖面图,向船首看。粗实线大箭头的长一般为15~25 mm。箭头指向为投影方向,箭头指向左即表示向船尾看。箭头线上方标注肋位符号“#”(或“FR”)和肋位编号,表示剖切位置,如图4-31(b)中的“$\xrightarrow{\#16}$”和“$\xrightarrow{\#17}$”。

2. 一般位置剖面图

除肋位剖面图之外的所有其他位置的剖面图都称为一般位置剖面图。例如,为了表达如图4-31(a)中的舷侧纵桁结构时,可以假想取剖切面Ⅱ,然后把舷侧桁及其连接的外板、横舱壁、普通肋骨、强肋骨和肘板向投影面投影,得到的图形就是表示舷侧纵桁结构的剖面图,见图4-31(b)中的$\underline{A-A}$。通常情况下,一般位置剖面图在相应的视图中,用剖切符号(⌈ ⌉)与大写拉丁字母表示剖切投影方向和剖面名称,在剖面图上方标注相应的视图名称$\underline{A-A}$。剖切符号为断开的粗实线,箭头为长15 mm的细实线粗箭头,视图名称下的横线也

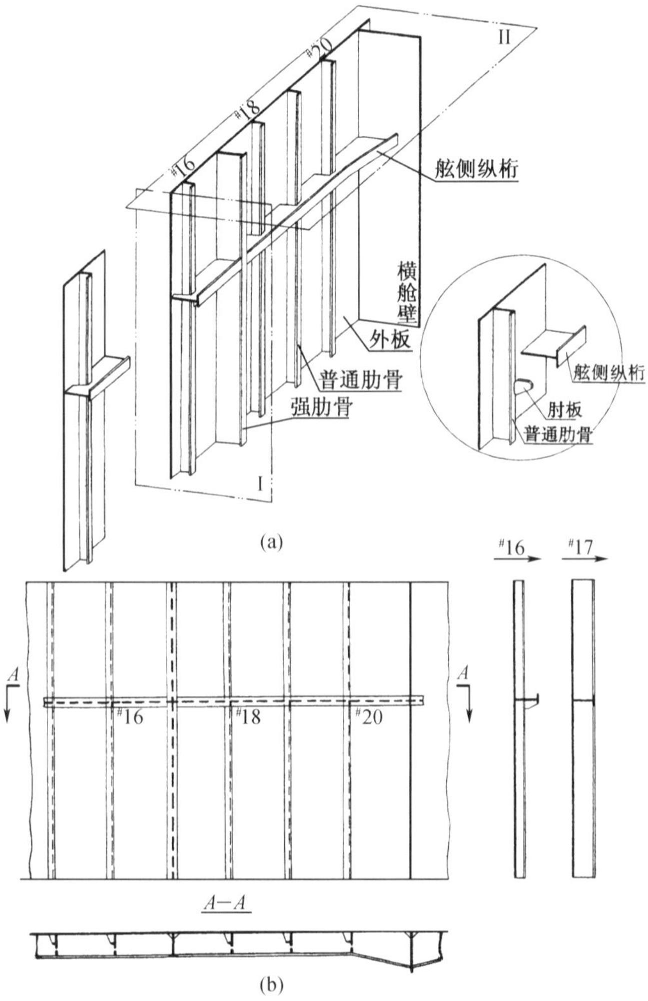

(a)

(b)

图 4－31　剖面的表示方法

为粗实线，如图 4－31(b)所示。

一般位置剖面图也可以直接绘制在剖切平面迹线的延长线(细点画线)上，不再另加标注，如图 4－32 所示。

3. 分剖面图

如果在剖面图中再作剖面，以表示原剖面图中尚未表示清楚的结构，则称此剖面图为分剖面图。其标注形式，如图 4－33 所示，其中 *A*—1 和 55—1 都是分剖面图的序号。

在主视图中，根据不同结构，辅以几个剖面图把船体结构完整地表示清楚，是船体结构图样中经常采用的表达方法。就图 4－31 的舷侧结构而言，除主视图外，再选择“#16”肋位剖面图表示普通肋骨结构，#17 肋位剖面图表示强肋骨结构以及 *A*－*A* 剖面图表示舷侧纵桁结构，就可以把该段的结构表示清楚。至于#15，#18，#19 和#20 肋位的结构，因与#16 肋位相似，可以不再表示，而#21 横舱壁结构通常另外绘制图样表示。

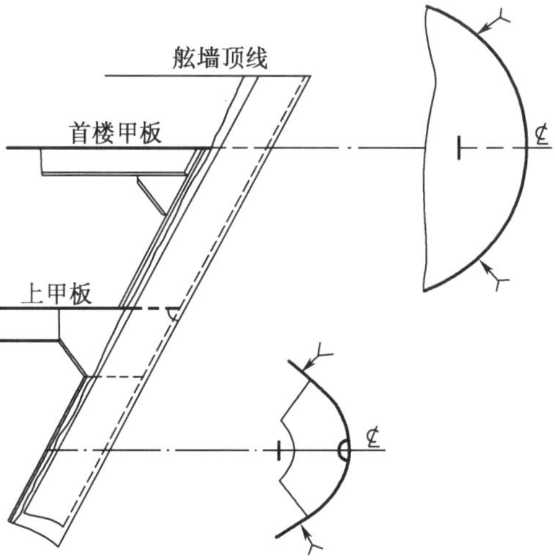

图 4-32　配置在剖切平面的迹线延长线上的剖面图

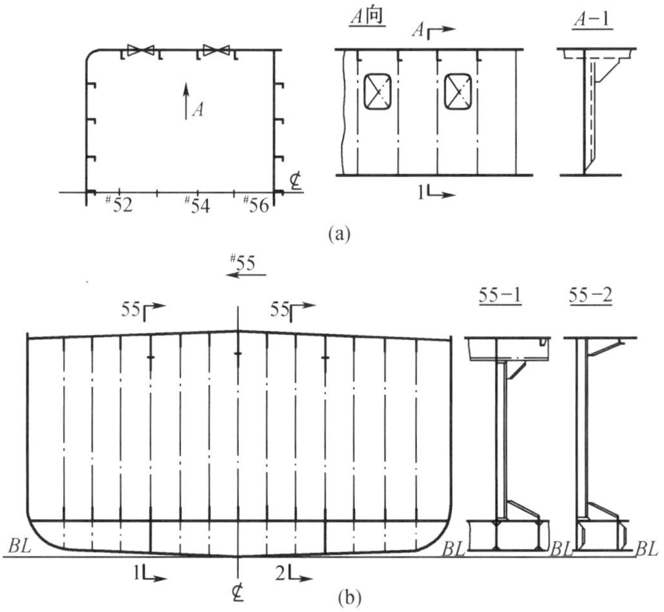

图 4-33　分剖面图的标注方法

三、重叠画法

重叠画法也称为重叠投影法，即把不在某一剖面表达范围内的构件表示在该剖面图的相应位置上，并规定这些构件的可见轮廓用细双点画线表示，不可见轮廓用细虚线表示。如图 4-34 所示，将#36 肋位上的强横梁、强肋骨和支柱等构件，画在表示普通横梁和普通肋骨结构的#35 肋位剖面图中。

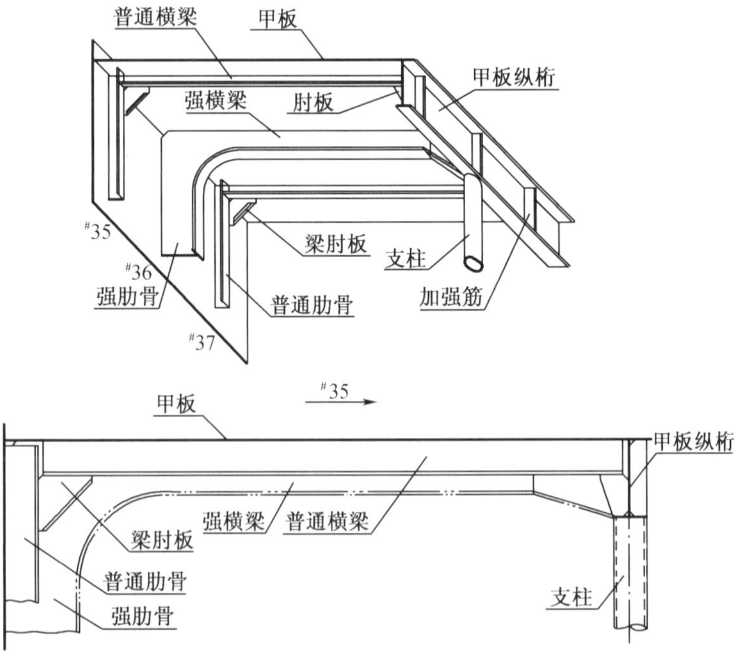

图 4-34　重叠表示法(示例)

重叠画法通常运用在中横剖面图和基本结构图中,目的是在基本的剖面图中把船体某些局部变化的结构表达清楚,以减少绘图和读图的工作量。

采用重叠画法时,要注意保证基本剖面图的图形清晰,否则应另外选择视图来表示。

四、简化画法

为了绘图方便,船体结构图中采用了一些简化画法,常用的简化画法有:

1. 构件的简化表示法

组成船体的构件众多,如按钢板、型材的正投影画法表示船体结构,则图面往往线条繁多,给绘图、识图带来不便。因此,《金属船体制图》GB/T4476—2008 中规定,船体结构图中可采用不同的图线表示构件的投影。这样,既简化图面,又能清晰表示结构,既便于识图,又便于绘制。图 4-35(b)是图 4-35(a)的简化表示图形。

根据《金属船体制图》GB/T4476—2008 规定,构件投影简化表示时所用的图线基本可归纳如下:

(1)可见的主要构件(如强肋骨、舷侧纵桁、中内龙骨、旁内龙骨、舱壁桁材等)的投影用粗点画线表示。

(2)可见的普通构件(如普通肋骨、纵骨、舱壁扶强材等)的投影用细点画线表示。

(3)不可见的主要构件(如甲板纵桁、强横梁等)的投影用粗双点画线表示。

(4)不可见的普通构件(如普通横梁、纵骨、舱壁扶强材等)的投影用细虚线表示。

(5)不可见的水密板材的投影用轨道线表示。

(6)不可见的非水密板材的投影用粗虚线表示。

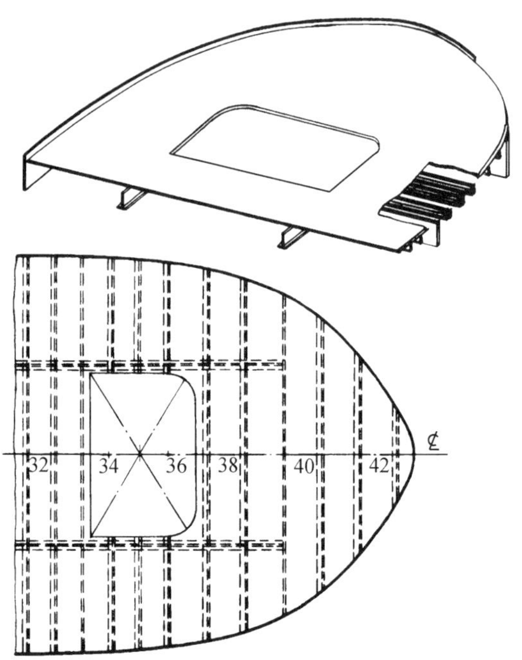

(a)

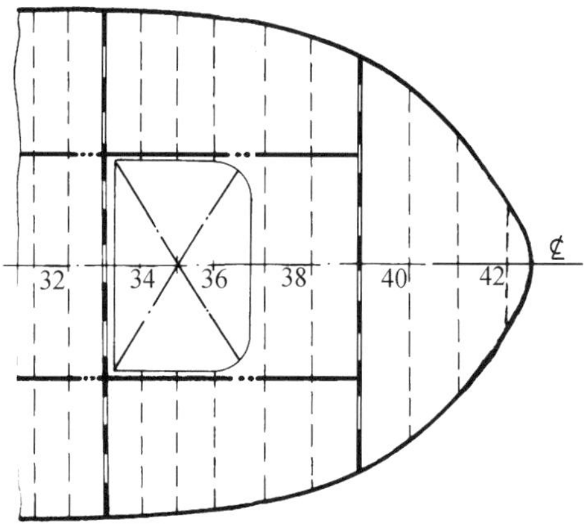

(b)

图 4 - 35　结构图样的简化表示法示例(一)

如图 4 - 36(a)是舱壁结构、图 4 - 36(b)舷侧结构及图 4 - 36(c)双层舱底结构图的简化画法示例。

2. 压筋围壁及槽形舱壁的简化表示法

《金属船体制图》GB/T4476—2008 标准中,规定了压筋舱壁及槽形舱壁的简化表示方法,如图 4 - 37 所示。图中,细点画线为压筋中线,且表示压筋数量。符号“∪”,“∨”,“_/”则表示压筋在平板的正面,如图 4 - 37(a),(b)所示;符号“∩”“∧”“/‾\”则表示压筋在平板的背面,如图 4 - 37(c),(d)所示。

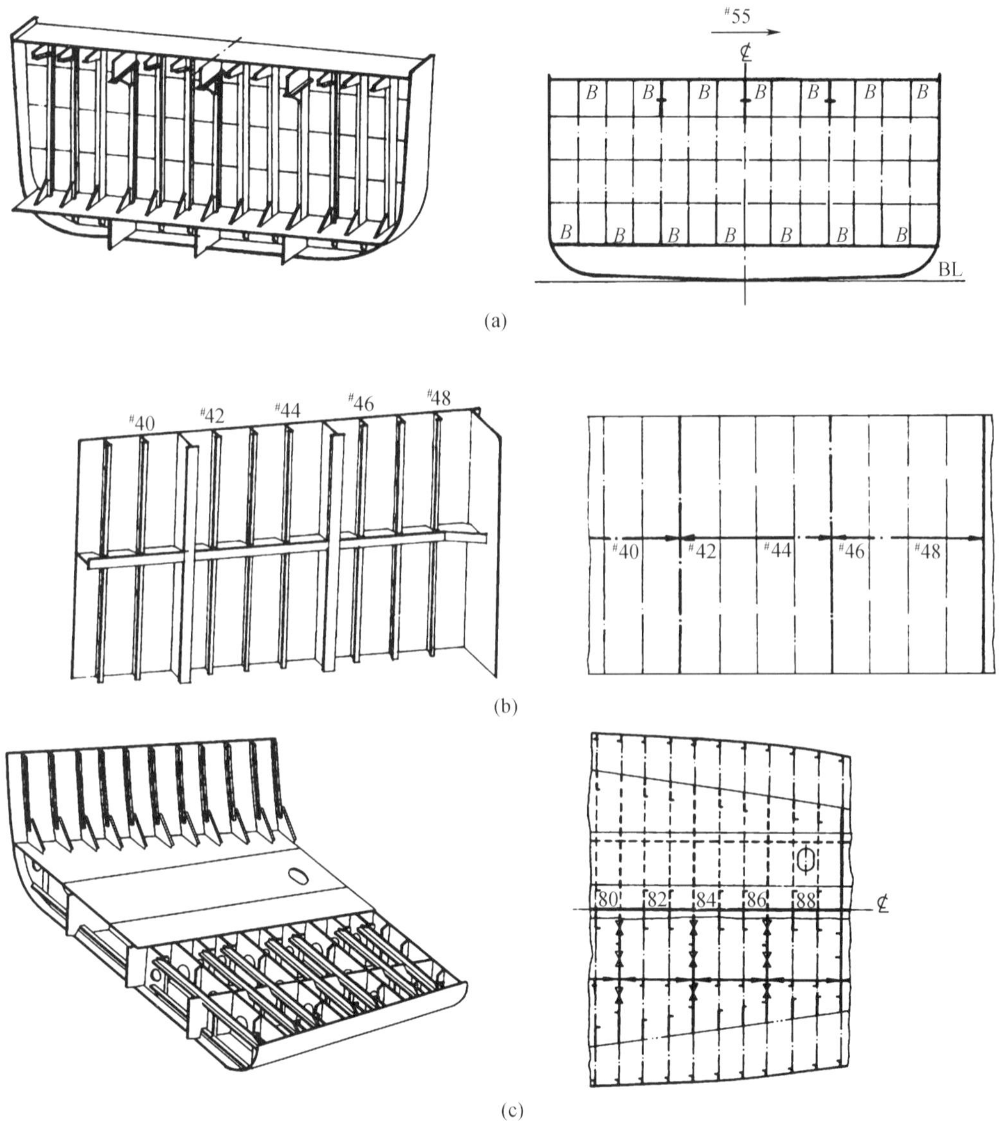

图 4－36　结构图样的简化表示画法示例(二)

(a)舱壁结构图;(b)舷侧结构图;(c)双层底舱底图

3. 构件上开孔的简化表示法

构件上开有若干形状和大小相同的均布孔(如人孔、减轻孔、流水孔及透气孔等)时,可仅在两端各画一孔,中间孔的形状可不画,只需用定位中心线表示,如图 4－38 所示。

对于人孔和减轻孔,只需一端的孔上注出其大小尺寸,如图 4－38(a),(b)所示。而流水孔及透气孔只需注明其代号,如图 4－38(c)所示。图中代号 E100 的 E 表示腰圆形流水孔的代号,100 表示腰圆孔的长度为 100 mm,其他尺寸可根据 E100 查标准 CB * 3184—83 得到,见附录六。

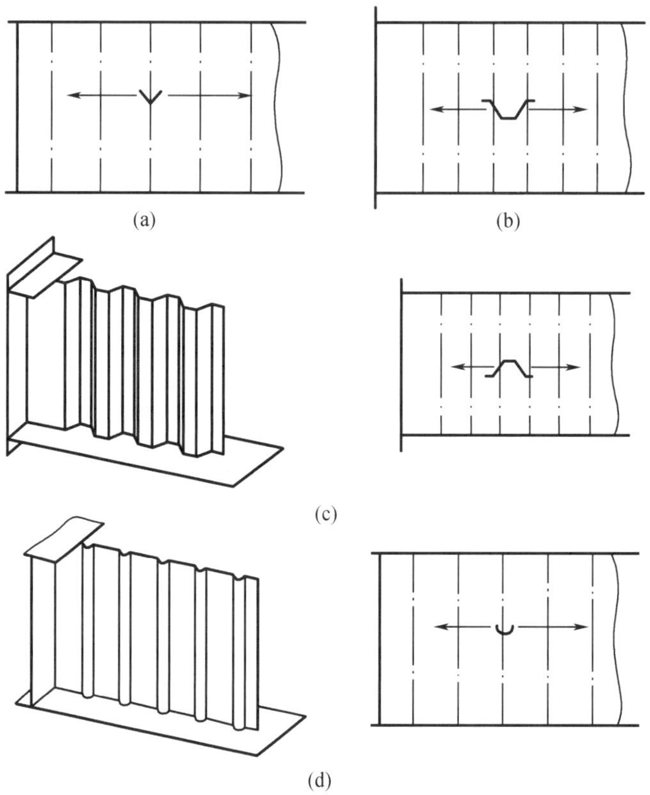

图 4－37　槽形舱壁和压筋围壁的简化表示法

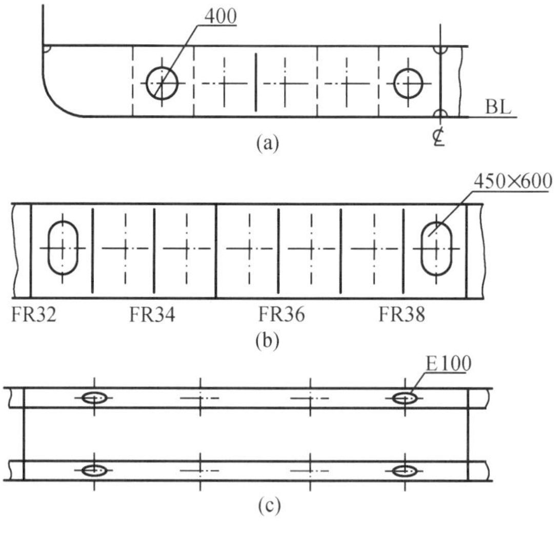

图 4－38　形状和大小相同的均布孔的简化表示法

五、覆板表示法

覆板在平面图上用覆板轮廓线加细斜线表示，如图 4 – 39 所示。

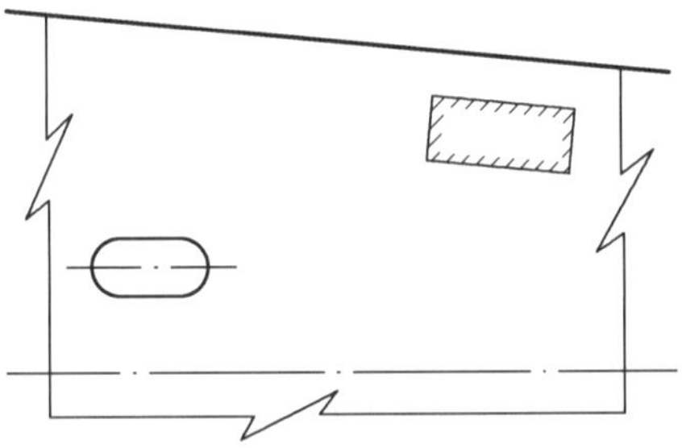

图 4 – 39　覆板表示法

第五节　轴测图的画法

轴测图也称为立体图。通过视图、剖视图和剖面图等内容的学习，可以把物体的形状和结构完整地表达出来，但这些图形缺乏立体感，有时就需要绘制具有立体感的轴测图。轴测图与正投影图相比，富于立体感，因而直观性强，易于看懂。但是轴测图往往不易把比较复杂的结构表达清楚，也不能确切地表达构件的原来形状，加之作图比较繁复，故在船图中通常只作为辅助的图示法。

一、船图中常用的轴测投影

船图中通常采用的轴测投影是：正二等轴测投影，简称正二测；变形正二等轴测投影，简称变形正二测；斜二等轴测投影，简称斜二测。它们的轴间角和沿各轴向的简化缩短率见表 4 – 7。

表 4 – 7　常用轴测投影的轴间角和简化缩短率

轴测名称		轴间角和简化缩短率	轴测轴近视画法
正二测	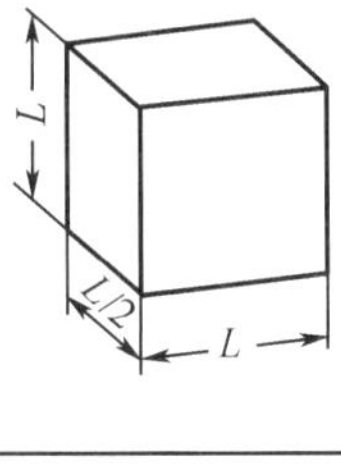	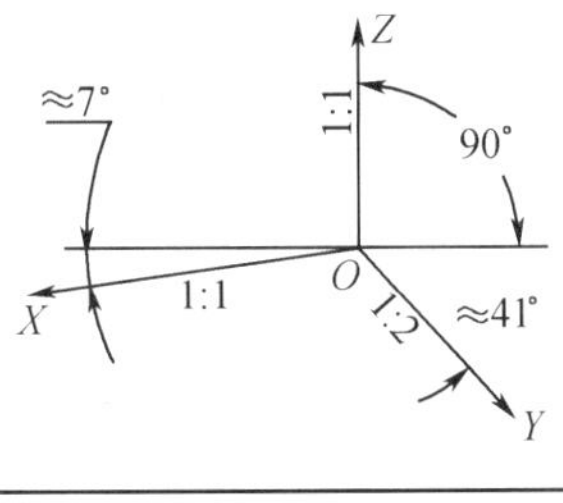	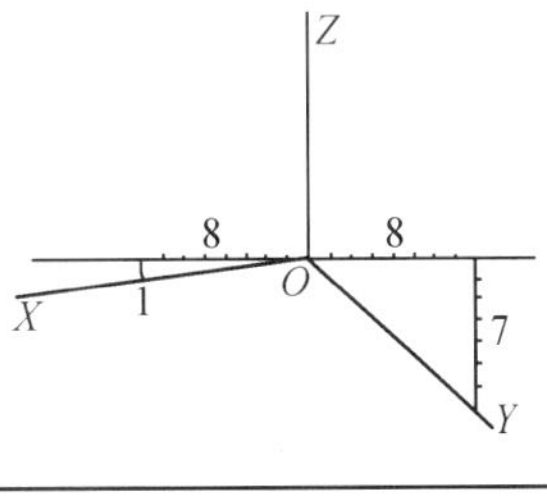

表 4 -7(续)

轴测名称		轴间角和简化缩短率	轴测轴近视画法
变形正二测	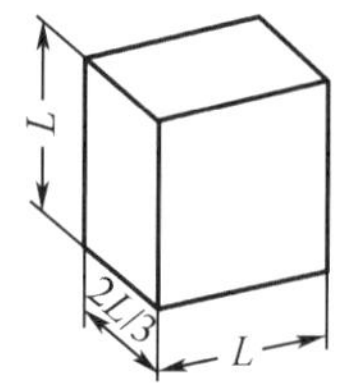	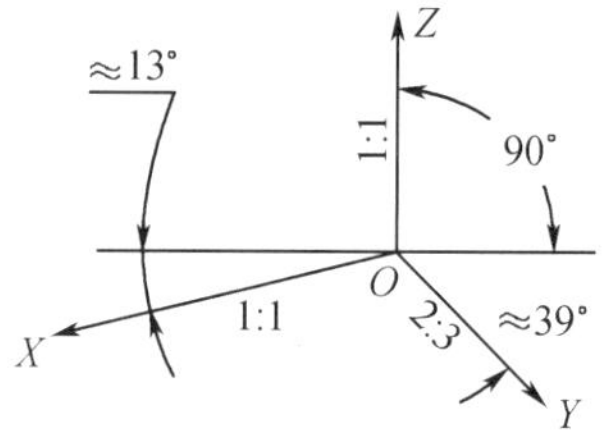	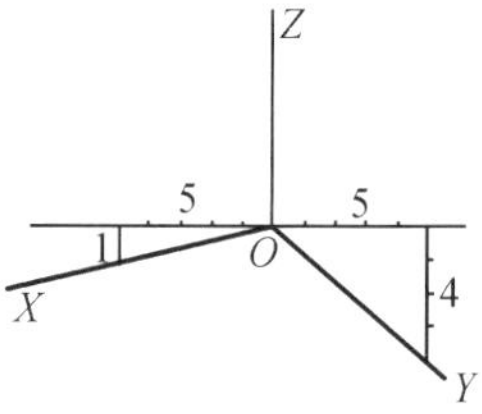
斜二测	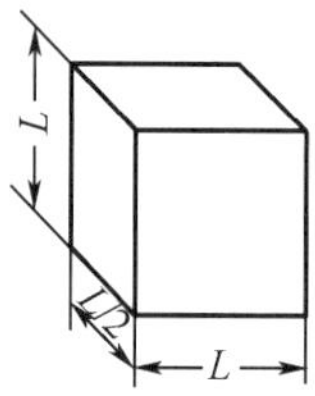	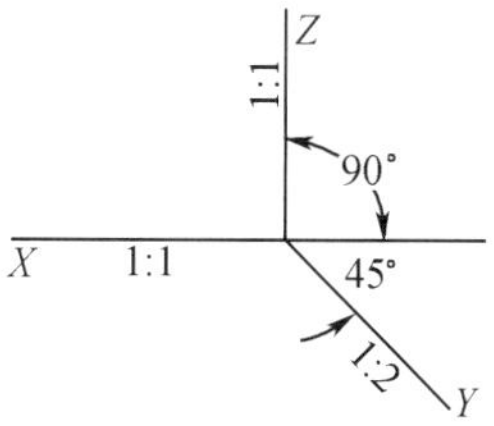	

正二测图和变形正二测图立体感较强,用变形正二测表示船舶艏艉部分的结构,有时可以收到较好的图示效果。斜二测作图较为方便,当构件的圆、圆弧或曲线轮廓处于 *XOZ* 坐标平面或平行 *XOZ* 坐标平面的平面内时,尤为适宜,因为此时圆、圆弧和曲线轮廓都不发生变形,与正投影图一致,作图更为简便。

画轴测图时,可根据结构的形式及欲表达的要求,选取其中的任何一种画法。

二、视向的选择

轴测图是一种单向视图,所以它不能把物体的各个面都清晰地表达出来。如图 4 -40 中的 T 型钢:图 4 -40(a)只表示了前、右、上三个面;图 4 -40(b)只表示了前、左、上三个面;图 4 -40(c)只表示了前、左、下三个面;图 4 -40(d)只表示了前、右、下三个面。为了使轴测图能把欲表达的主要部分表示出来,就要选择合适的视向。

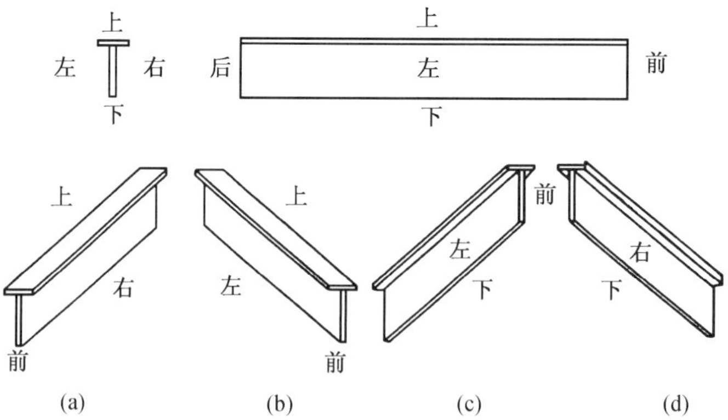

图 4 -40　不同视向 T 型钢的轴侧图

所谓视向就是指对物体进行轴测投影时的投影方向，即看视方向。轴测投影中有四个视向；从物体的右上方（左、右是相对于视者而言的）向物体看视的方向，称为第一视向；从物体的左上方向物体看视的方向，称为第二视向；从物体的左下方向物体看视的方向，称为第三视向，从物体的右下方向物体看视的方向，称为第四视向，如图 4－41 所示。

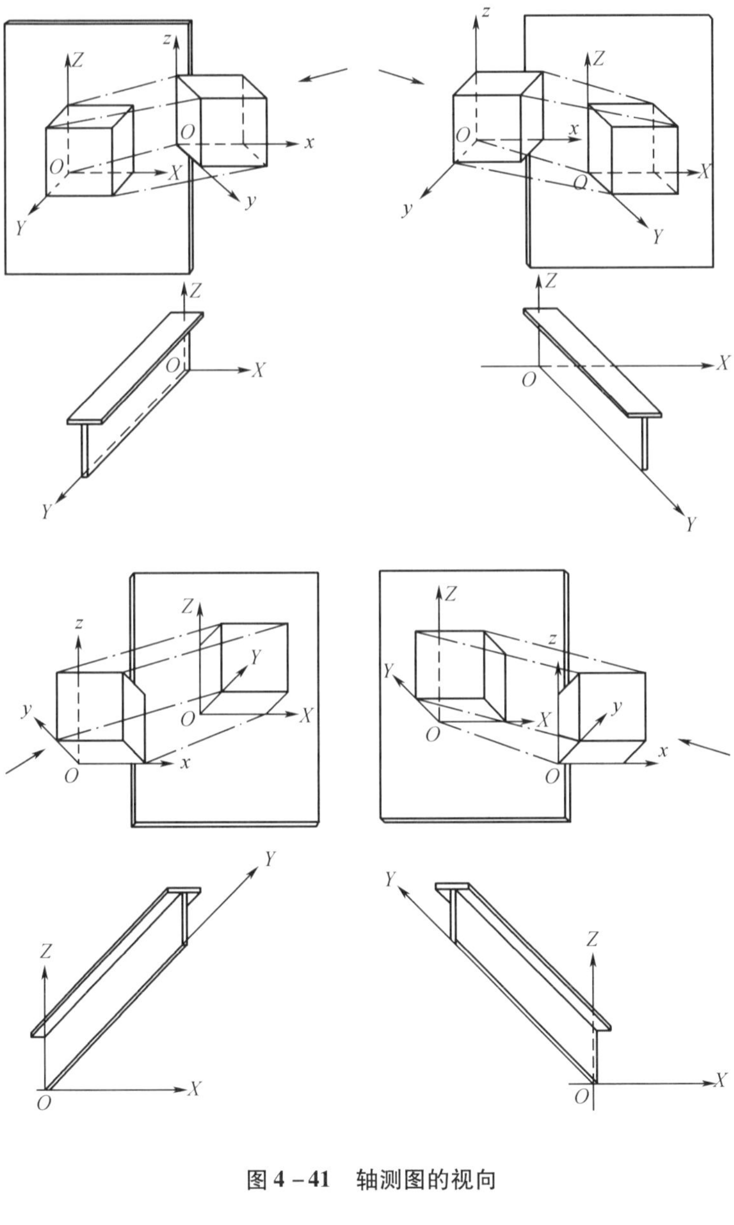

图 4－41　轴测图的视向

由图 4 - 41 可见，不同的视向，表示物体的面有所不同。每个视向只能表示物体的三个面，即第一视向表示物体的前、上、右三面；第二视向表达物体的前、上、左三面；第三视向表达物体的前、下、左三面；第四视向表达物体的前、下、右三面。

视向不同，轴测轴的位置也不同。表 4 - 8 表示了不同轴测投影在不同视向对轴测轴的位置。绘图时，应根据不同的视向来选定轴测轴的位置，然后画出所要表达的面。

表 4 - 8　不同视向的轴测轴位置

轴测轴位置	轴测形式		
视向	正二测	变形正二测	斜二测
第一视向	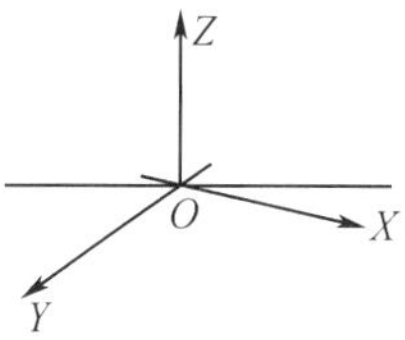	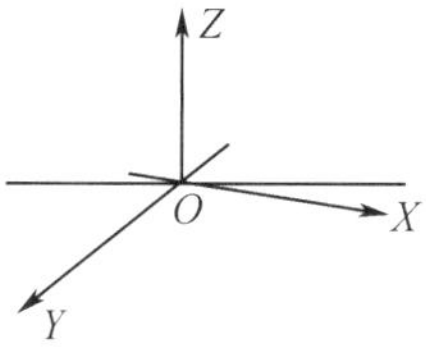	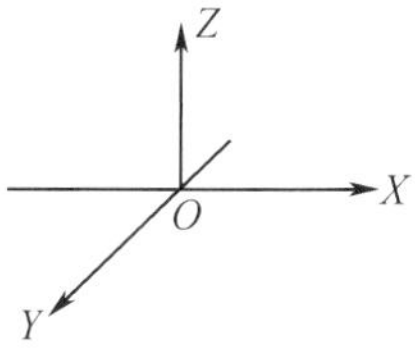
第二视向	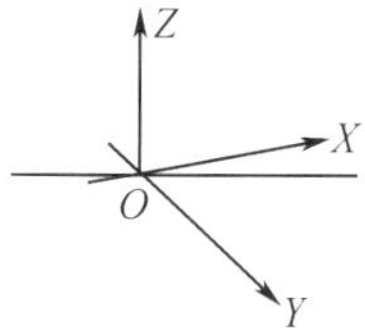	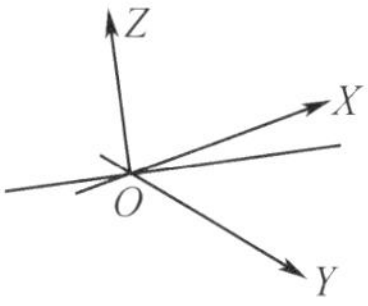	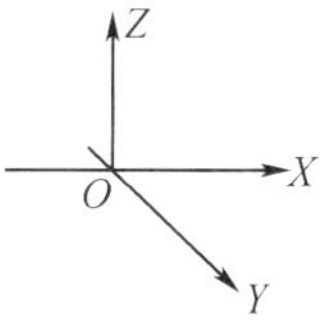
第三视向	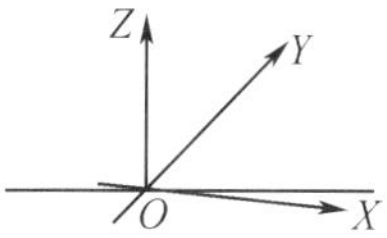	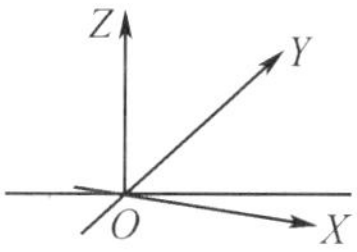	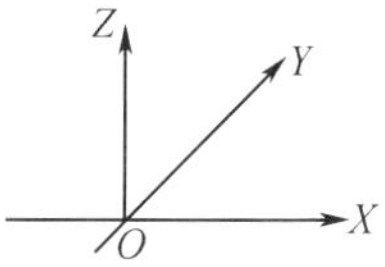
第四视向	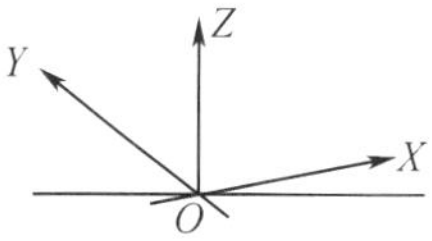	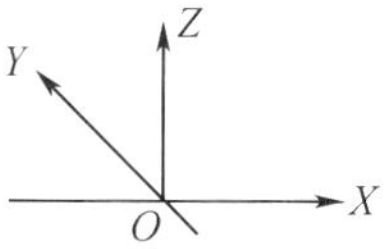	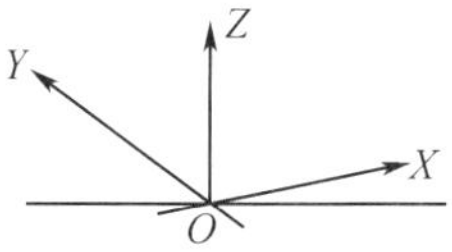

选择视向时，主要考虑使轴测图能清晰地表达所要表示的结构。如图 4 - 42（a）所示的节点，应该表示出节点的前、上、右三个面，才能将结构表达清楚，所以要选择第一视向，如选用其他视向，则大部分结构要被板遮住而得不到显示。同理，图 4 - 42 中的（b），（c），（d）三个节点应分别选用第二、三、四视向。对于较复杂的结构，可根据情况，把主要的结构部分表达出来，或选用不同的视向画几个轴测图来表示。如图 4 - 43（a）的节点，水平钢板上部的结构比较复杂，可选用第一或第二视向来表达；图 4 - 43（b）的节点，水平钢板上、下部的结构都比较复杂，若要把结构都表达清楚，可画两个轴测图，用第一或第二视向来表示水平钢板上部的结构，选用第三或第四视向来表达水平钢板下部的结构。

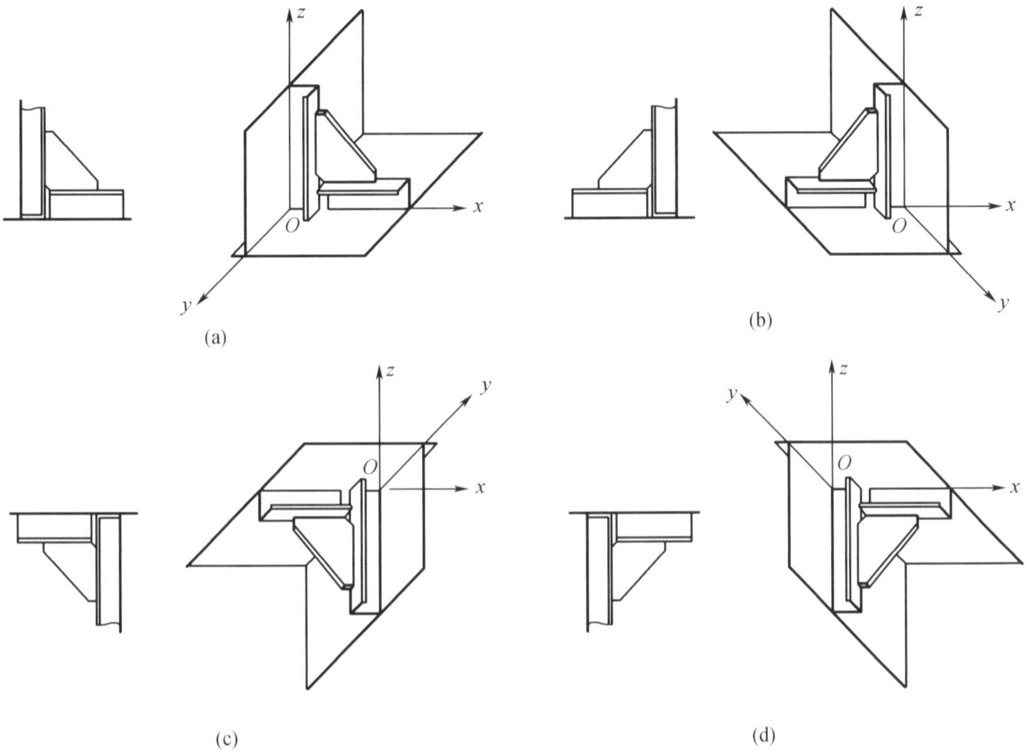

图 4-42　视向的选择(一)

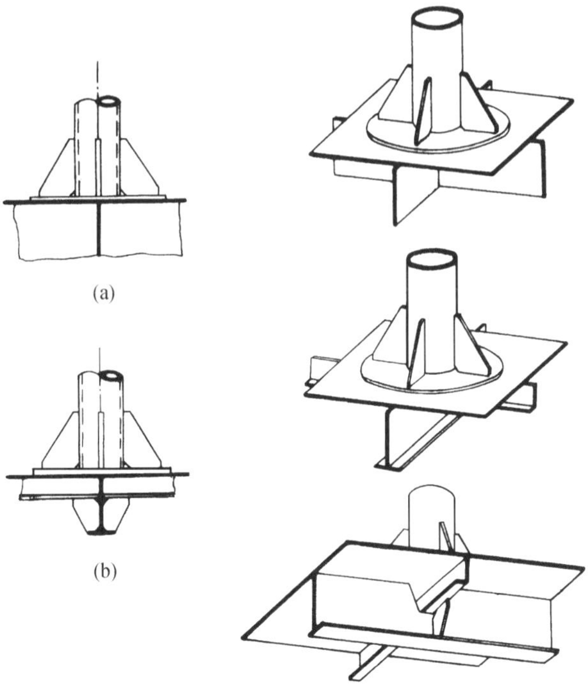

图 4-43　视向的选择(二)

轴测图的图形除了与视向有关外，还与在物体中设立的坐标轴位置有关，即与在视图中设立的坐标轴 x,y,z 有关。在视向相同的情况下，若视图中所设的 x,y,z 坐标轴的位置不同，则轴测图的图形也不同，图示的效果也不一样，如图 4－44 所示。所以，要使轴测图能把物体或结构的主要部分表达清楚，一是要选择合适的视向，二是要适当地设置视图中的坐标轴，一般来说，把正投影图中的向前方向定为 y 轴正方向，把向右方向定为 x 轴正方向，把向上方向定为 z 轴正方向。

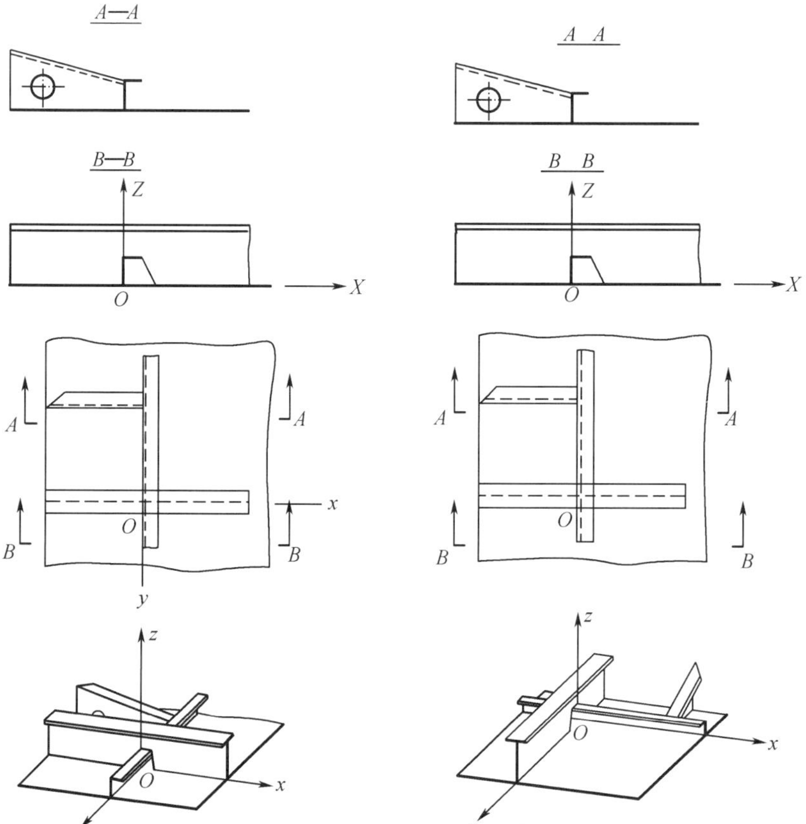

图 4－44　正投影图中坐标轴的选择

三、轴测图的画法

画轴测图之前，先要根据正投影图分析结构的组成和各物体相互的连接关系，然后根据结构情况决定轴测的形式，在正投影图中确定原点，设立坐标轴 x,y,z，并选择视向。

画轴测图的基本方法是坐标法。作图时要注意以下两点：

(1)轴测投影的投影线是相互平行的，因此物体上的平行线在轴测图中仍保持平行，在正投影图中与 x,y,z 轴平行的直线，在轴测图中仍分别与轴测轴 x,y,z 平行。在作图时，要充分利用这一投影特征。

(2)量取尺寸时，先按相应的轴向缩短率量取构件的定位尺寸，然后再按相应的轴向缩短率量取构件的大小尺寸，并注意不平行于坐标轴的线段(非轴向线段)的投影变化与平行于坐标轴的线段(轴向线段)不同。画非轴向线段的轴测投影时,需要应用坐标法定出其两端点在轴测坐标系中的位置,然后再连成线段的轴测投影。

下面再举二例,说明节点轴测图的画法。

【例 1】 绘制旁内龙骨与横舱壁连接处的节点测图,其正投影图,如图 4-45 所示。

为了使图形富于立体感,又清楚地表达结构,决定选用第二视向的正二测图,正投影图中的 x,y,z 轴的位置,如图 4-45 所示。作图步骤如下:

(1)画出轴测轴,如图 4-46(a)所示。

(2)画船底板和舱壁板。图 4-45 表达的是船体局部结构,为了使轴测图的图形整齐、清晰,在画轴测图时可把船底板作为水平的方形板处理,其在 X,Y 轴的尺度自行断裂确定;舱壁板可作为垂直的方形板处理,其在 Y,Z 轴的尺度同样自行断裂确定,只要使整个图形均称即可。板的画法参如图 4-46(b)所示。

(3)画旁内龙骨。旁内龙骨在 x 轴向的尺度也可自行确定,但通常与船底板的 X 轴向尺度相同或稍大。小比例(板或型材厚度反映在轴测图中的尺寸小于或等于 2 mm)时,也用两条细实线表示其投影(两条细实线间的间隙为粗实线粗度),用粗实线表示其断面。绘图时注意旁内龙骨与横舱壁间的装配间隙,轴测图形如图 4-46(c)所示。

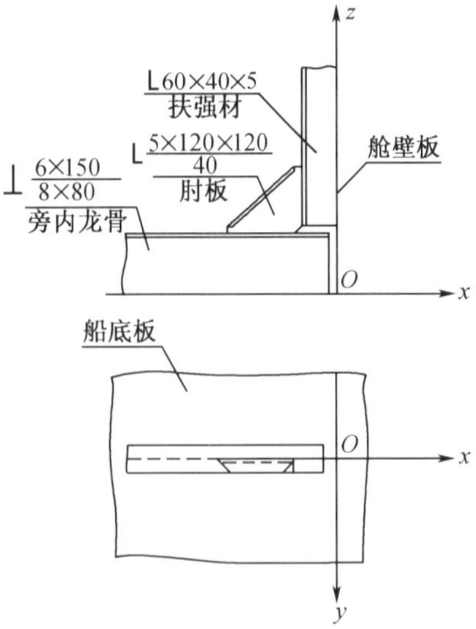

图 4-45　旁内龙骨与横舱壁连接的节点视图

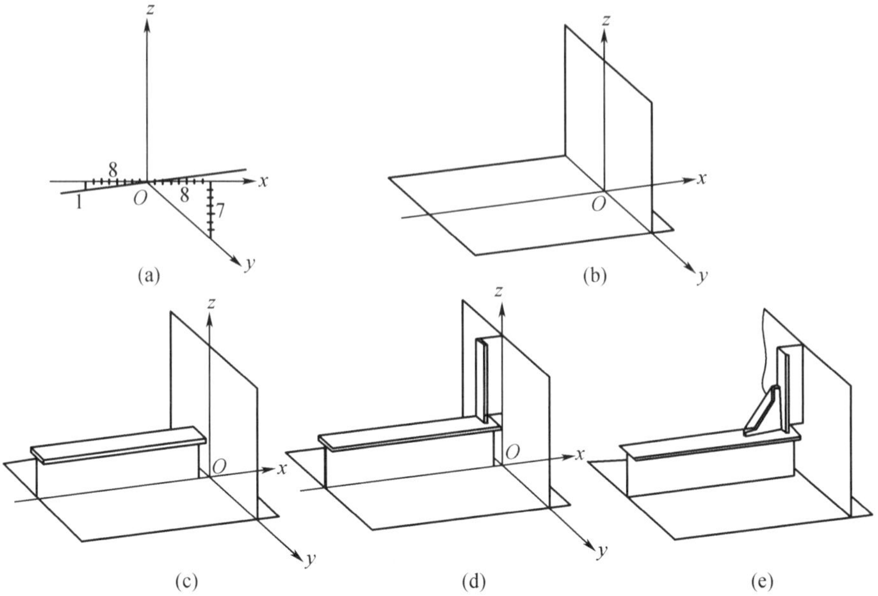

图 4-46　旁内龙骨节点轴测图的作图步骤

（4）画舱壁扶强材。扶强材在 Z 轴向的尺度可与舱壁板的 Z 轴向尺寸相同或稍大，并注意扶强材下端与旁内龙骨间的装配间隙，如图 4－46（d）所示。

（5）画肘板，如图 4－46（e）所示。

（6）校验无误后，按图线要求加深。轴测图中的可见轮廓线用细实线，板、型材的断面在小比例时用粗实线。不可见轮廓线一般省略不画，必要时可用虚线画出所需部分。

【例 2】　绘制船底结构轴测图，其正投影图见图 4－47。

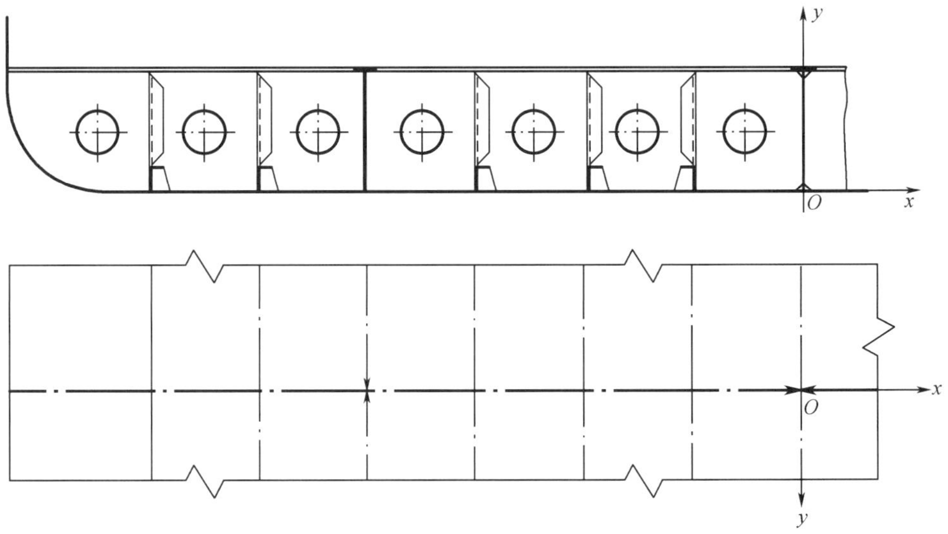

图 4－47　船底结构

船底由肋板、中内龙骨、旁内龙骨、船底纵骨和船底板组成。由于肋板上开有许多圆形减轻孔，如果采用正二测表示，圆孔在轴测图中为椭圆，画圆不方便。如果选用斜二测，取肋板平面与 XOZ 平面一致，则这些圆孔在轴测图中仍为圆形，画图就比较简便。为此，本例采用斜二测，以第一视向表示。正投影图中的 X，Y，Z 轴位置见图 4－47。作图步骤如下：

（1）画出轴测轴，如图 4－48（a）所示。

（2）画船底板。船底板是曲面板，如图 4－48（b）所示。

（3）画肋板。肋板是 T 型材结构。画减轻孔时，先画 T 型材的腹板“前面”的圆形，然后过各圆心作 Y 轴平行线，以圆心为准，在平行线上量取 1/2 的肋板厚度，得腹板“后面”减轻孔的圆心，以此作圆（仅画可见部分），即得肋板的减轻孔，如图 4－48（c）所示。

（4）画中内龙骨和旁内龙骨。绘图时要注意构件的连续与间断，中内龙骨与肋板相交连接时，中内龙骨连续，故面板和腹板画成直通的。旁内龙骨与肋板相交连接时，旁内龙骨间断，故面板和腹板画成间断的，如图 4－48（d）所示。

（5）画船底纵骨。绘图时要注意纵骨与肋板相交处，肋板上开切口让纵骨穿过，如图 4－48（e）所示。

（6）画加强筋。注意加强筋的两端削斜的画法，如图 4－48（f）所示。

（7）校验无误后按图线要求加深。

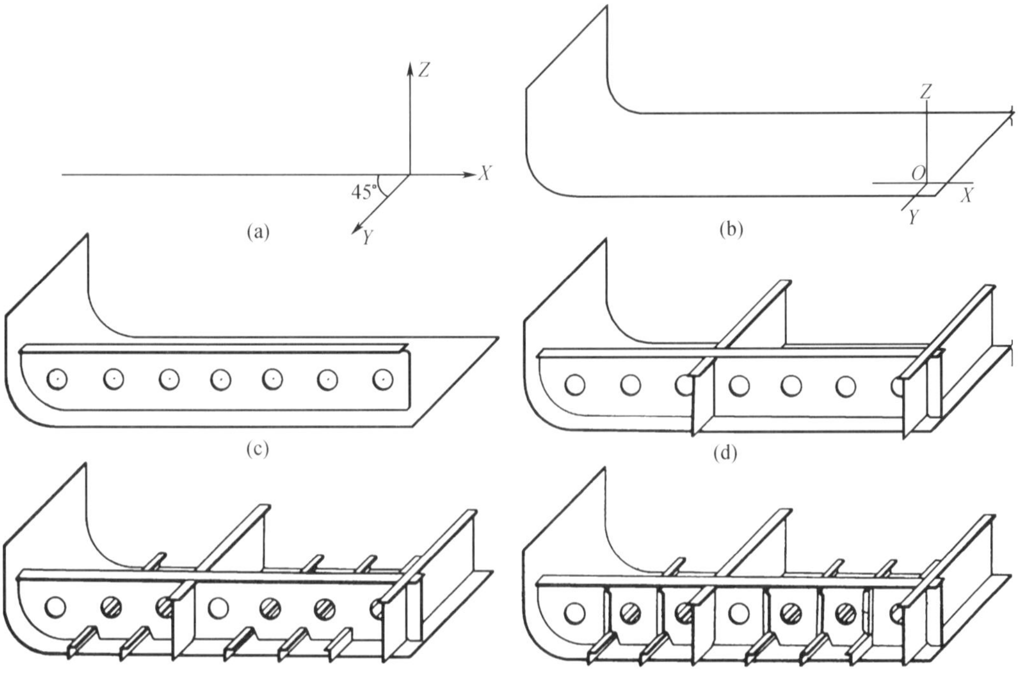

(a)　(b)　(c)　(d)　(e)　(f)

图 4-48　船底结构轴测图的作图步骤

习　　题

1. 根据给定的视图画出其他视图，并标注尺寸。

(1) 根据习图 4-1，画出左视图。

(2) 根据习图 4-2，画出左视图。

(3) 根据习图 4-3 画出俯视图。

(4) 根据习图 4-4 画出仰视图。

(5) 根据习图 4-5 画出左视图和仰视图。

(6) 根据习图 4-6 画出左视图和仰视图。

(7) 根据习图 4-7，画出俯视图和左视图。

(8) 根据习图 4-8，画出俯视图和左视图。

(9) 根据习图 4-9，画出右视图和仰视图。

(10) 根据习图 4-10，画出俯视图和左视图。

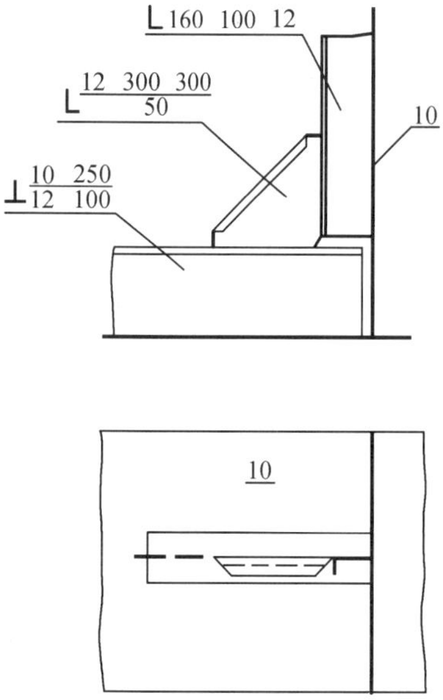

习图 4－1

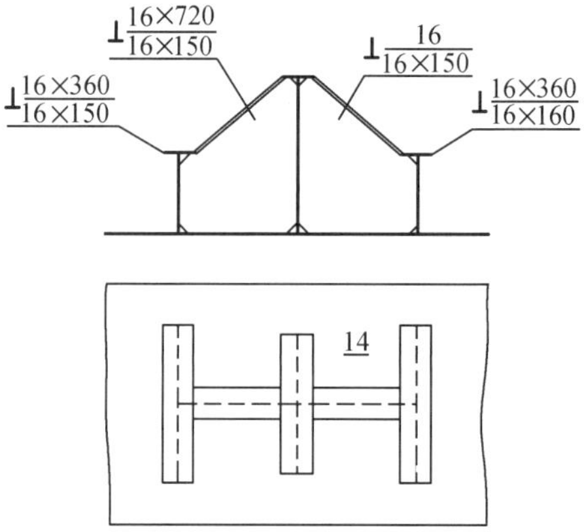

习图 4－2

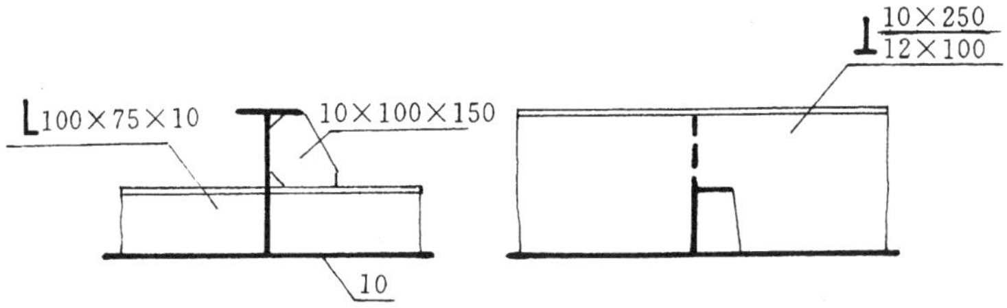

习图 4－3

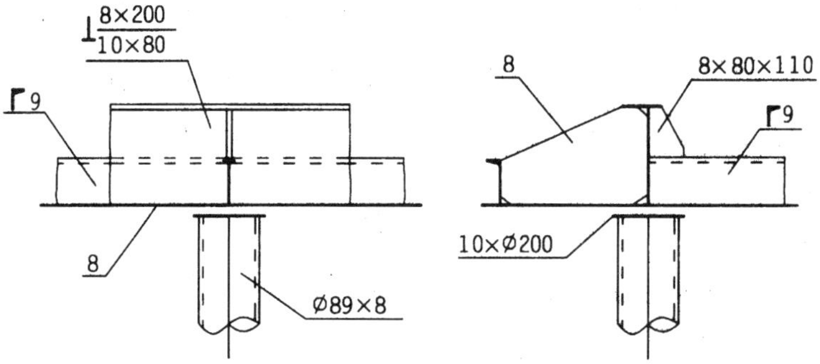

习图 4－4

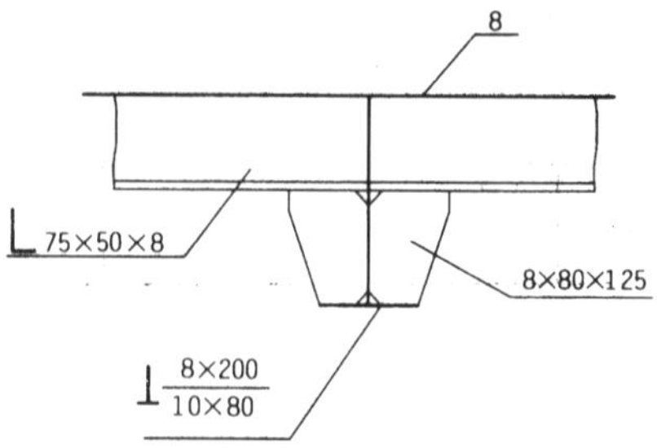

习图 4 – 5

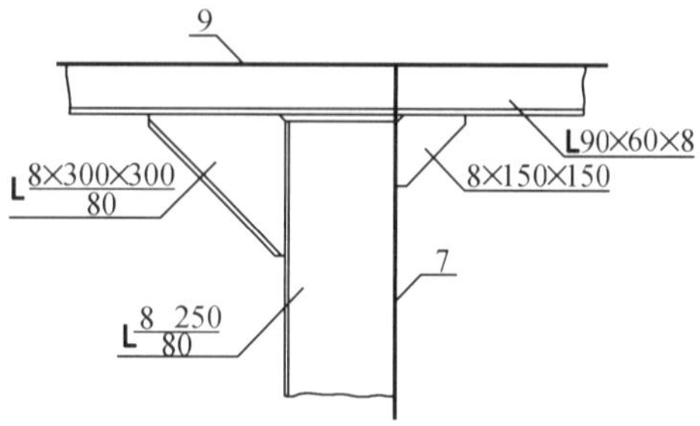

习图 4 – 6

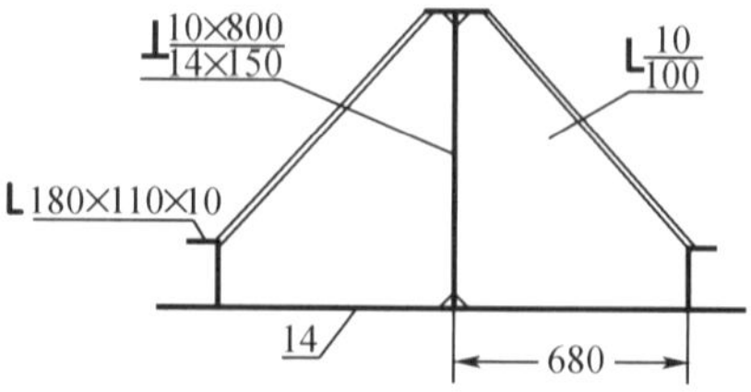

习图 4 – 7

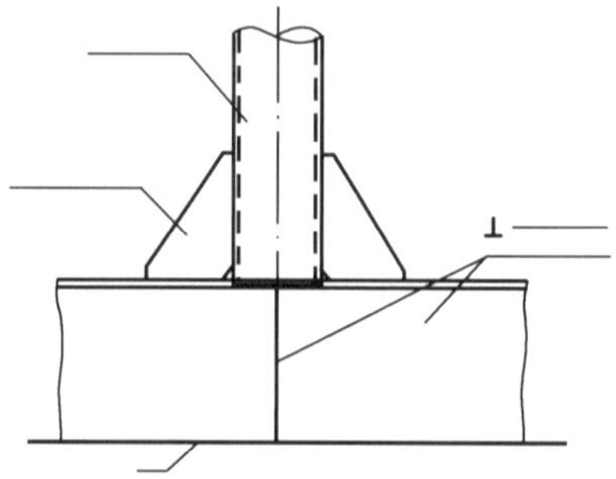

习图 4 – 8

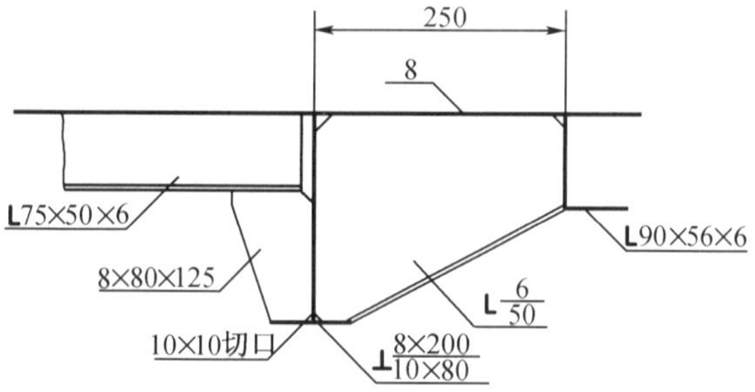

习图 4 – 9

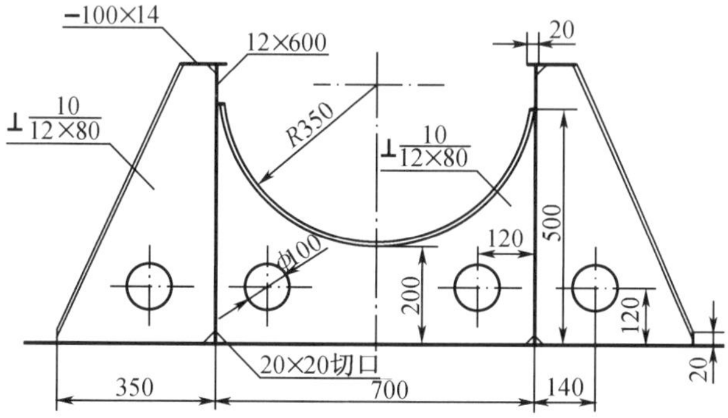

习图 4 – 10

2. 根据轴测图画出投影图,并标注尺寸。

(1)根据习图 4-11,画出主视图和左视图。

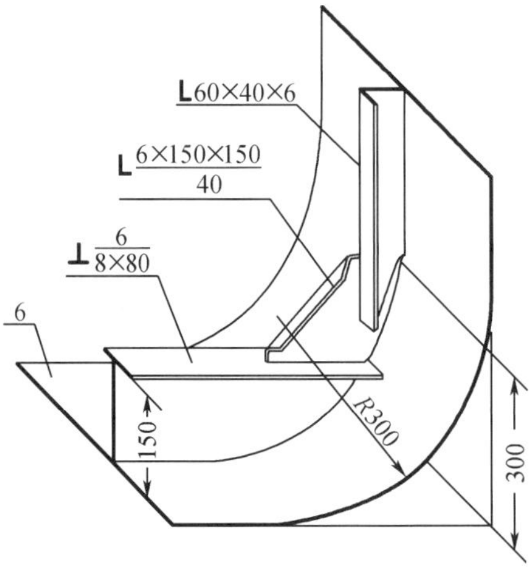

习图 4-11

(2)根据习图 4-12,画出主视图和左视图。

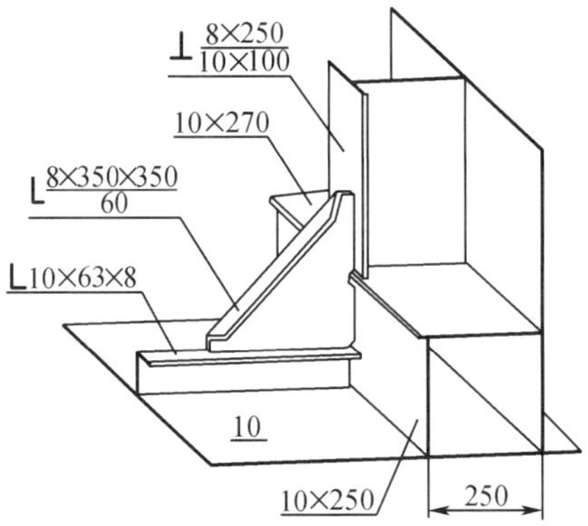

习图 4-12

(3)根据习图4－13,画出主视图和右视图。

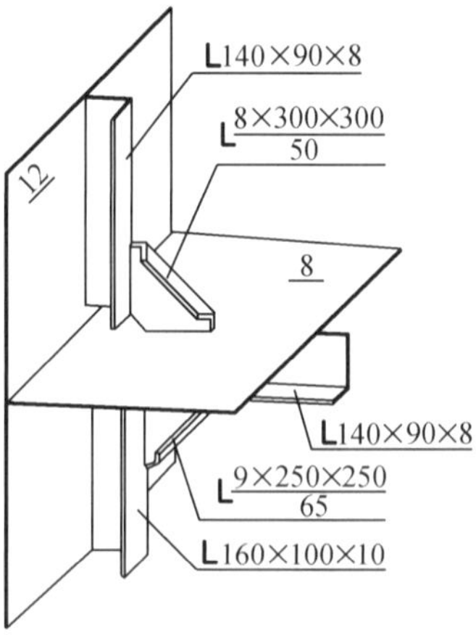

习图4－13

(4)根据习图4－14,用重叠投影法画出主视图,并画出俯视图和左视图。

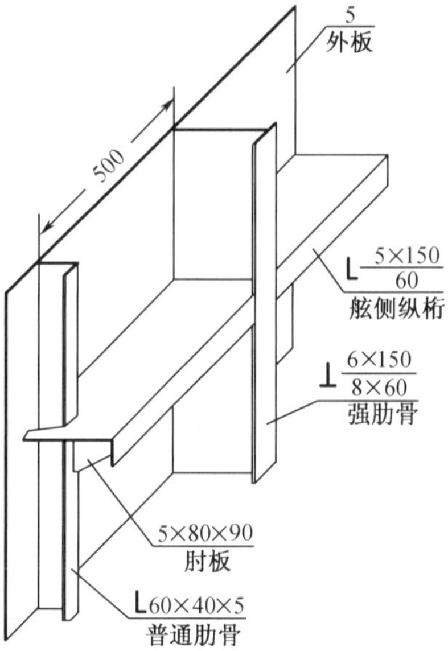

习图4－14

(5)根据习图 4 – 15,画出主视图、俯视图和右视图。

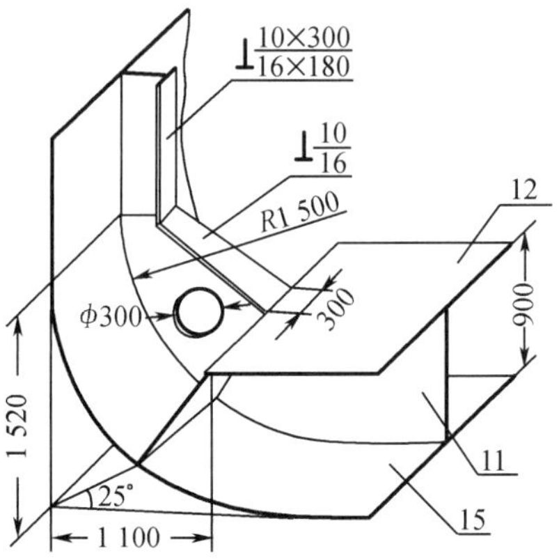

习图 4 – 15

(6)根据习图 4 – 16,画出主视图、左视图和仰视图。

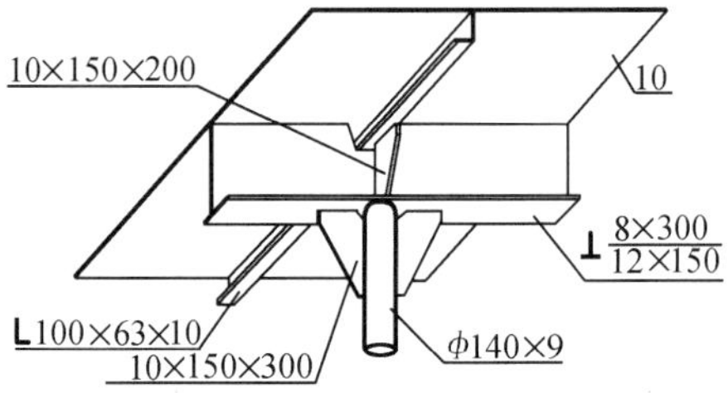

习图 4 – 16

(7)根据习图 4 – 17,画出主视图、仰视图和左视图。

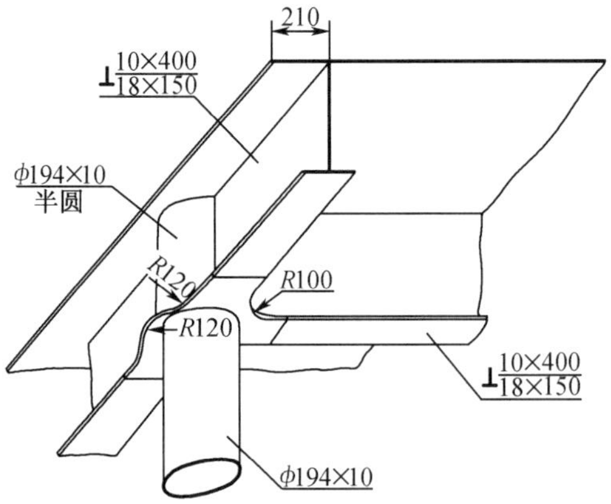

习图 4 – 17

3. 根据轴测图画出正投影图,并标注尺寸和焊缝符号。

(1)根据习图 4-18,画出主视图和右视图。焊接要求:

①实肋板、内底纵骨与内底板的连接均采用交错断续焊,$k=7$,$l=75$,$e=225$;

②实肋板、外底纵骨与外底板的连接均采用交错断续焊,$k=8$,$l=75$,$e=225$;

③加强筋与实肋板的连接采用交错断续焊,$k=7$,$l=75$,$e=225$;

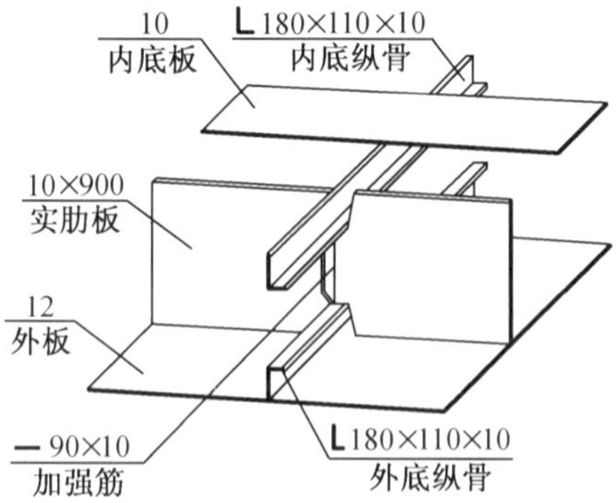

习图 4-18

(2)根据习图 4-19,画出主视图和左视图。焊接要求:

①舱口围板与甲板板的连接采用双面连续角焊,$k=4$;

②舱口围板与其面板的连接采用一面连续角焊,$k=4$,另一面采用断续角焊,$k=5$,$l=75$,$e=75$;

③纵桁腹板与甲板板、圆钢的连接,肘板与其他构件的连接采用双面断续角焊,$k=5$;

④纵桁面板与圆钢的连接采用双面连续角焊,$k=6$;

⑤横梁与甲板板的连接采用单面半自动连续角焊,$k=4$。

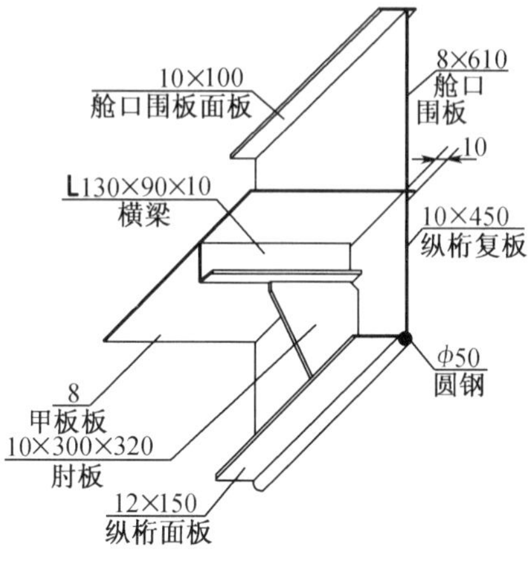

习图 4-19

(3)根据习图 4 - 20,画出主视图和右视图。焊接要求:

①舷侧纵桁与外板的连接采用交错断续焊,$k=7$,$l=75$,$e=175$;

②肋骨与外板的连接,船底纵骨与外底板的连接,加强筋与舷侧纵桁的连接均采用交错断续焊,$k=6$,$l=75$,$e=175$;

③肋骨与舭肘板的连接采用搭接角焊,$k=6$;

④舭肘板与外板的连接采用双面连续角焊,$k=5$;

⑤加强筋与肋骨的连接周围角焊,$k=6$。

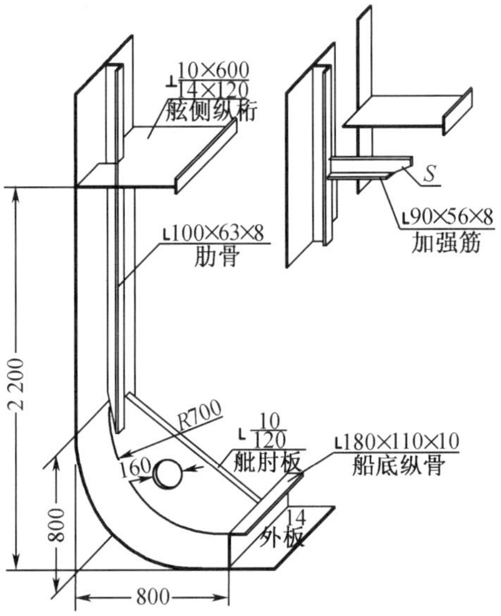

习图 4 - 20

(4)根据习图 4 - 21,画出主视图、俯视图和左视图。焊接要求:

①基座主纵桁和副纵桁与外板连接采用双面连续角焊,$k=8$;

②基座主纵桁和副纵桁面板与腹板连接采用双面连续角焊,$k=8$;

③肘板面板与腹板连接,肘板与外板、纵桁连接采用双面连续角焊,$k=8$;

④垫板连接采用周围焊,$k=8$。

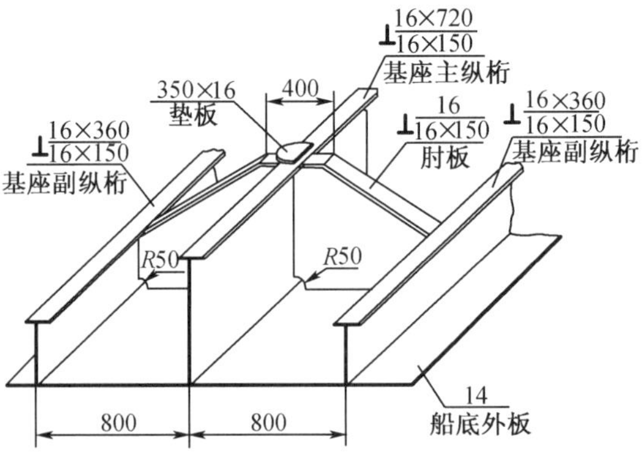

习图 4 - 21

(5)根据习图4－22,画出主视图和俯视图。焊接要求:

①甲板纵骨与甲板板的连接采用单面半自动连续角焊,$k=4$;

②甲板纵桁与甲板板以及纵桁腹板与面板的连接采用交错断续焊,$k=5$,$l=75$,$e=75$;

③加强板与纵桁面板的连接采用搭接角焊,$k=6$;

④支柱与加强板的连接周围角焊,$k=6$;

⑤大肘板、小肘板与其他构件的连接采用双面连续角焊,$k=8$。

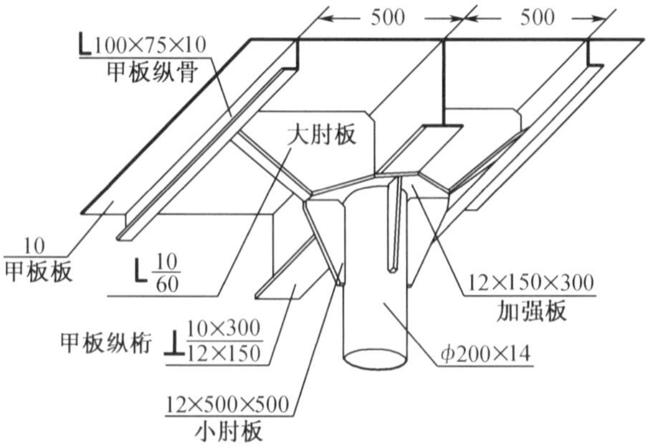

习图4－22

4. 根据主视图画出各剖面图,并标注尺寸。

(1)根据习图4－23画出A—A和B—B剖面图。

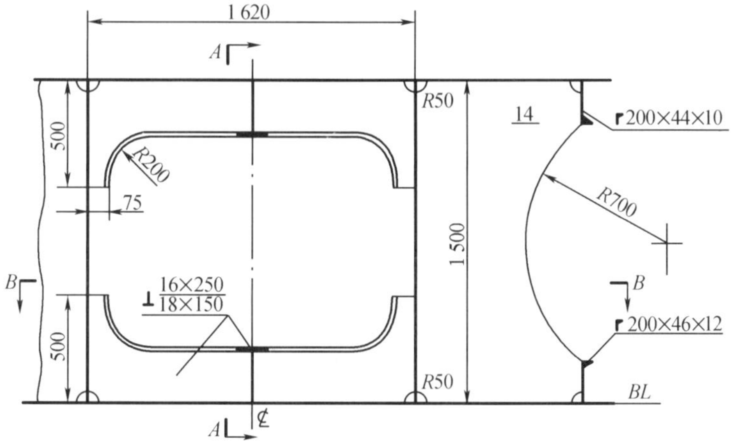

习图4－23

(2)根据习图 4 - 24 画出 C—C 剖面图。

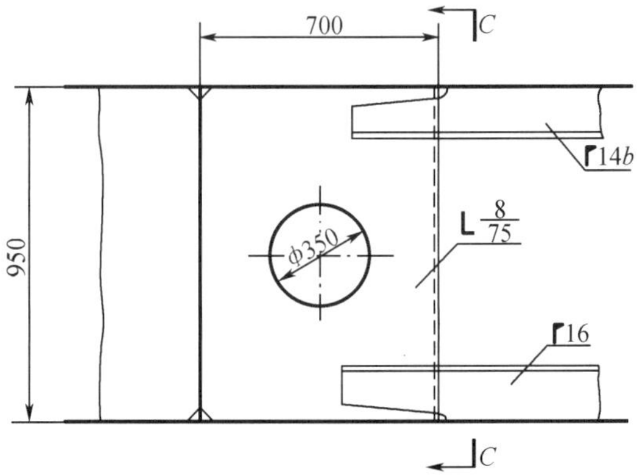

习图 4 - 24

(3)根据习图 4 - 25 画出 D—D 和 E—E 剖面图。

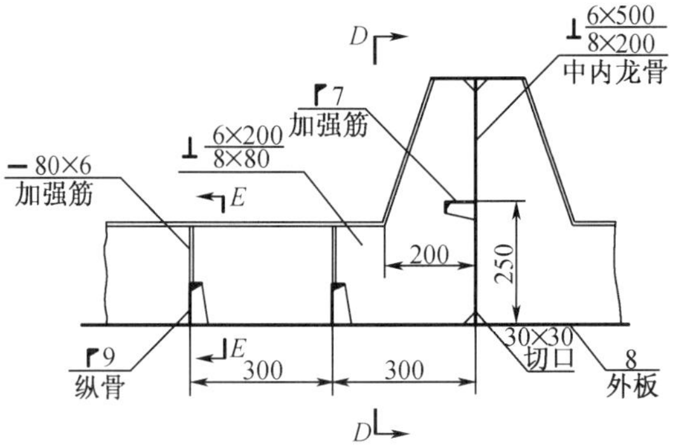

习图 4 - 25

(4)根据习图 4 - 26 画出 F—F 剖面图。

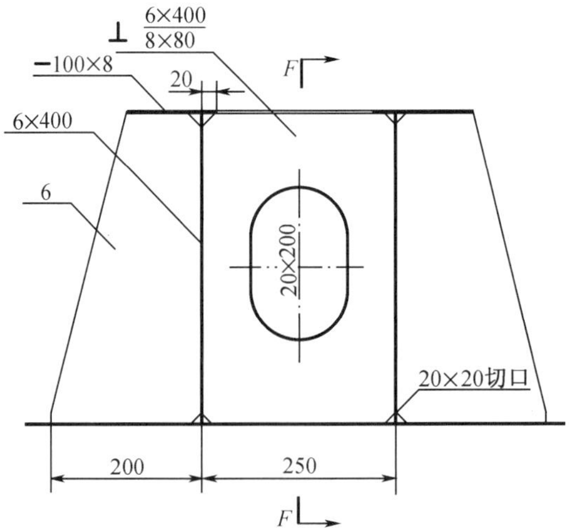

习图 4 - 26

5. 根据主视图画出其他视图或剖面图,并标注尺寸和焊缝符号。

(1)根据习图4-27画出俯视图和左视图。焊接要求:

①支柱与内底板的连接采用周围焊,$k=7$;

②中桁材与内底板的连接,肋板与内底板和外底板的连接,肘板与其他构件的连接均采用双面连续角焊,$k=5$;

③中桁材与外底板的连接,采用双面连续角焊,$k=6$;

④扶强材与中桁材的连接,采用单面连续角焊,$k=4$。

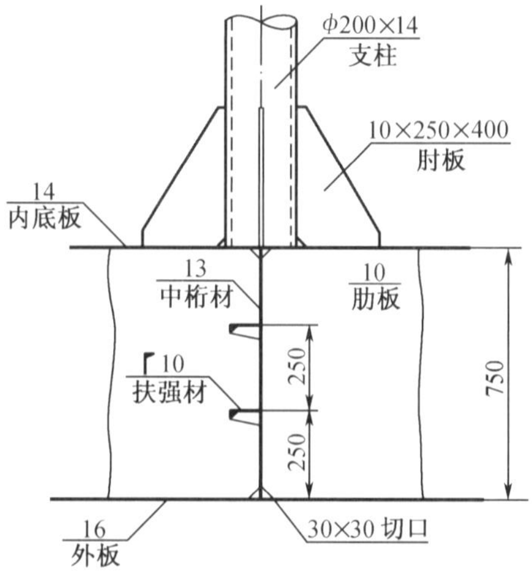

习图4-27

(2)根据习图4-28画出左视图和仰视图。焊接要求:

①甲板纵桁、强横梁与甲板板的连接采用交错断续焊,$k=6$,$l=75$,$e=75$;

②甲板纵桁、强横梁的腹板与面板的连接采用交错断续焊,$k=6$,$l=75$,$e=175$;

③加强板与甲板纵桁、强横梁的连接采用搭接角焊,$k=6$;

④支柱与加强板的连接采用周围焊,$k=6$;

⑤肘板与其他构件的连接均采用双面连续角焊,$k=5$。

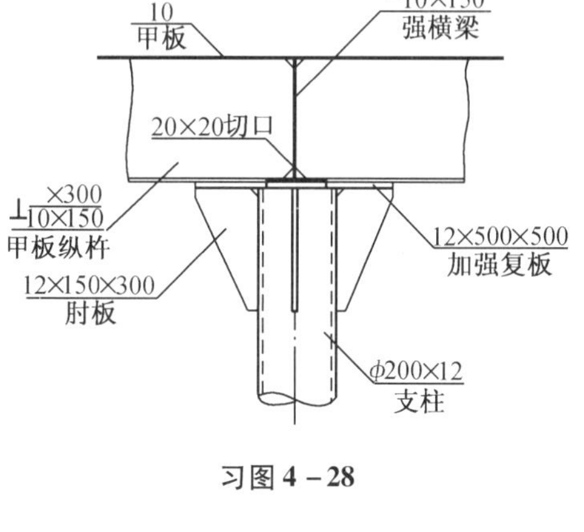

习图4-28

(3)根据习图 4－29 画出左视图。焊接要求：

①船底外板、舭侧外板与舭部圆钢的连接采用 V 形坡口双面连续角焊；

②内底板与舭侧外板的连接双面连续角焊，$k=8$；

③外底纵骨与外板以及纵骨腹板与面板的连接采用交错断续焊，$k=8$，$l=75$，$e=75$；

④内底纵骨与内底板以及纵骨腹板与面板的连接采用交错断续焊，$k=8$，$l=75$，$e=75$；

⑤双层底边肘板与其他构件的连接采用双面连续角焊，$k=7$；

⑥肋骨与外板的连接采用单面连续角焊，$k=6$；

⑦舭肘板与其他构件的连接采用双面连续角焊，$k=6$。

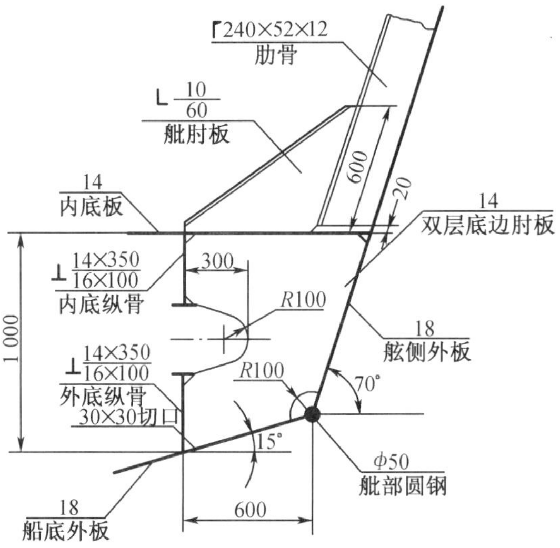

习图 4－29

(4)根据习图 4－30 画出 C 向视图和 G—G 剖面图。焊接要求：

①侧壁板与顶板的连接采用双面连续角焊，$k=6$；

②扶强材与侧壁板的连接采用单面连续角焊，$k=5$；

③肘板与其他构件的连接采用双面连续角焊，$k=6$。

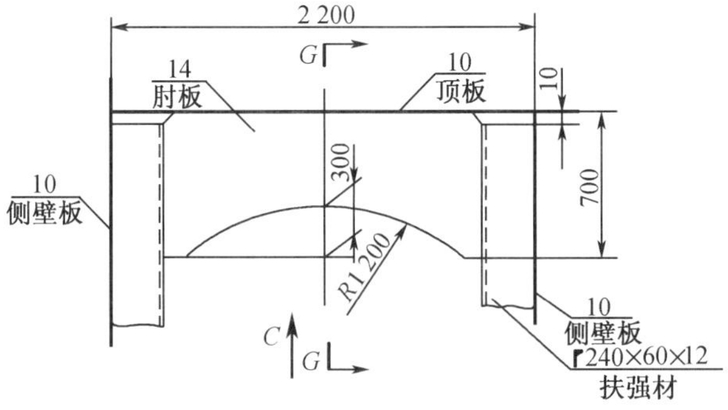

习图 4－30

(5)根据习图 4－31 画出 $H—H$，$I—I$ 和 $K—K$ 剖面图。焊接要求：

①强横梁、甲板纵桁与甲板板连接及强横梁、甲板纵桁腹板与面板连接采用交错断续焊，$k=5$，$l=75$，$e=75$；

②甲板纵骨、普通横梁与甲板板连接采用单面连续角焊，$k=4$；

③肘板与其他构件的连接采用双面连续角焊，$k=5$；

④小肘板与其他构件的连接采用双面连续角焊，$k=4$。

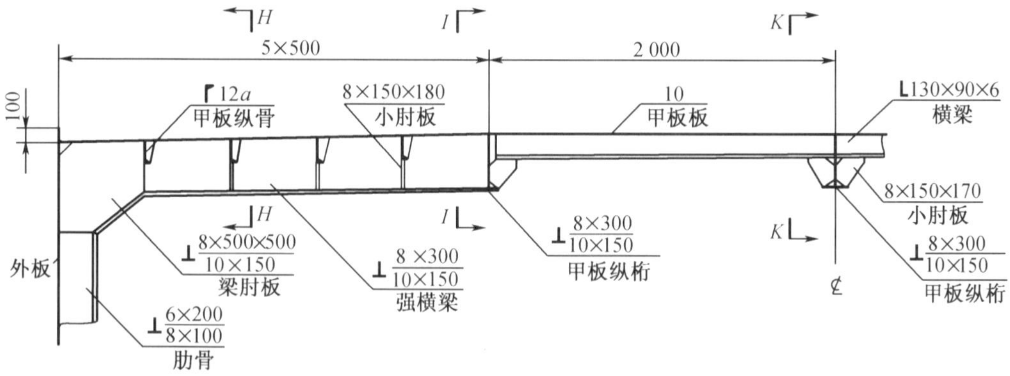

习图 4－31

6 根据正投影图绘制轴测投影图。

(1)根据习图 4－32 绘制正二测轴测图。

(2)根据习图 4－33 绘制正二测轴测图。

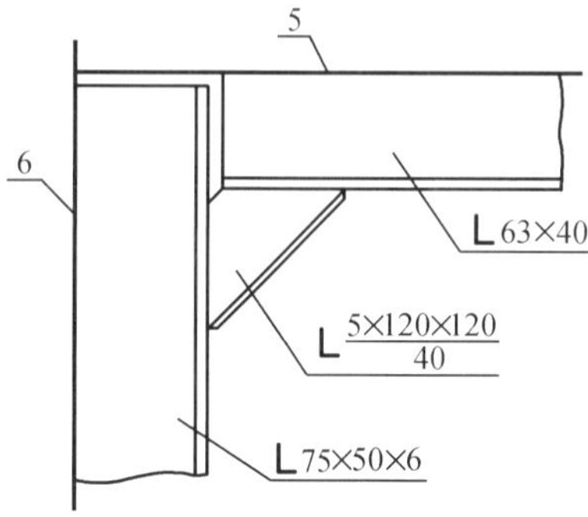

习图 4－32

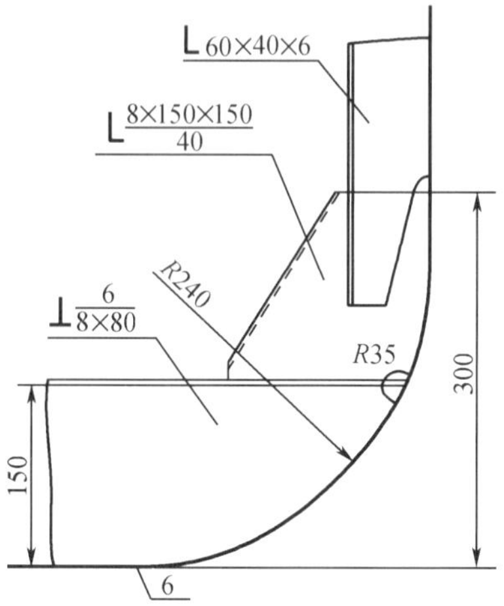

习图 4－33

(3)根据习图4-34绘制正二测轴测图。

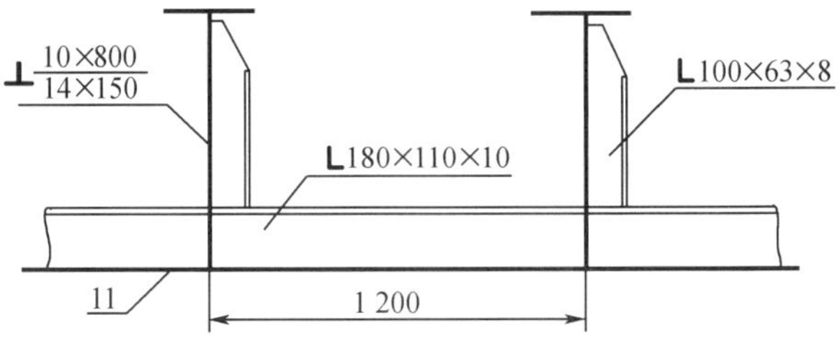

习图4-34

(4)根据习图4-35绘制斜二测轴测图。

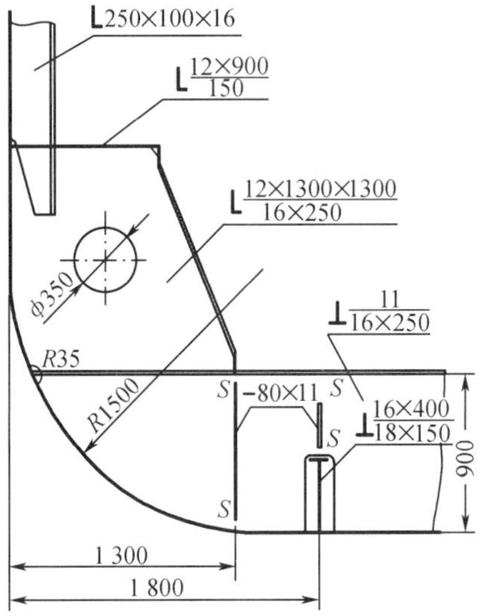

习图4-35

(5)根据习图4-36绘制正二测轴测图。

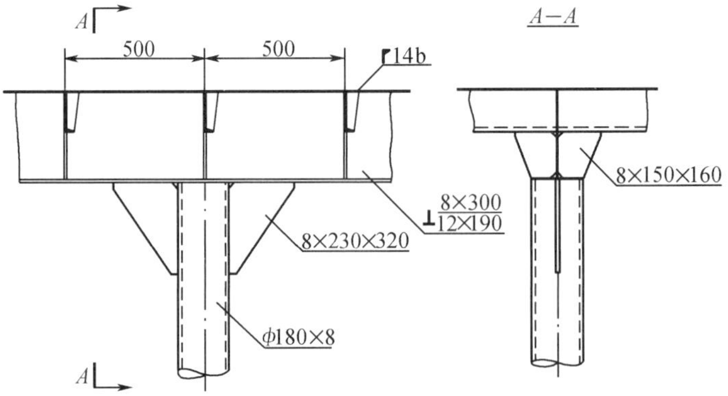

习图4-36

(6)根据习图 4－37 绘制变形正二测轴测图。

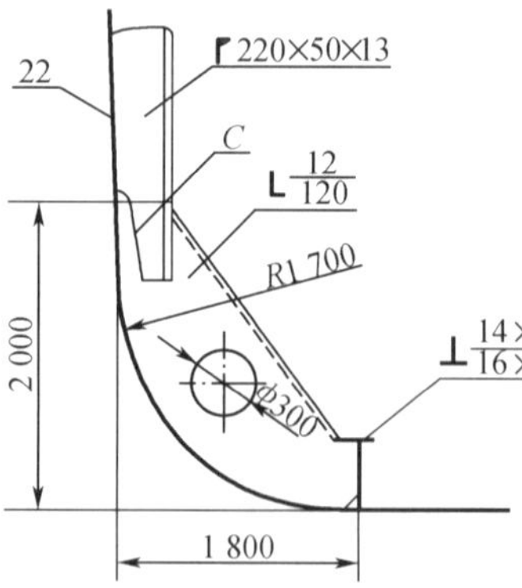

习图 4－37

(7)根据习图 4－38 制出斜二测轴测图。船底型线的型值表如下：

距℄半宽值/*mm*	790	1 790	2 790	3 790	4 290
距 BL 高度值/*mm*	0	50	200	630	1 000

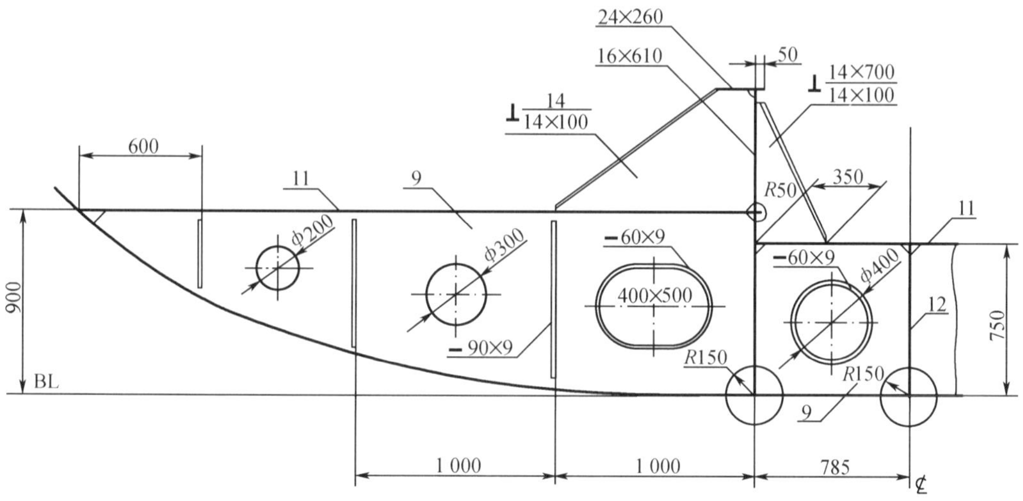

习图 4－38

第五章　中横剖面图

中横剖面图是船体中段范围内(通常是指艏尖舱舱壁向艉、艉尖舱舱壁向艏的船体部分)的数个典型横向剖面图,表示船体结构的基本情况,是全船性的图样之一。它表示船体主要纵、横构件的尺寸和结构形式,是校核船体强度和绘制其他结构图的重要依据。

由于中横剖面图不可能将全船所有具体的结构表示得非常详细,因而不能直接按照它来施工,但其他结构图样中的构件尺寸都是以中横剖面图为依据,所以它是施工时的指导性图样。熟悉中横剖面图的内容对于识读其他结构图是非常重要的。

第一节　中横剖面图的组成和表达内容

一、中横剖面图的组成

中横剖面图通常由几个肋位剖面图和主尺度栏两部分组成,如图 5 - 1 所示。

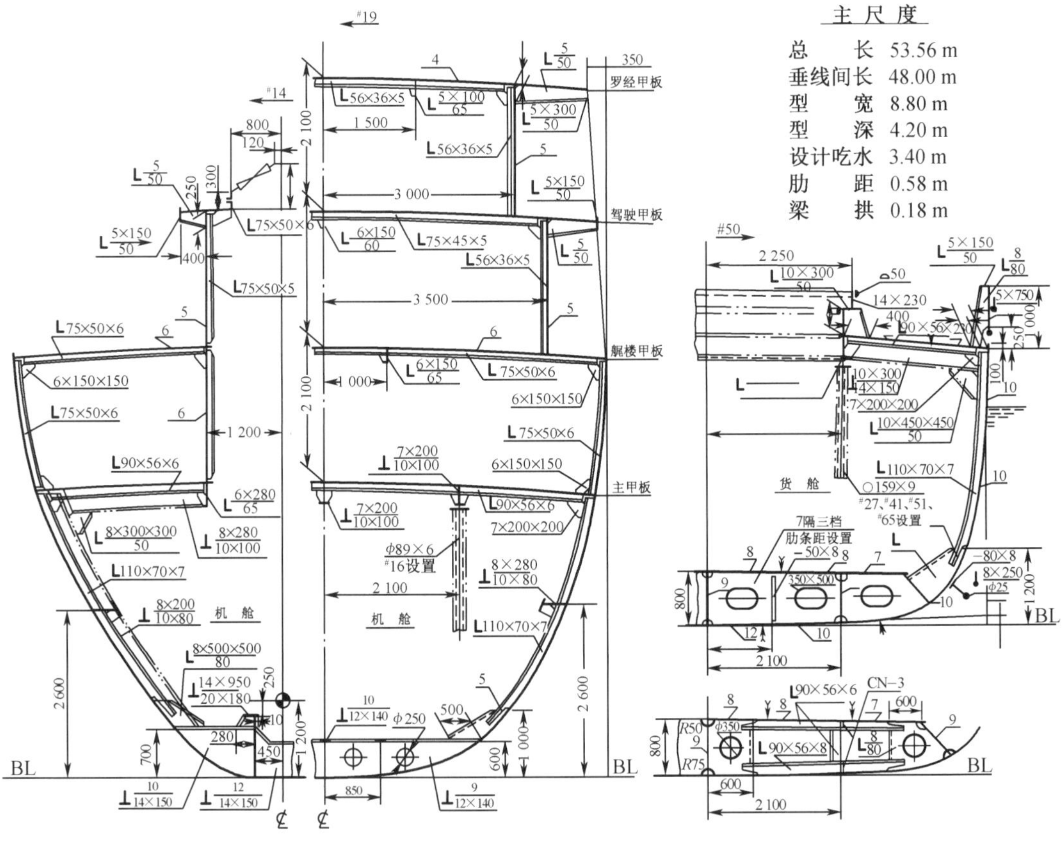

图 5 - 1　500 t 货船中横剖面图

1. 肋位剖面图

肋位剖面图是中横剖面图的主要组成部分，它主要表达了船体横向构件的布置、结构形式、尺寸大小和相互连接方式，以及纵向构件的布置和剖面形状。剖面位置通常选在船体中段范围结构典型的部位，如货船常取在机舱和货舱范围内；油船常取在机舱和货油舱范围内；客船常取在机舱和旅客舱范围内；拖船常取在机舱和船员舱范围内等。肋位剖面图的数量是根据船体中段结构不同而决定的，小型船舶通常选 2 ~ 3 个结构典型的肋位，大型船舶则根据其结构布置的具体情况，可多选几个肋位剖面。

对于某一舱室范围中大部分结构都相同或相似，只有局部结构不同，可采用局部结构图或重叠画法表示，而不再另取剖面绘制完整的肋位剖面图。中横剖面图中的局部结构图和重叠画法的表达方法如下：

(1)局部结构图　即单独绘制的船体局部结构剖视图，表示局部变化的结构，布置在肋位剖面图相应结构的附近，如图 5 - 1 货舱中的组合肋板结构。

(2)重叠画法　即将不在同一肋位上的局部构件绘制在同一肋位剖面图中的相应位置上，见图 5 - 1 中#14 和#54 肋位剖面图。图中：

①构件的可见轮廓用细双点画线表示；

②构件的不可见轮廓用细虚线表示。

由于船体结构通常是对称于中线面，所以肋位剖面图的图形允许不全部绘出，一般只绘制略多于一半的图形。肋位剖面图的图样中根据剖面的肋位编号顺序从左至右依次布置，即靠近船尾的剖面图布置在图纸的左面，靠近船首的剖面图布置在图纸的右面，见图 5 - 1中的#14，#19 和#54 肋位剖面图。

2. 主尺度

中横剖面的右上方有主尺度栏，标注船体主尺度和有关数据，如总长、垂线间长、型宽、型深、吃水、肋骨间距、梁拱高等。

二、中横剖面图中表达的内容

在中横剖面图上，标注的尺寸有两种：一种是构件的定位尺寸，它按“金属船体构件理论线”的规定确定，定位的基准通常是船体中心线和船体基线。如图 5 - 1 中舱口围板距船体中心线 2 250 mm，内底板离船体基线的高度为 800 mm，旁桁材距船体中心线 2 100 mm等。另一种是构件的定型尺寸，即构件大小的尺寸，如普通肋骨为 110 × 70 × 7，强肋骨为 $\perp\frac{8\times200}{10\times80}$，普通横梁尺寸为 $\llcorner 90\times56\times6$，强横梁尺寸分别为 $\perp\frac{10\times300}{14\times150}$ 和 $\perp\frac{8\times280}{10\times100}$ 等。通过这两种尺寸就能把整个船体中段的构件大小和位置清晰地表达出来，有部分构件采用文字说明它们所设置的位置。如图 5 - 1#19 肋位机舱内的支柱在#16 肋位上设置。

中横剖面图中除了标注大量的尺寸以外，其余各种图线就是用来表达船体各种结构的投影，通常有以下几个方面的内容：

(1)由中横剖面图可以看出整个船体属于什么骨架形式。

(2)船体横向构件如肋板、肋骨、横梁的尺寸、结构形式及连接情况。

(3)船体纵向构件如中桁材、旁桁材、舷侧纵桁、舭龙骨、纵骨的尺寸、结构形式及布置情况。

(4)外板、内底板、甲板板的排列和连接情况，以及厚度的尺寸和在横向分布、变化的情况。

(5)上层建筑的甲板层数、纵围壁、舱口围板的布置以及它们的尺寸大小、结构情况。

(6)主机座的数量、尺寸大小、结构形式以及主轴高度。

(7)双层底、船舱和各层甲板间的高度以及各甲板的梁拱高度。

(8)舷墙、机舱棚、各舱口开口的尺寸大小、结构形式及在横向的布置情况。

第二节　识读中横剖面图

识读中横剖面图的目的主要是了解船体各构件的名称,船体各部分结构的相对位置和船体构件的布置、尺寸大小、结构形式以及相互连接的方式。识读的方法,通常从底部开始,再看舷侧至甲板、上层建筑等。如结合基本结构图一起识读,则能全面了解全船的结构布置情况及构件的连接方式。现以图 5 - 1 为例,说明识读方法和步骤。

一、概貌了解全船的结构

主要是从总体上了解船舶的用途、结构形式、结构特点以及各部分结构的相对位置。

1. 了解船舶的用途

了解船舶的用途,只要查阅图纸上的标题栏,即可知道,如本船为 500 t 货船。

2. 了解船体结构的特点

根据各肋位剖面图中船底、舷侧以及甲板的骨架布置情况了解。本船的船底、舷侧以及甲板的板架均为横骨架式结构,因此,本船为横骨架式船体结构。

3. 了解各部分结构的相对位置

(1)货舱区域为双层底,双层底的高度为 800 mm,机舱区为单底。

(2)舱口纵向围板距船体中心线 2 250 mm,机舱纵向围壁距船体中线 1 200 mm。

(3)主轴中心离基线高 1 200 mm。机舱部分的舷侧纵桁离基线高 2 600 mm。

(4)各层甲板之间的高度为:

上甲板与艉楼甲板之间的高度、艉楼甲板与驾驶甲板之间的高度、驾驶甲板与罗经甲板之间的高度均为 2 100 mm。机舱棚距驾驶甲板的高度为 700 mm,如图 5 - 2 所示。

从图中看出的这些相对尺寸,就是各结构的定位尺寸,即决定了主要结构的相对位置。

二、具体了解各部分的结构情况

主要是详细了解各部分结构中构件的布置、尺寸、结构形式和连接方式等。读图时可按肋位剖面图从底部、舷侧、甲板、上层建筑等依次进行。但要能顺利识读中横剖面图,首先要熟悉图中常用的图线,中横剖面图中常采用的图线主要有以下几种:

(1)粗实线——表示板材和型材的截面。

(2)细实线——表示本肋位上横向构件的可见轮廓线。

(3)细点画线——为主轴线及中心线。

(4)细虚线——表示构件的不可见轮廓线,如支柱的内壁轮廓。

(5)细双点画线——重叠画法时构件的可见轮廓线。

掌握图线的使用,对识读中横剖面图有很大的帮助。

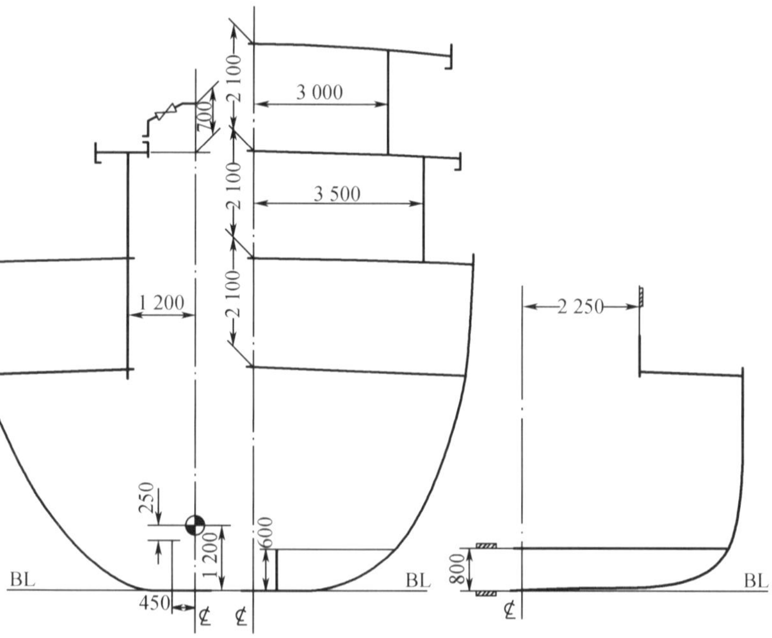

图 5－2　船体各部分结构的相对位置

下面以图 5－1 中的#54 肋位剖面图为主，重点介绍货舱部分的结构。

1. 货舱的底部结构

(1)内底板与外底板都用粗实线表示其剖面，内底板由 7 列板组成，内底边板为下倾式，列与列的分界由板缝符号"⌋"表示，内底板厚分别为 8 mm 和 7 mm，内底边板厚为 9 mm；外底板由 5 列板组成，其中平板龙骨的厚度为 12 mm，其余各列板的厚度均为 10 mm。

(2)底部的纵向构件有中桁材、旁桁材和舭龙骨。中桁材板厚为 9 mm，位于船体中线上，旁桁材板厚为 7 mm，距船体中线 2 100 mm。这两个构件都用粗实线表示其剖面。舭龙骨用焊接球钢制成，尺寸为 $\frac{8\times 250}{\phi 25}$，焊在加强板上，加强板的尺寸为 -80×8(扁钢)，用粗实线表示其剖面，见图 5－1 中的#54 肋位剖面图。

(3)底部的横向构件有实肋板、舭肘板。实肋板厚为 7 mm，隔三挡肋距设置，其上开有椭圆形人孔，尺寸为 350×500。在实肋板上边缘还开有通气孔，在下边缘开有流水孔。实肋板上装有扁钢制成的加强材，尺寸为 -50×8。在不设实肋板的肋位上，设置组合肋板或水密肋板，具体可参见该船的基本结构图。组合肋板的结构由局部结构图来表达，如图 5－1 中#54 肋位下方的局部结构图。组合肋板由内、外底横骨以及靠近舭部和中桁材的两块折边肘板围成，在旁桁材的一侧装有与内、外底横骨尺寸相同的扶强材，内、外底横骨的尺寸为 ∟$90\times 56\times 8$ 的不等边角钢，折边肘板尺寸为 ∟$\frac{8}{80}$。内、外底横骨穿过旁桁材处按 CN－3 型切口，切口尺寸可查阅标准，见附录四。

2. 货舱的舷侧结构

舷侧结构的表示方法和识读方法与底部结构相似,本船舷侧结构由舷侧外板、主肋骨和舭肘板组成。外板的剖面用粗实线表示,由厚度为 10 mm 的两列板组成。肋骨用不等边角钢制成,其折边投影用二条细实线表示,尺寸为 └110×70×7。肋骨的上端与甲板之间留有间隙,下端削斜与舭肘板搭接,削斜的代号为 S,可以从标准 CB＊3183—83 中查得相关削斜尺寸,见附录五。舭肘板采用折边肘板,其尺寸为 └$\frac{8}{80}$,下端且开有流水孔。

3. 货舱的甲板结构与其他结构

1. 甲板结构

甲板结构在表示方法上与船底部和舷侧不同的是,甲板结构采用了重叠画法,表示了不在#54 肋部剖面处的强横梁、支柱和货舱口横向围板结构。由图 5－1 可以看出,甲板边板的厚度为 9 mm,其余甲板板厚度为 8 mm,甲板板剖面用粗实线表示。横向构件有普通横梁和强横梁,其中强横梁不在#54 肋位设置;支柱为圆柱形钢管,也不在#54 肋位设置,图中已清楚地标注,具体设置在#27,#41,#51,#65 肋位。舱口围板结构中,围板上端焊有直径为 50 mm 的半圆钢,舱口围板内缘亦焊有同样尺寸的半圆钢。

2. 舷墙结构

本船的舷墙结构由下面几个构件组成:舷墙板的厚度为 5 mm,整个舷墙高为1 000 mm,从图 5－1 中的#54 肋位剖面图,可以看出舷墙板高 750 mm,舷墙板的下端焊有直径为 15 mm 的圆钢,舷墙顶部装有水平的折边板材,其尺寸为 └ $\frac{5\times150}{50}$,舷墙与甲板的连接肘板为折边肘板,其尺寸为 └ $\frac{8}{80}$,各部分的具体尺寸,如图 5－3 所示。

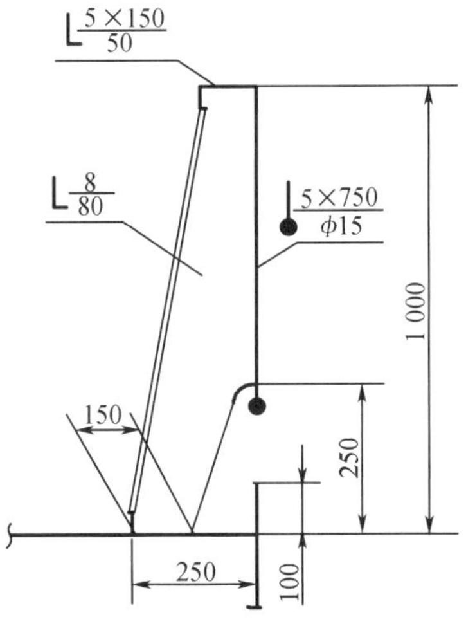

图 5－3　舷墙结构

了解了各部分结构之后,进行综合、归纳就可掌握货舱结构的概貌。其他肋位剖面图可用相似的方法阅读。机舱剖面图中轴系剖面符号“⊕”表示主轴的位置,轴系剖面符号中心线距基线的高度即为主轴轴线在该剖面处的高度。#14,#19 肋位剖面图中,强肋骨、强横梁、支柱均用双细点画线表示其重叠画法,说明强肋骨、强横梁、支柱都不设在这两个肋位上设置。普通肋骨下端削斜与舭肘板连接,削斜的代号为 S。根据型材及削斜的代号,可以从附录五中查到型材端部削斜的尺寸。

通过识读中横剖面图,可以对全船主要结构有个概貌的了解,但是中横剖面图只是典型部位的横向剖面图,所以对有些结构,例如纵向构件的连接情况,横向构件沿船长方向的布置以及外板、内底板和甲板板在船长方向的排列及厚度的分布都未表示清楚。因此,要全面了解船体结构,还需识读其他的结构图样,如基本结构图、外板展开图等。

第三节　绘制中横剖面图的方法和步骤

绘制中横剖面图是船体结构设计过程的一项重要工作,这里仅介绍已知各构件尺寸和连接方式的情况下绘图的方法和步骤。

一、选取图样比例和图纸幅图

图样比例要根据船体主尺度和剖面图的数量来决定。中横剖面图的比例一般选用1∶10,1∶20,1∶25,1∶50 等几种。尺度较小的船舶可选用较大的比例,超大型船舶要选用较小的比例,如 1∶100 或更小。图纸幅面通常根据已选定的图样比例、船体主尺度和剖面图的数量按标准选取。但为了使用方便,图纸幅面不宜太大,所以有时还需根据选用的图纸幅面大小重新选取适当的图样比例。

二、图面布置

剖面图按剖切位置的肋位编号顺序,在图纸上从左至右依次布置。局部结构图可安排在剖面图相应结构部位的附近或其空白的地方。主尺度栏一般标写在视图的上方或右上方,附注栏一般安排在图纸的右方或右下方,如图 5－4(a)所示。

三、绘制剖面图的外形和定出各部分结构的位置

绘制的步骤如下:

(1)在图纸下方适当位置作基线,然后根据剖面图的半宽值,在适当位置作出基线的垂直线,即船体中线。每个剖面图都应单独绘制中线,而不允许两个剖面合用一根中线,如图 5－4(b)所示。

(2)根据剖切位置,在型线图中得出肋位剖面外形的尺寸,然后绘制外形,如图5－4(c)所示。

(3)根据双层底和各层甲板间高度,各纵向围壁距中线的尺寸等定出各部分结构的位置,如图 5－4(d)所示

(4)绘制甲板梁拱线,如图 5－4(e)所示。

现将抛物线形状的梁拱作法介绍如下,如图 5－5:

①连接甲板宽度最大处甲板边线上的两点 DD,交船体中线于 A 点。

②以 A 点为圆心,梁拱高为半径作半圆,交船体中线于 K 点,交 DD 线段于 d,d 两点。

③将 DD,dd 线段及$\overset{\frown}{dkd}$半圆弧分为相同的等分(如图5－5 示8 等分),得分点3,2,1,1,2,3;c,b,a,a,b,c;$3',2',1',1',2',3'$。

④连接 $a1',b2',c3'$;并通过 1、2、3 各点作 DD 线的垂线。

⑤分别在垂线上量取 $11'=a1',22'=b2',33'=c3'$,得 $1'',2'',3''$各点。

⑥用曲线板连接 $D,3'',2'',1'',K,1'',2'',3'',D$ 各点,得梁拱线。

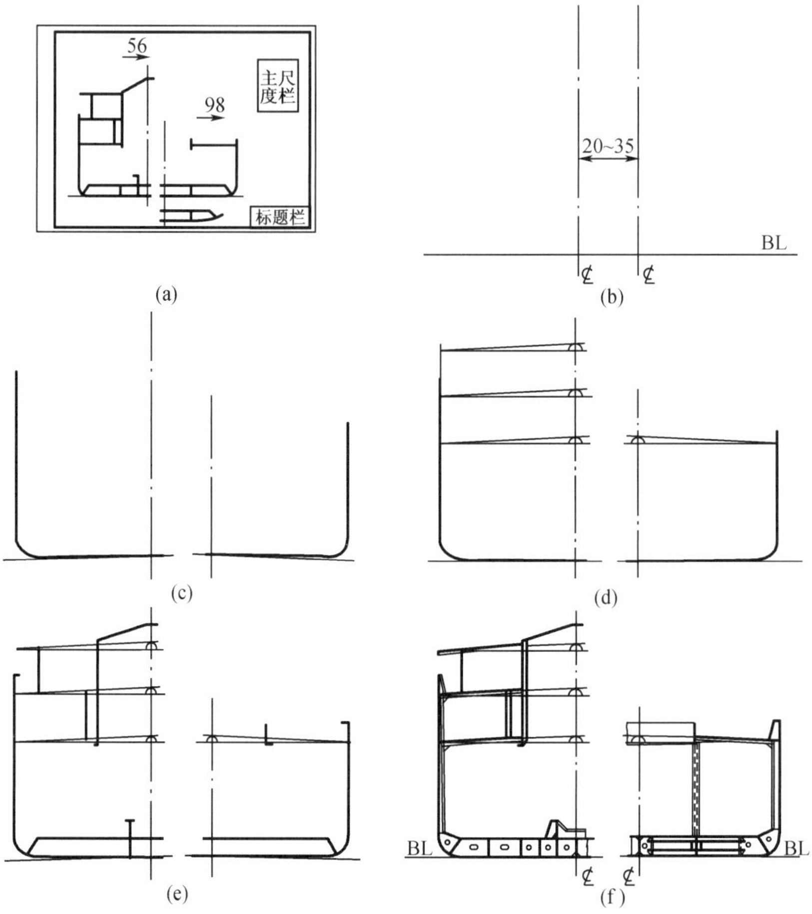

图 5-4　中横剖面图的作图步骤

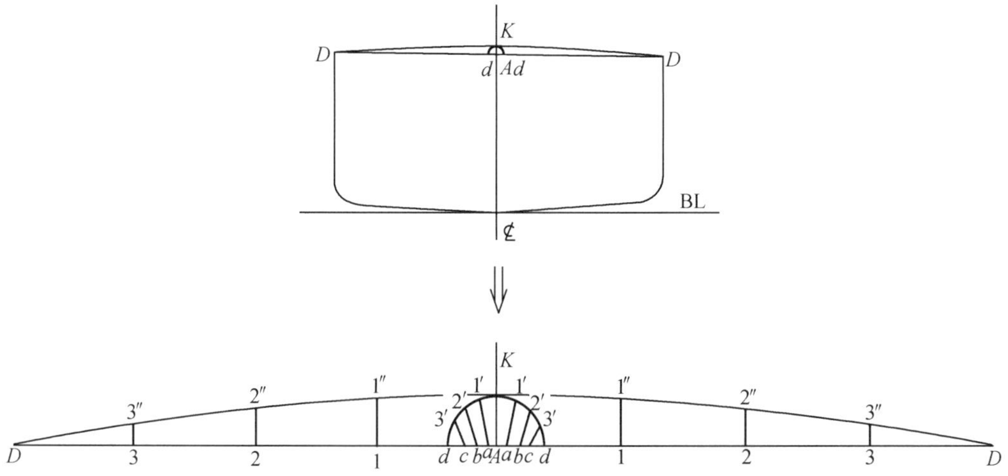

图 5-5　梁拱线的作法

四、绘制各部分结构

绘制的顺序通常是先画底部结构，再画舷侧结构，然后画甲板和上层建筑结构。绘制的方法基本上与节点视图的画法相似。

由于船体结构通常对称于中线面，所以剖面图的图形可以不全部画出来，一般只画略多于一半的图形，见图 5－4(f)。

五、按图线要求加深及标注尺寸

校对图形，确认无误后，擦去多余线条，按图线要求加深。然后标注构件的定型和定位尺寸。因中横剖面图中的尺寸较多，标注时必须做到布置合理、书写清晰。

六、标注舱室及甲板的名称，编写主尺度栏和填写标题栏

略。

习　题

1. 什么叫中横剖面图，中横剖面图的特点有哪些？
2. 中横剖面图中表达了哪些内容？
3. 如何识读中横剖面图？
4. 识读并绘制习图 5－1 所示的 1 000 t 沿海货船中横剖面图。要求如下：

(1) 了解底部、舷侧、甲板、舷墙、舱口、上层建筑等结构，分析它们由哪些构件组成。

(2) 指出各个构件之间的定位尺寸、大小尺寸，及其相互连接的情况。

(3) 用 1∶50 的比例绘制中横剖面图（根据具体情况，可只绘货舱或机舱）。机舱横剖线的型值如下：

单位：mm

水线	475	900	1 500	3 000	4 200	5 400	救生艇甲板边线
半宽值	1 860	2 600	3 200	4 100	4 600	4 950	5 250

注：货舱部分的线型较平缓，舭部圆弧用 R1320 连接，不需另加型值表。

5. 识读习图 5－2 所示的 150 t 冷藏货船中横剖面图，了解该船的结构形式，纵向构件的布置及其尺寸，横向构件连接方式。

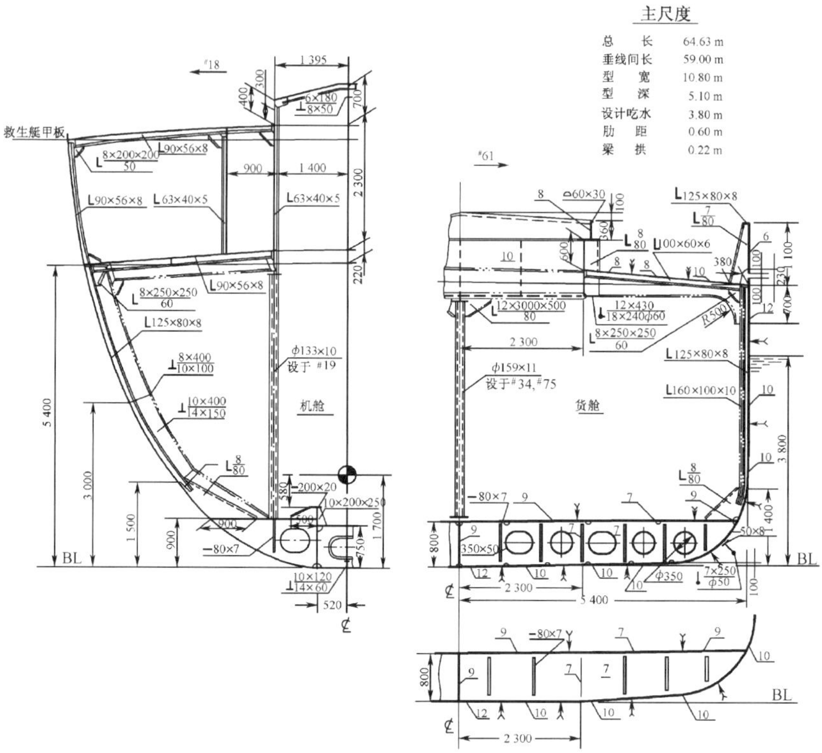

习图 5 – 1　1 000 t 沿海货船中横剖面图

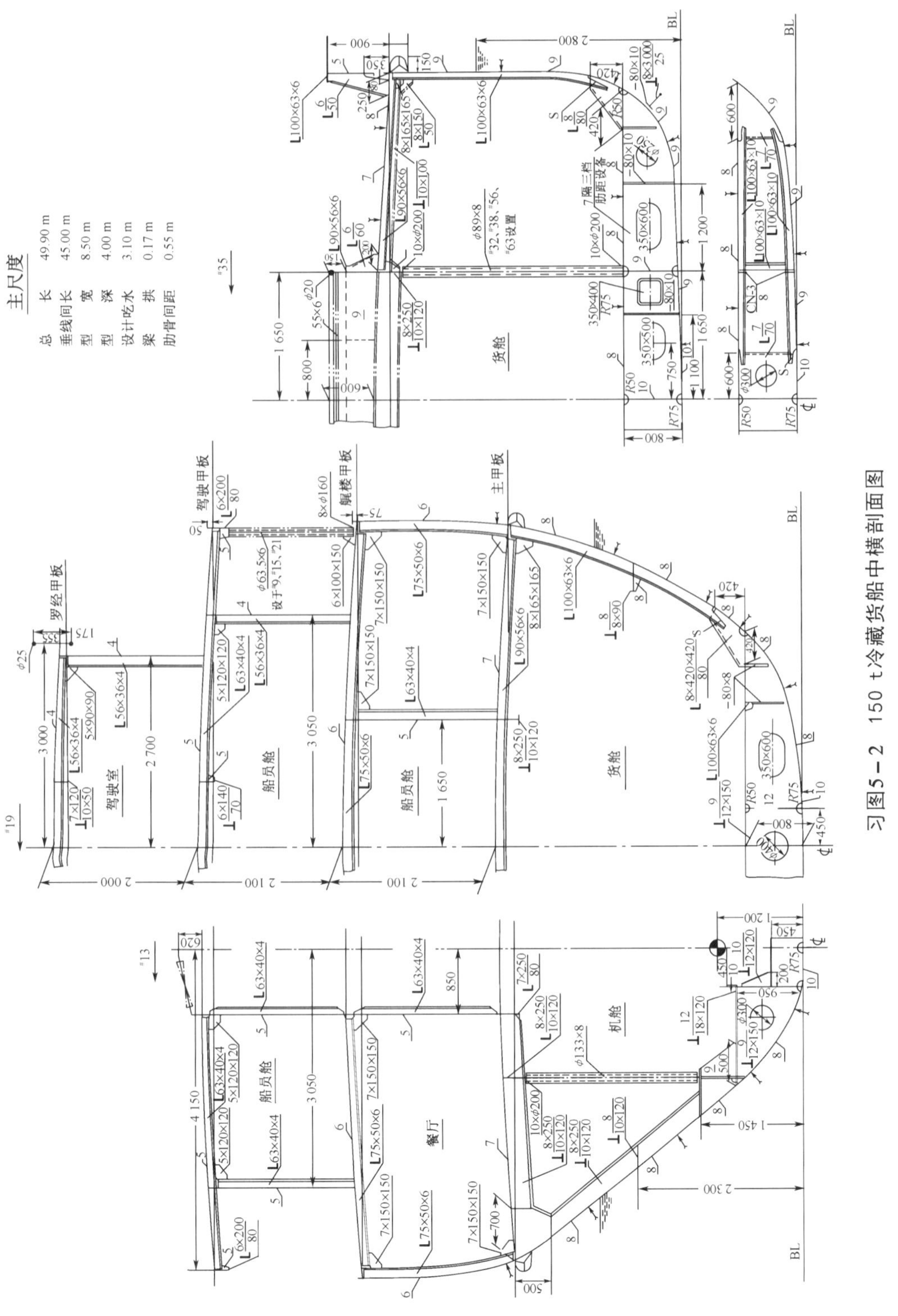

习图 5－2　150 t 冷藏货船中横剖面图

第六章　基本结构图

基本结构是一张全船性的结构图样，它用一个纵向和数个水平方向的剖面图或剖视图来表示船体结构的基本情况，与中横剖面图一起组成了表示全船结构的三向视图。熟悉基本结构图的内容和读图方法，有利于阅读和绘制其他施工结构图样。

第一节　基本结构图的组成和表达内容

基本结构图由纵剖面图、各层平台、甲板平面图、舱底图和主尺度栏所组成，如图 6－1 所示。（见书末插图 6－1 500 t 货船基本结构图）

基本结构图的纵剖面图通常是选用中线面去剖切船体而得到的纵向剖面图，故又称之为中纵剖面图。它作为基本结构图的主视图，表达船体构件在船长和船深方向的布置及某些纵向构件的连接情况。各层平台、甲板平面图及舱底图作为基本结构图的俯视图，它表达了各层平台、甲板、舱底的结构情况及构件在船长和船宽的具体位置，以及其上各种开口的位置（如梯口、货舱口、机舱口等）。

下面以图 6－1 为例，详细介绍基本结构图中所表达的内容。

一、中纵剖面图

（1）被剖切的构件　如外板、甲板、横舱壁、内底板、肋板、横梁等横向构件的结构形式和位置，图中用粗实线表示这些构件的剖面形状。

（2）位于中线面上的构件　如中桁材、中内龙骨、甲板中纵桁、中纵舱壁及其扶强材等构件的结构形式、大小和与其他构件连接的方式。其可见与不可见轮廓线分别用细实线和细虚线表示。

（3）位于中线面与舷侧之间的构件　如机舱口和货舱口的纵向围板，甲板边纵桁和支柱等构件的位置，结构形式和大小尺寸。其可见轮廓线用细双点画线（重叠投影的方式）表示。邻近中线面围壁的扶墙材用细点画线表示。

（4）位于舷侧的构件　如强肋骨、普通肋骨、中间肋骨和舷侧纵桁等构件的位置和大小。在图中主要构件用简化线表示，普通构件则一般不需要表示，如舷侧纵桁和强肋骨在图中用粗点画线表示其投影，中间肋骨用细点画线表示其投影，普通肋骨一般就不需要表示。

此外，在中纵剖面图上还表示了烟囱、机舱棚顶和桅杆的位置，以粗实线表示它们的剖面，以细双点画线表示其轮廓的投影。

二、甲板平面图和平台图

甲板平面图和平台图是用剖切面沿着甲板或平台上表面剖切船体而得到的剖面图。

（1）在甲板上面与甲板连接的构件　如舱壁、围壁的位置，用粗实线表示其剖面。

(2)在甲板下面与甲板连接的板材构件　如纵舱壁、横舱壁等,若是水密构件图中用轨道线表示,若是非水密构件图中则用粗虚线表示。

(3)在甲板下面与甲板连接的型材构件　如强横梁、普通横梁、甲板纵桁、甲板纵骨等构件的位置和大小。若是主要构件用粗双点画线表示,普通构件则用细虚线表示。

(4)表示甲板板或平台板的位置和厚度,以及其上加强覆板和开口的位置及大小。板与板的接缝和开口的可见轮廓线用细实线表示,分段接缝用斜栅线表示。加强覆板边界用阴影线表示,以区别于开口轮廓。

三、舱底图

舱底图通常有两种表达方式:一种是在最下层甲板与底部构架之间用水平剖切平面剖切船体而得到的剖视图,这种表达方法要带一部分舷侧结构,即要将舷侧结构和舱底结构都在图形中表达出来,图面就显得比较拥挤,如图 6－2(见书末插图 6－2 150 t 冷藏船基本结构图)。另一种是在靠近底部构架上缘用阶梯剖的方法剖切船体而得到的剖视图,这种表达方法可不带舷侧结构,即舷侧构件可不用在图形中表达,图形则显得比较简洁,如图 6－1中的舱底图。采用阶梯剖的方式,可以同时表达几个不在同一高度的平面结构。如在图 6－1 舱底平面图中,艏部从#70 肋位起至艏尖舱内为单底结构,艉部从#20 肋位向艉也为单底结构,它与双层底结构的高度并不相同,由于采用了阶梯剖的方式,可以将其绘制在同一平面上。

为清晰地表达双层底上面的结构和双层底内的结构情况,在舱底图的双层底部分还采取了局部剖视的方法,即将船体右舷的内底板剖去,而左舷的内底板不剖,这样,就可将右舷双层底舱内的结构视为可见构件来表达,而左舷内底板上面的结构为可见构件,内底板下面的结构为不可见构件。局部剖视的分界线用折断线表示。舱底图中表达了:

1. 单底结构

单底结构表达了中内龙骨、旁内龙骨和肋板的布置、大小和连接方式。这些构件的面板用细实线表示,腹板用粗虚线表示,肋板边线(肋板与舷侧板的交点连线)用细双点画线表示。

2. 双层底结构

双层底结构表达了中底桁、旁底桁、肋板、基座纵桁等构件的布置、大小和连接方式。左舷内底板的板缝和内底板上开口形状的可见轮廓线用细实线表示;内底板下面,若是水密构件用轨道线表示,非水密构件用粗虚线表示(如果有内底纵骨,则用细虚线表示)。右舷局部剖切后,被剖构件用粗实线,外底纵骨用细点画线表示。图中,板缝的投影、开孔的形状和加强覆板的表示方法与甲板图相同,肋板上的开口用小开口剖面符号表示。

基本结构图中构件的定位尺寸是以“金属船体构件理论线”为依据来度量的。通常,高度方向以距基线的尺寸来表示,宽度方向以距船体中线的尺寸表示,长度方向以构件所在的肋位号或距某肋位号的尺寸来表示。构件的定型尺寸,一部分直接标注在图形内,一部分可标注在构件所在范围的图形外面。

四、主尺度栏

基本结构图是全船性图样,所以除了视图以外,还要标注船舶的主要尺度和有关数据。如总长、设计水线长、垂线间长、型宽、型深、吃水、肋骨间距和各层甲板间高度等。

第二节　识读基本结构图

识读基本结构图的方法与中横剖面图基本相同,读图步骤通常从纵剖面图入手,结合各层甲板、平台图及舱底图进行,必要时还需要看图中横剖面图等其他结构图样。看图的次序同样是从船首到船尾、从底部向甲板,先看主船体,后看上层建筑。读图时,可对一层层平台、甲板的结构做详细了解,也可以根据需要,只识读某一舱室或某一局部结构。但不管是全面读图,还是只看某一局部结构,都要将主视图与各层平台、甲板图和舱底图互相对照识读,必要时,还要参照中横剖面图,以便完整地了解结构情况。

下面以图 6 - 1,500 t 货船的基本结构图为例,说明识读基本结构图的步骤、方法和注意点。

一、了解全船结构的概貌

主要是根据纵剖面图,并结合甲板图、平台图和舱底图,了解甲板层数和位置,双层底设置的区间、主船体内纵、横舱壁以及大开口的位置。

从纵剖面图中主要了解的内容有:

1. 全船的甲板层数

即主船体甲板和上层建筑甲板的层数,再结合相应的甲板图,确定它们的设置情况、位置及其高度。有的基本结构图将上层建筑各层甲板间高度列在主尺度栏中,识读时还要参见主尺度栏。

该船的主船体有一层连续甲板,即主甲板,它从船首一直通至船尾。上层建筑设有艉楼和艏楼,艉楼在机舱上部,按自下向上的顺序有艉楼甲板、驾驶甲板和罗经甲板。艉楼甲板设置在自船尾至#25 肋位之间,距主甲板 2 100 mm,驾驶甲板设置在#2 ~ #25 肋位之间。距艉楼甲板 2 100 mm;罗经甲板设置在#16 ~ #25 肋位之间,距驾驶甲板 2 100 mm;艏楼甲板位于#71 肋位至船尾范围内,距主甲板 1 900 mm。

2. 了解内底设置

根据纵剖面图中内底板的剖面为粗实线,并结合舱底图内底板的排列,了解内底板的设置区间。

从该船的纵剖面图内底位置的粗实线看出,内底板设置在#20 ~ #71 肋位之间,结合舱底图,可以了解内底还向船尾延伸过渡,中线面处向艉过渡两挡肋距,中线面两侧在旁底桁处过渡至与机座纵桁面板相连接。艏艉的其余部分为单层底。

3. 了解主船体内横舱壁的设置

结合上甲板图可以了解主船体内横舱壁的位置、数目、水密还是非水密,从而了解主船体沿纵向舱室划分的情况。

根据纵剖面图中横舱壁为粗实线可知,主船体在# -2,#2,#5,#21,#46,#71,#73 肋位处,设置了七道横舱壁。结合主甲板图中相应肋位处不可见板材的简化线可知,一道为非水密舱壁(图中用粗虚线表示),其余六道横舱壁都是水密横舱壁(图中用轨道线表示)。这七道横舱壁将船体沿船长方向划分为艉压载水舱、舵机舱、重油舱、机舱、第二货舱、第一货舱、压载水舱和艏压载水舱,纵剖面图中均有这些舱室的名称。

4. 了解主船体纵舱壁的设置

结合各层甲板图可以了解到纵舱壁的位置，沿纵向舱室的划分情况，从中还可以了解到纵舱壁上的开口情况。

对照主甲板图中纵向的轨道线及粗虚线可知，该船在#71～#74肋位之间的中线面内设有水密纵舱壁，把压载水舱分为左右两个舱室。

5. 了解大开口设置的位置

对照主甲板图可以了解到各种舱口的设置情况。在#8～#16肋位之间开有机舱舱口，#27～#40肋位之间以及#50～#65之间开有货舱舱口。

二、具体了解各部分的结构情况

主要是了解各部分结构中构件的布置、结构形式、尺寸大小和连接方式。识读时，可以根据需要，按底部结构、舷侧结构、甲板结构、上层建筑结构、艏艉端结构的划分来识读；也可按舱室结构的划分来识读，如货舱、机舱、驾驶室等。读图时，要把纵剖面图和各种水平剖面图结合起来，对照进行。必要时，还要参阅中横剖面图，以完整地了解全船的结构布置及构件间的连接情况。

下面以第二货舱主甲板结构为例，说明读图的方法和注意点，如图6－3所示。

1. 了解第二货舱在船体上所在的具体位置

由图6－3中的纵剖面图可知，第二货舱位于#21～#46肋位范围内。

2. 了解甲板结构情况

了解甲板结构要根据甲板图，并结合纵剖面图进行。

(1)甲板板的排列、形状和厚度

甲板板的排列由板缝线确定(图中以细实线表示)，相邻两条纵向和横向接缝围成一块板，板厚可以从图中直接查得。由图6－3中的板缝线可知，该区域甲板的钢板为纵向排列，每块板形状也可以确定；靠舷边的甲板板(甲板边板)厚为9 mm，其余板厚分别为8 mm和7 mm。

(2)甲板开口的位置和大小

通过主甲板图上所标注的肋位号和尺寸标注，可以具体确定甲板开口在船长和船宽方向的位置及开口的大小。

在图6－3中，主甲板#27～#41肋位之间开有货舱口，舱口宽度为4 200 mm，长度根据肋距大小求得(约为580 mm×14＝8 120 mm)，在#45和#46肋位之间甲板的左舷部分开有大小为480 mm×480 mm的方形孔，孔中心距船体中心线300 mm。

(3)甲板板上面的构件的位置和大小

通过甲板图中的线条及其轮廓，结合纵剖面图，并参照尺寸标注可具体查阅。

图6－3中，货舱口四周设有围板(甲板图中为粗实线)，围板四角为半径350 mm的圆弧。#25肋位处设有艉楼甲板的前端壁，其上设有垂直扶强材，#46肋位处的甲板上有左右对称的两块圆形加强覆板，尺寸为10×ϕ1 100。

(4)甲板板下面的构件的布置和大小

图中甲板板下面的构件采用简化画法，读图时要根据各种图线所表达的含义来确定各类构件的布置。如轨道线表示水密横舱壁，粗双点画线表示强横梁和甲板纵桁，细虚线表示相应肋位的普通横梁。横向构件的剖面形状由纵剖面图(图中为粗实线)确定。构件的大小一部分可查阅纵剖面图，另一部分查阅主甲板图外面标注的相关尺寸。

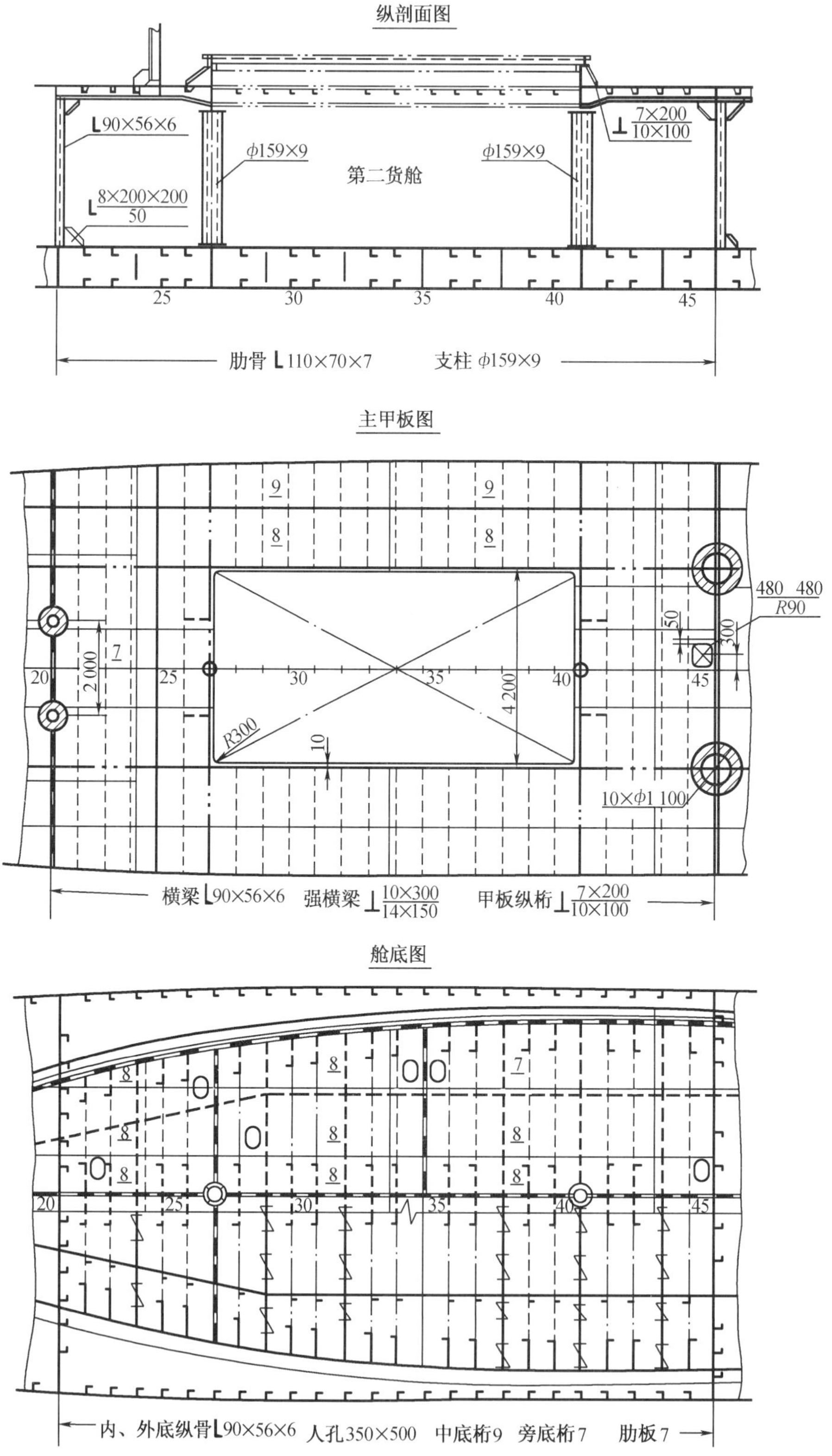

图 6－3　第二货舱主甲板结构图

图6-3中,#21,#46肋位处是水密横舱壁(图中为轨道线),#25,#27,#41肋位处是强横梁(图中为粗双点画线),其余各肋位处是普通横梁(图中为细虚线)。舱口两边各有一道沿船长方向设置的甲板纵桁(图中为粗双点画线),距船体中心线为2 100 mm。

此外,构件相互连接的方式要查看纵剖面图。甲板纵桁与强横梁、普通横梁、舱口围板等的连接,还要参阅中横剖面图,才能全面地了解全船的结构情况。

第三节　绘制基本结构图的方法和步骤

绘制基本结构图要参考型线图、总布置图和中横剖面图。绘制步骤如下:

一、选择剖切位置

(1)纵剖面图　通常选取中线面作为剖切平面。

(2)甲板图和平台图　通常选取沿着甲板或平台上表面的一个面作为剖切面。剖切的方式也可以采用阶梯剖,把不完全连接的甲板或平台表示在同一个剖面图中。

(3)舱底图　舱底图的剖切位置可根据图形中需要表示的结构而定。可选取在最下层甲板与底部构架之间的剖切平面(包含舷侧结构),也可选取在靠近底部构架上缘的阶梯形剖面(可简化图面)。

二、确定图样比例和图纸幅面

图样比例可根据船体的主尺度来选取,常用的比例是1:100,1:50,1:25等;图纸幅面则由比例、主尺度和甲板、平台图的数量来确定。如船体尺度较大、甲板层数较多,可选用两张以上的图纸。

三、图面的布置

纵剖面图布置在图纸上方,甲板图和平台图依次布置在纵剖面图的下方,舱底图布置在图纸的最下方,主尺度栏布置在图纸的上方或右上方。如上层建筑甲板层数较多,其位置可不与纵剖面图对应,通常按自下向上从图纸左面向右面布置,但艉楼甲板平面图中的肋位应与纵剖面图中的肋位相对齐。

四、画出各图形的基准线并在其上定出肋位

根据图面布局及各图形的大小,在图纸适当位置画出基线作为纵剖面图的基准线;画出各层甲板、平台图和舱底图的船体中线,以作为基准线;然后,在基线上定出艏、艉垂线的位置及肋位,并以此肋位为准,定出各船体中线上的相应肋位。

五、绘制各图的外形

(1)绘制纵剖面图的外形　纵剖面图的外形要根据型线图中的外形轮廓线和甲板中线画出,根据总布置图画出上层建筑中的各层甲板、平台的位置线。

(2)绘制甲板图和平台图的外形　在船体中线上先作出若干根肋位线,再根据型线图

和总布置图量得相应肋位上的甲板边线或平台边线的半宽型值,连接各点即得甲板图和平台图的外形。

(3)绘制舱底图的外形　舱底图的外形与剖面位置相关。如果在最下层甲板与底部构架之间选取剖切平面,则通常取最下层甲板边线为外形轮廓;如果选取靠近底部构架上缘的阶梯剖,则取肋板边线、内底板边线及舵机舱平台边线等作为外形轮廓。画法与甲板图相似。

六、绘制纵剖面图

(1)画横舱壁、上层建筑横向围壁、舱口围板、内底板等。

(2)画中内龙骨、舷侧纵桁、纵舱壁、甲板纵桁等纵向构件。绘图时应注意:凡位于中线面的纵向构件均作未剖切处理。

(3)画肋板、强肋骨、横梁等横向构件。

七、绘制甲板图、平台图和舱底图

(1)画甲板板、平台板和内底板上的开口。

(2)画纵、横构件线。

(3)画甲板板、平台板和内底板上的接缝线。

对于主视和俯视这两类不同方向的视图,绘图时应注意构件及开口位置等的相互对应。

八、根据图线所表达的含义加深图形并进行相应的尺寸标注

构件的大小尺寸,一部分可直接标在图形中,一部分则标注在构件所在范围的图形外面。舱壁扶强材及其肘板的尺寸通常标注在纵剖面图中,舷侧构件和支柱的尺寸通常标注在舱底图的外面。

纵剖面图、连续的甲板图和舱底图中的肋位号的标注,可用逢 5 的倍数,如:0,5,10,15,20 等肋位进行标注,其余较小的视图可逢双号肋位标注。

最后,标注舱室名称,填写主尺度栏和标题栏。

习　　题

1. 基本结构图的视图有哪几种,各视图的剖切位置和投影方向如何?

2. 中纵剖面图中,被剖切的构件,位于中线面与舷侧之间的构件,位于舷侧的构件以及位于中线面处的构件,分别用什么形式的线条表示?

3. 根据习图 6 - 1(见书末插图习图 6 - 1 1 000 t 沿海货船基本结构图),识读中纵剖面图、主甲板图和舱底图的前货舱区域,了解以下内容:

(1)主甲板板的排列及其厚度,主甲板上开口的位置和大小,主甲板上构件的位置及其尺寸是什么?

(2)内底板的排列及厚度,内底板上开口位置和大小,双层底内构件的位置及其尺寸是什么?

(3)支柱设置的位置以及支柱在中纵剖面图、主甲板图和舱底图中的表达方式?

4. 根据图 6 - 2,并参照图 2 - 17 的主尺度、型值表及其他尺寸,绘制 150 t 冷藏船基本结构图的中纵剖面图、上甲板图和舱底图。

5. 根据习图 6 - 2(见书末插图习题 6 - 2 1 000 t 货船基本结构图),并参照习图 2 - 2 的艏艉尺寸和习表 2 - 2 中的型值,绘制 1 000 t 货船基本结构图中的中纵剖面图、上甲板图和舱底图。

第七章　肋骨型线图

肋骨型线图也是全船性结构图样，它是表示全船肋骨剖面形状、外板纵横接缝位置以及甲板、平台和与外板相接的各纵向构件布置的图样。其主要用途是：

(1)在船体放样中作为肋骨型线、外板接缝线和船体结构线放样的依据；

(2)绘制外板展开图时作为伸长肋骨型线，求取肋骨型线实长和确定构件位置的依据；

(3)绘制其他船体图样时作为选取或剖切求得所需船体横剖面形状的依据。

为了布置外板及船体放样等需要，需绘制肋骨型线图。肋骨型线图和外板展开图共同表示船体外板结构和主要构件的位置。

第一节　肋骨型线图的组成和表达内容

肋骨型线图由主尺度栏和肋骨型线图形所组成，如图 7－1 所示。

一、主尺度栏

肋骨型线图属于全船性图样，在图纸的右上方列有主尺度栏。包括总长、垂线间长、型宽、型深、吃水、肋距和梁拱等数值。

二、肋骨型线图形

肋骨型线图的图形与型线图中的横剖线图有些相似，但它们的表达内容和所起的作用不同。横剖线图中的横剖线是 10 等分或 20 等分垂线间长的横向剖切平面与船体型表面的交线，只表示理论站号处的船体横剖面形状；而肋骨型线图中的肋骨线则是以型线图为依据，用通过各肋位处的横向平面(肋骨平面)为剖切平面剖切船体，与船体型表面的交线，它表示各肋位处的船体肋骨型线的真实形状。此外，在肋骨型线图上，还表示出外板接缝的排列及甲板、平台和与外板相连接的各纵向构件布置的情况。

肋骨型线图中的线条，除了水线和纵剖线外，基本可分为四类：

1. 肋骨型线

它是肋骨平面与船体外板型表面的交线在投影面上的投影，表示了肋骨型线的真实形状。由于船体对称于中线面，同时为了避免肋骨型线在图中的重叠和相互干扰，所以肋骨型线只画一半，在中线的左边画艉部至中站面之间的各肋骨型线，在中线的右面画艏部至中站面之间的各肋骨型线。大中型船舶的肋骨较多，如果将所有肋骨型线全部画出，则图中的肋骨型线可能较密，为了保持图面的清晰，一般每间隔一挡肋位绘制一根(习惯上逢双号肋位绘制)肋骨型线，如图 7－1 所示。由于船体艏艉部分的线型变化较大，故在有些肋骨型线图中，艏艉部分的肋骨型线每挡肋位都绘制，其余部分仍间隔一挡肋位绘制一根。

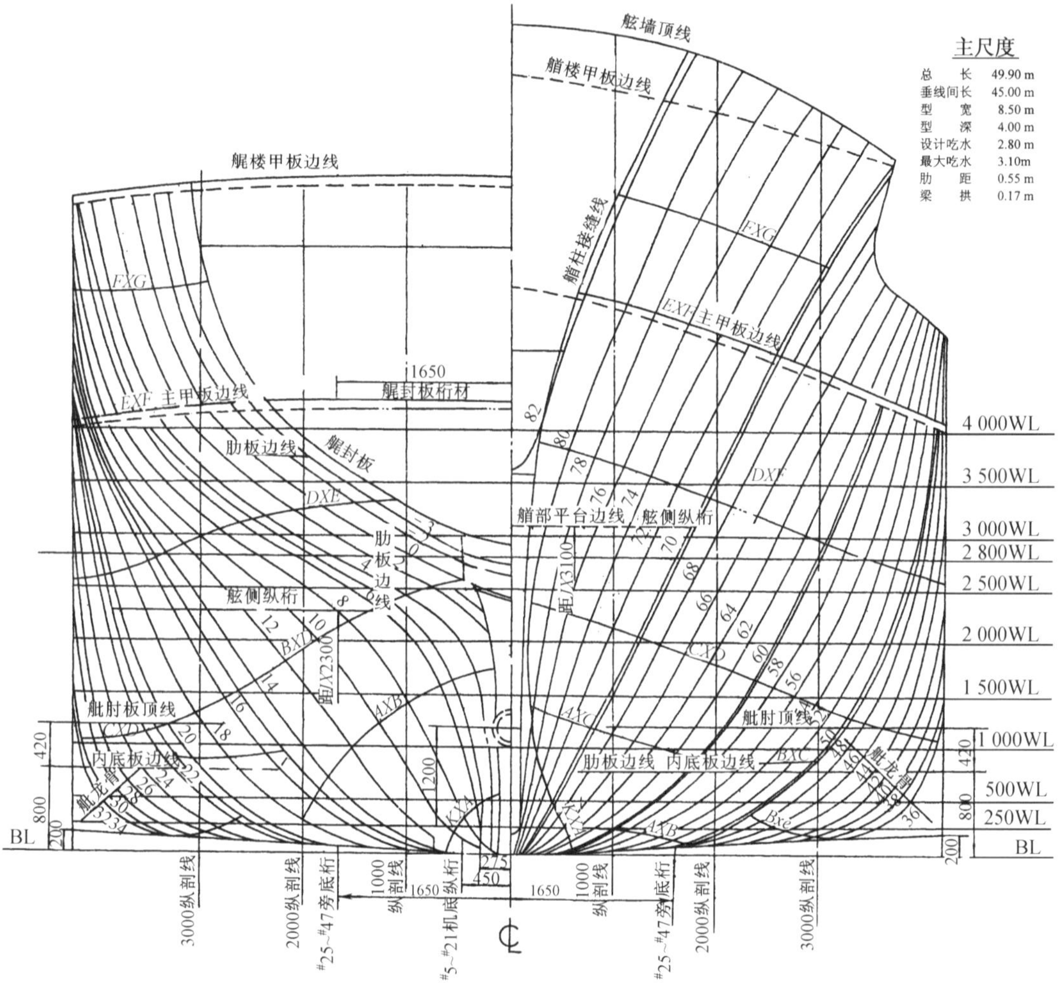

图 7－1　肋骨型线图

2. 外板接缝线

它是外板之间的连接线，表示了全船外板的排列和外板的投影形状。外板接缝线分为三种：

（1）边接缝线　是相邻两列外板间接缝的投影，即外板纵向接缝的投影。

（2）端接缝线　是同一列外板中，相邻两块外板间接缝的投影，即外板横向接缝的投影。

（3）分段接缝线　是相邻两分段间接缝的投影。

3. 构件交线

它是船体构件如甲板、平台、外底纵骨、旁底桁、旁内龙骨、内底边板、舷侧纵桁、舭龙骨等与外板的交线在投影面上的投影，表示了这些构件在船体中与板缝的相对位置。

4. 假想连线

它是某些同一类构件上特定点的假想连接线在投影面上的投影。如舭肘板顶线即是舭肘板与外板交线顶端各点连接线的投影。又如肋板边线即是肋板与外板型表面交线顶端各点连接线的投影。假想连线表示了某些构件距基线高度沿船长方向的变化。

肋骨型线图中的各种线条分别用不同的图线来表示,以区别它们的含义。常用的图线型式及其含义,见表 7 - 1。

表 7 - 1 肋骨型线图中常用的图线及其含义

图线型式	图线的含义
细实线	基线、水线、纵剖线、肋骨型线、边接缝线、端接缝线、舷墙顶线、外板顶线等
细虚线	船底纵骨线、舷侧纵骨线等
粗虚线	甲板边线、平台线、内底板边线、旁桁材线等
粗点画线	舭龙骨线等
细点画线	折角线等
细双点画线	舭肘板顶线、肋板边线等
粗双点画线	舷侧纵桁线等
斜栅线	船体总段或分段的接缝线

为了便于识读,图样中标注了肋骨型线的编号以及构件交线和外板接缝线、假想连线的名称。有些纵向构件的位置在图面上不易表达清楚,因此除了用尺寸表示它们的位置外,还需注明起点和终点。如图 7 - 1 所示,旁桁材距中线 1 650 mm,安装在#25 ~ #47 肋位之间。

第二节 识读肋骨型线图

识读肋骨型线图可以通读全图,了解全船的情况,也可以专看某一部分,了解局部的内容。在了解型线图、中横剖面图和基本结构图的基础上,再识读肋骨型线图是不难的,其要点是应该清楚地了解图中各种线条的含义。下面以图 7 - 1 中#40 ~ #60 肋位之间主甲板以下的部分为例,说明读图的方法和注意点。

一、了解外板的形状

肋骨型线图中的外板接缝线是外板轮廓在投影面上的投影,故图中相邻的两条纵向接缝线和相邻的两条横向接缝线所围成的图形,即是表示一块外板的投影形状,如图 7 - 2 所示。

二、了解外板的布置和数量

读图时,可以先了解外板的列数。图中由相邻两条边接缝形成的一列板,称为列板。从边接缝的数目就可以确定外板的列数。

《金属船体制图》(GB/T4476—2008)中规定,外板板的编号用大写的拉丁字母加阿拉伯顺序数来命名各列板。其中,平板龙骨为 K 列板,舷顶列板为 S 列板,其余各列板自平板龙骨向舷顶列板依次用 $A,B,C\cdots$ 命名，即平板龙骨两侧的船底板为 A 列板，与 A 列板相邻的列板为 B 列板，其余类推，如图 7－3 所示。K 列板与 A 列板之间的接缝线称为 K×A 接缝，其他类同。图 7－2 中 #40 ～ #60 肋位之间有 $K\times A, A\times B, B\times C, C\times D, D\times S, S\times E$ 六条边接缝，其中 K 列板对称中线面布置，故在 #40 ～ #60 肋位之间左右舷共由 11 列板组成。

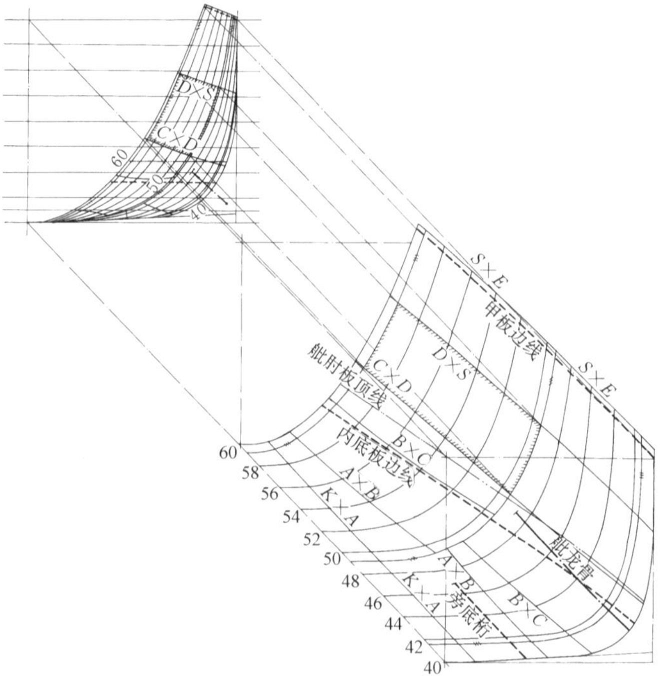

图 7－2　板缝和构件的投影

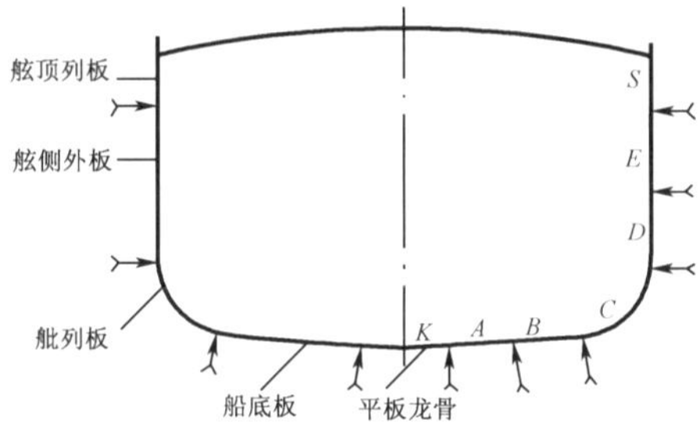

图 7－3　外板的名称

然后，再了解每一列板由几块钢板组成。在每一列外板中，相邻两条横向接缝线构成一块外板，从一列外板中的横向接缝线数目即可确定组成该列外板的钢板数，综合各列板的钢板数，就可以确定全船外板的数量。图 7－2 中 #40 ～ #60 肋位之间的每列外板有三条横向端接缝线，所以，每列外板由两块钢板组成，整个区间共由 22 块钢板组成。

三、了解构件的位置

构件的位置由各种构件交线和假想连线决定。如图 7－1 中 #40 ～ #60 肋位之间，内底距基线高度为 800 mm,旁底桁距中线距离为 1 650 mm,从#25 肋位设置到#47 肋位等。

第三节　绘制肋骨型线图的步骤

绘制肋骨型线图的原始资料是型线图、中横剖面图以及基本结构图等。常用的比例为 1∶25,1∶50 等。为了画图方便,一般可按型线图的比例放大 2 倍或 4 倍,如型线图的比例为 1∶100,则肋骨型线图可取 1∶50 或 1∶25。

肋骨型线图要求绘制正确,线条清晰、光顺。图中各构件的位置与有关结构图样中完全一致。

绘图的步骤如下:

(1)根据型线图中主尺度、水线和纵剖线间距画格子线,并作船底斜升线。

(2)绘肋骨型线、甲板边线和外板顶线、舷墙顶线。在型线图的纵剖线图和半宽水线图中(用作任意位置横剖线的方法)画出肋骨型线的投影(均为直线)。按型线图的比例分别量取肋骨型线与甲板边线、外板顶线、舷墙顶线、水线、纵剖线和船底线交点的高度值和半宽值。再按本图的比例量到格子线中,得到各交点,用曲线板连接各点,即为肋骨型线。连接各肋骨型线上的甲板边线、外板顶线、舷墙顶线的点,即得甲板边线和外板顶线、舷墙顶线。

(3)根据结构图样中构件的定位尺寸,绘出构件交线。根据构件在某一肋位处距基线的高度或距船体中线的半宽,在相应肋骨型线上定出交点,连接各点即为该构件交线。如舷侧纵桁、内底板边线要根据其在各肋位处距基线的高度,在肋骨型线上定出交点,然后连接各点得出交线。

(4)绘外板接缝线。肋骨型线图中的外板接缝线一般是根据外板展开图中接缝线的位置来画,而外板展开图则要根据肋骨型线图来展开船体横向曲度后再布置板缝。故两者相互依赖,并要求一致,以获得合适的板缝排列。

边接缝线和纵向分段接缝线的绘制方法是:沿外板展开图上的肋骨线量取边接缝线和纵向分段接缝线距基准线的尺寸,按肋骨型线图的比例量到纸条上,然后以肋骨型线与船体中线交点为起点,把纸条沿相应的肋骨型线转动,录下接缝线的交点,连接各肋骨型线上的相应点,即得边接缝线和纵向分段线。如果曲线不光顺,则修改某些点的位置,使曲线光顺。并以此修改外板展开图中的接缝线,直到两者协调为止。肋骨型线图的比例如果与外板展开图相同,则可直接用纸条在外板展开图中记录接缝位置,而省去量取尺寸的过程。

端接缝线的绘制方法是:根据外板展开图中确定的端接缝位置,在型线图的半宽水线图和纵剖线图上作平面剖切船体,用作任意位置横剖线的方法在肋骨型线图中画出其交线,即为所求端接缝。如果只是某一部分外板的端接缝,则取交线的相应部分。

横向分段接缝线的作法,要根据船体分段划分图,定出分段的具体位置,然后用作端接缝线的方法画出横向分段接缝线。

(5)绘艏柱接缝线,主要步骤如下:

①根据艏柱结构图提供的接缝位置,在型线图的半宽水线图中画出艏柱接缝线。并用纸条录取艏柱接缝线与水线、甲板边线、外板顶线、舷墙顶线交点的半宽值。

②把纸条放在肋骨型线图相应的水线上,记录下艏柱接缝线的交点。

③把纸条放在肋骨型线图的基线上，录下艏柱接缝线与甲板边线、外板顶线、舷墙顶线的交点，并过这些点作基线的垂直线，此垂直线与甲板边线、外板顶线、舷墙顶线的相应交点即为艏柱接缝线的交点。

④根据艏柱接缝线最低点的高度值（由艏柱结构图决定）及其半宽值（在型线图的半宽水线图中查得），在肋骨型线图中定出该点位置。

⑤连接上述各点，即为肋骨型线图中的艏柱接缝线。

（6）按图线要求加深，并标注构件的定位尺寸，注写肋骨型线的编号、构件交线、假想连线、接缝线的名称。

（7）编写主尺度栏和填写标题栏。

习　　题

1. 何谓肋骨型线图，其作用有哪些？

2. 肋骨型线图中除水线和纵剖线以外，线条基本分为几类，分别用什么形式的线条表示？

3. 绘制肋骨型线图的主要依据是什么？

4. 识读习图 7－1，指出#72～#88 肋位之间：

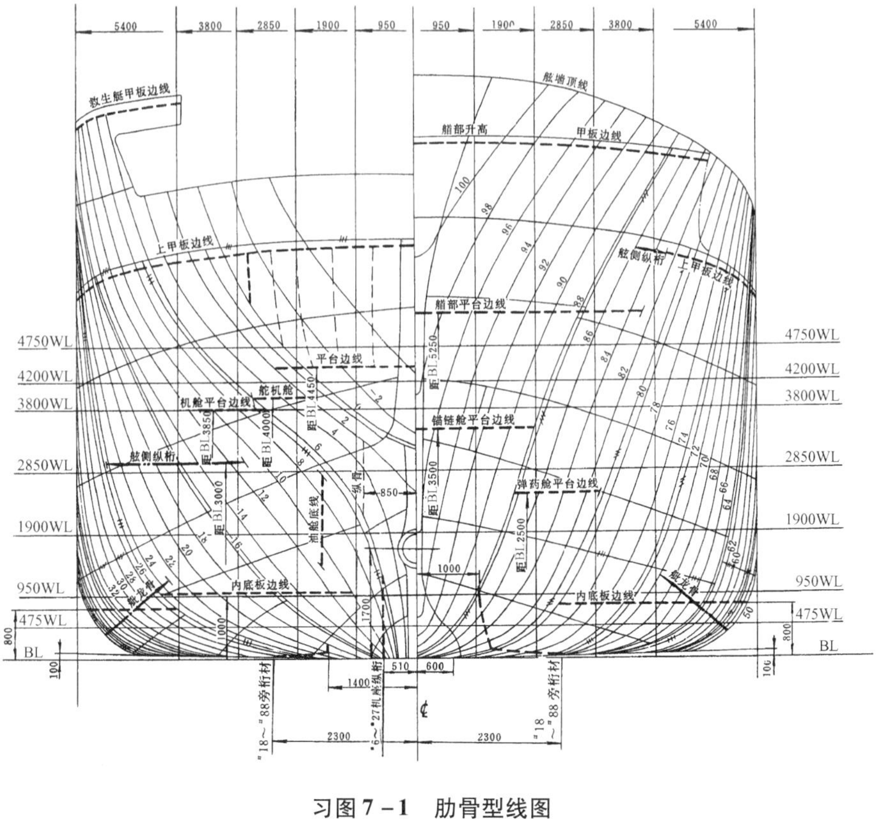

习图 7－1　肋骨型线图

(1)边接缝、端接缝和分段接缝的位置是什么?

(2)左右舷外板的列数及外板的数量是多少?

(3)根据构件的交线,指出纵向构件在船宽、船的高度方向的位置以及船长方向的起止点。

5. 阅读习图 7－2(1 000 t 沿海货船的肋骨型线图),了解:

(1)图中各纵向构件与船体外板的交线分别用何种线条表示,各纵向构件在船体上设置的位置?

(2)指出#8～#26 肋位之间,左右舷外板的列数及数量。

(3)肋骨型线图与型线图及其他结构图间的联系。

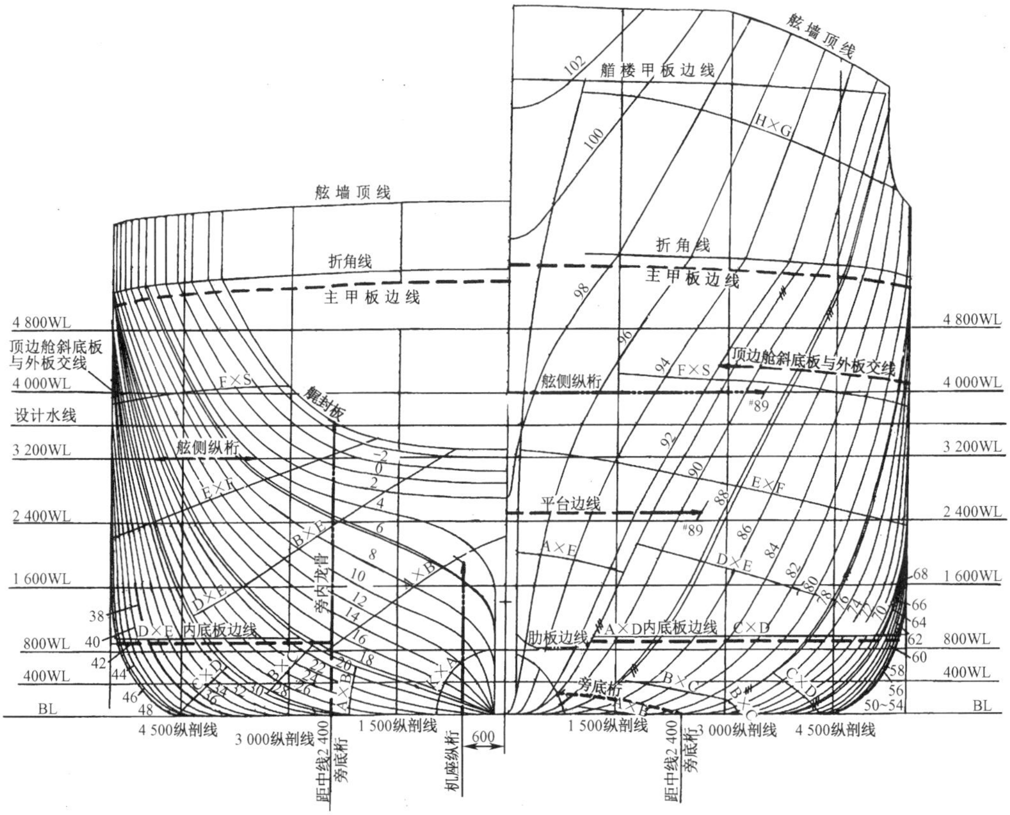

习图 7－2　1 000 t 沿海货船肋骨型线图

第八章　外板展开图

外板展开图是表示船体外板结构的图样。它的主要用途是：

(1)与肋骨型线图配合，确定外板的接缝和外板并板的位置，作为船体放样时的依据；

(2)统计组成全船外板所需要的钢板数量和规格，以便订货或备料；

(3)作为计算船体质量和重心位置的依据之一。

第一节　外板展开图的表达特点和内容

全面清晰的表达全船外板的大小和形状，最理想的方法是把船体外壳“摊平”，用它真正展开的图样来表示。然而，船体外表面通常是一个具有双重曲度的曲面，它既有横向曲度又有纵向曲度，用一般的几何方法无法将其展开成平面。为了解决这一矛盾，外板展开图采用了近似的展开方法，即只展开船体表面的横向曲度(将肋骨型线展直)，而纵向曲度不加展开，仍保持投影长度，如图 8－1 所示。这样就得到了船体外板的近似展开图，即外板展开图，见图 8－2(见书末插页图 8－2 外板展开图)。图中外板的横向尺寸是展开后的尺寸，即实长，而纵向仍然是投影尺寸。由于船体形状和外板的排列通常对称于中线面，故外板展开图只画展开图形的一半，习惯上用右舷展开图形来表达。所以外板展开图是一张右舷展开视图。外板展开图表达的主要内容是：

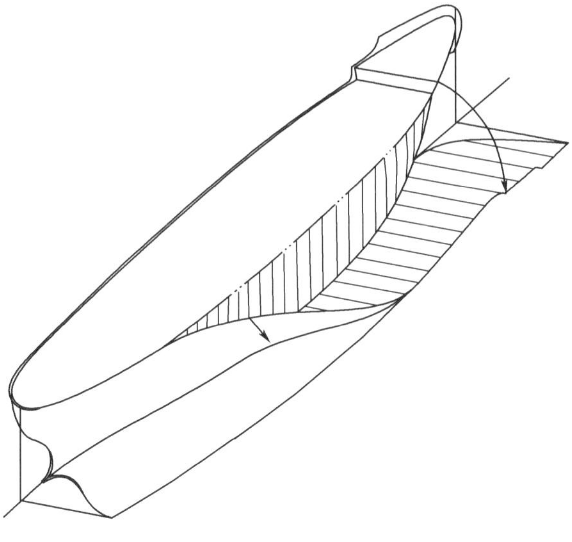

图 8－1　船体曲面的近似展开

（1）根据船体分段划分的情况，外板的厚度和板材规格，以及工艺和结构上的要求排列外板接缝线，从而表示了全船外板的布置及其尺寸。

（2）根据有关图样提供的尺寸，表示外板上的开口及加强覆板的位置和尺寸。

（3）根据结构图样，表示了与外板直接相连的纵、横向构件的位置，借以说明这些构件与外板接缝及开口的相对位置。在设计过程中，也以此检查板缝和开口的布置是否满足工艺及结构上的要求。图中纵、横向构件采用简化表示法，其常用的图线和含义，见表 8 – 1。

表 8 – 1　外板展开图中常用的图线及其含义

图线型式	图线的含义
细实线	外板接缝线、外板上开孔的轮廓线、舷墙顶线、艏艉轮廓线
细虚线	船底纵骨、普通肋骨等简化线
粗虚线	非水密的舱壁、平台、肋板、旁桁材等板材结构的简化线
轨道线	水密或油密的甲板、平台、内底边板、舱壁、肋板等板材结构的简化线
细点画线	甲板板转圆线等
细双点画线	护舷材轮廓的投影线，舭肘板顶线、肋板边线等假想连线
粗点画线	舭龙骨等的简化线
粗双点画线	强肋骨、舷侧纵桁、旁内龙骨、基座纵桁等构件的简化线
斜栅线	两分段分界位置处的外板接缝线

此外，有些外板展开图还表示了舷墙和舭龙骨的具体结构，外板接缝典型的坡口形式以及表明外板用料的规格和数量的明细表。

第二节　识读外板展开图

外板展开图和肋骨型线图之间关系密切，互相配合，互为补充，共同反映了全船外板的结构和布置情况。因此，识读外板展开图要与肋骨型线图互相对照，以加深对图样表达内容的充分理解。

识读外板展开图主要了解外板的布置、尺寸、外板上的开口、加强覆板的位置及尺寸。现以图 8 – 2 为例，读图步骤通常如下：

一、了解外板的排列与尺寸

与肋骨型线图相似，外板展开图中除 K 列板外，其余每一块外板均由两条边接缝线与两条端接缝线围成。因 K 列板通常对称于中线面布置，仅绘制一半，故图中只有一条边接缝线和两条端接缝线围成。它们的名称及厚度可从图中查得。如图 8 – 2 中#21 ~ #31 肋位之间的外板由 K_4，A_4，B_5，C_2，D_4，S_4 等板组成，除了 K_4 板为一块外，其余板都是左右舷各一块。K_4 板厚为 10 mm，S_4 板厚为 12 mm，其余板厚均为 9 mm。每块板的近似长度可由其所占肋位数及肋距估计，或用比例尺量得。实际板宽均可用比例尺量得。

二、了解外板上开口与加强覆板的位置和大小

图中，外板上开口的可见轮廓用细实线表示，加强覆板用覆板轮廓线加细斜线即（阴影线）表示。它们的大小和位置可直接在图中查得。有些开口或覆板上会注明“仅左舷”或“仅右舷”等字样，意即开口或加强覆板仅设于左舷或右舷一边，而另一舷的对称位置上不设置。如图 8－2 中#21～#31 肋位之间的外板中，K_4列板上开有直径为 150 mm 的两个圆形孔，位于#25～#26 肋位之间的右舷。

第三节　绘制外板展开图的步骤

绘制外板展开图的原始资料是肋骨型线图、型线图、总布置图、分段划分图和有关的结构图样。常用的比例有 1∶25，1∶50，1∶100 等。外板展开图的比例与肋骨型线图相同时，则画图最为方便，但图形通常显得过大。所以，外板展开图的比例常按肋骨型线图缩小一半。

绘制外板展开图要求外板接缝排列合理，以满足结构和工艺上的要求。满载水线以上要注意接缝的美观。绘制步骤如下：

（1）作基线。量出垂线间长，根据肋骨间距定出各肋位，隔 5～10 挡肋距作垂直于基线的直线。

（2）绘制艏艉轮廓线。由于外板展开图纵向不展开，只展开横向曲度，因此外板展开图中的艏艉轮廓形状与型线图中的艏艉轮廓形状相同，可以根据型线图中提供的尺寸画出。

（3）展直肋骨型线。展直肋骨型线通常采用近似的方法，即用与曲线外切的折线近似代替曲线，其方法是：在宽 10 mm 左右两边裁切平直的纸条上作一起点，然后把纸条中的起点对准肋骨型线与船体中线之交点，沿肋骨型线外缘慢慢转动。转动时，用铅笔尖或针尖顶住纸条边缘，铅笔尖或针尖移动的距离在型线曲度大处要小，曲度小处可大些。转动过程中，记下构件（如内底边板、甲板、平台、舷侧纵桁、旁桁材等）与肋骨型线上的交点。

为节省绘图工作量，肋骨型线不需要每根都展直，只要按第一步中画有肋骨线的肋位号进行即可。

（4）量取构件的交点，绘制构件交线。如果外板展开图的比例与肋骨型线图不同时，则要按肋骨型线图的比例先量出纸条中各交点距起点的尺寸，再按外板展开图的比例以基线为准量在外板展开图中相应的肋骨线上。连接各肋骨型线上相应点，则得内底板、甲板、平台、舷侧纵桁、旁桁材等构件线。

（5）根据基本结构图和中横剖面图，绘出横舱壁、强肋骨、普通肋骨、肋板等横向构件的投影；

（6）绘制边接缝线、端接缝线和分段接缝线。布置外板接缝线要根据船体分段的划分、外板的厚度和板材的规格以及工艺和结构上的要求进行。

平板龙骨和舷侧顶列板的宽度由《钢质海船入级规范》或强度计算决定，不能任意改窄。所以，通常先布置平板龙骨和舷顶列板的接缝线，再由工艺性决定舭列板宽度，布置舭列板接缝线，最后布置其他边接缝线。在确定外板的边接缝时，应考虑甲板、平台、纵桁、纵骨和内底边板等纵向构件的布置情况。外板的边接缝线与纵向构件的角焊缝应避免重合或形成过小的交角，焊缝之间距离不宜过小，否则会影响焊接质量。若纵向构件与外板边

接缝的交角小于30°时,则应调整接缝,使之成为阶梯形,如图 8 -3 所示。此外,板缝布置与纵向构件在很长一段距离中平行时,其间距应不小于 50 mm。

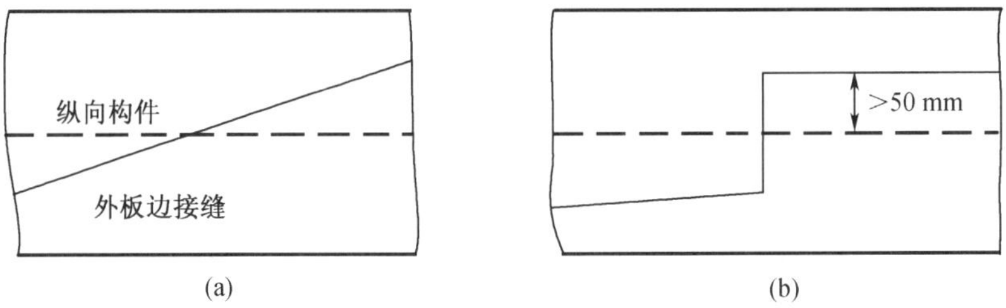

图 8 -3　外板的边接缝线

在确定外板的端接缝时,应考虑建造工艺和船体分段的划分情况,同时又要充分利用板材的长度,各列板的端接缝要求布置于同一横向平面上,以减少装配和焊接的工作量,为使用垂直自动焊创造条件,并且容易控制船体的焊接变形。

端接缝应避开与横向构件的角焊缝及大开口角隅部位。端接缝应尽可能布置在 1/4 或 3/4 肋距处。

外板的排列还应力求整齐美观,特别是设计水线以上的边接缝,应尽可能与甲板边线或折角线平行,并保持相同的宽度伸至船的艏艉端。艏艉端由于船体线型的变化,肋骨围长的减小,外板板列的数目也要相应地减少,而把原有的两列板并成一列板,或三列板并成二列板,形成并板结构。并板的形成一般有下列两种:

①双并板

用加宽的列板代替相邻两列板,如图 8 -4(a)所示。

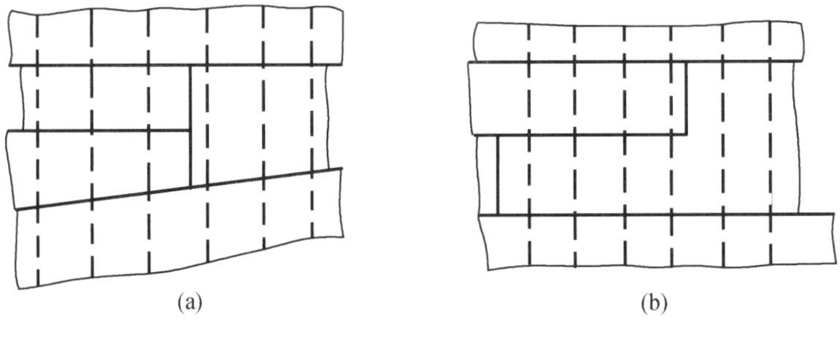

图 8 -4　外板并板接缝

②齿形并板

两相邻列板的端接缝在不同肋距内中断,而与另一列板形成阶梯形接缝,如图 8 -4(b)所示。在图 8 -2 中,A_7,B_8两列板向艏合并成 A_8列板,抽去了 B 列板。C_7,D_9两列板向艏合并成 D_{10}列板,抽去了 C 列板等。并板接缝不宜设于平板龙骨、舭列板和舷顶列板上,通常布置在满载水线以下的其他外板上。

(7)绘制外板上的加强覆板和开口。必要时,绘制舭龙骨及舷墙等结构详图。

(8)按图线要求加深,并标注外板的代号,构件名称,有关尺寸和编写主尺度栏。

同一列板中,外板序号由艉向艏依次编排。外板的编号注写在直径为 8 mm 的细实线圆内。艏艉部分外板列数减少，则可略去 $A,B,C,D\cdots$ 中某些列板，如图 8－2 所示。

外板厚度直接标注在图形中。外板上某些加强覆板和开口在一舷时，可在覆板和开口附近用文字说明“仅左舷”或“仅右舷”。

为了说明外板厚度在船长方向不同区域的变化，按船舶建造规范的要求，一般在基线下方注明船端 $0.075L$，船中 $0.4L$ 等范围。

习　　题

1. 外板展开图的特点有哪些？
2. 外板展开图表达的主要内容有哪些？
3. 绘制外板展开图的主要依据有哪些？对外板的排列有什么要求？
4. 请说出外板展开图与肋骨型线图的关系？
5. 识读习图 8－1（见书末插页习图 8－1 外板展开图）具体要求如下：

(1) 外板的布置及其厚度分布情况。

(2) 外板上开孔和加强覆板的位置及其尺寸。

第九章　船体分段划分图

船舶建造有整体建造法和分段建造法。目前，船舶建造大多都采用分段建造法，一艘大、中型船舶的船体，往往被分成几十个甚至上百个分段，先在车间或其他场地的胎架或平台上分别建造，然后将建造好的分段运往船台上或船坞内合龙成完整的船体，以减少船台、船坞周期。因此，当船舶设计进行到一定阶段，整个船舶的结构图已经完成，船台或船坞装配方式已经确定之后，就需着手研究船体分段的划分和分段划分图的设绘。船体分段划分是否合理，关系到能否有效地利用工厂的设备能力，提高劳动生产效率，改善劳动条件，提高造船质量和降低成本。也就是说，船体分段的尺寸、质量、形状及划分位置，对船舶建造的周期、成本和质量，都会有较大的影响。在划分船体分段时，必须根据工厂生产条件（包括起重能力、场地的大小等）、船舶建造工艺和船体结构特点等多方因素，进行反复分析研究、全面比较，以求得在技术和经济上最为合理的分段划分方案，从而设计、绘制出分段划分图。

第一节　分段划分图的组成、表达内容和特点

分段划分图表示了全船分段的数量、各分段的分段接缝位置和分段的理论质量以及船台装配余量的数量和加放部位。某些分段划分图还表示了各分段在船台上的定位吊装顺序。船体分段划分图还是其他结构图样绘制分段接缝位置的依据，也是船台装配时分段吊装、定位以及起重、运输配备设备的依据。

一、分段划分图的组成

分段划分图主要由一组视图、船体分段的编号、分段明细栏和主尺度组成，如图 9－1 所示。

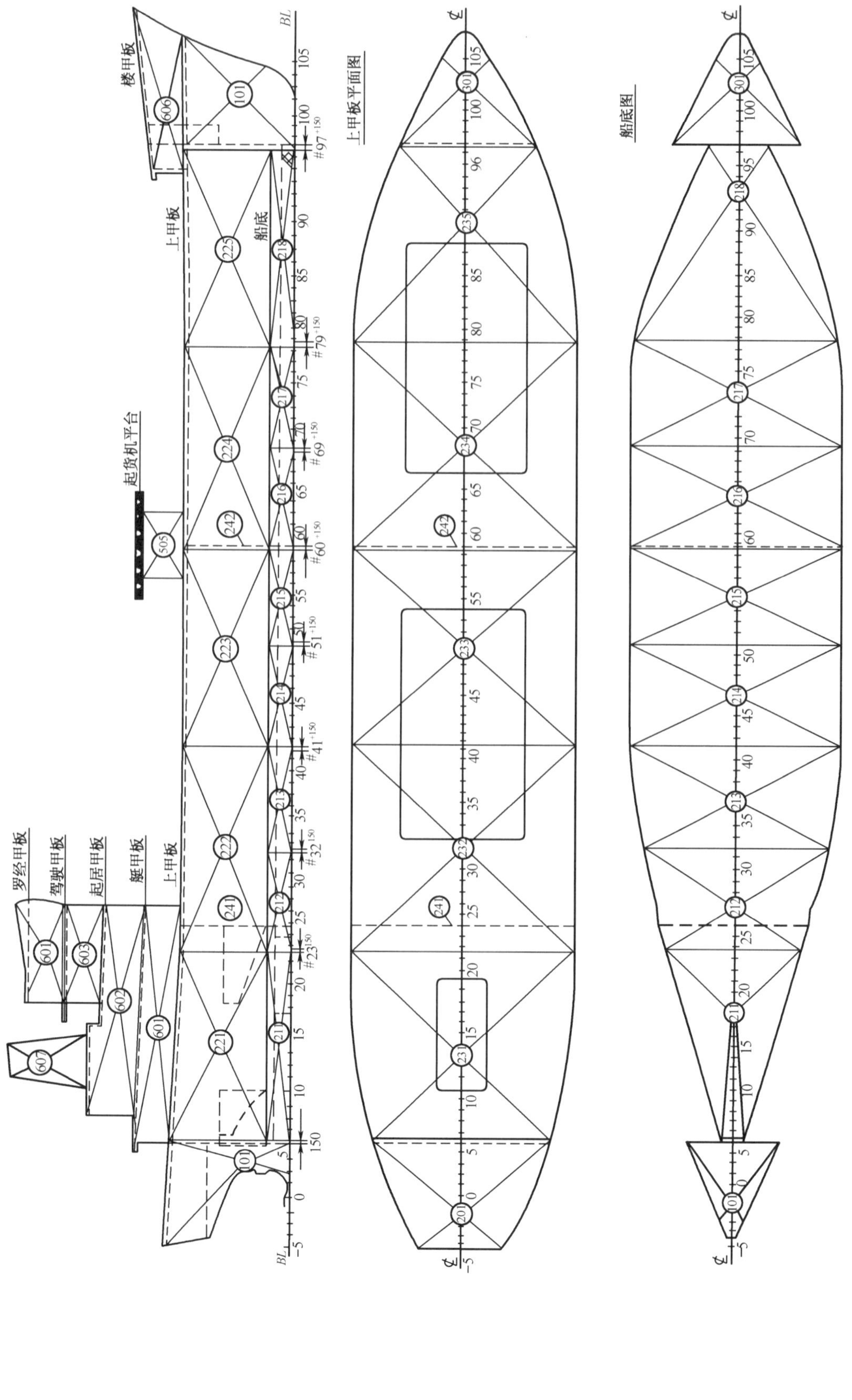

楼甲板
上甲板
船底
起货机平台
罗经甲板
驾驶甲板
起居甲板
艇甲板
上甲板
上甲板平面图
船底图

29	607	外烟囱立体分段	4	2.7×2.0×4.9	
28	606	艏楼立体分段	16	10.0×8.9×3.0	
27	605	起货机平台及其下围壁分段	10	6.1×9.6×3.0	
26	604	罗经甲板及其下围壁分段	9	5.9×12.9×2.7	#18～#27
25	603	驾驶甲板及其下围壁分段	11	6.8×12.8×2.5	#17～#27
24	602	起居甲板及其下围壁分段	16	12.0×12.8×2.7	#8～#27
23	601	救生艇甲板及其下围壁分段	27	13.5×12.8×2.5	#5～#27
22	301	#95^{-150}～艏部立体分段	19	6.5×8.0×6.5	
21	242	#60 水密横舱壁分段	6	12.8×5.3	
20	241	#25 水密横舱壁及小平台分段	7	12.8×5.2	
19	235	#79^{-150}～#97^{-150}甲板分段	11	11.1×12.8	
18	234	#60^{-150}～#79^{-150}甲板分段	13	11.7×12.8	
17	233	#41^{-150}～#60^{-150}甲板分段	13	11.3×12.8	
16	232	#23^{-150}～#41^{-150}甲板分段	17	11.5×12.8	
15	231	#5^{-150}～#23^{-150}甲板分段	14	10.7×12.8	
14	225	#79^{-150}～#97^{-150}舷侧分段	7	11.7×5.0	
13	224	#60^{-150}～#79^{-150}舷侧分段	8	11.7×5.6	
12	223	#41^{-150}～#60^{-150}舷侧分段	7	11.3×5.0	
11	222	#23^{-150}～#41^{-150}舷侧分段	8	11.5×5.0	
10	221	#5^{-150}～#23^{-150}舷侧分段	9	10.7×5.6	
9	218	#79^{-150}～#79^{-150}底部分段	29	11.1×12.0×1.4	
8	217	#69^{-150}～#79^{-150}底部分段	22	5.8×12.5×1.4	
7	216	#60^{-150}～#69^{-150}底部分段	23	6.0×12.6×1.4	
6	215	#51^{-150}～#60^{-150}底部分段	23	5.6×12.6×1.4	
5	214	#41^{-150}～#51^{-150}底部分段	23	5.6×12.6×1.4	
4	213	#32^{-150}～#41^{-150}底部分段	20	5.6×10.7×1.4	
3	212	#23^{-150}～#32^{-150}底部分段	22	6.0×12.4×1.4	
2	211	#5^{-150}～#23^{-150}底部分段	25	10.7×8.0×1.4	
1	101	艉～#5^{-150}艉部立体分段	22	6.1×10.2×7.2	
序号	分段号	名称	质量/t	外形尺寸/m(长×宽×高)	附注

图 9－1　船体分段划分图

				标记	质量	比例
设绘			分段划分图			1:100
校对						
标检						
审核						
核定						

图 9－1　（续）

二、分段划分图的视图的种类及各自表达的内容

分段划分图的视图用来表达分段的划分情况以及分段接缝位置，由于在船体分段划分图上只表示分段的接缝，而不表示一般的板缝，所以分段接缝线不用斜栅线而用细实线表示即可。分段划分图的视图的种类通常有：

1. 侧面图

侧面图从船体右舷向正投影面投影所得的视图，见图 9－1 上方的视图。它表示了船体分段沿船长和船深方向的位置。侧面图是分段划分图的主视图，一般来说，从中可以了解全船分段划分的概貌。

2. 甲板平面图

甲板平面图是用剖切面沿甲板表面剖切船体而得的剖面图，它表示了船体分段沿船长和船宽方向的位置。具体来说，甲板平面图主要用来表示甲板分段或与甲板相关的分段位置，见图 9－1 中的上甲板平面图。

3. 舱底图

舱底图是用剖切面沿底部构架的表面剖切船体而得的剖视图。它主要表示了船体底部分段沿船长和船宽方向的位置，见图 9－1 下方的舱底图。

除上述视图外，若船体分段的板和内部骨架的分段接缝不在同一平面内时，则分段划分图通常还要绘制有：

4. 纵剖面图

纵剖面图是用纵向平面剖切船体而得的剖面图，它表示了剖切平面处的分段的板和内部纵向骨架沿船长方向的分段接缝位置。

5. 横剖面图

横剖面图是用横向平面剖切船体而得的剖面图，它表示了剖切平面处的分段的板和横向骨架沿船宽方向的分段接缝位置。

纵剖面图和横剖面图不仅表示了分段的接缝位置，而且表示了内部纵、横骨架的接缝

位置,体现了船体分段划分时内部骨架处理结果,表示了分段处板与骨架之间的分段接缝线的相对位置。而侧面图、甲板平面图、舱底图是不表示内部骨架接缝位置的。

分段划分图中视图的种类和数量,需要根据船舶类型、大小及分段划分的情况而定。例如各层上层建筑自成独立分段,沿船长和船宽方向不再划分,则其分段位置在侧面图已清楚表达,而不再需要绘制相应的甲板平面图。又如小型船舶采用总段建造时,则各分段位置在侧面图也可清楚表达,而不再需要绘制甲板平面图和舱底图。再如沿船长方向分段和内部骨架的接缝位置一致,则纵剖面图也可省略不画,若沿船宽方向不再划分分段,则横剖面图也省略不画。总之,在完整、清晰表达出分段位置的前提下,力求减少视图数量,以减少绘图工作量。

三、视图中的尺寸标注

分段划分图中标注的尺寸有:

1. 船体主尺度

船体分段划分图属于全船性图样,故图中需要标注船体的主要尺度。主要尺度通常包括总长、垂线间长、型宽、型深、吃水、肋距等。船体主尺度一般标写在图纸的右上方或上方。

2. 分段接缝位置的定位尺寸

通常是沿船长方向为靠近分段接缝最近的肋位,沿船宽方向以靠近船体中线,沿船深方向以靠近甲板、平台、内底等相关构件。

四、船体分段的编号

为了便于图样的识读和船体的建造工作,分段划分图上必须对各分段进行有效的编号,每个分段的编号数称为分段号。分段的编号的依据,按 GB/T4476—2008《金属船体制图》标准规定,分段号的编制方法如下:

(1)主船体分段采用三位数字编号。其中:百位数字表示分段的区域,用“1”代表艉段,“2”代表中段,“3”代表艏段,如图 9-2(a)所示;十位数字表示分段的部位,用“1”代表底部,“2”代表舷侧,“3”代表甲板,“4”代表舱壁,“0”代表立体分段,如图 9-2(b)所示;个位数字表示分段的序号,序号顺序从艉向艏、自下向上进行。同一分段的两舷采用一个编号,但应在编号后面注明左(P)、右(S),如图 9-2(c)所示。例如:

211——表示主船体中段底部第一分段。对于大型船舶,当同一底部分段在横向再划分为左、中、右三段时,则还应在分段号后面注明 P(左)、S(右)或 P(左)、C(中)、S(右)。

223——表示主船体中段舷侧第三分段。对于同一部位左右对称的两个舷侧分段,除写上分段号外同样应注明 P 和 S,以区分左舷分段还是右舷分段。

101——表示船体艉段的第一立体分段。

如果主船体的中段采用总段形式,则三位数中的后两位表示总段的序号,序号顺序从艉向艏,从 01 起编依次 02,03…等,如:201 表示中段中的第一个总段。

艏、艉段如果沿船深方向再进行水平划分,则三位数中的后两位数为分段序号,自下向上以 01,02…编制,如:101 表示艉段中第一分段;301 表示艏段中第一分段。

(2)上层建筑分段的分段号编法是:百位数字为“6”;后两位数字为分段的序号,顺序由艉至艏,再由下至上的进行。例如:601 表示上层建筑分段第一段。

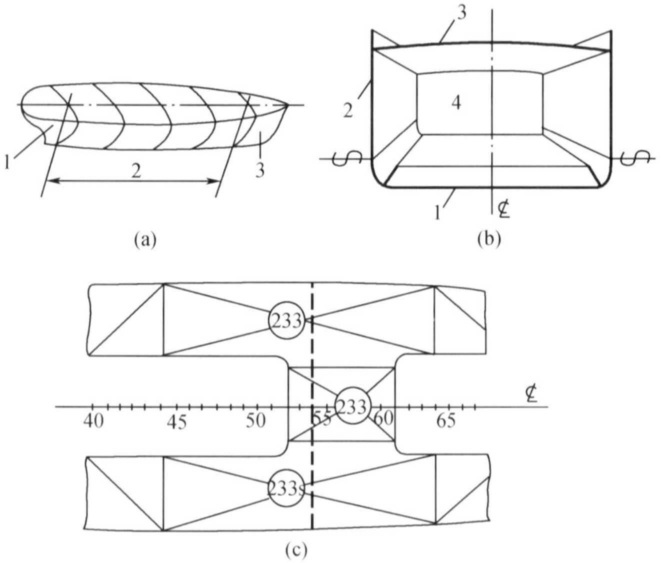

图 9－2　分段的编号

分段号写在直径为 8 mm 的细实线圆中，分段范围用对准圆心的细实线对角线表示，如图 9－2 所示。

目前，各船厂对分段的编号并非一致，特别是随着造船生产设计的深化，对分段编号有进一步细化的要求。如有的船厂分段编号用四位字符，如图 9－3 所示。

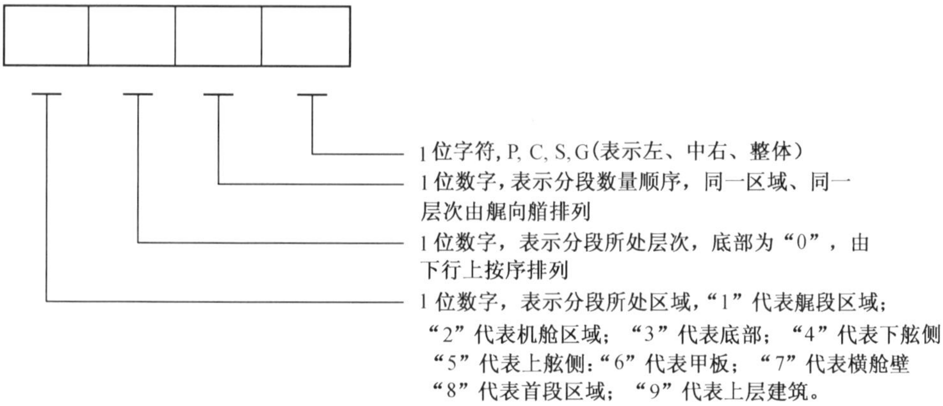

图 9－3　有关船厂对分段的编号

例如：202G 表示机舱区域，底部向艏第 2 个整体分段。

五、分段划分图的分段明细栏

分段划分图的标题栏上方编有明细栏，明细栏中列出全船各分段的分段号、名称、质量及外形尺寸等，其格式如图 9－4 所示。其中：

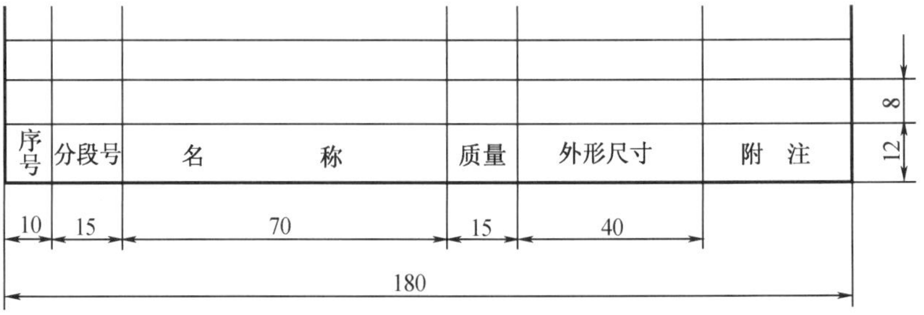

图 9-4　分段划分图的分段明细栏格式

(1)序号　表示全船分段的次序号,通常的次序是由尾向首,自下向上编排。可以从序号中知道全船分段的数量。

(2)分段号　各分段的编号。

(3)名称　表示各分段的名称及沿船长方向的位置。

(4)质量　表示该分段的理论质量。单位为 t(吨)。

(5)外形尺寸　表示分段长 × 宽、长 × 高或长 × 宽 × 高的外形轮廓尺寸。单位为 m(米);

(6)附注　填写必要的说明。

明细栏在船台装配时,可作为定位、吊装以及起重、运输配置设备的依据。

六、留放余量与补偿

1. 留放余量与补偿的缘由

由于船体建造时,其零件在切割、加工和焊接过程中,会产生变形。为了把船体精度控制在标准范围内,必须考虑船体零件在切割、加工、装配和焊接工序中产生的变形(收缩或伸长量),在精度设计中要求在船体分段设计阶段进行补偿量和余量的加放,以确定现场余量的修割。相应的补偿量在零件基本尺寸上加放。因此,分段划分图中,一般需要将全船各分段的余量的性质和留放的位置标注出来。其中,侧面图中反映长度和高度方向的余量;甲板平面图和底部平面图中反映长度和宽度方向的余量;横剖面图中反映宽度方向的余量。

所谓余量和补偿都是指构件的边缘(即板缝和骨架的端部)在放样、下料时另加的大于构件基本尺寸的部分。但余量和补偿的区别是:补偿量是一种定量分析的收缩补偿,不需要进行二次切割,在船体装配焊接之后自行消失;而余量是对船体零件在施工过程中产生变形的定性补偿带来的多余量,通常在施工到一定阶段时需要二次切割。余量与补偿在图中用符号"▼"表示。

2. 余量与补偿的符号及含义

目前,余量符号在船体图样中还没有统一的标准,各船舶设计单位及造船厂标准不同。这里介绍的符号仅是一些造船厂常用的符号。

余量与补偿符号由一个三角形和数字组成,如图 9-5 所示。符号有三方面的含义:

(1)余量(或补偿)留放部位　三角形的一个顶角指向留放余量的分段的接缝,如图 9-5(a)所示。

(2)余量(或补偿)留放的尺寸　如图 9-5(a)中,a 为余量尺寸,b 为补偿尺寸。若 b 值为零或无值时,则表示余量切割后不留补偿。

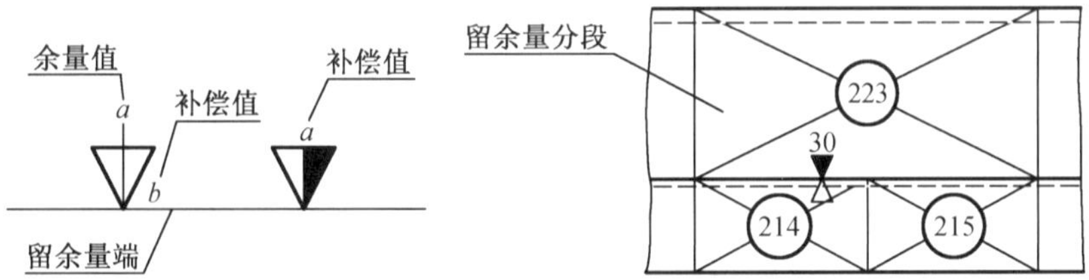

图9－5　余量符号及其标注

(3)余量切割的工艺阶段　在全船余量布置图中用不同的图形符号来表示。

▼——为船台大合龙余量符号，表示在船台合龙过程中，分段经第一次定位画线后切割。

▽——为船台分段无余量符号，它表示在分段装焊结束吊离胎架前，根据船台实测数据反馈，在分段上预先画出基准线，重新修正画线，将余量切割后再吊上船台。

◸——为船台合龙补偿余量，表示分段在船台合龙后，相邻分段尚未合龙前画线切割。

七、分段划分图的特点

1. 分段划分图的视图是具有示意性质的图形

由于分段划分图主要用来表明分段接缝的位置，所以视图中，除与分段定位有关的结构（如甲板、平台、舱壁、内底、水密肋板等）外，其他结构均省略不画。这样，图样简洁、清晰、绘图方便，读图也一目了然，又便于使用。

2. 图线应用不同于其他图样

除纵、横剖面图外，其余视图的外形轮廓用细实线画出；甲板、平台、舱壁、内底等结构不论其水密与否，凡不可见的均用粗虚线表达；分段接缝线不用斜栅线而用细实线绘制。

第二节　识读分段划分图

识读分段划分图主要了解船体分段位置、分段的数量及分段的质量和大小。由于分段划分图的视图表示比较简单，所了解的内容也较少，因此比起其他结构图样，易于识读。下面以图9－1为例。说明读图的步骤和方法。

一、了解船体的分段划分概况

根据明细栏，结合侧面图、甲板图、舱底图和分段号可知，本船主船体的艏、艉段，各划分成一个立体分段（含艏、艉尖舱舱壁），而中段则划分成8个底部分段、5个舷侧分段、5个甲板分段和2个舱壁分段。上层建筑中，艉楼划分成5个立体分段（包括烟囱分段），艉楼为1个立体分段，中部的起货机平台为1个立体分段。全船共划分为29个分段，其中，平面分段20个，立体分段9个。这样就对整个船体的分段划分情况有了概括的了解。

二、具体了解各分段的位置

根据侧面图并对照相应的甲板或舱底图，再结合分段号逐段了解各分段的具体位置，分段的位置由分段的接缝线位置来决定。识读时,可从艉向艏,自下向上逐段进行。如图中 101 艉部立体分段,船长方向是自艉端至#5 肋位(艉尖舱舱壁)向艏 150 mm,记为艉 ~ $^{\#}5^{-150}$(距相近肋位向艏为"+",向艉为"-"),船深方向是自船底至上甲板以上的外板顶线。又如 211 底部分段,船长方向是自#5 肋位向艏 150 mm 至#23 肋位向艉 150 mm,记为 $^{\#}5^{+150}$ ~ $^{\#}23^{-150}$;船深方向分段接缝线的位置在内底以上。船宽方向由对照舱底图可知,没有再进行划分。通过这样的逐段识读,就能将全船分段的具体位置和关系搞清。

三、了解各分段的质量和外形尺寸

由于分段质量和外形尺寸与起重运输设备及工艺装备的选用有直接关系,因此需查阅明细栏了解各分段质量和外形尺寸。并应知道全船分段中哪个分段最重,哪个分段外形尺寸最大。如图 9-1 明细栏所列,最重的为 218 分段,重 29 t;最轻的为 607 分段,重 4 t;601 分段外形尺寸最大,为 13.5×13.0×2.60。了解分段的质量和外形尺寸就可配置适当的起重运输设备。

第三节　分段划分图的绘制方法和步骤

绘制分段划分图主要参考型线图、中横剖面图、基本结构图和肋骨型线图。绘制的步骤如下:

一、确定视图的数量

由前所述分段划分图的视图种类和数量,取决于船舶类型、大小及分段划分情况。这里的确定视图数量主要是确定除侧面图以外的其他视图的数量。一般原则是:在完整、清晰表达分段位置的前提下,力求较少的视图,以减少画图的工作量。

二、选择图样比例和图纸幅面

分段划分图表达的内容比较简单,因此选用的比例可适当小些。常用的比例为 1:100,1:50,1:25 等。根据所选比例、视图数量及主尺度确定图纸幅面。图纸幅面不宜过大,以免使用不便。

三、布置图面

分段划分图的图面布置通常是:侧面图布置在图纸左上方。向下依次布置甲板平面图和舱底图,图纸中间部分布置纵剖面图和横剖面图,明细栏布置在标题栏上方,主尺度列于图纸的右上角或上方。

四、绘制视图

1. 画出各图形的基准线,并在其上确定出肋位

画基准线(基线或中心线)和确定肋位的方法与基本结构图相同,可参见本教材的第六章"基本结构图"。

2. 画出各图的外形

侧面图、甲板平面图以及舱底图的外形可以型线图为依据画出。其方法可参见基本结构图各图外形的作法。横向剖面图的外形可根据肋骨型线图中相应肋骨型线画出。

3. 画出侧面图中有关结构

在侧面图的外形基础上，可依据基本结构图画出侧面图中的各层甲板、平台、内底、横舱壁和水密肋板等结构。

4. 画出甲板平面图上的有关结构及开口

在甲板平面图的外形基础上，根据基本结构图画出该甲板以下的有关结构，如横舱壁、纵舱壁等，该甲板上面的结构通常均省略不画。甲板的开口通常只画大开口，如机舱口、货舱口等，小的开口，如梯口、人孔等均省略不画。

5. 画出舱底图上的有关结构

舱底图上的有关结构，通常也只画内底以下的结构，如水密肋板、水密底纵桁等。

6. 画出分段接缝线，编制分段号及画出分段对角线

根据已定的分段划分方案所决定的分段接缝线位置，在各图形上画出接缝线，并对各分段进行编号，然后画出分段对角线（细实线）。画分段对角线主要是使分段的范围更清晰、更醒目。

五、根据图线规格加深图形并标注尺寸

分段划分图中的尺寸，一般只标注船体主尺度及分段的定位尺寸，即分段接缝线的位置。

六、编制明细栏和填写标题栏

明细栏设置在标题栏上方时，应根据分段序号自下而上填写；若明细栏不设置在标题上方时，则应根据分段序号自上而下填写。

习　　题

1. 分段划分图通常由哪几部分组成，其视图分为哪几种？

2. 在什么情况下需要绘制纵剖面图或横剖面图？明细栏的用途有哪些？

3. 分段划分图的各视图分别表达的内容是什么？

4. 什么是明细栏，明细栏的用途有哪些？

5. 船体分段的长度、高度、宽度方向分别在分段划分图的哪些视图上体现？

6. 绘制分段划分图的主要依据有哪些？

7. 熟悉分段划分图的编号方法；指出下列分段号的含义：101，231（P），241，232（S），301，603。

8. 识读习图 9－1 某船的分段划分图，熟悉：

（1）各分段编号的含义是什么？（2）分段划分的位置是什么？主船体中各分段的长度是什么？

（3）余量和补偿的布置是什么？

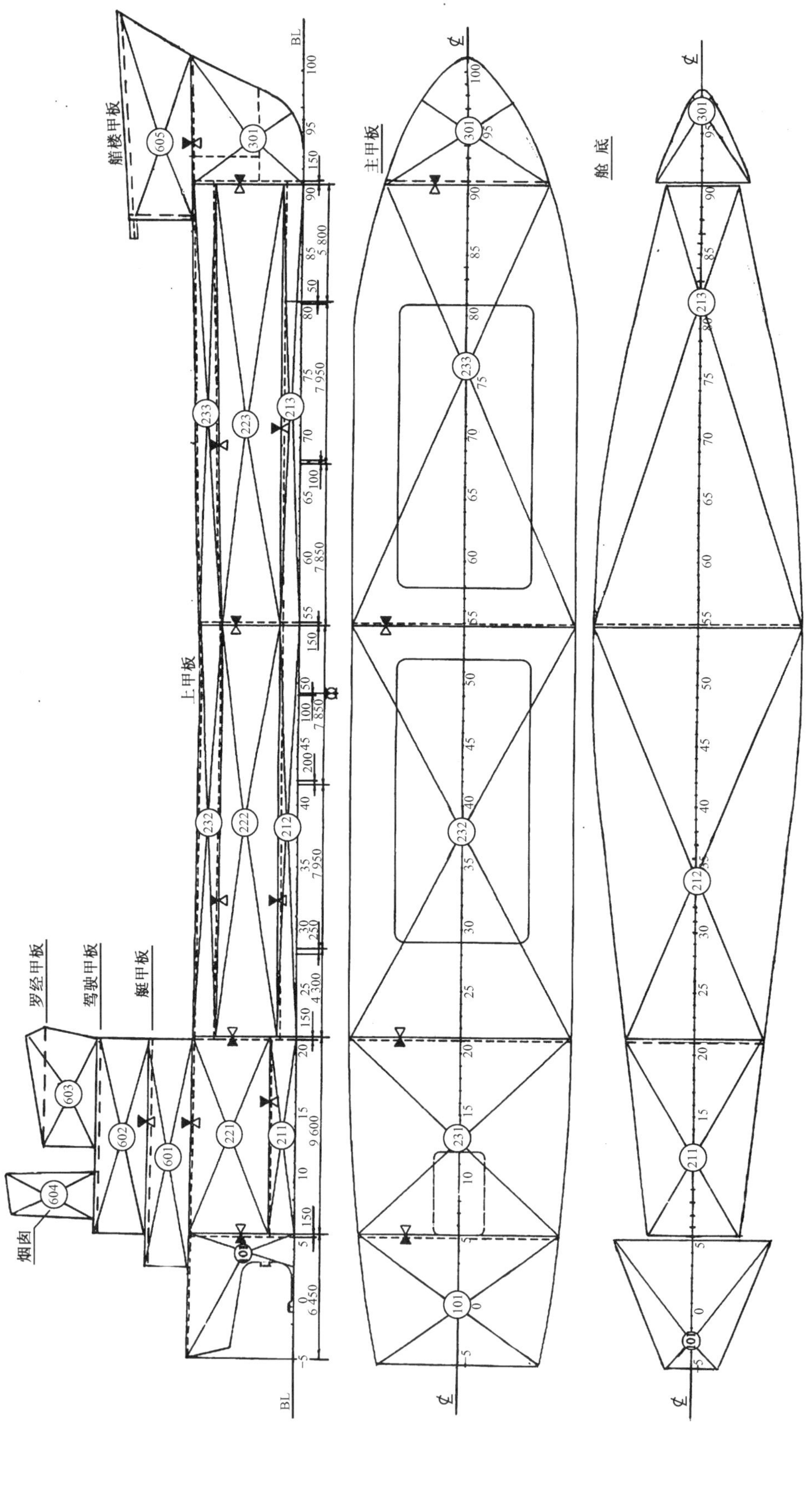
艏楼甲板
主甲板
舱底
上甲板
罗经甲板
驾驶甲板
艇甲板
烟囱

序号	分段号	名称	质量/t	外形尺寸/mm(长×宽×高)	附注
16	605	艏楼甲板立体分段		9940×9500×3320	
15	604	烟囱立体分段		2400×1200×3870	$^{\#}6$ ~ $^{\#}10$
14	603	上层建筑第3立体分段		6430×6240×2300	$^{\#}12$ ~ $^{\#}21$
13	602	上层建筑第2立体分段		1140×7340×2300	$^{\#}5$ ~ $^{\#}21$
12	601	上层建筑第1立体分段		1140×8540×2300	$^{\#}3$ ~ $^{\#}21$
11	301	$^{\#}90^{-150}$ ~ 艏部第1立体分段		5640×9060×5670	
10	233	$^{\#}55^{-150}$ ~ $^{\#}90^{-150}$甲板分段		21600×6600×1300	
9	232	$^{\#}22^{-150}$ ~ $^{\#}55^{-150}$甲板分段		20100×6600×1300	
8	231	$^{\#}5^{+150}$ ~ $^{\#}22^{-150}$甲板分段		9600×10000×1300	
7	223	$^{\#}55^{-150}$ ~ $^{\#}90^{-150}$舷侧分段		21600×1900×1300	
6	222	$^{\#}22^{-150}$ ~ $^{\#}55^{-150}$舷侧分段		20100×500×1300	
5	221	$^{\#}5^{+15}$ ~ $^{\#}22^{-150}$舷侧分段		9600×500×3840	
4	213	$^{\#}55^{-150}$ ~ $^{\#}90^{-150}$底部分段		21600×11000×1300	
3	212	$^{\#}22^{-150}$ ~ $^{\#}55^{-150}$底部分段		20100×11000×1300	
2	211	$^{\#}5^{+150}$ ~ $^{\#}22^{-150}$底部分段		9600×11000×1300	
1	101	尾 ~ $^{\#}5^{+15}$尾艉部立体分段		6475×9860×5400	

设绘			分段划分图	标记	重量	比例
校对						1:100
标检						
审核						
核定						

习图9－1　某船的分段划分图

第十章　船体分段结构图

分段结构图是按照船体分段的划分情况，以中横剖面图和基本结构图等基本图样为依据，用较大的比例绘制，来完整地表达船体分段中构件的布置、形状、尺寸、连接形式、材料、数量、质量和工艺要求等，是一张直接用于施工生产的施工图样。分段结构图包括：底部分段结构图，舷侧分段结构图，甲板分段结构图、舱壁分段结构图、艏艉分段结构图、上层建筑分段结构图等。船体分段结构图在船体建造过程中的用途是：

（1）作为船体建造中放样、加工、装配、焊接等工序的施工依据；

（2）作为编订装配工艺、编制焊接程序、胎架设计、考虑工艺加强等工艺工作的依据；

（3）作为编订材料明细表，准备原材料以及分段构件配套等工作的依据；

（4）精确计算船体质量和重心位置的原始资料，并作为分段完工后，起重、运输分段时的参考；

（5）船体分段建造质量检验的依据。

第一节　分段结构图的组成和表达内容

分段结构图主要由一组视图和明细栏组成，如图 10－1 所示。但随着造船生产的发展，施工设计越来越详细、完整。很多造船厂在生产设计的图纸中，分段结构图不仅仅局限于表达结构，而还在分段结构图的前面，增加有关分段制造的工艺说明和管理图表等。

一、分段结构图的视图

分段结构图的视图一般包括主视图、剖面图以及节点详图等，各视图中所表达的内容分别有：

1. 主视图

在船体分段结构图中，主视图是表示分段中构件布置情况、板的排列、厚度、焊接要求及板上开口位置和大小的视图。通常是以各种分段中的平面图作为主视图。如甲板分段结构图中，以甲板平面图作为主视图，底部分段结构图中，以内底平面图作为主视图，舷侧分段结构图中，以外板展开图作为主视图等。因此，主视图是以基本结构图或外板展开图中相应位置的图形为依据，用较大的比例绘制而成。与基本结构图、外板展开图一样，构件在图中的投影常采用简化画法，即用不同的图线来表示各种构件的投影，如甲板分段结构图的主视图中，以粗双点画线表示不可见的强构件，在基本结构图的甲板平面图中，也是用粗双点画线表示不可见的强构件。

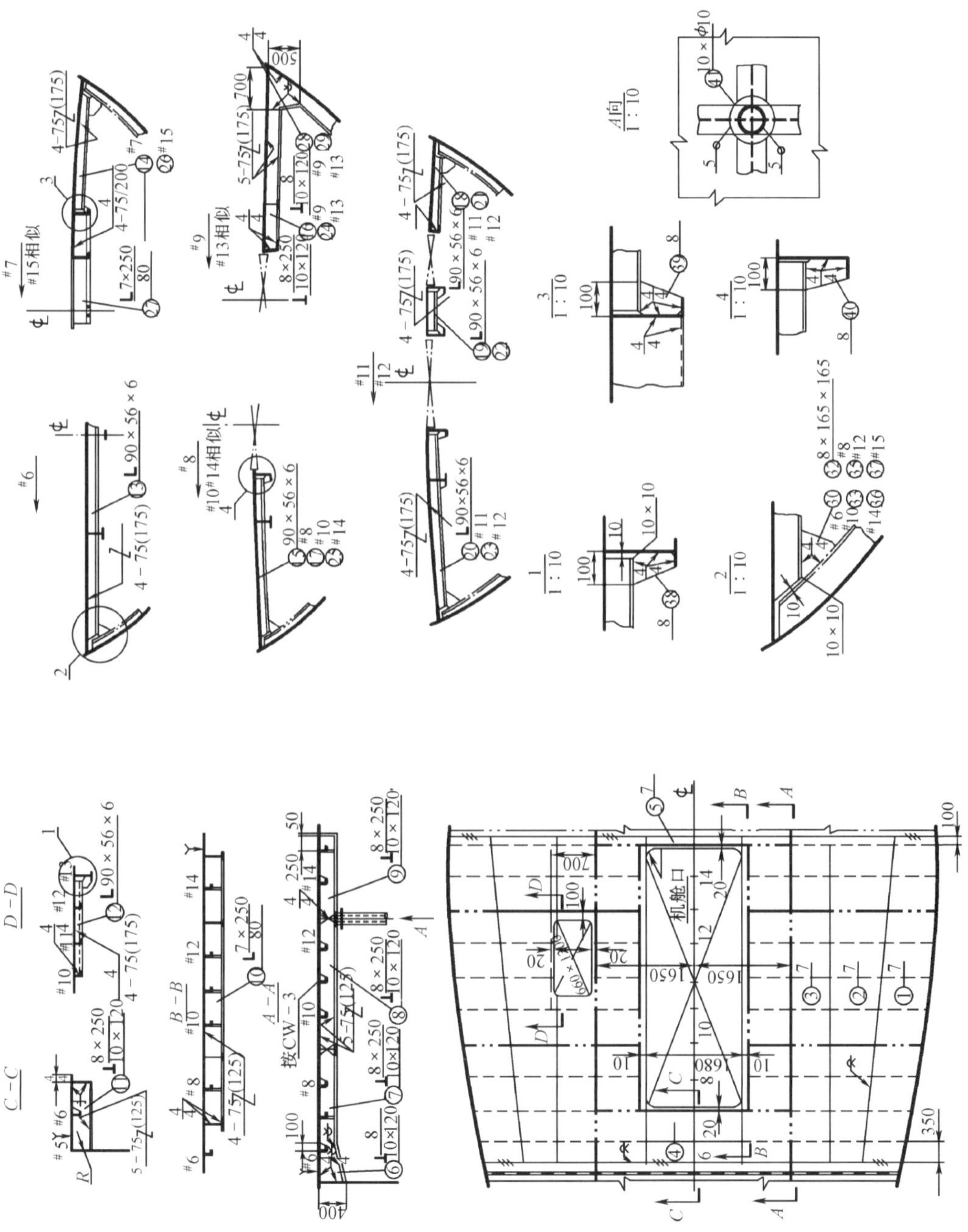
C–C
D–D
B–B
A–A
机舱口
A向
1 : 10
1 : 10
1 : 10
1 : 10
接CW–3

41	加强板 10	2	A 级钢	2.5	5.0		17	半横梁 └90×56×6	2	A 级钢	19.6	39.6	#10 肋位
40	肘板 8	10	A 级钢	0.9	9.0		16	强半横梁 $\perp\frac{8\times250}{10\times120}$	2	A 级钢	57.6	115.2	#9 肋位
39	肘板 8	7	A 级钢	0.8	5.6		15	半横梁 └90×56×6	2	A 级钢	18.8	37.6	#8 肋位
38	肘板 8	1	A 级钢	0.8	0.8		14	半横梁 └90×56×6	2	A 级钢	13.4	26.8	#7 肋位
30 ~ 37	梁肘板 8×165×165	16	A 级钢	0.9	14.4		13	横梁 └90×56×6	1	A 级钢	49.6	49.6	#6 肋位
29	梁肘板 $\perp\frac{8\times500\times700}{10\times120}$	2	A 级钢	18.7	37.4	#13 肋位	12	梯口短纵桁 └90×56×6	1	A 级钢	11.0	11.0	
28	梁肘板 $\perp\frac{8\times500\times700}{10\times120}$	2	A 级钢	18.2	36.4	#9 肋位	11	甲板纵桁 $\perp\frac{8\times250}{10\times120}$	1	A 级钢	27.6	27.6	
27	机舱口横围板 $\frac{7\times250}{80}$	2	A 级钢	33.0	66.0	#7、#15 肋位	10	机舱口纵围板 $\perp\frac{7\times250}{80}$	2	A 级钢	79.8	159.6	
26	半横梁 └90×56×6	2	A 级钢	13.4	26.8	#15 肋位	9	甲板纵桁 $\perp\frac{8\times250}{10\times120}$	2	A 级钢	27.4	54.8	
25	半横梁 90×56×6	2	A 级钢	21.0	42.0	#14 肋位	8	甲板纵桁 $\perp\frac{8\times250}{10\times120}$	2	A 级钢	43.1	86.2	
24	强半横梁 $\perp\frac{8\times250}{10\times120}$	2	A 级钢	58.5	117.0	#13 肋位	7	甲板纵桁 $\perp\frac{8\times250}{10\times120}$	2	A 级钢	27.4	54.8	
23	半横梁 └90×56×6	1	A 级钢	20.4	20.4	#12 肋位	6	甲板纵桁 $\perp\frac{8\times250}{10\times120}$	2	A 级钢	21.0	42.0	
22	半横梁 └90×56×6	1	A 级钢	5.4	5.4	#12 肋位	5	甲板板 7	1	A 级钢	26.4	26.4	

（续1）

21	半横梁 └90×56×6	1	A 级钢	9.0	9.0	#12 肋位	4	甲板板7	1	A 级钢	88.0	88.0	
20	半横梁 └90×56×6	1	A 级钢	20.1	20.1	#11 肋位	3	甲板板7	2	A 级钢	390.5	781.0	
19	半横梁 └90×56×6	1	A 级钢	5.4	5.4	#11 肋位	2	甲板板7	2	A 级钢	230.0	460.0	
18	半横梁 └90×56×6	1	A 级钢	8.7	8.7	#11 肋位	1	甲板板7	2	A 级钢	237.6	475.2	
序号	名称	数量	材料	单件	总计	附注	序号	名称	数量	材料	单件	总计	附注
				质量/kg							质量/kg		

设绘		描图	#5～#15甲板分段结构图	图样标记	质量/kg	比例
校对		描校				
审核						
标检						1∶50
审定		日期				

图10－1　分段结构图

2. 剖面图

由于分段结构图的主视图采用简化画法，仅表示各构件在图中布置的位置，所以要通过剖面图详细表达分段中构件的形状、结构形式、尺寸和相互连接方式。根据剖切的位置不同，剖面图分为三种形式：即肋位剖面图，一般位置剖面图和分剖面图。这些剖面图的含义及表示方法，在本教材第四章的第四节中已介绍，这里不再重复。其图形参见图10－1。

3. 节点详图

由于主视图、剖面图绘图使用的比例较小,在分段结构图的主视图或剖面图中,如果不能将节点处的构件尺寸、构件相互连接的情况以及焊接要求等表达清楚,就要用较大的比例绘制节点详图。

节点详图的标注方法是:在主视图或剖面图中,把要绘制详图的节点用细实线圆圈出,圆的直径视节点图形大小而定,但要把节点全部圈在圆内,并用7号字体的阿拉伯数字顺序编号。然后在画好的节点详图上方画一水平粗实线,在水平粗实线上方用同样大小的字体注写相应的数字,水平粗实线下方注写节点详图的比例,如图10－2(a)所示。当详图很少时,也可不编号,而直接将其画在节点附近,并用箭头指出,如图10－2(b)所示。

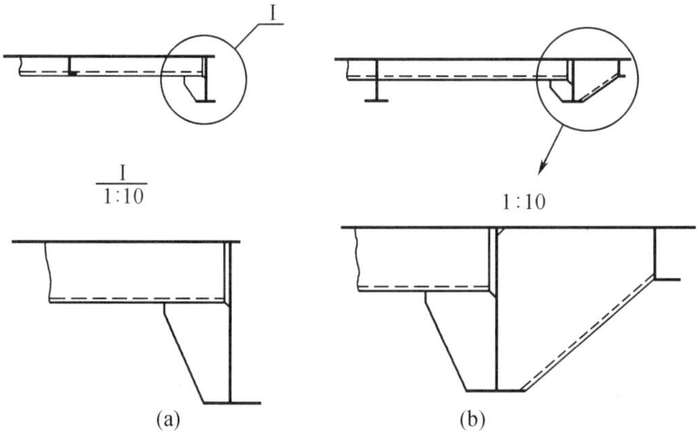

图10－2　节点详图的标注方法

二、分段结构图中的尺寸及焊缝符号

为了加工和安装构件,在分段结构图中需要标注构件的完整尺寸以及它们之间连接的焊缝符号。

1. 尺寸标注

在分段结构图中必须标注出构件的定型尺寸和定位尺寸。但由于船体的形状比较复杂,所以要完整地标注构件的定型尺寸就比较繁复。因此,船体分段结构图中构件的尺寸标注与一般零件的尺寸标注有些不同。对板材构件,一般只需标注其厚度,而不标注长度和宽度。对型材构件,只要标注其断面尺寸,其长度将由放样台提供,如图10－1甲板平面图中,由于甲板从船尾向船首的每挡肋位处的宽度都不相同。因而普通横梁的长度也都不相等,这些长度值将由放样台提供。如果是曲线形状,还需要制作样板或样条。

2. 焊缝符号的标注

在视图中还标注焊接符号,以表示构件连接处焊接的形式、焊接接头的坡口形式、焊接尺寸和焊接方法等。

焊缝符号应标注在能清晰表示焊缝的视图中,并相对集中,便于读图。同一条焊缝一般只需标注一次。焊接形式相同,位置又相邻近的焊缝,可用公共横线的形式标注。通常板与板的焊缝符号标注在平面图中;横向构件的焊缝符号标注在肋位剖面图中,纵向构件的焊缝符号标注在一般位置剖面图中;构件与构件连接(节点)处的焊缝符号标注在节点详图中。

三、分段结构图的件号和明细栏

为了便于了解分段中的构件的组成、构件所用的材料及构件的安装工作，避免下料、加工和配套发生构件重复和遗漏，在分段结构图中，对本分段所有构件须进行编号，并编制明细栏。

1. 件号的编制

分段结构图中每个构件的编号称为件号。件号的编制是一项重要而复杂的工作，件号的编法要有利生产，使所有的构件既不要重复，又不能遗漏。对名称、尺寸和形状完全相同的构件可编同一件号，在明细栏中注明构件的总数。凡是不完全相同的构件都要逐一进行编号。件号编制的顺序目前有两种：一种是先编板材，再编型材，最后编肘板。另一种是按照剖面位置进行编号，先编主视图上的板材，再编一般剖面图上的构件，然后编肋位剖面图上的构件，最后编节点详图上的构件。构件编号的标注形式，如图 10－3 所示。图中指引线、规格线及圆圈均用细实线绘制，指引线对准圆心引出，圆圈的直径为 8 mm，规格线为对准圆心引出的水平线，在其上标注尺寸（不标注尺寸时，规格线可省略不画）。

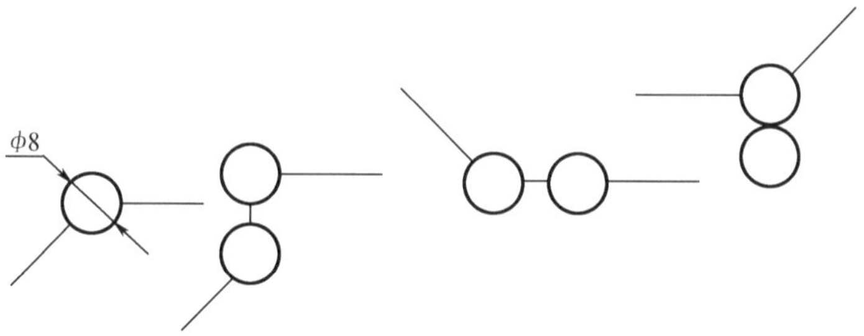

图 10－3　引件号的形式

2. 明细栏

明细栏一般布置在分段结构图的右边（标题栏的上方），而采用生产设计后，明细表是另外装订成册（单独一本）。明细栏中的内容主要有：序号、代号、构件的名称、数量、所采用的材料、质量（单件质量、总计）、附注等，其格式及内容，见图 10－4，其宽度与标题栏相同。明细栏是编制全船材料明细表、准备原材料的依据，也是分段构件配套的依据。

序号	名称	数量	材料	单件	总计	附注
				质量/kg		

图 10－4　明细栏的格式及内容

有些分段结构图中，还用文字对分段的技术要求、工艺措施和注意事项简要说明。

第二节　识读分段结构图

分段结构图的基本表示方法与全船性的结构图样是一致的,因此识读方法两者基本相似。但是,分段结构图是施工图样,是船体构件加工、装配、焊接的施工依据,因此读图时不仅要求了解每个构件的形状、大小、相对位置、结构形式以及与其他构件连接的方式,而且还要了解结构细节部分的内容,如装配间隙、切角大小、流水孔和通气孔的位置和大小、型材端部削斜形式、焊接要求等等。

通常识读的方法和步骤如下:

1. 了解分段的基本概貌

(1)根据标题栏和明细栏,了解分段所在的部位、分段的质量及组成分段的构件数。

如图 10-1 所示,本分段位置为$^{\#}6^{-350}$ ~ $^{\#}15^{+100}$,分段共有 41 种构件组成。

(2)根据主视图中图线的含义来确定分段中构件的组成和布置。

图 10-1 的左下角平面图为主视图,由主视图可知,除甲板板外,#6 肋位为普通全横梁;#8,#10,#11,#12,#14 肋位为普通半横梁;#9,#13 肋位为强半横梁;舱口两端为舱口端梁而靠近舷边为半横梁;舱口两侧有舱口纵桁,此外还设有甲板纵桁和梯口处短纵骨。

(3)分析视图,了解剖面图和节点详图的数量,并找出各剖面图的剖切位置和投影方向,各节点详图所表示节点的位置,从而搞清各剖面图、节点详图与主视图的关系及所表达的基本内容。

图 10-1 中,一般位置剖面图有 4 个,剖切位置和投影方向可在主视图中查得;肋位剖面图有#6,#7,#8,#9,#11 肋位共 5 个,均为向艉看;节点详图 4 个,放大部位可由 *D*-*D*,#6,#7,#8 肋位剖面图中查得。另外还有 *A* 向视图,取自 *A*-*A* 剖面图中。

这样可以对分段的基本结构情况和复杂程度有一个概括的了解。

2. 了解各构件的结构形式、大小、相对位置、连接方式和焊接要求

(1)通常可以由底部、舷侧、甲板、平台、舱壁、上层建筑等分段结构图的主视图中分别了解内底板、外板、甲板板、平台板、舱壁板的排列、大小和焊接要求以及板上各种开孔的位置和大小。

图中,板的排列由接缝线确定,焊接要求由标注在接缝线上的焊缝代号决定,板厚从图中查阅。例如图 10-1,甲板板由件号 1 到件号 5 共 8 块钢板组成,板与板的连接以及本分段甲板板与相邻分段甲板的连接均采用 V 形坡口对接焊,封底焊缝在甲板上表面。甲板板厚度均为 7 mm。甲板上开有机舱口和梯口,它们的位置和大小均可从图中查得。

(2)通常可以由剖面图、节点详图等视图了解分段中其他构件的结构形式、大小和连接方式。

如图 10-1 中,"*A*-*A*"剖面图表示了甲板纵桁结构。从尺寸标注中可知甲板纵桁为 T 形结构,它由件号 6 到件号 9 四部分组成,大小可查看标注的尺寸。纵桁与甲板板以及纵桁面板与腹板的连接采用交错断续焊 5-75Z(125),纵桁肘板与甲板板及舱壁板的连接用双面连续角焊,焊角高为 4 mm。

甲板纵桁的腹板上开切口以让普通横梁穿过,切口形式代号为 CW-3,具体尺寸可查阅 CB*3182—83 中的规定(见附录四)。#7 和#15 肋位处横梁不穿过甲板纵桁(图中无切

口),甲板纵桁与#7,#11,#15 横梁相交处安装肘板,具体结构要参见相应的肋位剖面图。甲板纵桁在强横梁处间断(图中甲板纵桁腹板上开有通焊切角,表示其间断。也可以从主视图中甲板纵桁的图线上的箭头看出),相互连接用双面连续角焊,焊角高为 4 mm。支柱处加强板结构可参见 *A* 向视图。

又如图 10－1 中,#6 肋位剖面图表示了普通全横梁结构。由图中件号可知横梁为 13 号零件,尺寸为∟90×56×6,与甲板板的连接用交错断续焊 4—75Z(175)。它通过梁肘板与肋骨相连,具体结构要参见节点详图 2。从详图中可知:梁肘板尺寸为 8×165×165,横梁、肋骨与肘板的连接用双面连续角焊,焊角高为 4 mm。横梁与肋骨之间以及肋骨与甲板板之间有装配间隙,其大小为 10 mm,梁肘板切角 10×10。

在读图过程中,除了要将主视图、剖面图和节点详图相互对照阅读外,还要随时查阅明细栏,了解构件的数量和所用的材料及质量。最后,还要结合技术要求分析分段结构的特点,弄清分段施工时的工艺措施和注意事项等。

第三节　绘制分段结构图的方法和步骤

绘制分段结构图是详细设计中的一项重要工作。绘制的主要依据是船体分段划分图、中横剖面图、基本结构图、外板展开图、肋骨型线图等。绘制前,要根据分段划分图确定的分段位置,阅读中横剖面图、基本结构图等图样,弄清分段构件的组成和主要构件的尺寸及连接情况。绘制的方法和步骤如下:

1. 确定视图

(1)确定主视图

通常选择能清楚地表示分段结构基本情况的视图作为主视图。

(2)确定剖面图

根据主视图所表示的结构基本情况来确定剖面图,对形式不同、连接方式不同的结构都要分别绘制剖面图来表示,对结构形式和连接方式相同的结构只要绘制一个剖面图来表示即可。

(3)确定节点详图

节点详图的数量没有明确规定要求,通常对构件的连接形式不同、图形较小,不能够清晰的表达结构连接情况的节点,都需绘制节点详图。

2. 选取图样比例和图纸幅面

图样比例和图纸幅面要根据分段的外形尺寸和剖面图以及节点详图的数量来确定。由于分段结构图直接在施工现场使用,为了使用方便,图纸幅面不宜过大,但图形要求清晰,比例又不宜太小,所以比例和幅面要选择适当。通常主视图的比例选用 1∶50,1∶25,1∶20等,节点详图的比例选用 1∶10,1∶5 等。图纸面积一般不宜超过 0.5 m^2。

3. 布置视图的位置

通常主视图布置在图纸的左上方或左下方,一般位置剖面图依次布置在主视图的下方或上方的相应位置(尽量按肋位的投影关系布置),肋位剖面图等布置在图纸中间;明细栏布置在标题栏上方,节点详图布置在其余的空白之处。常见的布置图形位置,如图 10－5 所示。

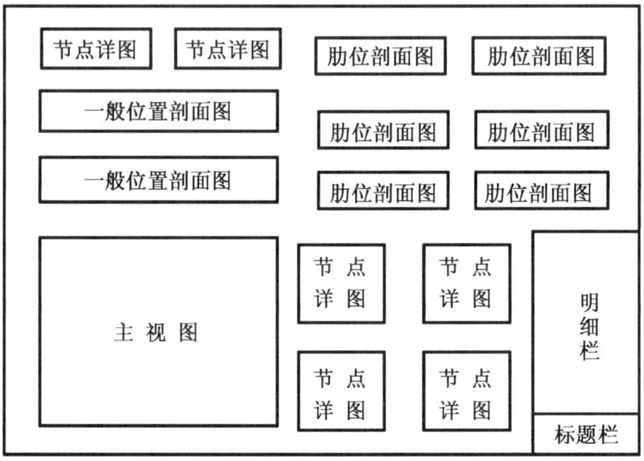

图 10－5　分段结构图的布图形式（示例）

4. 绘制视图

图形的绘制方法与中横剖面图、基本结构图和节点视图的画法相似。一般先画主视图，再画剖面图，然后绘制节点详图。主视图和剖面图的外形尺寸从型线图或肋骨型线图中取得，而节点详图中涉及的有关形状，可根据剖面图近似画出。

最后，校对视图，无错误后，按图线要求加深。

5. 编制件号、标注尺寸和焊缝符号

件号的排列应齐整，件号、焊缝符号等的指引线应避免相交。

6. 编制明细栏、填写技术要求和标题栏

明细栏自下而上按件号顺序逐一填写，如构件较多或标题栏上方空位不多，可在标题栏左侧，以同样形式另辟一栏填写，或者单独编制成册。

最后编写技术要求和填写标题栏。

习　　题

1. 何为分段结构图，其用途有哪些？分段结构图通常由哪几种视图组成？
2. 绘制分段结构图的主要依据有哪些？
3. 在什么情况下需要绘制节点详图？
4. 根据习图 10－1，识读 3 000 t 干货船的 $^{\#}7\frac{1}{2}$ ~ $^{\#}24\frac{1}{2}$ 甲板分段结构图（见书末插图习图 10－1），着重了解：

（1）该分段在甲板上所处的位置。

（2）甲板板的布置及其厚度、数量。

（3）纵向主要构件的布置、数量，纵向强构件与横向强构件的连接方式。

（4）纵向普通构件的布置、数量，纵向普通构件与横向强构件的连接方式。

（5）横向普通构件的布置、数量，横向普通构件与纵向强构件的连接方式。

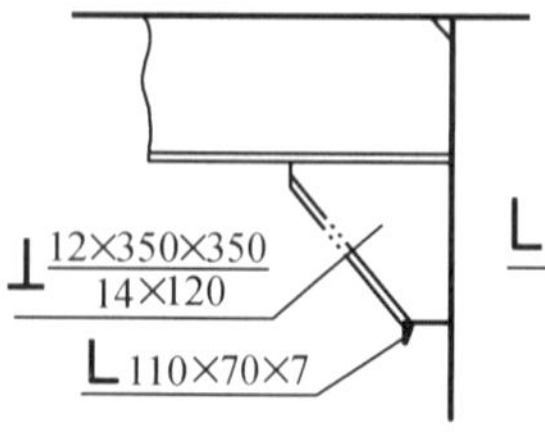

甲板纵桁与横舱壁的连接

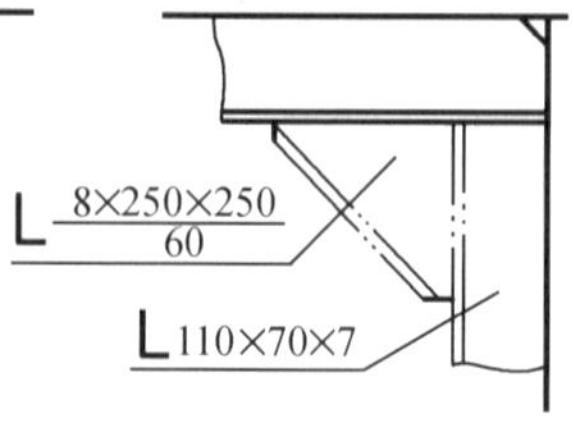

甲板纵骨与横舱壁的连接

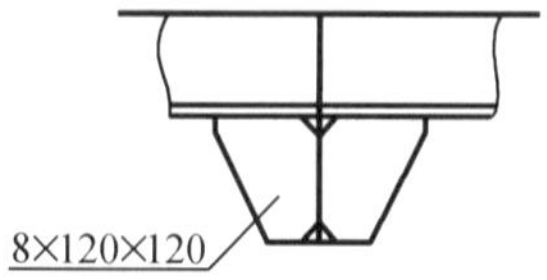

甲板纵骨与强横梁的连接

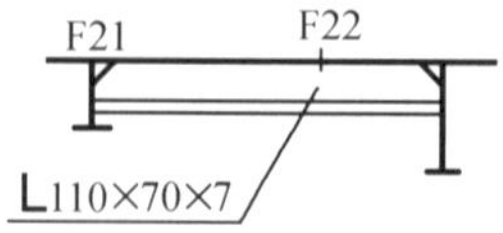

舱口处短纵骨

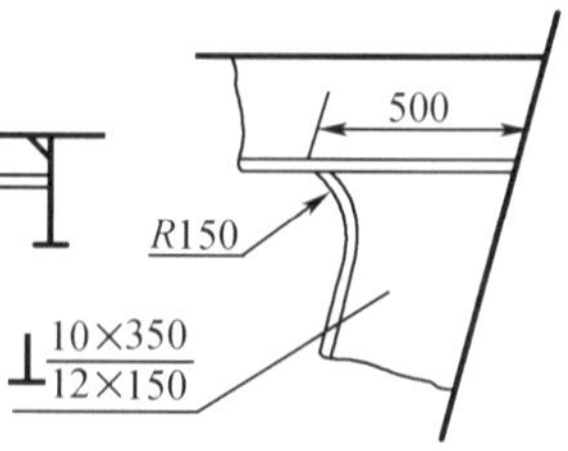

强横梁与强肋骨的连接

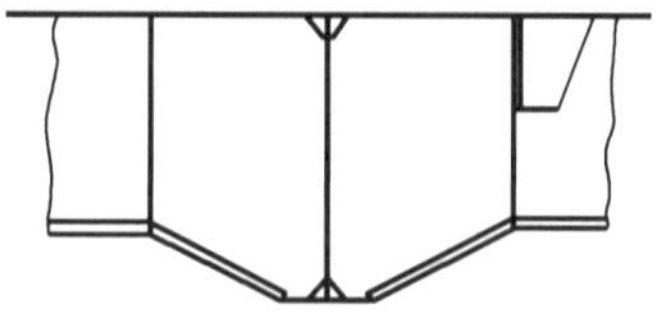

强横梁与甲板纵桁的连接

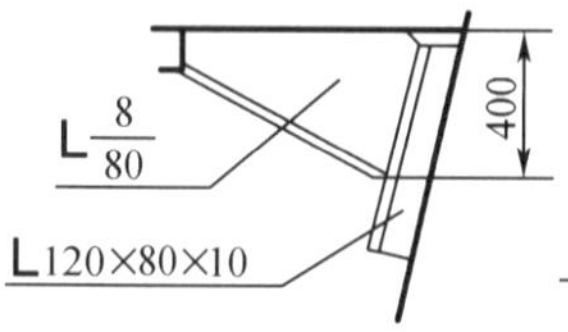

舷边加强肘板

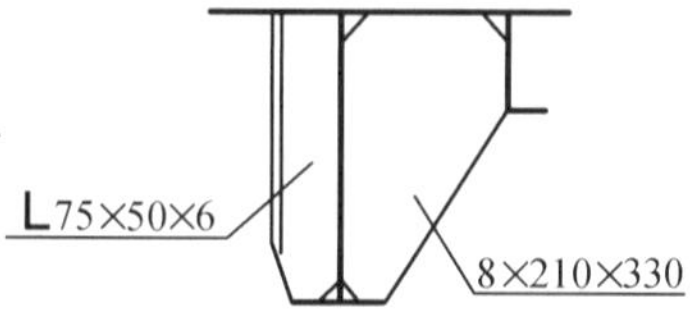

无横梁的肋位上甲板纵桁与甲板纵骨的连接

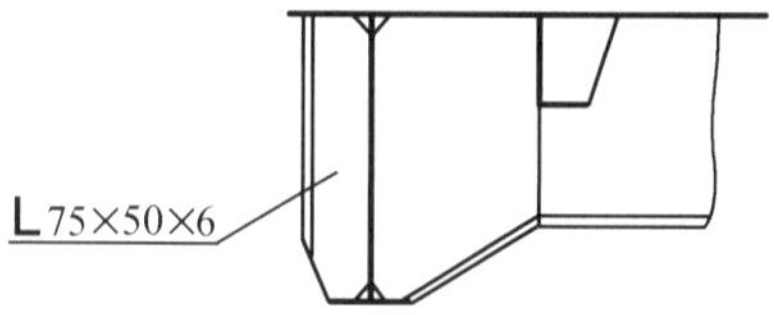

强半横梁与甲板纵桁的连接

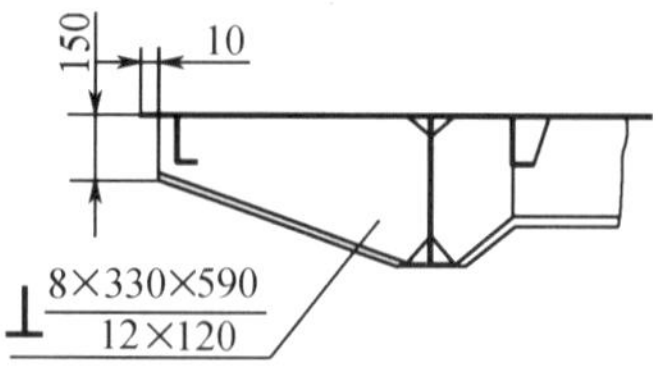

强半横梁与甲板纵桁的连接

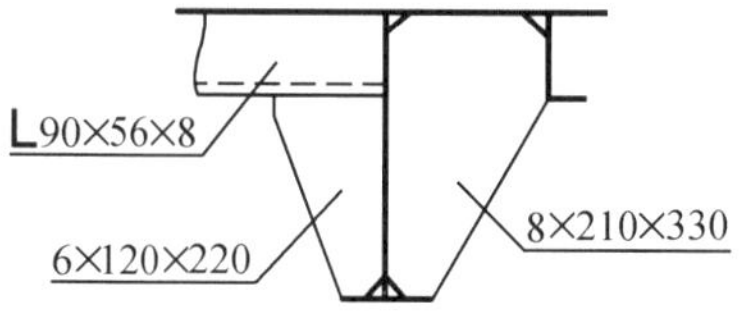

无强横梁肋位上甲板纵桁与甲板纵骨、横梁的连接

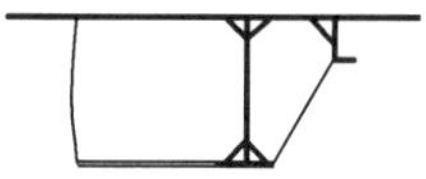

舱口加强横梁与甲板纵桁的连接

(6)各构件间的焊缝形式。

5. 根据习图 10－2,以 1∶50 的比例绘制 1 000 t 油船#10 $\frac{1}{2}$ ~ #27 $\frac{1}{2}$主甲板分段结构图,具体要求和说明如下:

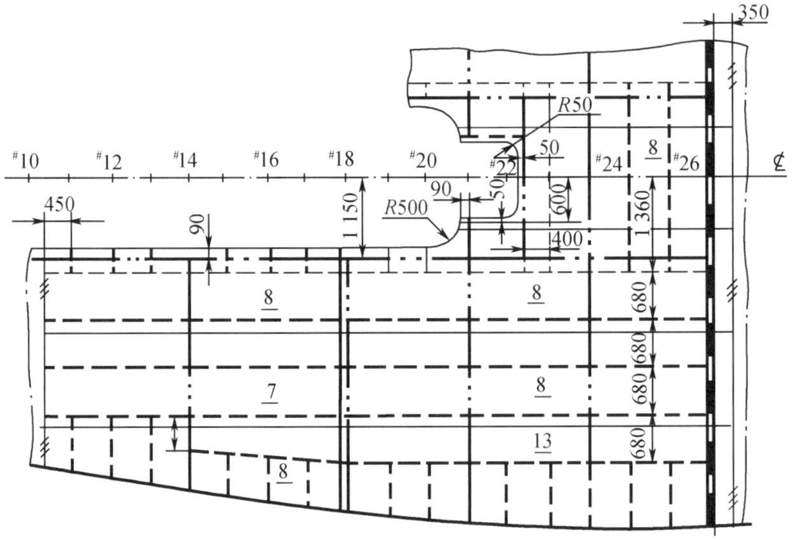

习图 10－2　1 000 t 油船#10 $\frac{1}{2}$ ~ #27 $\frac{1}{2}$甲板分段结构主视图及节点连接

(1)甲板纵桁与横舱壁的连接;(2)甲板纵骨与横舱壁的连接;(3)甲板纵骨与强横梁的连接;(4)舱口处短纵骨;
(5)强横梁与强肋骨的连接;(6)强横梁与甲板纵桁的连接;(7)舷边加强肘板;
(8)无横梁的肋位上甲板纵桁与甲板纵骨的连接;(9)强半横梁与甲板纵桁的连接;
(10)强半横梁与甲板纵桁的连接(#21 肋位);(11)无强横梁肋位上甲板纵桁与甲板纵骨、横梁的连接;
(12)舱口加强横梁与甲板纵桁的连接

(1)以甲板图为主视图。分段中主要构件的尺寸为:甲板纵桁和舱口加强横梁 $\perp\frac{8\times330}{14\times120}$,甲板纵骨 └110 ×70 ×7,强横梁 $\perp\frac{8\times250}{12\times120}$,普通横梁 └90 ×56 ×6,各种肘板的尺寸标注在习图 10－2 中。

(2)分段中构件的连接形式见习图 10－2。

(3)甲板在各肋位的半宽型值见下表:

肋位号	10	12	14	16	18	20	22	24	26	27
半宽型值	41 60	4 360	4 520	4 670	4 810	4 920	5 000	5 020	5 050	5 050

(4)各肋位的甲板梁拱值可以近似取为该肋位处甲板宽度的 1/50。

(5)构件的焊接要求:

①甲板板对接焊缝采用 I 型自动焊接。

②甲板纵桁与甲板板以及纵桁面板与腹板的连接采用交错断续焊,$k=6$,$l=75$,$e=175$。

③甲板纵桁与横舱壁的连接采用双面连续角焊,$k=6$。

④强横梁与甲板板以及强横梁面板与腹板的连接采用交错断续焊，$k=6$，$l=75$，$e=175$。

⑤普通横梁与甲板板的连接采用交错断续焊，$k=6$，$l=75$，$e=225$。

⑥甲板纵骨与甲板板的连接采用单面半自动连续角焊，$k=5$。

⑦肘板与其他构件的连接采用双面连续焊，$k=5$。

(6)分段肋距为 550 mm。

(7)为了绘制方便，甲板纵向曲度可以不考虑。

6. 根据习图 10－3，以 1∶25 的比例绘 150t 冷藏船$^{\#}23^{-400}$～$^{\#}32^{+150}$甲板分段结构图。图中的尺寸和要求如下：

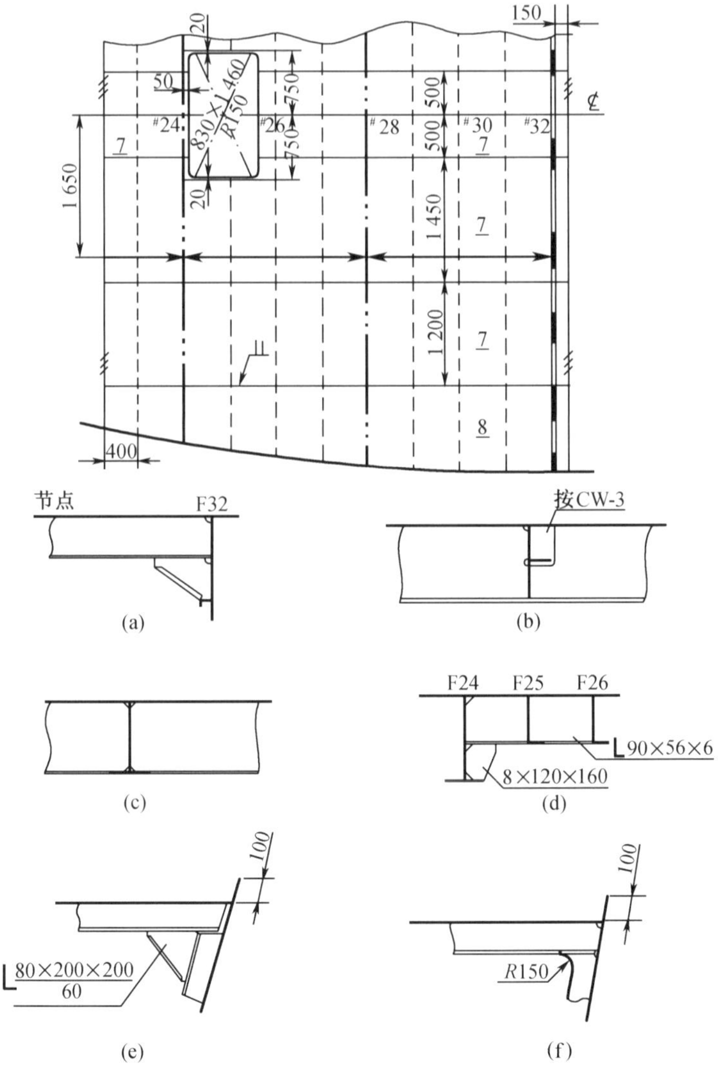

习图 10－3　150 t 冷藏船$^{\#}23^{-400}$～$^{\#}32^{+150}$甲板分段结构主视图及节点连接

(a)甲板纵桁与横舱壁的连接；(b)横梁与甲板纵桁的连接；

(c)强横梁与甲板纵桁的连接；(d)舱口处短加强材与强横梁的连接；

(e)横梁与肋骨的连接；(f)强横梁与强肋骨的连接

(1)分段中主要构件尺寸:甲板纵桁 $\perp \frac{8\times250}{10\times120}$;强横梁 $\perp \frac{8\times250}{10\times80}$;强肋骨 $\perp \frac{8\times250}{10\times80}$;横梁、舱口加强材: └90 ×56 ×6;肋骨 └100 ×63 ×6;肋距 0. 55 m;梁拱 0. 17 m。

(2)各肋位型值见下表:

肋位号	#23 $^{-400}$	24	26	28	30	32
半宽型值	3 600	3 700	3 800	3 900	4 000	4 000

(3)部分构件的焊接要求

①甲板板采用 *I* 型焊缝;

②甲板纵桁的面板与腹板的连接以及纵桁与甲板板的连接采用交错断续焊,$k=6$,$l=75$,$e=175$;

③强横梁的面板与腹板的连接以及强横梁与甲板板的连接采用交错断续焊,$k=6$,$l=75$,$e=175$;

④肘板与其他构件的连接采用双面连续角焊,$k=5$。

附录一　船舶产品专用图样和技术文件编号（CB/T14—2011 摘录）

0　总体设计技术文件

00　报价设计（方案设计）（包括为报价设计服务的方案设计）

000 一般的技术资料（各专业的技术文件和图样均列入 000 组，序号依次编排。技术资料主要包括总布置图、主要技术规格书和订货设备厂商表）

01　合同设计（方案设计）（包括为合同设计服务的方案设计）

010 总体（全船的技术文件和图样目录、全船说明书、总布置图、总体性能计算书、容积图、造价预估单和经济性能论证报告）

011 船体（主要横剖面图、船体钢料预估单）

012 船舶设备和舱面属具（包括甲板设备、订货设备厂商表）

013 舱室（房间布置图）

02　初步设计（技术设计）

020 总体

021 船体

022 船舶设备和舱面属具

023 舱室

03　辅助设计

030 总体

031 船体

032 船舶设备和舱面属具

033 舱室

040 总类

041 建造工艺计划（船体的装配和安装略图、图表及劳动量计算表）

042 建造技术要求（技术要求、施工规则条令及施工方法说明书等）

043 原则施工工艺（工艺卡、线路图（工艺规程的原则方案）和其他）

044 材料消耗定额表（工艺设计所需的全部材料、如工具夹、模具、胎架等用的材料）

05　完工图样和技术文件

050 总体（完工文件目录、履历簿、总体性能完工图、船长操纵性手册、装载手册）

051 船体

052 船舶设备和舱面属具

053 舱室

06　模型、试验和研究资料（包括为产品设计和考核其性能而进行的科研试验、科研项目、装船试验资料、产品设计总结、随船调查报告、出国考察报告）

060 总体（球鼻阻力试验、船模试验（阻力、操纵性、耐波性）、减摇水舱模型试验）

061 船体(结构模型光弹性试验、局部性的结构试验)

062 船舶设备和舱面属具

063 舱室

1 总体、船体详细设计

10 总体技术文件

100 总类(图样和技术文件目录、全船说明书、总布置图、型线图(含型值表)、静水力曲线图、邦氏曲线图、船型稳性力臂曲线图、可浸长度曲线(含业务衡准数)、浮船坞浮沉曲线)

101 总体性能计算书和技术条件(航速及螺旋桨计算书、低速推进计算书、破舱稳性计算书(对称、不对称)、各种装载情况及稳性计算书、散装谷物稳性计算书、不平舱装载及稳性计算书、干舷计算书、吨位计算书、抗沉性计算书)

103 总体区域布置(消防控制设备布置示意图(含救生路线和安全标志)、防火区域划分图、破损控制图、危险区划分图、舱柜容积图(含液舱舱容及重心曲线图)、圣劳伦斯航道设备布置图、集装箱装载布置图、热轧卷筒钢板装载布置图、甲板木材装载布置图、放火设备布置图)

107 螺旋桨图(可调螺旋桨、导管桨、全回转推进器、空泡螺旋桨、低噪声螺旋桨、关刀型螺旋桨、侧推螺旋桨、主动舵螺旋桨、串列螺旋桨、对转螺旋桨、空气螺旋桨)

108 设备订货明细表

11 船体主要结构

110 总类(船体结构部分技术文件和图样目录、船体说明书、各种计算书、主要横剖面图、基本结构图、肋骨型线图、外板展开图、船体分段划分图、船体典型节点图册、全船结构构件理论线图、钢料明细表、全船密性试验图、船东或船检部门退审意见答复)

111 船体立体分段和总段图(包括全垫升气垫船浮箱结构)

112 船体底部结构图(包括污水井)

113 船体舷部结构图(顶边舱、底边舱结构、抗扭箱结构、双壳舷侧结构)

114 端部结构(艏部结构图、艉部结构图、球鼻结构图、艏声呐舱导流罩结构图、挂舵臂结构图、锚链舱、艏艉尖舱加强结构、舵踵、艉鳍)

115 轴包架或轴支架结构

116 特种结构(浮船坞闸门、吊门、驳船开底、水翼、防雷设备、可拆板、挡浪板、减摇鳍箱、侧推装置加强结构、全垫升气垫船着陆垫)

117 艏艉柱

118 龙骨、舭龙骨、坞龙骨

12 舱壁和小舱壁

120 总类

121 主横舱壁(平面舱壁、槽型舱壁及台座)

122 主纵舱壁

123 其他舱壁和围壁(半舱壁、钢丝网围壁、轻型围壁、木质舱壁)

124 轴隧及管隧结构

125 活动舱壁(止移板)

127 逃生围阱

13 甲板和平台

130 总类
131 上甲板(包括甲板及其下围壁、流水扁铁)
132 中间甲板(包括甲板及其下围壁、流水扁铁)
133 下甲板(包括甲板及其下围壁、流水扁铁)
134 平台(包括甲板及其下围壁、流水扁铁)
135 艏楼及艉楼甲板(包括艏、艉楼甲板及其下围壁、流水扁铁)
136 金属铺板(即可拆的板材,包括舱底金属铺板、舱内金属护肋材)
137 覆板、甲板覆板和舱口角隅加强覆板
138 活动甲板和直升机平台
14 上层建筑
140 总类
141 第一层上层建筑(或甲板室。包括桅房、活动盖的舱口围板、舷墙结构)
142 第二层上层建筑(或甲板室。包括桅房、活动盖的舱口围板、舷墙结构)
143 第三层上层建筑(或甲板室)
144 第四层上层建筑(或甲板室)
145 第五层上层建筑(或甲板室)
146 外烟囱、机炉舱棚及其他棚顶结构(包括气垫艇发动机罩壳)
147 直升机指挥塔、机库
15 基座和加强结构
150 总类(基座图样目录)
151 主机、主锅炉、主发电机、主变压器的基座
152 机炉舱辅机、辅锅炉、轴系的基座(包括辅机舱辅机、制冷机舱辅机、推力轴承座和中间轴承座)
153 战备和特种设备的基座和加强结构、小平台(包括武器装备、防护装置的基座和加强结构、小平台)
154 甲板机械基座(艇架、绞盘、锚机、舵机、起艇绞车、绞车、带缆桩、导缆器等下面的加强结构)
157 舱室设备的基座(厨房和配餐间设备、卫生和洗涤设备、公用舱室设备等的基座)
16 液舱、煤舱、泥舱结构及其加强结构
160 总类
161 液舱(包括油舱膨胀阱、深舱)
162 煤舱(包括添注漏斗)
164 泥舱
165 货舱
166 减摇水舱
17 特种结构
170 总类
171 特种固定装置
172 特种构架
173 调查船特种构架

174 起重船特种构架

175 渔捞特种构架

176 轮渡、吊桥、浮架、特种船舶大开门结构(艏门、艉门、进出车辆的大型舷门开口结构、跳板吊架)

179 其他特种船构架

18 护舷材及船体木质部分

181 护舷材

182 船外附件(固定导流管、支架)

183 木铺板(木甲板)

185 货舱护肋材

19 船体其他技术文件和图样

190 总类(船体结构制造公差要求、原则工艺说明书、焊接方式与规格明细表、造价估算单)

2 船舶设备和舱面属具详细设计

20 综合性技术文件和图样

200 总类(图样目录、借用、通用图目录、标准件汇总表、船东或船检部门退审意见答复)

201 计算书、说明书和技术条件

203 船舶设备的安装与布置

208 设备订货明细表(设备、材料、供应品等明细表)

21 锚设备

210 总类(液压布置图、液压系统图、计算书、说明书、技术条件)

211 锚设备(锚机、锚、锚链、掣链装置、弃锚装置、锚链筒和锚链管、锚穴、导链轮、吊锚杆及锚钟、备锚及其固定装置、抛锚定位装置)

212 深水抛锚装置(包括旋转导向滚轮装置、深水抛锚绞车、缓冲装置)

214 特种锚设备

22 系泊和拖带设备

220 总类(布置图、系统图、计算书、说明书、技术条件)

221 系泊设备(带缆机、卷车、抛缆装置、紧缆装置、应急解缆装置、碰垫安装图、非标准带缆桩、专用导缆孔、导缆器)

222 拖带、顶推设备(拖柱、拖桩、拖钩承座、拖索承梁、推柱、承推梁、系结、绑扎属具、工程船挤带绞车)

223 单点系泊装置(包括锚泊浮筒式、单支腿式和塔式系泊装置、应急拖带布置)

224 平台海底系固装置

23 舵设备

231 舵设备(舵结构图、舵装置图、舵杆、舵承)

232 操舵系统及设备

234 特种舵设备(喷管、旋转喷口、气道阀门)

24 起货、桅樯及信号设备

241 起重设备(包括起重柱、门桅、人字桅、桁架桅、V 形桅、兼作通风用的起重柱、吊货

杆、起货索具、回转起重机及其承座)

242　桅墙设备(雷达桅、信号桅、灯桅、三脚桅、无线桅、艏楼旗杆、可倒桅、前后顶桅、旗杆)

26　舱面属具

261　窗、舷窗及其装置(舷窗、矩形方窗、百叶窗、纱窗、甲板窗、旋转式视窗、机舱天窗、启闭装置、烟囱百叶窗及其关闭装置、遮光板、摇窗及摇窗机构)

262　特种门及其装置(艏门、艉门、水密门(轻、重型)、防火门、屏蔽门、气密门、水密滑门、液压门、卷帘门、加压舱耐压门、波门)

263　普通门(轻便门、非水密门、移门、滑门、电动移门、钢丝网门、舷墙门、栅栏门等)

264　舷梯及其装置(舷墙挂梯、引水喷梯、读吃水梯、舷梯和舷梯吊架、翻梯装置)

265　小舱口盖、出入口(人孔盖、埋入式人孔盖、升降口、出入口、平甲板小舱口、液舱开口盖、油舱清扫孔盖、露天棚盖、带安全棚的开口盖、烟囱防雨装置、天窗盖、逃口盖、通气舱口盖、渔舱口盖、装水孔盖、污水井盖、箱柜手孔盖和舷墙流水孔盖)

266　舱口盖及其装置(货舱口盖、液压舱口盖、压紧装置、特殊密封装置、安全保险装置、舱盖液压顶升、关闭系统)

267　天幕、栏杆、梯[风暴索、晒衣索的装置及扶手、室外斜(直)梯、货舱梯、油舱梯(不包括机舱内的各种梯)]

268　天桥、飞桥、防风围壁(包括桥楼挡风幕、挡风玻璃、导风板)

27　救生设备和消防设备(不包括机舱内的消防设备)

271　艇和艇装置(开敞式救生艇、封闭式救生艇、工作艇(金属、木质、玻璃钢)、艇内设备(艇机、艇内备品、艇罩及承梁支索)、吊艇架、吊艇基架、脱钩装置(自动分离)、快速挂钩装置、风帆装置)

272　救生工具及其装置(各种救生筏及筏架、救生浮、救生圈及架(包括浮灯)、救生凳、救生衣及存放架、救生信号装置、救生筏自动释放装置)

273　特种救生设备(防毒式救生艇、耐火救生艇、救助艇、救生筒和救生钟)

274　应急救生用具(救生浮标、氧气瓶、应急用具)

275　消防设备[手提式灭火器及架、水桶及沙箱、可携式手摇泵(或机动泵)、太平斧等以及消防员装备(不包括机舱内的消防设备)]

28　渔捞工程船、调查船等特种设备

281　渔捞设备(渔捞机、尾部长滚筒、网板架、围网盘、挡鱼板、起网用各种导索滑轮)

282　挖泥设备(挖掘机械、构架(如 A 形架、门形架)和排吸泥系统操纵等设备、定位绞车)

283　起重、打桩、钻探设备(浮吊、救助驳的回转吊车、高架吊车等起重机械、构架、操纵设备、波浪补偿装置、工程船液压绞车)

285　海洋调查测量设备(各种深水绞车、采样、采水设备、机械手)

29　其他设备

291　布设船、抛锚船、航标艇、浮标船等吊柱设备(布置浮筒等水上建筑物用的船的吊柱设备)

3　舱室详细设计

301　计算书、说明书和技术条件

303 全船性甲板和舱室设备

308 设备订货明细表(设备、材料、供应品等明细表)

31 居住舱室和公共处所

311 船员舱(包括船东、调查作业人员、实习生、引水员、有关机构驻船代表的住舱)

312 客舱

313 公共处所(俱乐部、餐厅、会议室、贵宾室、妇婴休息室、图书阅览室、酒吧间、舞厅、小卖部)

32 仓库和伙食舱室

321 船舶和帆缆部分材料仓库(被服库、服务用品仓库、帆缆仓库、水手用品仓库)

324 特种仓库(油漆间、灯间、标本仓库)

325 特种炉灶、热水锅炉、厨房烟囱、厨房升降盘、厨具等

326 伙食舱室、食品仓库(厨房、配膳间、食品冷藏室、厨房仓库及其搁架)

34 工作舱室

341 甲板室和驾驶台(包括舵机室、机舱集控室、驾驶室、海图室、卫星导航室、报务室、应急电台、电罗经室、电传室、雷达室、蓄电池室、电子计算机室)

342 机舱舱室(机舱物料间、污衣间)

345 修配间、实验室和摄影室(包括暗室)

346 办公室、资料室

347 医务室(手术室、病室、隔离病室、太平间)

348 生活卫生间(浴室、洗衣室、烘干室、理发室、盥洗室、厕所)

35 舱室绝缘板及其结构

355 防火结构典型图

38 舱室木质结构

381 活动地板和格子板(锚链舱、深舱、厨房、配膳间、浴室、厕所、洗衣室、烘干室、货舱及甲板上的木格栅)

383 舱室木围壁和木质门(包括金属骨架)

385 船体木作(包括船舱木护板、货舱木挡板、锚链舱的护条和木质量底座)

39 油漆涂料、绝缘和其他

391 船体和船底漆前清理和油漆(液舱和小舱壁内外面的清理、油漆和粉刷及舱柜水泥)

392 舱室绝缘和甲板敷料(格栅和壳板、舱底水泥、沥青、陶瓷砖和化纤地毯、甲板流水沟及甲板机械基座敷设水泥)

393 舱室及其设备的涂漆(舱壁、甲板、天花板设备、机械、管路和系统的涂漆)

附录二　造船船舶布置图中元件表示法（GB/T3894—2008/ISO1964:1987 摘录）

附表 2－1　舱壁（围壁）、舱壁板和舱壁孔的一般符号

名称	图形符号	名称	图形符号
A 级防火分隔	A60[a]，A30，A15，A0	金属舱壁或围壁	
B 级防火分隔	B15，B0，30	木质或其他非金属舱壁或围壁	
C 级防火分隔	C	预制隔板（如多孔板、金属格栅、金属网）	
绝缘		帘	
油密	○ ○ ○	有绝缘的金属舱壁	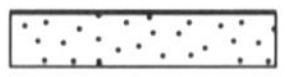

附表 2－2　门窗符号

名称		图形符号	名称		图形符号
铰链门	金属		侧开铰链窗	外开	
	非金属			内开	
双节铰链门	金属		固定方窗		
	非金属		水平移窗		
自闭铰链门	金属		铰链舷窗	上开或下开	
	非金属			侧开	

附表 2－2(续)

名称		图形符号	名称	图形符号
水平移门	金属		垂直移窗	
	非金属		固定舷窗	
弹簧门		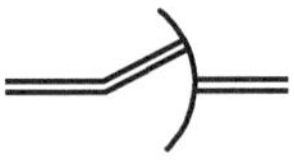	有衬板舱壁上的侧开舷窗 *	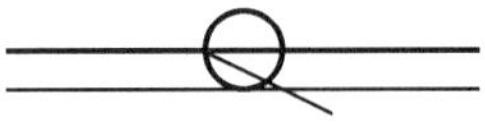

附表 2－3　舱室家具符号

名称	图形符号	名称	图形符号
架子	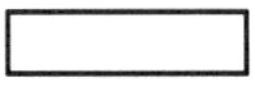	抽屉	
多层架子	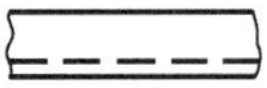	双层抽屉	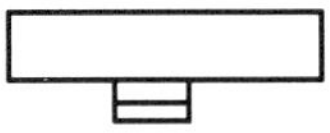
铰链架、铰链座或铰链桌	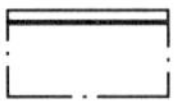	文件架	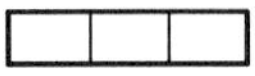
铰链门		有文件架的写字台 *	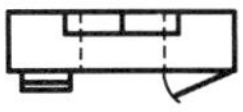
移门		有储藏柜、抽屉和敞开架的碗柜 *	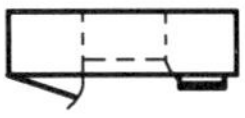
高衣柜 *	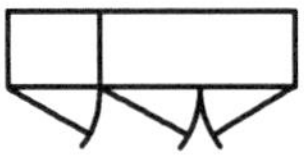	有镜子的梳妆台 *	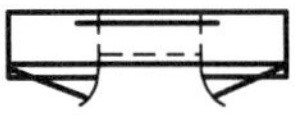
单人床	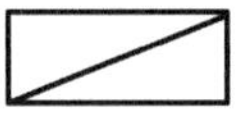	折叠床	
双层床		双人床	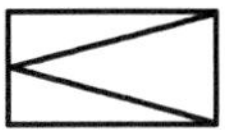

附表 2－3(续)

名称	图形符号	名称	图形符号
床头柜		上铺可折叠的双层床	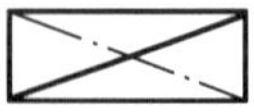
有柜和抽屉的单人床 *		双排床	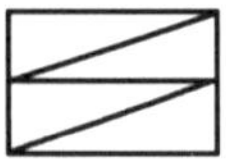
长凳或普通座位	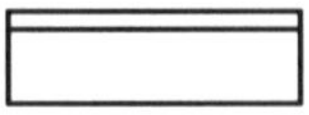	普通座椅	 或 
有垫座位或沙发	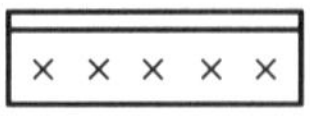	带扶手的有垫座椅	 或 
圆凳		转椅	

附表 2－4 卫生、厨房和洗衣间设备符号

名称	图形符号	名称	图形符号
洗脸盆等冷热水供应		淋浴喷头	
冷水供应		盥洗盆	
独立式浴缸	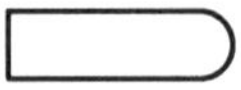	嵌入式浴缸	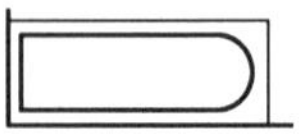
坐浴浴盆		下身浴盆	
有冷热水供应的盥洗盆 *		有淋浴喷头的嵌入式浴缸 *	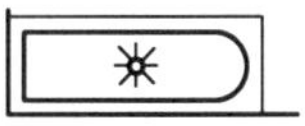

附表 2－4(续)

名称	图形符号	名称	图形符号
有淋浴喷头的坐浴浴盆 *	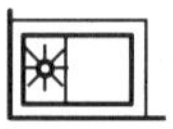	带有泄水板洗涤装置 *	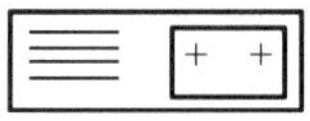
抽水马桶		蹲式便器	
小便池　平背式		有碗柜和架子的洗涤装置 *	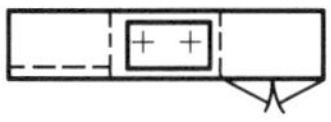
小便池　角式			
燃煤炉灶	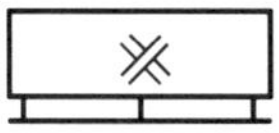	燃油炉灶	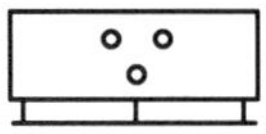
电炉灶	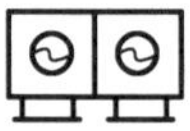	煤箱	
砧板		和面机	
揉面槽		土豆削皮器	
汤锅		洗衣机	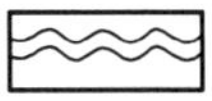
面包炉	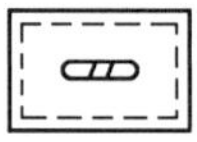	小型洗衣机	
熨衣机	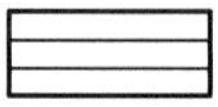	熨斗	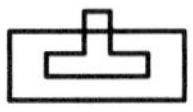

附表2-5　修理间、航行设备符号

名称	图形符号	名称	图形符号
带台钳的工作台	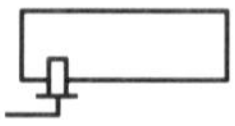	砂轮机 手动	
车床	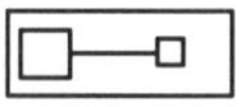	砂轮机 机动	
立式钻床		带隔板和箱柜的工作台 *	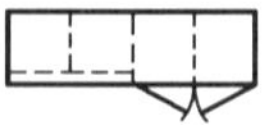
操舵仪		磁罗经	
雷达显示器	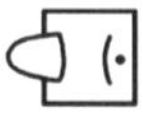	主电罗经	
分电罗经		传话桶	
雷达扫描仪		闭路电视摄像机	
雷达收发两用器		探照灯	
桅灯 俯视图		尾灯 俯视图	
桅灯 侧视图	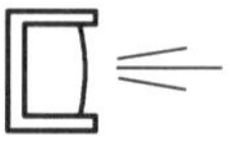	尾灯 侧视图	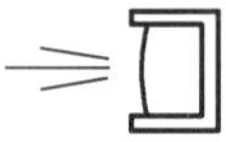
左舷灯 俯视图		右舷灯 俯视图	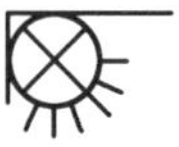
左舷灯 侧视图	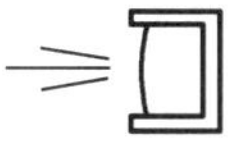	右舷灯 侧视图	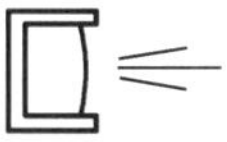

附表 2-6　甲板设备符号

名称	图形符号		名称	图形符号	
双柱带缆桩	俯视图		单十字带缆桩	俯视图	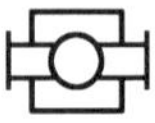
	侧视图	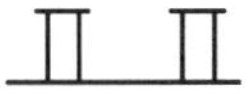		侧视图	
导缆钳	俯视图	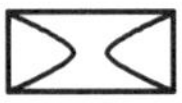	闭式导缆钳	俯视图	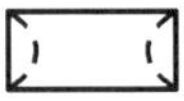
	侧视图			侧视图	
独立竖式滚轮	俯视图		单滚轮导缆钳	俯视图	
	侧视图	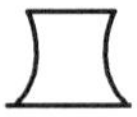		侧视图	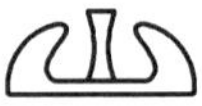
多滚轮导缆钳	俯视图		卧式蒸汽锚机 *	俯视图	
	侧视图			侧视图	
起艇绞车	手动		电动起货绞车 *	俯视图	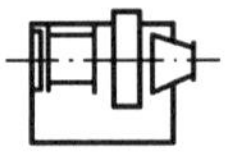
	机动	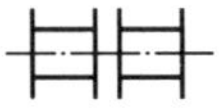		侧视图	
导缆孔			缆绳卷筒	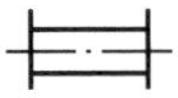	
手动缆绳绞车	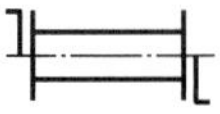		起货绞车 * *	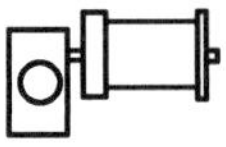	
起锚机 * *	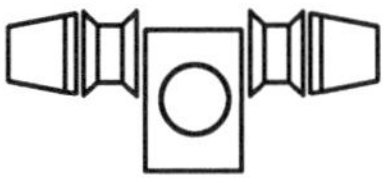		起锚绞盘 * *		

附表 2-6(续)

名称	图形符号	名称	图形符号
绞缆绞车＊＊		系泊绞车＊＊	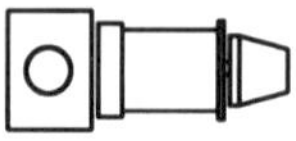
自动系泊绞车＊＊	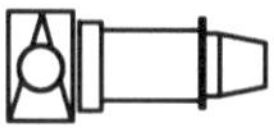	救生艇绞车＊＊	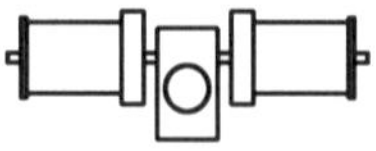

附表 2-7　梯、舷墙等的符号

名称	图形符号	名称	图形符号
向上梯	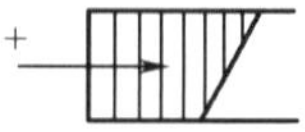	独立的向上梯	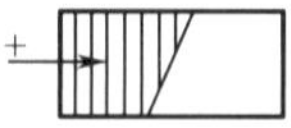
下面有房间的向上梯	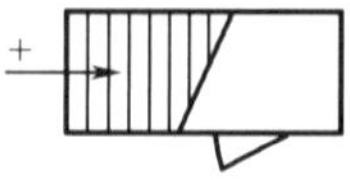	从下层上来的梯	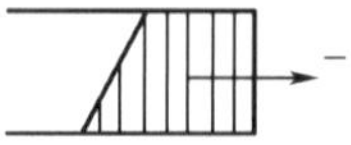
叠加梯		自动梯	
电梯		表示了甲板开口的从下层上来的梯	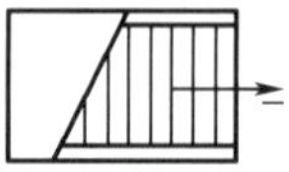
固定栏杆，符号可表示栏杆数目	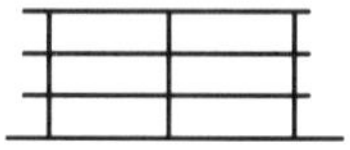	链条栏杆，符号可表示链条数目	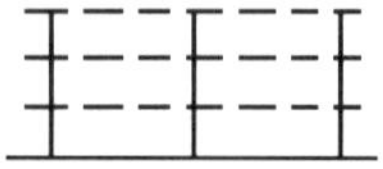
木质舷墙	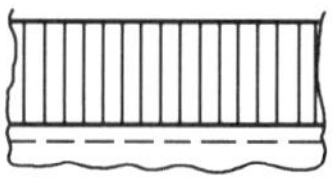	有出水口的舷墙上	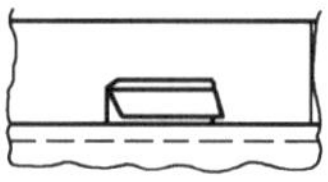

附表 2-8　舱口和舱口盖的符号

名称	图形符号	名称	图形符号
带盖甲板孔		带盖人孔	

附表 2－8(续)

名称	图形符号	名称	图形符号
带盖检修舱口	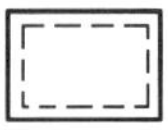	带盖手孔	
无盖舱口	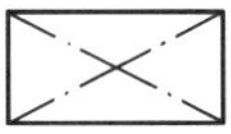	金属舱口盖	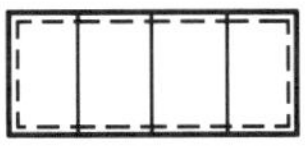
带(金属或木质)滑动盖的舱口	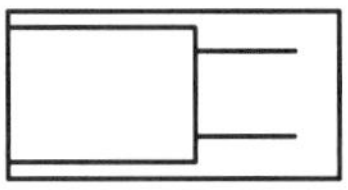	木质舱口盖	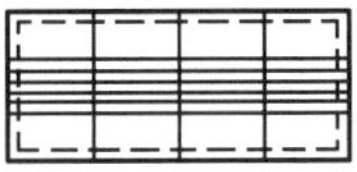
天窗(按形状表示)	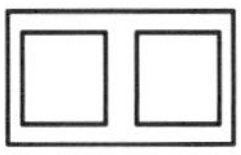	端部有门及滑动盖的升高舱口 *	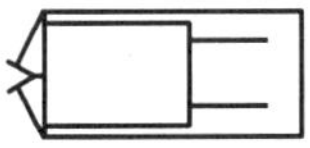

附表 2－9　救生设备的符号(船舶布置图图形符号 GB3894.6—84 摘录)

名称	图形符号	名称	图形符号
救生圈		带救生浮索救生圈	
带自亮浮灯救生圈	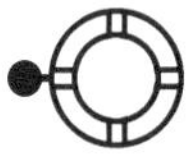	救生浮	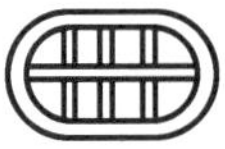
气胀式救生筏	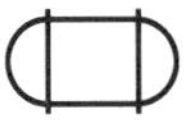	救生衣	
可吊救生筏	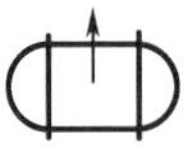	刚性救生筏	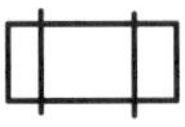
划桨救生艇		机动救生艇	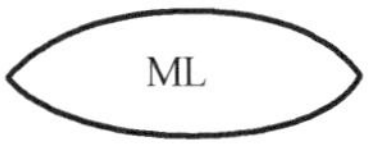
全封闭救生艇	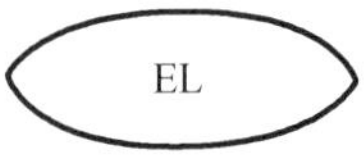	自备空气系统救生艇	

附表 2-9(续)

名称	图形符号	名称	图形符号
耐火救生艇		工作艇	
救助艇	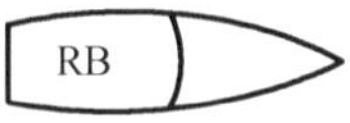	抛绳器具	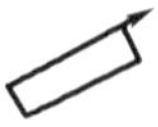
救生(助)艇	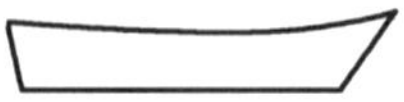 (供选侧视图用)	宜昌舢板	

附表 2-10　起货设备的符号(船舶布置图图形符号 GB3894.9—86 摘录)

名称	图形符号	名称	图形符号
套环		卸扣	 或 
索节		椭圆眼环	
链条		钢索	
圆环	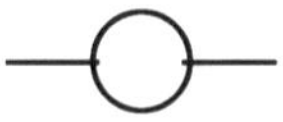	“C”形吊钩	
回转起重机		吊杆控制台	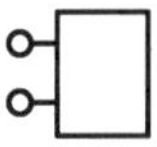
机动绞车	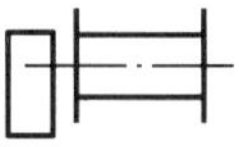	吊杆座	
“山”字形吊钩		三角眼板	

附表 2-10(续)

名称	图形符号	名称	图形符号
三角吊环		羊角	 或 

注:①表中带有“ * ”的设备符号为组合实例图形;

②表中带有“ * * ”的机械设备图形符号系从《造船及海上结构物甲板机械术语和符号》(GB/T3893—2008/ISO/FDIS3828:2007)摘录。

附表 3－1　钢板的尺寸和质量（GB709—88 摘录）

钢板公称厚度	700	710	750	800	850	900	950	1000	1100	1250	1400	1420	1500	1600	1700	1800	1900	2000	2100	2200	2300	1400	2500	2600	2700	2800	2900	3000	3200	3400	3600	理论质量/(kg/m^2)
	按下列钢板宽度的最小和最大长度																															
4	2000	2000	2000	2000	2000	2000	2000	2000	2000	2000	2000	2000	2000	2000	2000	2000	2000															31.400
4.5																		—	—	—	—	—	—	—	—	—	—	—	—	—	—	35.325
5	6000	6000	6000	6000	6000	6000	6000	6000	6000	6000	6000	6000	6000	6000	6000	6000	6000															39.250
6	2000	2000	2000	2000	2000	2000	2000	2000	2000	2000	20 m	2000	2000	2000	2000	2000	2000	—	—	—	—	—	—	—	—	—	—	—	—	—	—	47.100
7	6000	6000	6000	6000	6000	6000	6000	6000	6000	6000	6000	6000	6000	6000	6000	6000	6000															54.950
8	2000	2000	2000	2000	2000	2000	2000	2000	2000	2000	2000	2000	300	300	300	300	300	300	300	300	300	400	400									62.800
9																								—	—	—	—	—	—	—	—	70.650
10	6000	6000	6000	6000	6000	6000	6000	6000	6000	6000	6000	6000	1200	1200	1200	1200	1200	1200	1200	1200	1200	1200	1200									78.500
11								2000	2000	2000	2000	2000	2000	3000	3000	1000	3000	3000	3000	3000	3000	4000	4000									86.350
12	—	—	—	—	—	—	—																		—	—	—	—	—	—	—	
								600	600	600	600	600	12000	12000	12000	12000	12000	10000	10000	10000	900	900	900									94.200
13																																102.050
14																																109.900
15								2500	2500	2500	2500	2500	300	300	3500	400	400	400	4500	4500	4500	400	400	3500	3500	3500						117.750
16																																125.600
17																																133.450
19	—	—	—	—	—	—	—																				—	—	—	—		141.300
19																																149.150
20																																157.000
21								6500	65000	12000	12000	12000	12000	11000	11000	10000	10000	10000	9000	9000	9000	9000	9000	9000	8200	8200						164.850
22																																172.700
25																																196.250
26																																204.100
28										2500	2500	25000	3000	3000	3500	3500	4000	4000	4000	4500	4500	4000	4000	3500	3500	3500	3000	3000	3400	3200	3600	219.900
30																																235.500
32	—	—	—	—	—	—	—	—	—																							251.200
34																																266.900
36										2000	2000	2000	12000	2000	2000	12000	2000	12000	12000	12000	12000	11000	11000	10000	10000	10000	10000	9500	9500	9500	9500	298.300
38																																314.000
40																																282.600

注：理论重量由编者加上，按 7.8 g/cm^3计

附录三　船体常用钢板、型钢的尺寸和质量

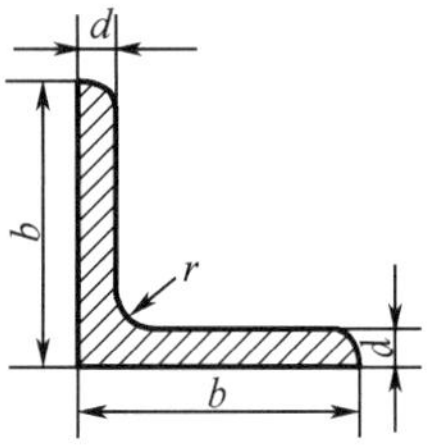

附表 3-2　等边角钢的尺寸和重量(GB/T706—2008 摘录)

型号	尺寸/mm			截面面积 /cm^2	理论质量 /(kg/m)
	b	d	r		
2	20	3	3.5	1.132	0.889
		4		1.459	1.145
2.5	25	3		1.432	1.124
		4		1.859	1.459
3	30	3	4.5	1.749	1.373
		4		2.276	1.786
3.6	36	3		2.109	1.656
		4		2.756	2.163
		5		3.382	2.654
4	40	3	5	2.359	1.852
		4		3.086	2.422
		5		3.791	2.976
4.5	45	3		2.659	2.088
		4		3.486	2.736
		5		4.292	3.369
		6		5.076	3.985
5	50	3	5.5	2.971	2.332
		4		3.897	3.059
		5		3.803	3.770
		6		5.688	4.465

附表 3－2(续 1)

型号	尺寸/mm			截面面积/cm²	理论质量/(kg/m)
	b	*d*	*r*		
5.6	56	3	6	3.343	2.624
		4		4.390	3.446
		5		5.415	4.251
		6		6.420	5.040
		7		7.404	5.812
		8		8.367	6.568
6	60	5	6.5	5.829	4.576
		6		6.914	5.427
		7		7.977	6.262
		8		9.020	7.081
6.3	63	4	7	4.978	3.907
		5		6.143	4.822
		6		7.288	5.721
		7		8.412	6.603
		8		9.515	7.469
		10		11.657	9.151
7	70	4	8	5.570	4.372
		5		6.875	5.397
		6		8.160	6.406
		7		9.424	7.398
		8		10.667	8.373
7.5	75	5	9	7.412	5.818
		6		8.797	6.905
		7		10160	7.976
		8		11.053	9.030
		9		12.825	10.068
		10		14.126	11.089
8	80	5		7.912	6.211
		6		9.397	7.376
		7		10.860	8.525
		8		12.203	9.658

附表 3－2(续2)

型号	尺寸/mm			截面面积/cm²	理论质量/(kg/m)
	b	*d*	*r*		
		9		13.725	10.774
		10		15.126	11.874
9	90	6	10	10.637	8.350
		7		12.301	9.656
		8		13.944	10.946
		9		15.566	12.219
		10		17.167	13.476
		12		20.306	15.940
10	100	6	12	11.932	9.366
		7		13.796	10.830
		8		15.638	12.276
		9		17.462	13.708
		10		19.261	15.120
		12		22.800	17.898
		14		26.256	20.611
		16		29.627	23.257
11	110	7		15.196	11.928
		8		17.238	13.535
		10		21.261	16.690
		12		25.200	19.782
		14		29.056	22.809
12.5	125	8	14	19.750	15.504
		10		24.373	19.133
		12		28.912	22.696
		14		33.367	26.193
		16		37.739	29.625
14	140	10		27.373	21.488
		12		32.512	25.522
		14		37.567	29.490
		16		42.539	33.393

附表 3-2(续3)

型号	尺寸/mm			截面面积/cm²	理论质量/(kg/m)
	b	d	r		
15	150	8		23.750	18.644
		10		29.373	23.058
		12		34.912	27.406
		14		40.367	31.688
		15		43.063	33.804
		16		45.739	35.905
16	160	10	16	31.502	24.729
		12		37.441	29.391
		14		43.296	33.987
		16		49.067	38.518
18	180	12		42.241	33.159
		14		48.896	38.383
		16		55.467	43.542
		18		61.055	48.634
20	200	14	18	54.642	42.894
		16		62.011	48.680
		18		69.301	54.401
		20		76.505	60.056
		24		90.661	71.168
22	220	16	21	68.664	53.901
		18		76.752	60.250
		20		84.756	66.533
		22		92.676	72.751
		24		100.512	78.902
		26		108.264	84.987
25	250	18	24	87.842	68.956
		20		97.045	76.180
		24		115.201	90.433
		26		124.154	97.461
		28		133.022	104.422
		30		141.807	111.318
		32		150.508	118.149
		35		163.402	128.271

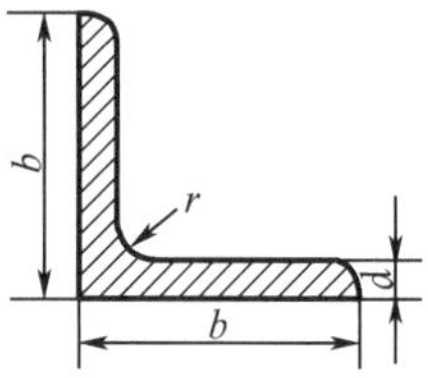

附表 3-3　不等边角钢的尺寸和重量(GB/T706—2008 摘录)

型号	截面尺寸/mm				截面面积 /cm^2	理论质量 /(kg/m)
	B	*b*	*d*	*r*		
2.5/1.6	25	16	3	3.5	1.162	0.912
			4		1.499	1.176
3.2/2	32	20	3		1.492	1.171
			4		1.939	1.522
4/2.5	40	25	3	4	1.890	1.484
			4		2.467	1.936
4.5/2.8	45	28	3	5	2.149	1.687
			4		2.806	2.203
5/3.2	50	32	3	5.5	2.431	1.908
			4		3.177	2.494
5.6/3.6	56	36	3	6	2.743	2.153
			4		3.590	2.818
			5		4.415	3.466
6.3/4	63	40	4	7	4.058	3.185
			5		4.993	3.920
			6		5.908	4.638
			7		6.802	5.339
7/4.5	70	45	4	7.5	4.547	3.570
			5		5.609	4.403
			6		6.647	5.218
			7		7.657	6.011
7.5/5	75	50	5	8	6.125	4.808
			6		7.260	5.699
			8		9.467	7.431
			10		11.590	9.098

附表 3-3(续 1)

型号	截面尺寸/mm				截面面积/cm²	理论质量/(kg/m)
	B	b	d	r		
8/5	80	50	5		6.375	5.005
			6		7.560	5.935
			7		8.724	6.848
			8		9.867	7.745
9/5.6	90	56	5	9	7.212	5.661
			6		8.557	6.717
			7		9.880	7.756
			8		11.183	8.779
10/6.3	100	63	6	10	9.617	7.550
			7		11.111	8.722
			8		12.534	9.878
			10		15.467	12.142
10/8	100	80	6		10.637	8.350
			7		12.301	9.656
			8		13.944	10.946
			10		17.167	13.476
11/7	110	70	6	10	10.637	8.350
			7		12.301	9.656
			8		13.944	10.946
			10		17.167	13.476
12.5/8	125	80	7	11	14.096	11.066
			8		15.989	12.551
			10		19.712	15.474
			12		23.351	18.330
14/9	140	90	8	12	18.038	14.160
			10		22.261	17.475
			12		26.400	20.724
			14		30.456	23.908

附表 3-3(续 2)

型号	截面尺寸/mm				截面面积/cm²	理论质量/(kg/m)
	B	*b*	*d*	*r*		
15/9	150	90	8	12	18.839	14.788
			10		23.261	18.260
			12		27.600	21.666
			14		31.856	25.007
			15		33.952	26.652
			16		36.027	28.281
16/10	160	100	10	13	25.315	19.872
			12		30.054	23.592
			14		34.709	27.247
			16		39.281	30.835
18/11	180	110	10	14	28.373	22.273
			12		33.712	26.440
			14		38.967	30.589
			16		44.139	34.649
20/12.5	200	125	12		37.912	29.761
			14		43.867	34.436
			16		49.739	39.045
			18		56.526	43.588

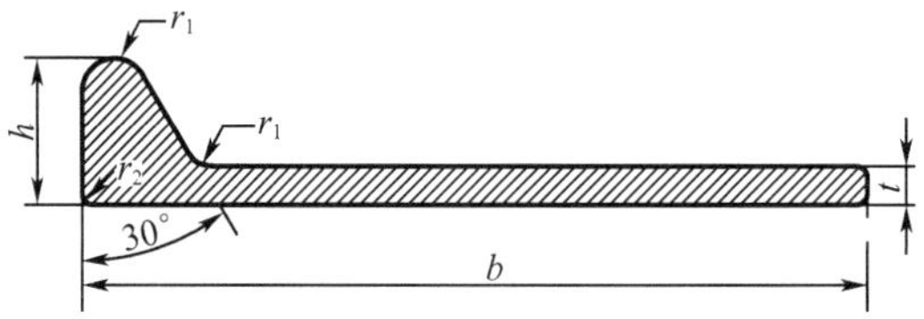

附表 3-4　球扁钢的尺寸和重量(CB/T9945—2012 摘录)

型号	公称尺寸/mm				截面面积/cm²	理论质量/(kg/m)
	B	*b*	*d*	r_1		
80×5	80	5	19	4	5.41	4.25
80×6	80	6	20	4	6.21	4.88
100×7	100	7	22.5	4.5	8.74	6.86
100×8	100	8	23.5	4.5	9.74	7.65

附表 3－4(续 1)

型号	公称尺寸/mm				截面面积 /cm^2	理论质量 /(kg/m)
	B	*b*	*d*	r_1		
100×6	120	6	23	5	9.32	7.32
100×7	120	7	24	5	10.52	8.26
100×8	120	8	25	5	11.72	9.20
140×7	140	7	26	5.5	12.43	9.75
140×8	140	8	27	5.5	13.83	10.85
140×10	140	9	29	5.5	16.63	13.05
160×7	160	7	29	6	14.60	11.46
160×8	160	8	30	6	16.20	12.72
160×9	160	9	31	6	17.80	13.97
160×11	160	11	33	6	21.00	16.49
180×8	180	8	33	7	18.86	14.80
180×9	180	9	34	7	20.66	16.22
180×10	180	10	35	7	22.46	17.63
180×11	180	11	36	7	24.26	19.04
200×9	200	9	37	8	23.66	18.57
200×10	200	10	38	8	25.66	20.14
200×11	200	11	39	8	27.66	21.71
200×12	200	12	40	8	29.66	23.28
220×10	220	10	41	9	29.00	22.77
220×11	220	11	42	9	31.20	24.50
220×12	220	12	43	9	33.40	26.22
240×10	240	10	44	10	32.49	25.50
240×11	240	11	45	10	34.89	27.39
240×12	240	12	46	10	37.29	29.27
260×10	260	10	47	11	36.11	28.35
260×11	260	11	48	11	38.71	30.39
260×12	260	12	49	11	41.31	32.43
280×11	280	11	51	12	42.68	33.50
280×12	280	12	52	12	45.48	35.70
280×13	280	13	53	12	48.28	37.90
300×11	300	11	54	13	46.78	36.70
300×12	300	12	55	13	49.79	39.09
300×13	300	13	56	13	52.79	41.44

附表 3-4(续 2)

型号	公称尺寸/mm				截面面积/cm²	理论质量/(kg/m)
	B	*b*	*d*	r_1		
320×12	320	12	58	14	54.25	42.60
320×13	320	13	59	14	57.25	45.09
320×14	320	14	60	14	60.85	47.60
340×12	340	12	61	15	58.84	46.20
340×13	340	13	62	15	62.24	48.86
340×14	340	14	63	15	65.54	51.50
370×13	370	13	66.5	16.5	69.70	54.70
370×14	370	14	67.5	16.5	73.40	57.60
370×15	370	15	68.5	16.5	77.10	60.50
400×14	400	14	72	18	81.48	63.96
400×15	400	15	73	18	85.48	67.10
400×16	400	16	74	18	89.48	70.20
430×14	430	14	76.5	19.5	89.70	70.60
430×15	430	15	77.5	19.5	94.19	73.90
430×17	430	17	79.5	19.5	102.79	80.70
430×19	430	19	81.5	19.5	111.39	87.40
430×20	430	20	82.5	19.5	115.00	90.80

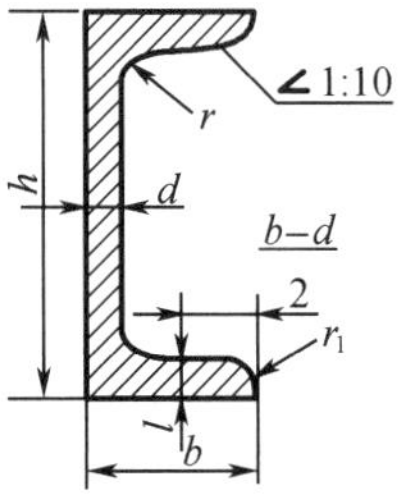

附表 3-5　槽钢的尺寸和质量(GB/T706—2008 摘录)

型号	截面尺寸/mm						截面面积/cm²	理论质量/(kg/m)
	h	*b*	*d*	*t*	*r*	r_1		
5	50	37	4.5	7.0	7.0	3.5	6.928	5.438
6.3	63	40	4.8	7.5	7.5	3.8	8.451	6.634
6.5	65	40	4.3	7.5	7.5	3.8	8.547	6.709
8	80	43	5.0	8.0	8.0	4.0	10.248	8.045
10	100	48	5.3	8.5	8.5	4.2	12.748	10.007

附表 3－5(续 1)

型号	截面尺寸/mm						截面面积 /cm^2	理论质量 /(kg/m)
	h	b	d	t	r	r_1		
12	120	53	5.5	9.0	9.0	4.5	15.362	12.059
12.6	126	53	5.5	9.0	9.0	4.5	15.692	12.318
14a	140	58	6.0	9.5	9.5	4.8	18.516	14.535
14b		60	8.0	9.5	9.5	4.8	21.316	16.733
16a	160	63	6.5	10.0	10.0	5.0	21.962	17.240
16b		65	8.5				25.162	19.732
18a	180	68	7.0	10.5	10.5	5.2	25.699	20.174
18b		70	9.0				29.299	23.000
20a	200	73	7.0	11.0	11.0	5.5	28.837	22.637
20b		75	9.0				32.837	25.777
22a	220	77	7.0	11.5	11.5	5.8	31.846	24.999
22b		79	9.0				36.246	28.453
24a	240	78	7.0	12.0	12.0	6.0	34.217	26.860
24b		80	9.0				39.017	30.628
24c		82	11.0				43.817	34.396
25a	250	78	7.0				34.917	27.410
25b		80	9.0				39.917	31.335
25c		82	11.0				44.917	35.260
27a	270	82	7.5	12.5	12.5	6.2	39.284	30.838
27b		84	9.5				44.684	35.077
27c		86	11.5				50.084	39.316
28a	280	82	7.5				40.034	31.427
28b		84	9.5				45.634	35.823
28c		86	11.5				51.234	40.219
30a	300	85	7.5	13.5	13.5	6.8	43.902	34.463
30b		87	9.5				49.902	39.173
30c		89	11.5				55.902	43.883
32a	320	88	8.0	14.0	14.0	7.0	48.513	38.083
32b		90	10.0				54.913	43.107
32c		92	12.0				61.313	48.131

附表 3 – 5(续 2)

型号	截面尺寸/mm						截面面积/cm^2	理论质量/(kg/m)
	h	b	d	t	r	r_1		
36a	360	96	9.0	16.0	16.0	8.0	60.910	41.814
36b		98	11.0				68.110	53.466
36c		100	13.0				75.310	59.118
40a	400	100	10.5	18.0	18.0	9.0	75.068	58.928
40b		102	12.5				83.068	65.208
40c		104	14.5				91.068	71.488

附录四　船体结构相贯切口与补板
（CB* 3182—83 摘录）

1. 直通型切口形式、代号和尺寸

(1) *CC*－1

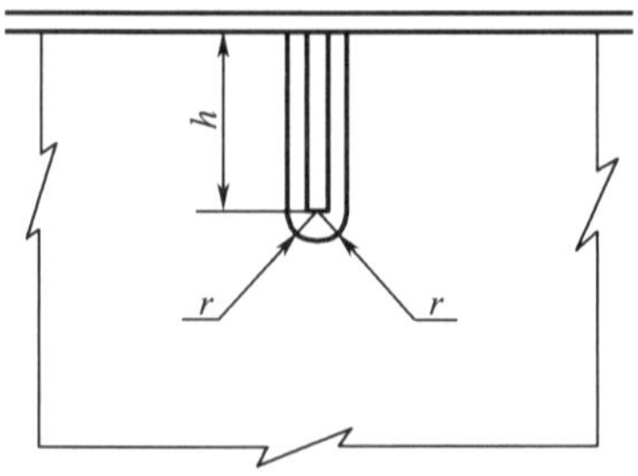

(2) *CC*－2

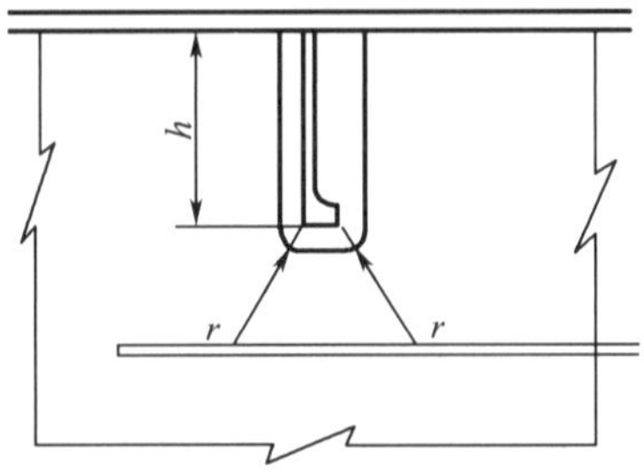

(3) *CC*－3

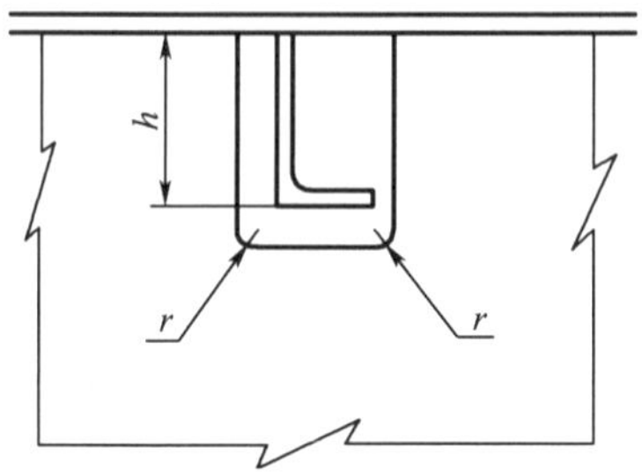

(4) *CC*－6

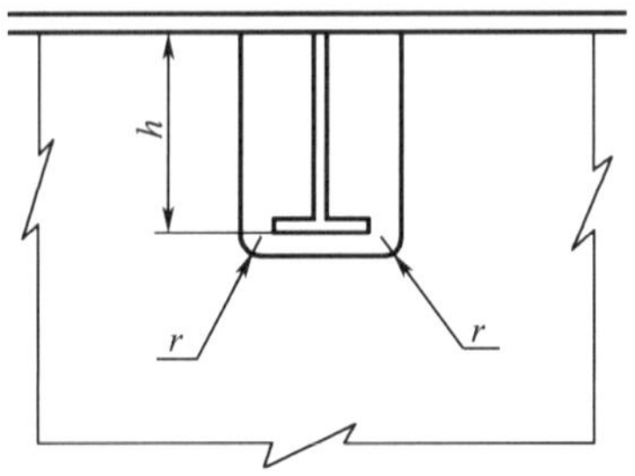

附表 4－1

h/mm	r/mm
<100	15
≥100	25

2. 腹板焊接型切口形式、代号和尺寸

(1) *CW*－1

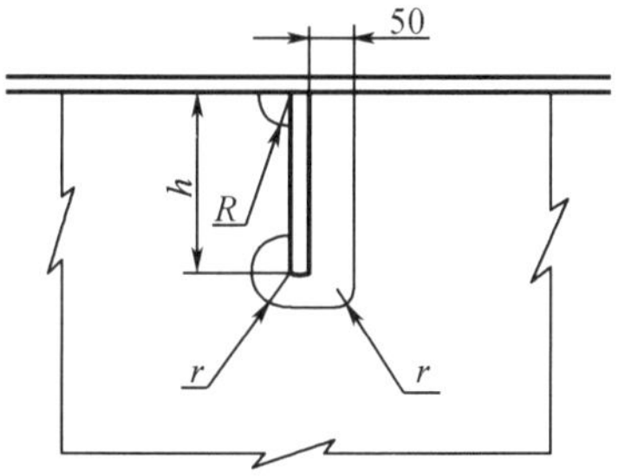

(2) *CW*－2

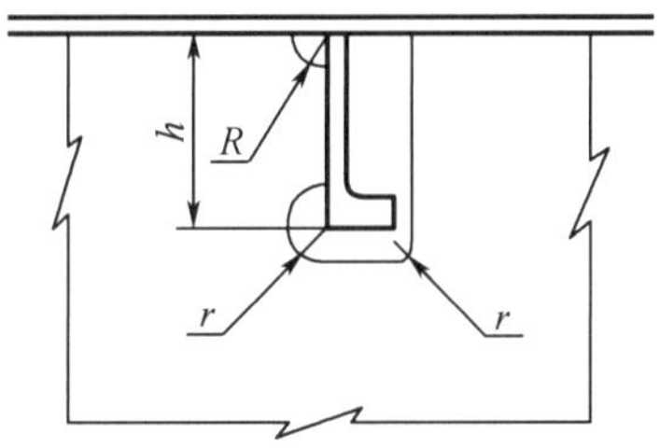

(3) CW−3

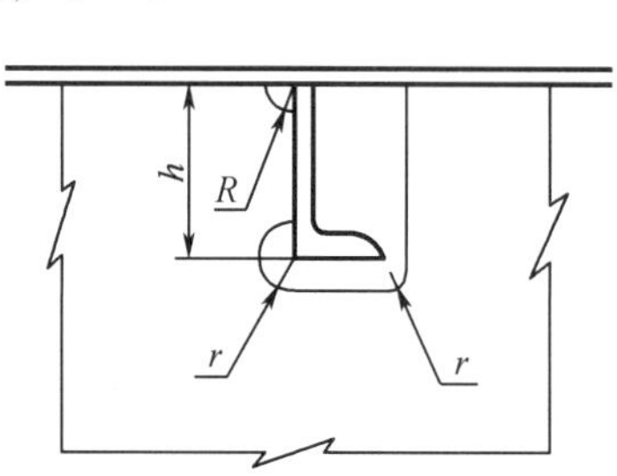

(4) CW−6

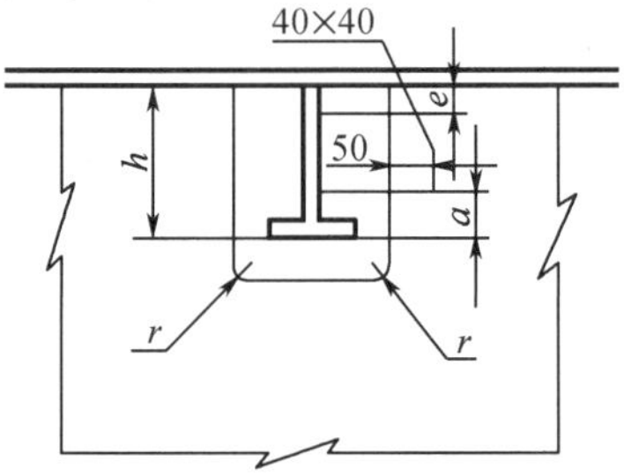

附表 4－2

h/mm	R/mm	r/mm
<100	—	15
100≤h<150	25	25
150≤h<250	35	25
≥250	50	25

注:h<100 时,R 用 CB＊3184－83 的通焊孔 WC 代替。

3. 非水密补板型切口形式与补板形式、代号和尺寸

(1) CN−1

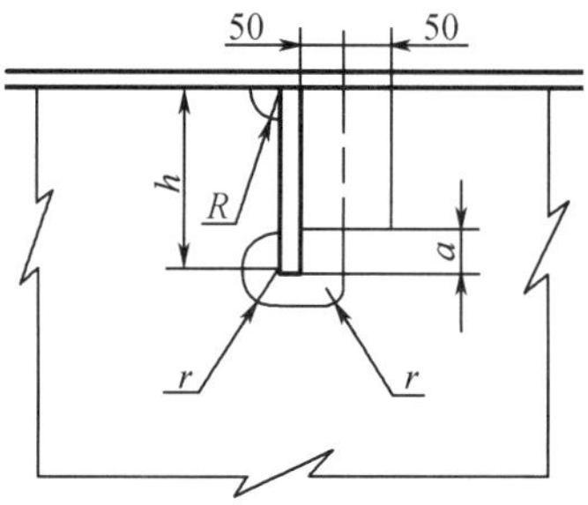

(2) CN−2

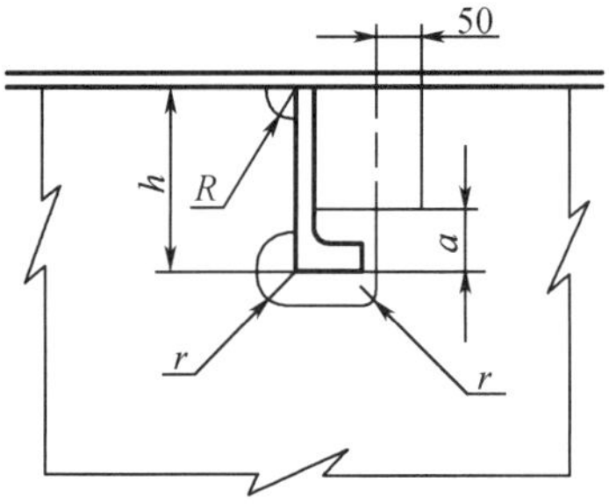

(3) CN−3

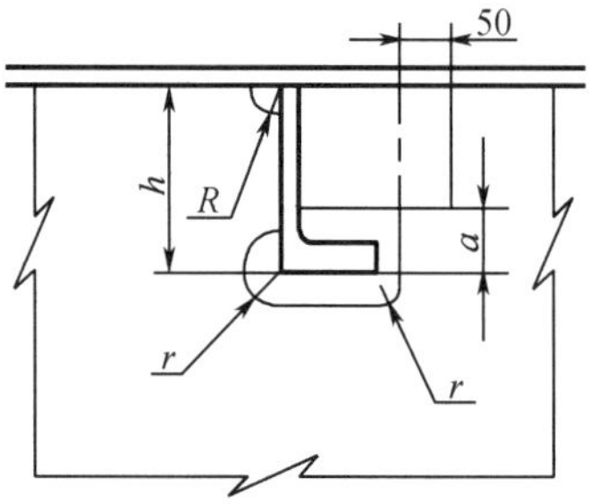

(4) CN−9

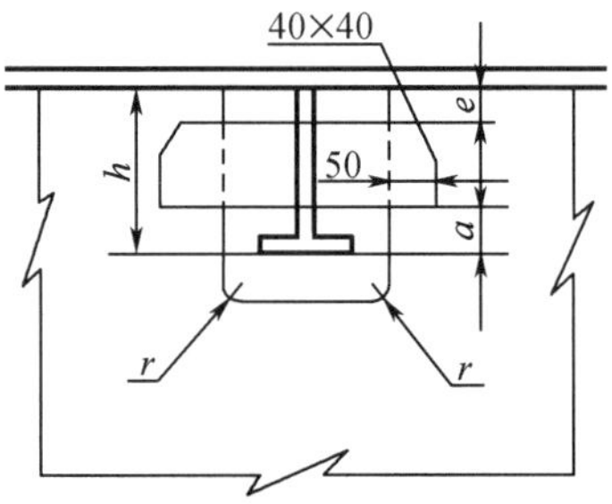

附表 4－3

h/mm	R/mm	r/mm	a/mm	e/mm
<100	—	15	0.2 h	—
100≤h<150	25	25	0.2 h	R
150≤h<250	35	25	0.2 h	R
≥250	50	25	0.2 h	R

注：h<100 时，R 用 CB＊3184－83 的通焊孔 WC 代替。

4. 水密补板型切口形式与补板形式、代号和尺寸

(1) $CT-1$

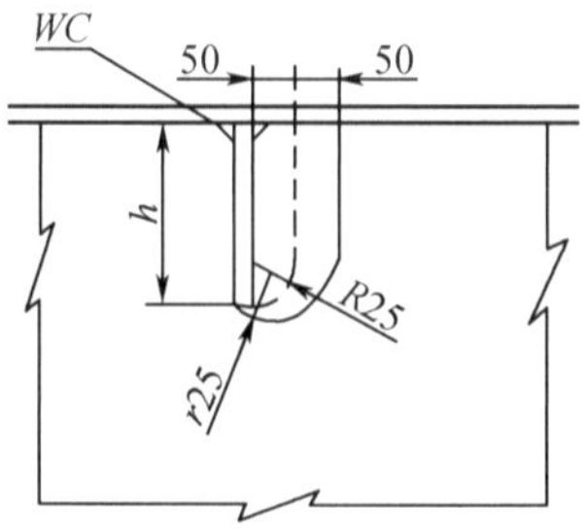

(2) $CT-2$

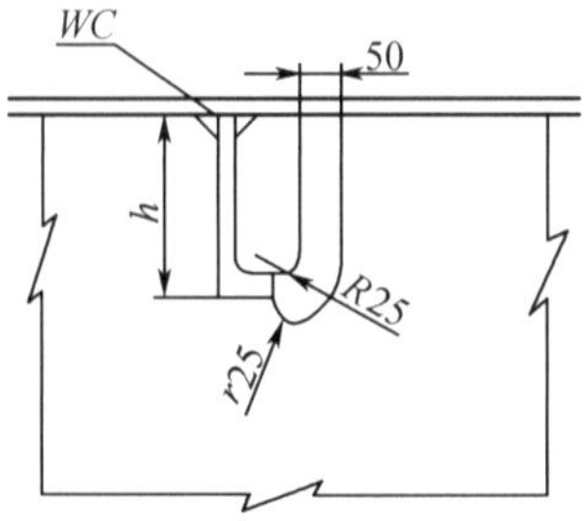

(3) $CT-3$

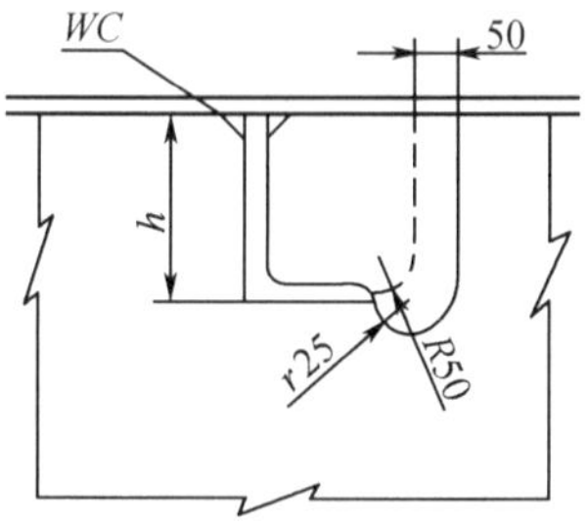

(4) $CT-4$

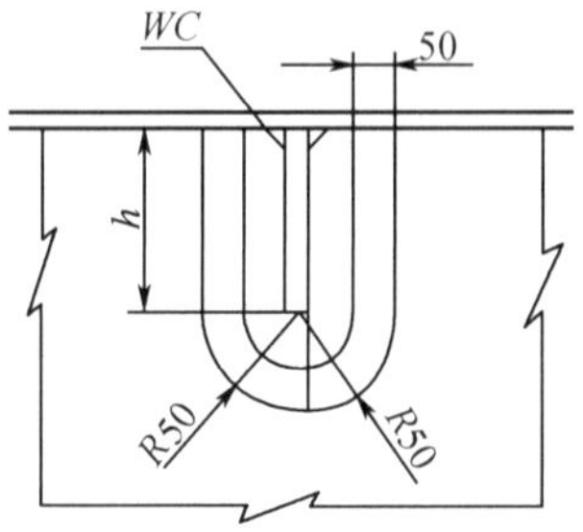

(5) $CT-5$

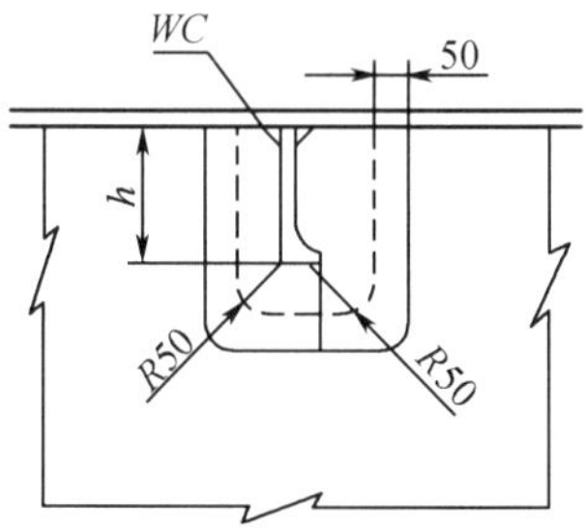

(6) $CT-6$

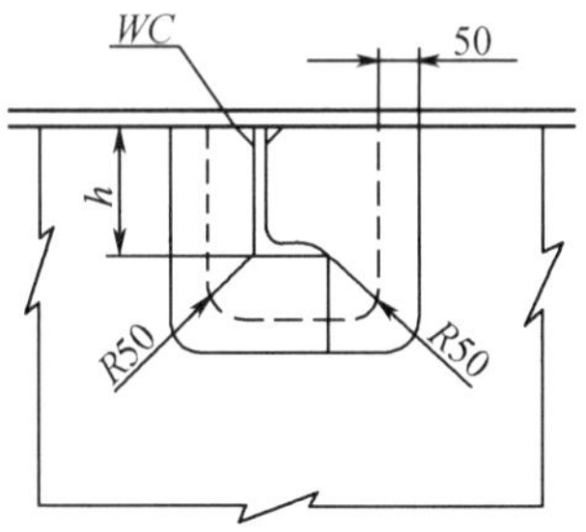

(7) $CT-7$

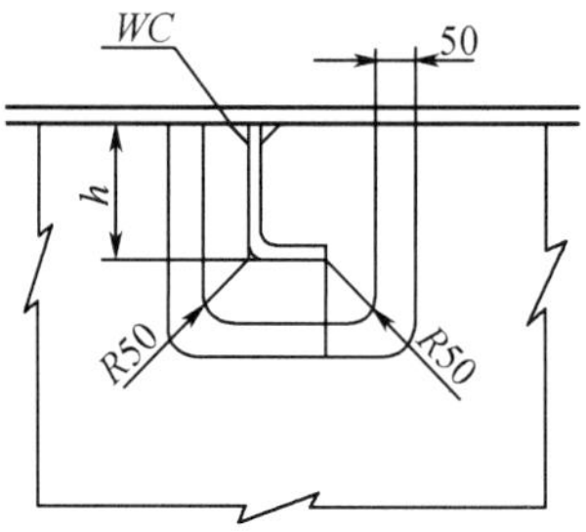

(8) $CT-9$

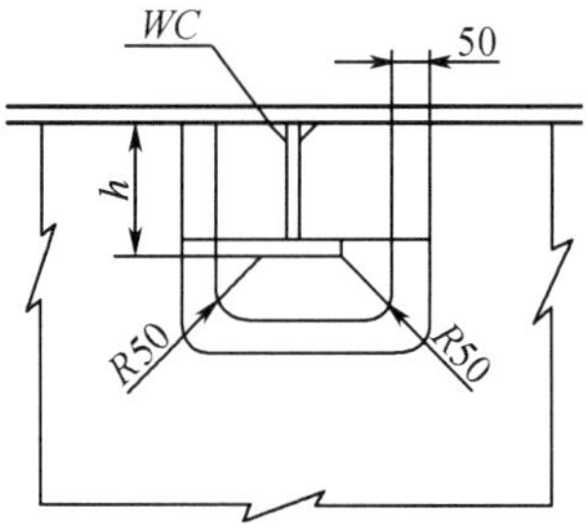

注 1:WC 为 CB＊3184－83 的通焊孔标准代号。

注 2:水密与非水密补板的厚度等于该切口处被穿过构件的腹板或壁板厚度。

附录五　船体结构型材端部形状
（CB* 3183—83 摘录）

附表 5－1　型材端部腹板和面板都切斜的形式和尺寸

序号	名称	代号	形式和尺寸	标记示例
1	角钢、折边材	SS	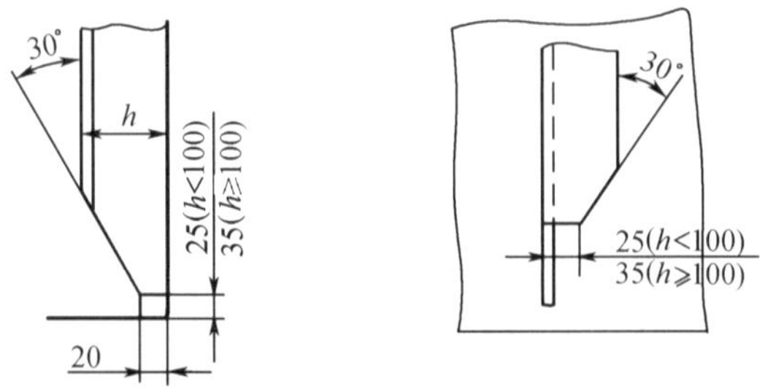	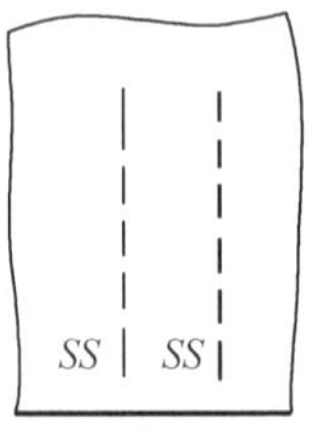
2	T型材和不对称T型材	SS	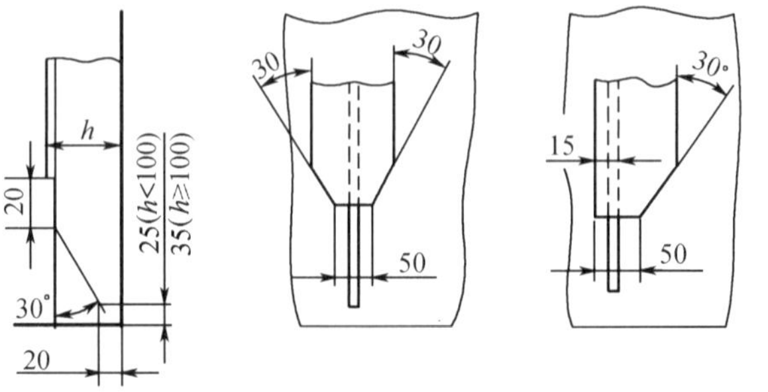	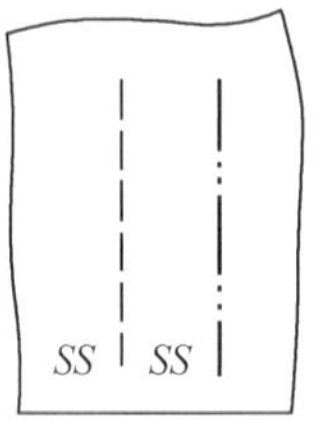

附表 5－2　型材端部腹板切斜的形式和尺寸

序号	名称	代号	形式和尺寸	标记示例
1	扁钢	S	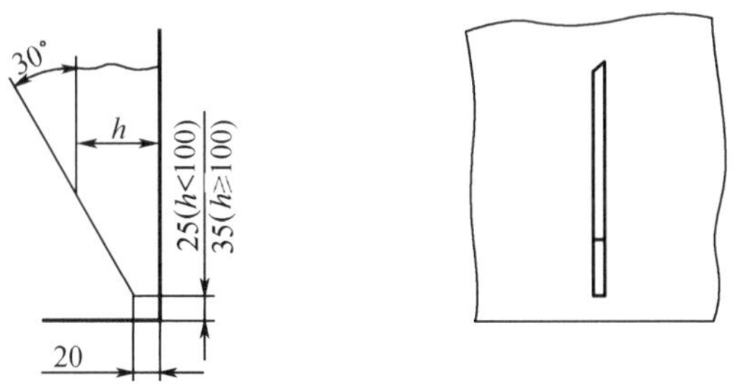	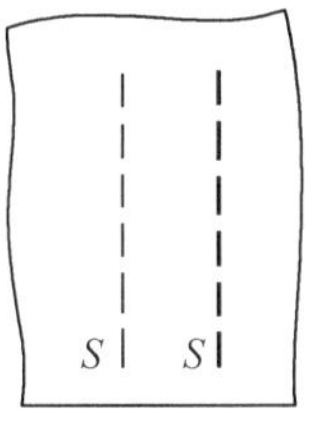

附表 5－2(续)

<table>
<tr><th>序号</th><th>名称</th><th>代号</th><th>形式和尺寸</th><th>标记示例</th></tr>
<tr><td>2</td><td>球扁钢、角钢、折边材</td><td>S</td><td>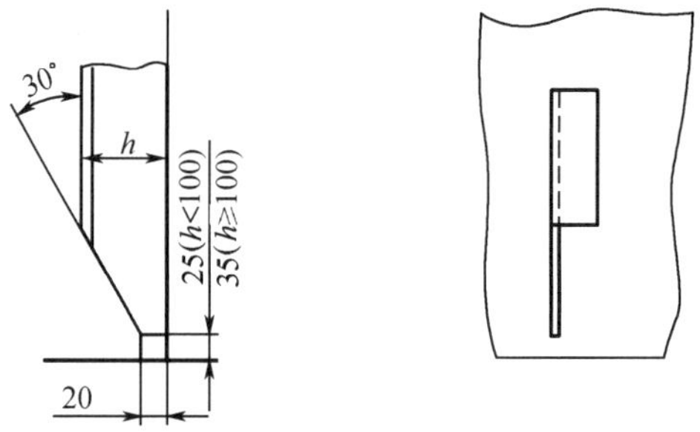
</td><td>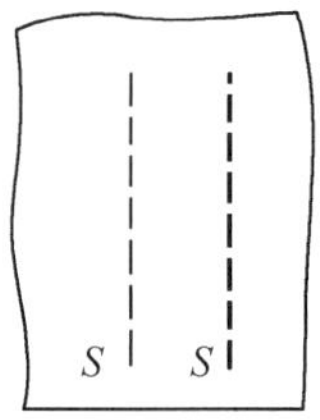
</td></tr>
<tr><td>3</td><td>T 型材和不对称 T 型材</td><td>S</td><td>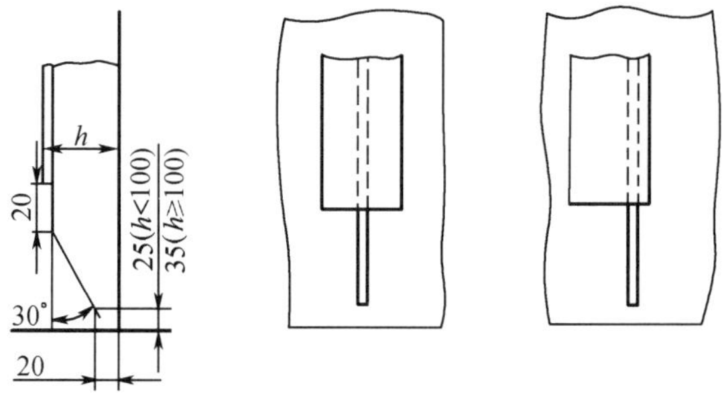
</td><td>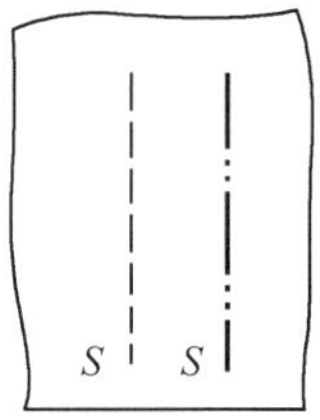
</td></tr>
</table>

附表 5－3　型材端部面板切斜的形式和尺寸

<table>
<tr><th>序号</th><th>名称</th><th>代号</th><th>形式和尺寸</th><th>标记示例</th></tr>
<tr><td>1</td><td>角钢、折边材</td><td>F</td><td>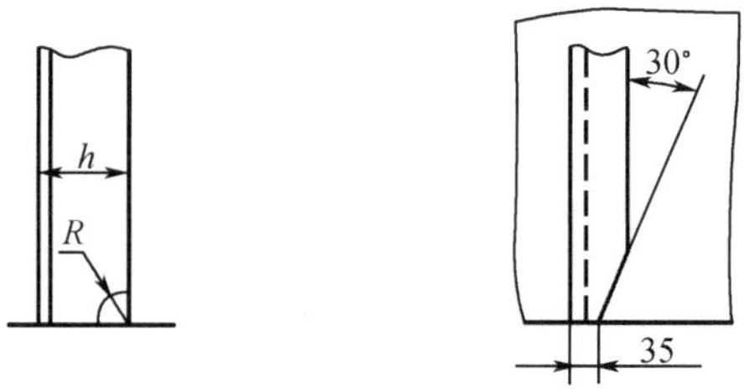

<table>
<tr><td>h/mm</td><td><100</td><td>100≤h<150</td><td>150≤h<250</td><td>≥250</td></tr>
<tr><td>R/mm</td><td>WC</td><td>25</td><td>35</td><td>50</td></tr>
</table></td><td>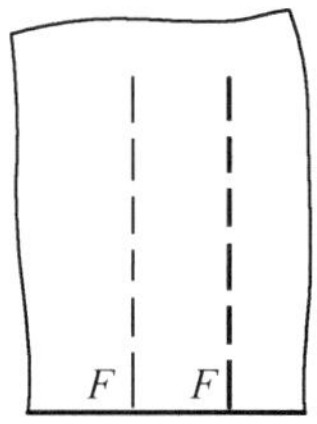
</td></tr>
</table>

附表 5－3(续)

<table>
<tr><th>序号</th><th>名称</th><th>代号</th><th>形式和尺寸</th><th>标记示例</th></tr>
<tr><td>2</td><td>T型材和不对称T型材</td><td>F</td><td>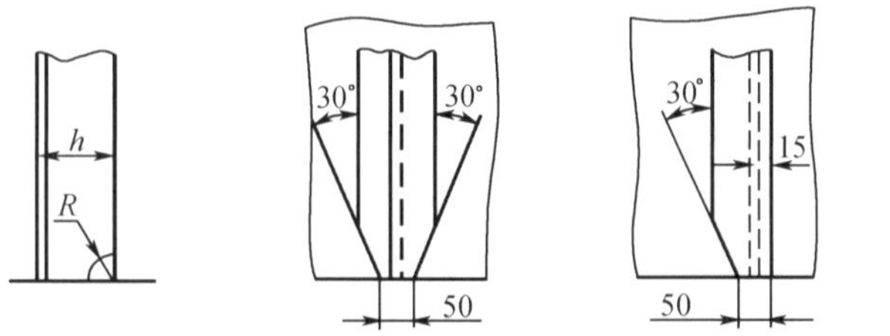

<table>
<tr><td>h/mm</td><td><100</td><td>100≤h<150</td><td>150≤h<250</td><td>≥250</td></tr>
<tr><td>R/mm</td><td>WC</td><td>25</td><td>35</td><td>50</td></tr>
</table></td><td>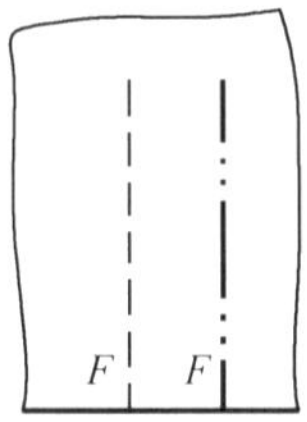
</td></tr>
<tr><td>3</td><td>T型材和不对称T型材</td><td>FS</td><td>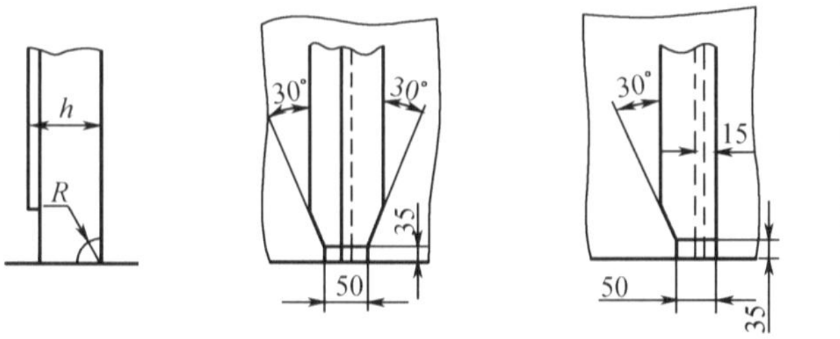

<table>
<tr><td>h/mm</td><td><100</td><td>100≤h<150</td><td>150≤h<250</td><td>≥250</td></tr>
<tr><td>R/mm</td><td>WC</td><td>25</td><td>35</td><td>50</td></tr>
</table></td><td>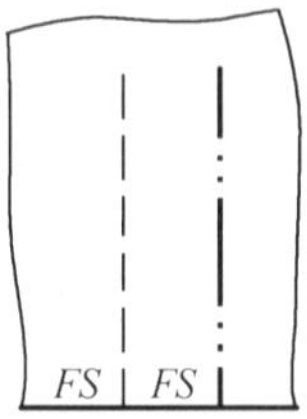
</td></tr>
</table>

附表 5－4　型材端部不切斜的形式和尺寸

<table>
<tr><th>序号</th><th>名称</th><th>代号</th><th>形式和尺寸</th><th>标记示例</th></tr>
<tr><td>1</td><td>扁钢</td><td>W</td><td>

<table>
<tr><td>h/mm</td><td><100</td><td>100≤h<150</td><td>150≤h<250</td><td>≥250</td></tr>
<tr><td>R/mm</td><td>WC</td><td>25</td><td>35</td><td>50</td></tr>
</table></td><td>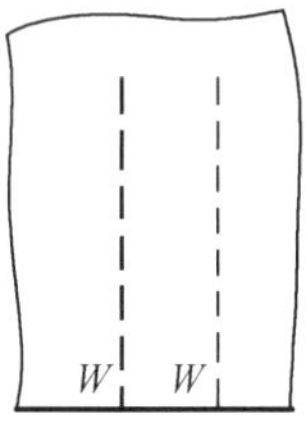
</td></tr>
</table>

附表 5 -4(续)

<table>
<tr><th>序号</th><th>名称</th><th>代号</th><th>形式和尺寸</th><th>标记示例</th></tr>
<tr><td>2</td><td>球扁钢、角钢、折边材</td><td>W</td><td>

<table>
<tr><td>h/mm</td><td><100</td><td>100≤h<150</td><td>150≤h<250</td><td>≥250</td></tr>
<tr><td>R/mm</td><td>WC</td><td>25</td><td>35</td><td>50</td></tr>
</table></td><td>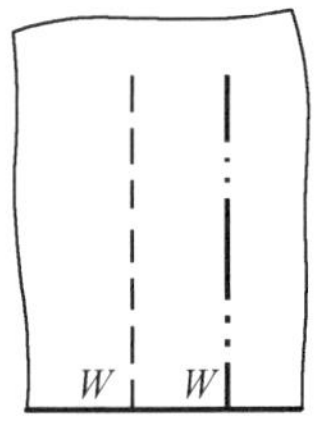
</td></tr>
<tr><td>3</td><td>T 型材和不对称 T 型材</td><td>W</td><td>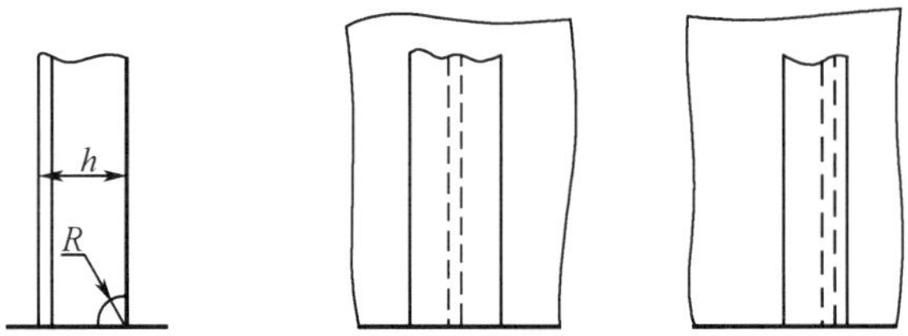

<table>
<tr><td>h/mm</td><td><100</td><td>100≤h<150</td><td>150≤h<250</td><td>≥250</td></tr>
<tr><td>R/mm</td><td>WC</td><td>25</td><td>35</td><td>50</td></tr>
</table></td><td>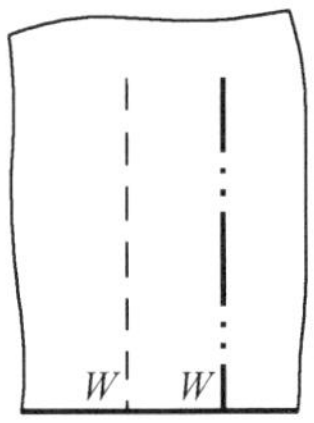
</td></tr>
</table>

注:当焊缝需连续通过而不开 R 时,在产品图样中注 WC。

附录六　船体结构　流水孔、透气孔、通焊孔和密性焊段孔（CB/T 3184—2008 摘录）

附表 6－1　流水孔的形式和尺寸

<table>
<tr><th>序号</th><th>名称</th><th>代号</th><th>形式和尺寸</th><th>标记示例</th></tr>
<tr><td>1</td><td>圆形流水孔</td><td>$D\phi$</td><td>
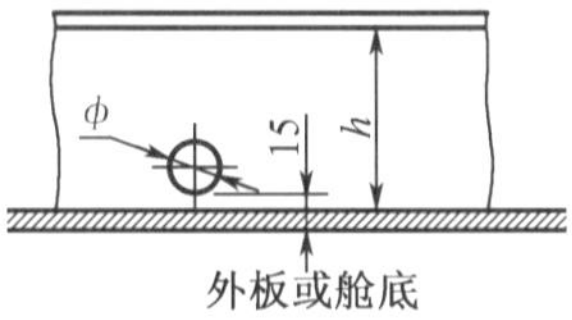

<table>
<tr><th>h</th><th>ϕ</th></tr>
<tr><td>$h<120$</td><td>25 且不大于 $h/4$</td></tr>
<tr><td>$120\leqslant h<160$</td><td>30</td></tr>
<tr><td>$160\leqslant h<200$</td><td>40</td></tr>
<tr><td>$200\leqslant h<300$</td><td>50</td></tr>
<tr><td>$320\leqslant h<500$</td><td>75</td></tr>
<tr><td>$h\geqslant500$</td><td>设计者定</td></tr>
</table>
</td><td>
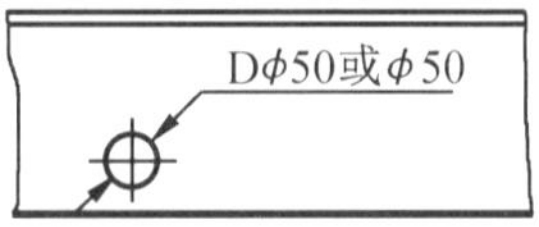

</td></tr>
<tr><td>2</td><td>半圆形流水孔</td><td>DR</td><td>
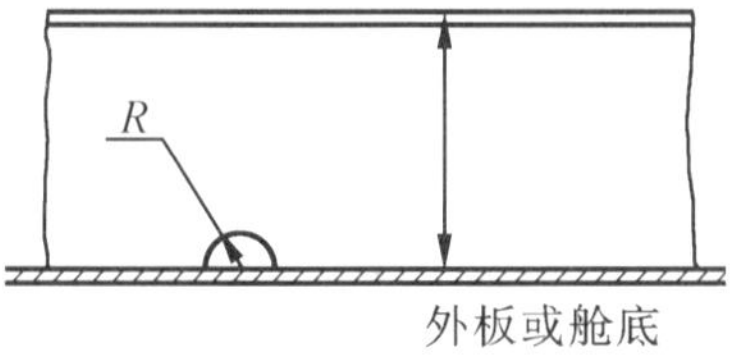

<table>
<tr><th>h</th><th>R</th></tr>
<tr><td>$h<120$</td><td>25 且不大于 $h/4$</td></tr>
<tr><td>$120\leqslant h<160$</td><td>30</td></tr>
<tr><td>$160\leqslant h<200$</td><td>40</td></tr>
<tr><td>$200\leqslant h<300$</td><td>50</td></tr>
<tr><td>$320\leqslant h<500$</td><td>75</td></tr>
<tr><td>$h\geqslant500$</td><td>设计者定</td></tr>
</table>
</td><td>

</td></tr>
</table>

附表 6 – 1(续 1)

<table>
<tr><th>序号</th><th>名称</th><th>代号</th><th>形式和尺寸</th><th>标记示例</th></tr>
<tr><td>3</td><td>腰圆形流水孔</td><td>DY</td><td>
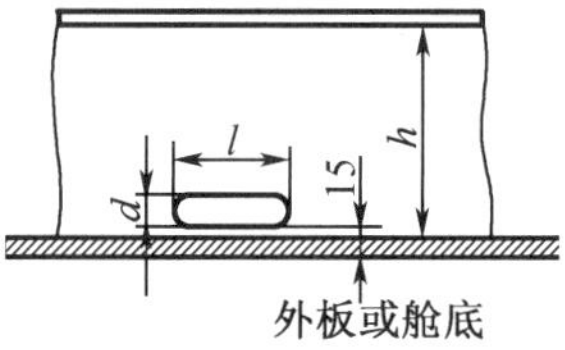

<table>
<tr><th>h</th><th>l</th></tr>
<tr><td>h<120</td><td>25 且 d 不大于 h/4</td></tr>
<tr><td>120≤h<160</td><td>30×60</td></tr>
<tr><td>160≤h<200</td><td>40×80</td></tr>
<tr><td>200≤h<300</td><td>50×100</td></tr>
<tr><td>320≤h<500</td><td>75×150</td></tr>
<tr><td>h≥500</td><td>设计者定</td></tr>
</table>
</td><td>
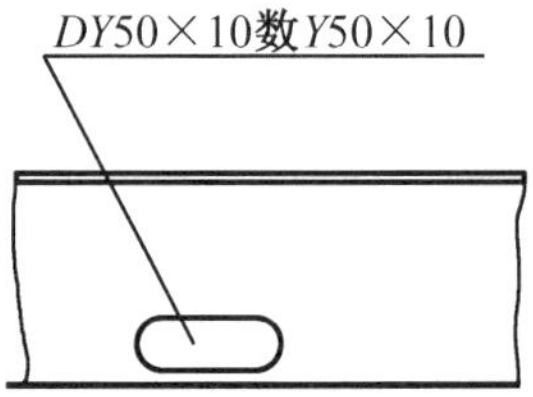

</td></tr>
<tr><td>4</td><td>半腰圆形流水孔</td><td>DL</td><td>
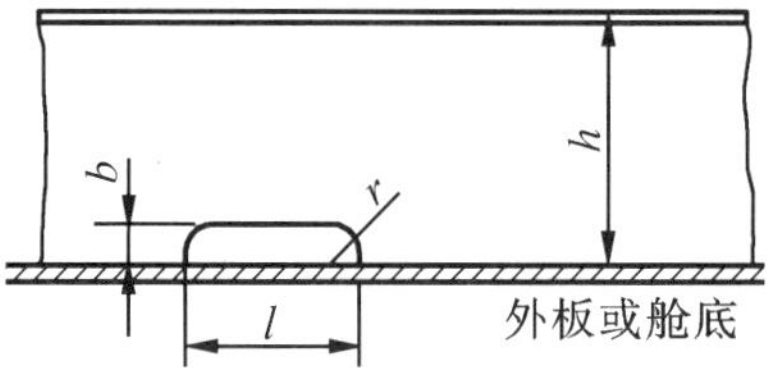

<table>
<tr><th>h</th><th>b×l×r</th></tr>
<tr><td>h<120</td><td>25×50×20 且 b 不大于 h/4</td></tr>
<tr><td>120≤h<160</td><td>30×60×25</td></tr>
<tr><td>160≤h<200</td><td>40×80×25</td></tr>
<tr><td>200≤h<300</td><td>50×100×25</td></tr>
<tr><td>320≤h<500</td><td>75×150×50</td></tr>
<tr><td>h≥500</td><td>设计者定</td></tr>
</table>
</td><td>
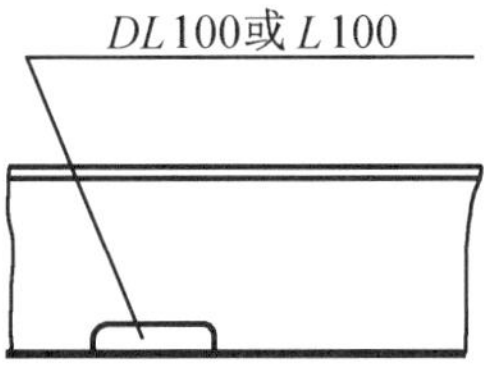

注:数字 100 表示 l 值
</td></tr>
</table>

附表 6－1(续 2)

<table>
<tr><th>序号</th><th>名称</th><th>代号</th><th>形式和尺寸</th><th>标记示例</th></tr>
<tr><td>5</td><td>椭圆形流水孔</td><td>DE</td><td>
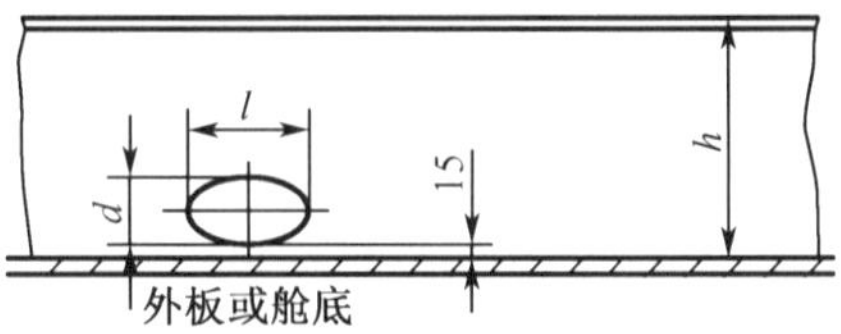

<table>
<tr><th>h</th><th>d × l</th></tr>
<tr><td>h < 120</td><td>25 且 d 不大于 h/4</td></tr>
<tr><td>120 ≤ h < 160</td><td>30 × 60</td></tr>
<tr><td>160 ≤ h < 200</td><td>40 × 80</td></tr>
<tr><td>200 ≤ h < 300</td><td>50 × 100</td></tr>
<tr><td>320 ≤ h < 500</td><td>75 × 150</td></tr>
<tr><td>h ≥ 500</td><td>设计者定</td></tr>
</table>
</td><td>
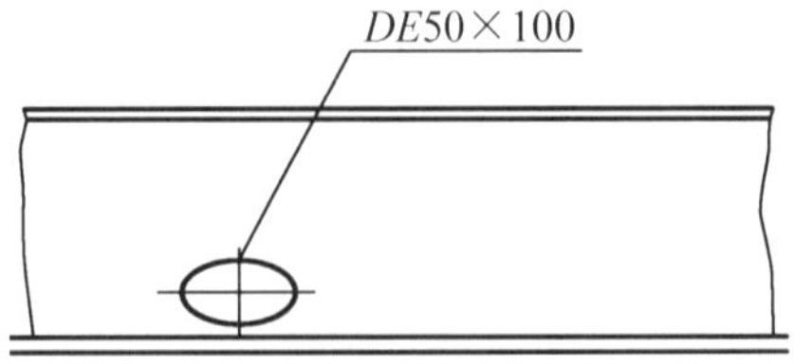

注:椭圆为标准椭圆
</td></tr>
</table>

附表 6－2 透气孔的形式和尺寸

<table>
<tr><th>序号</th><th>名称</th><th>代号</th><th>形式和尺寸</th><th>标记示例</th></tr>
<tr><td>1</td><td>圆形透气孔</td><td>Aϕ</td><td>
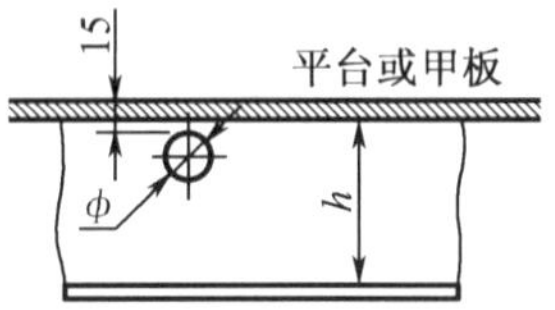

<table>
<tr><th>h</th><th>Ø</th></tr>
<tr><td>h < 120</td><td>25 且不大于 h/4</td></tr>
<tr><td>120 ≤ h < 160</td><td>30</td></tr>
<tr><td>160 ≤ h < 250</td><td>40</td></tr>
<tr><td>h ≥ 250</td><td>50</td></tr>
</table>
</td><td>
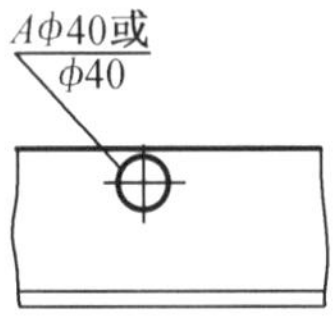

</td></tr>
<tr><td>2</td><td>半圆形透气孔</td><td>AR</td><td>
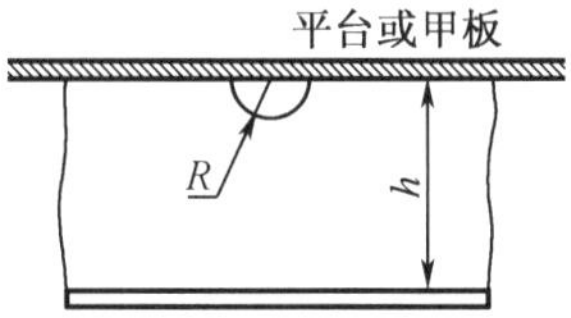

<table>
<tr><th>h</th><th>R</th></tr>
<tr><td>h < 120</td><td>25 且不大于 h/4</td></tr>
<tr><td>120 ≤ h < 160</td><td>30</td></tr>
<tr><td>160 ≤ h < 250</td><td>40</td></tr>
<tr><td>h ≥ 250</td><td>50</td></tr>
</table>
</td><td>
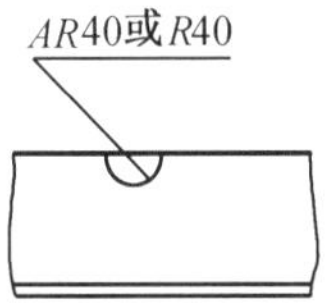

</td></tr>
</table>

附表 6－2（续）

<table>
<tr><th>序号</th><th>名称</th><th>代号</th><th>形式和尺寸</th><th>标记示例</th></tr>
<tr><td>3</td><td>腰圆形透气孔</td><td>AY</td><td>
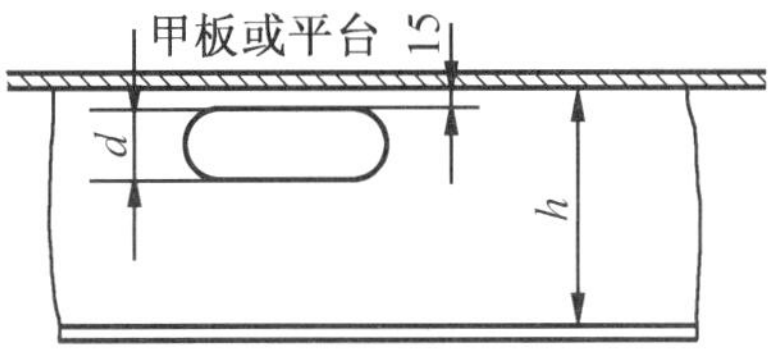

<table>
<tr><th>h</th><th>d×l</th></tr>
<tr><td>h＜120</td><td>25 且 d 不大于 h/4</td></tr>
<tr><td>120≤h＜160</td><td>30×60</td></tr>
<tr><td>160≤h＜250</td><td>40×80</td></tr>
<tr><td>h≥250</td><td>50×100</td></tr>
</table>
</td><td>
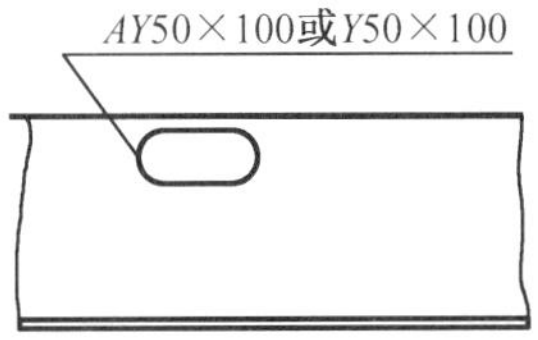

</td></tr>
<tr><td>4</td><td>椭圆形透气孔</td><td>AE</td><td>
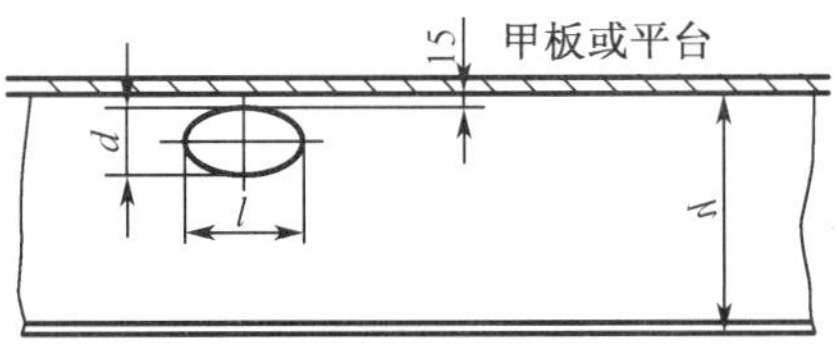

<table>
<tr><th>h</th><th>d×l</th></tr>
<tr><td>h＜120</td><td>25 且 d 不大于 h/4</td></tr>
<tr><td>120≤h＜160</td><td>30×60</td></tr>
<tr><td>160≤h＜200</td><td>40×80</td></tr>
<tr><td>h≥250</td><td>50×100</td></tr>
</table>
</td><td>
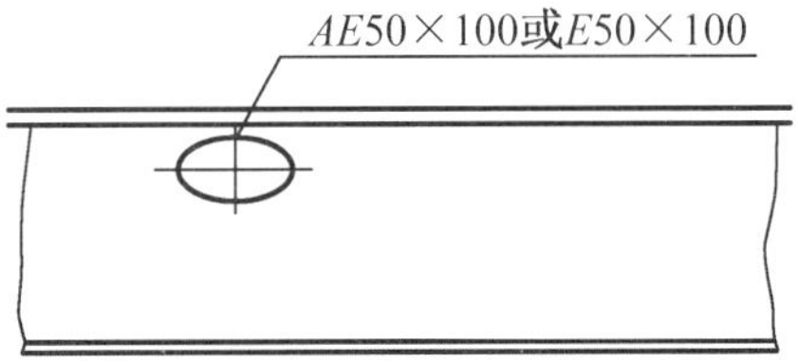

</td></tr>
</table>

附表 6－3　通焊孔的形式和尺寸

<table>
<tr><th>序号</th><th>名称</th><th>代号</th><th>形式和尺寸</th><th>标记示例</th></tr>
<tr><td>1</td><td>非密半圆形角焊缝通焊孔</td><td>RC</td><td>
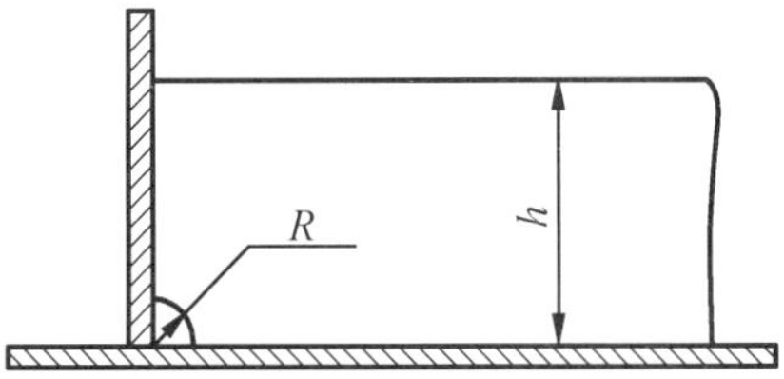

<table>
<tr><th>h</th><th>R</th></tr>
<tr><td>h＜120</td><td>25 且不大于 h/4</td></tr>
<tr><td>120≤h＜160</td><td>30</td></tr>
<tr><td>160≤h＜250</td><td>40</td></tr>
<tr><td>h≥250</td><td>50</td></tr>
</table>
</td><td>
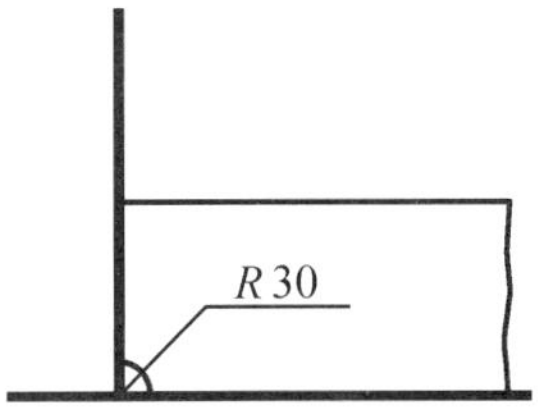

</td></tr>
</table>

附表 6－3(续 1)

<table>
<tr><th>序号</th><th>名称</th><th>代号</th><th>形式和尺寸</th><th>标记示例</th></tr>
<tr><td>2</td><td>非密半圆形对接焊缝通焊孔</td><td>RN</td><td>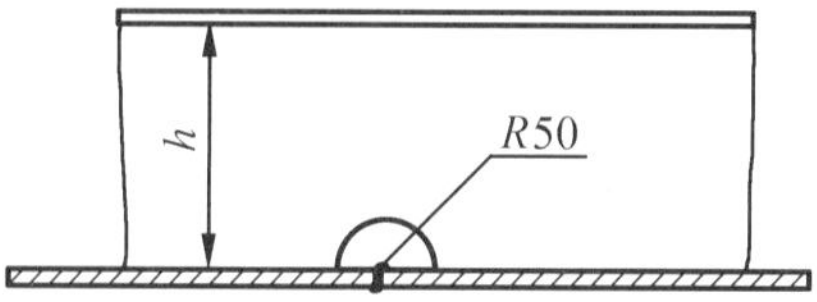

<table>
<tr><th>h</th><th>R</th></tr>
<tr><td>h＜120</td><td>25 且不大于 h/4</td></tr>
<tr><td>120≤h＜160</td><td>30</td></tr>
<tr><td>160≤h＜250</td><td>40</td></tr>
<tr><td>h≥250</td><td>50</td></tr>
</table></td><td>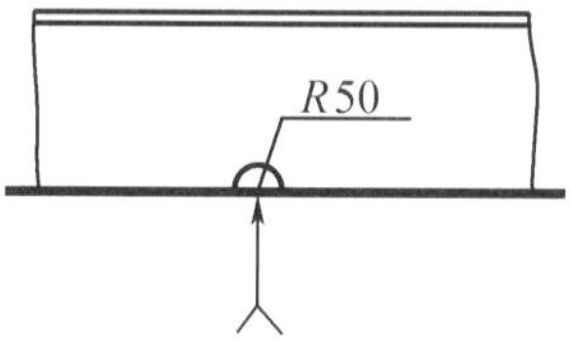
</td></tr>
<tr><td>3</td><td>非密半腰圆形对接焊缝通焊孔</td><td>LN</td><td>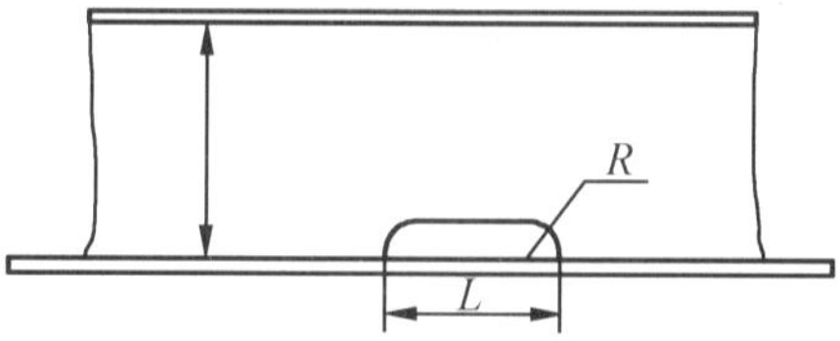

<table>
<tr><th>h</th><th>R×L</th></tr>
<tr><td>h＜120</td><td>25 且 R 不大于 h/4</td></tr>
<tr><td>120≤h＜160</td><td>30×80</td></tr>
<tr><td>160≤h＜250</td><td>40×100</td></tr>
<tr><td>h≥250</td><td>50×130</td></tr>
</table></td><td>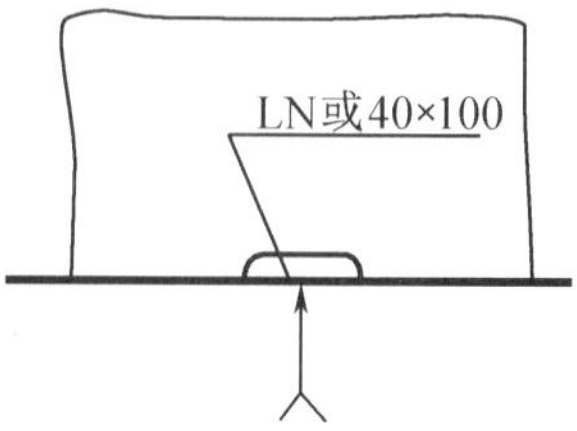
</td></tr>
<tr><td>4</td><td>密性半圆形对接焊缝通焊孔</td><td>WR</td><td>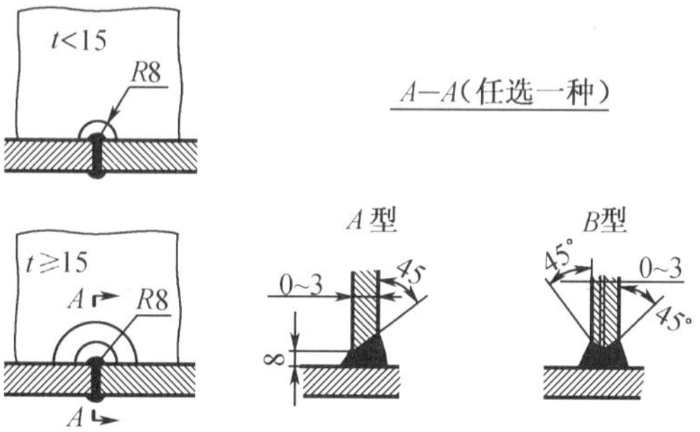

注:焊缝通过后用电焊填满。</td><td>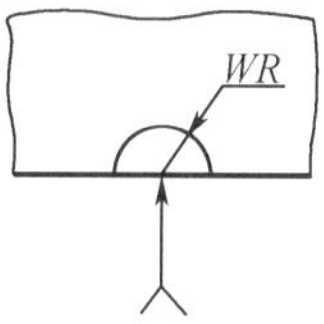
</td></tr>
</table>

附表 6－3(续2)

序号	名称	代号	形式和尺寸	标记示例
5	密性半腰圆形对接焊缝通焊孔	*WL*	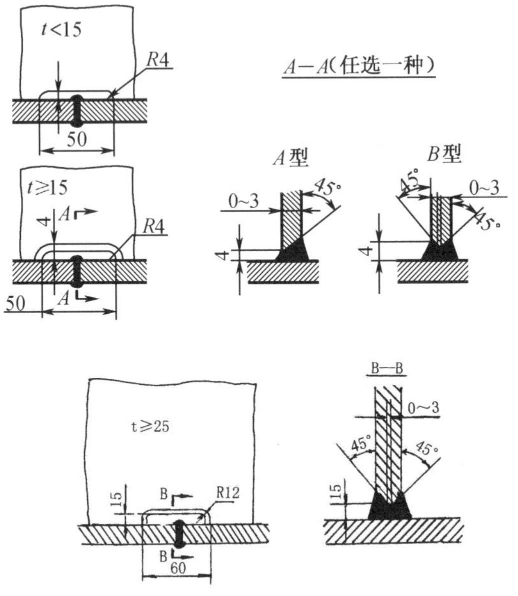 注:焊缝通过后用电焊填满。	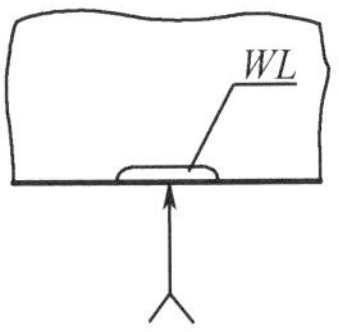
6	密性角焊缝通焊孔	*WC*	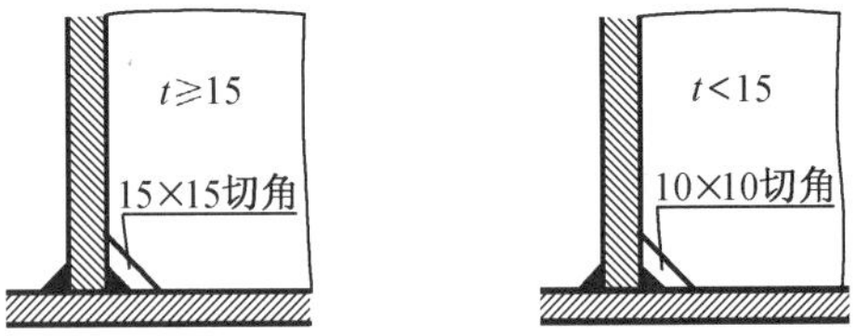	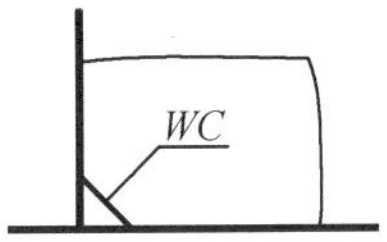

附表 6－4　密性焊段孔的形式和尺寸

序号	名称	代号	形式和尺寸	标记示例
1	水密壁密性焊段孔	*RW*	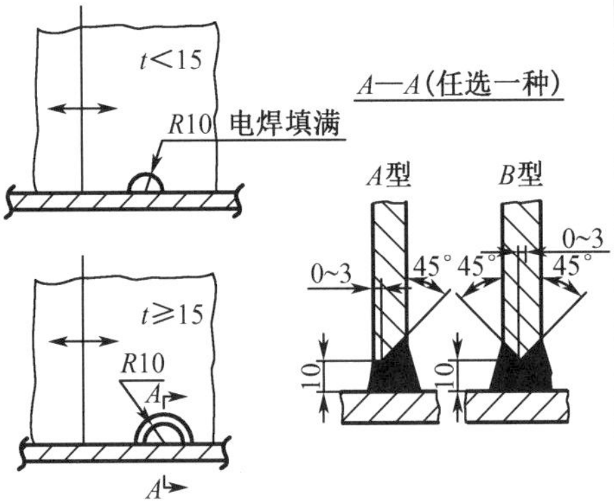	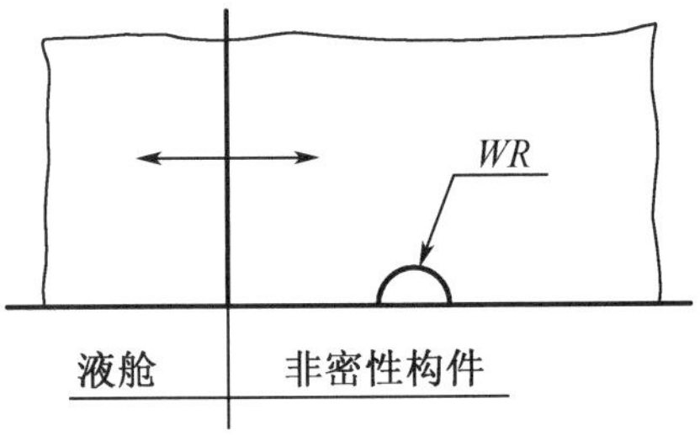

附表6－4(续)

序号	名称	代号	形式和尺寸	标记示例
2	非密壁密性焊段孔	R35	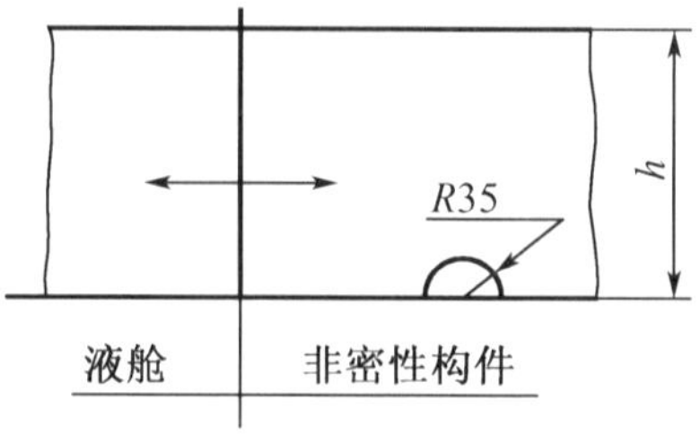	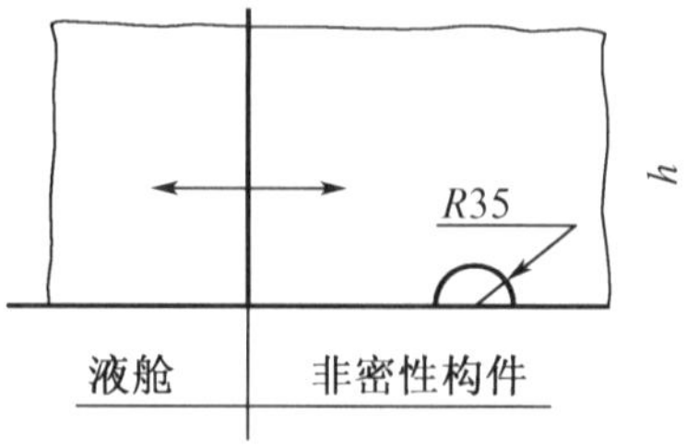

附录七　舷弧的作法

甲板舷弧通常为抛物线，见附图 7－1。自中站至首的舷弧称为首舷弧。它在首垂线处的升高值为艏舷弧高 h_f；自中站至尾的舷弧称为艉舷弧。它在艉垂线处的升高值为艉舷弧高 h_a。通常 $h_a = 1/2h_f$。首、尾舷弧的作法相同，现以艏舷弧为例，说明舷弧的作法，见附图 7－2。

(1)作距基线高为型深 H 的水平线分别与站线交于 5，6…，10（L_{PP}为 10 等分时）；

(2)在 10 站线上，自水平线起向上量取艏舷弧高 h_f，得交点 10′；

(3)将 10～10′线段等分为自中站至艏垂线的站线间距数（现为 5 等分），得分点 6′，7′，8′，9′；

(4)连接 5，6′两点与 6 站线交于 6″，连接 57′，58′，59′分别与 7、8、9 站相交于 7″，8″，9″；

(5)用压条或曲线板连接 5，6″，7″，8″，9″及 10′ 即得艏舷弧曲线。

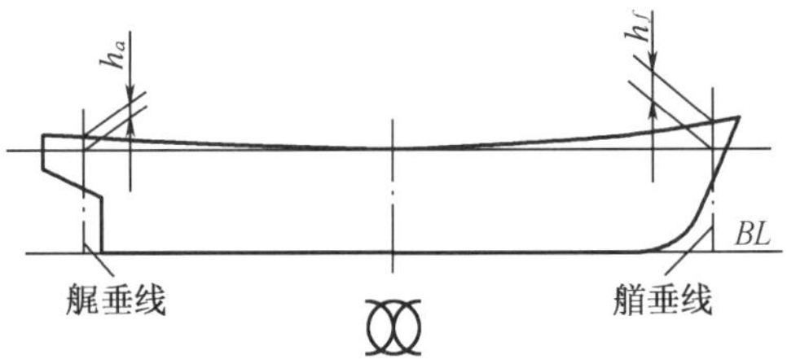

附图 7－1　甲板舷弧

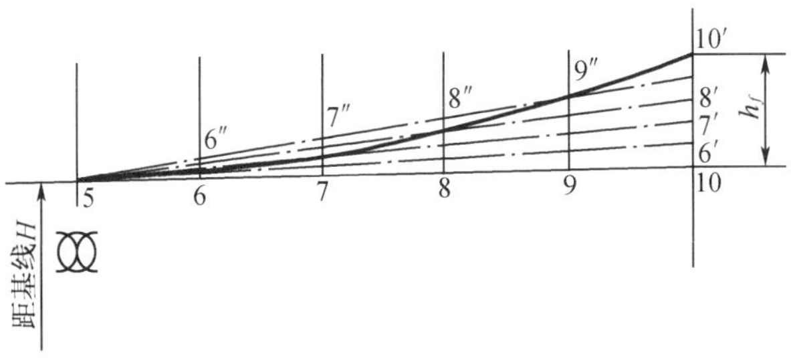

附图 7－2　舷弧的作法

附录八　船体制图常用中英名词术语对照

半宽水线图	Half breadth plan
半梁	half beam
扁钢	flat bar
边接缝	seam
舭列板	bilge strake
舭龙骨	bilge keel
冰区满载水线	ice load water line
冰区轻载水线	ice light water line
舭肘板	bilge bracket
波浪线	wave line
补板尺寸	size of collar plate
不等边角铁、不等边角钢	L iron
餐厅甲板	mess deck
槽形舱壁	corrugated bulkhead
槽形横舱壁图	corrugated transverse bulkhead plan
侧面图	outboard profite
舱口端横梁	hatch end beam
舱口围板	hatch coaming
舱口悬壁梁	hatch side cantilever
舱口纵桁	hatch side girder
舱容图	capacity plan
舱室布置图	cabin plan
撑杆	crosstie
船长甲板	captain deck
船底板	bottom plate
船底横升角	deadrise angle
船底肋骨	bottom frame
船体型表面	molded hull surface
船体中线	certer line
垂直扶强材	vertical stiffener
粗点画线	thick dask – and – dot line
粗实线	full thick line
粗双点画线	thick dash – and – dot twin point line
粗虚线	thick dash line
单底	single bottom

底部升高、船底倾斜度	deadrise
第二甲板	second deck
顶边舱	topside tank
端部削斜	snip end
对接焊缝	butt weld
舵柱	rudder post
防倾肘板	tripping bracket
方型艉	transom stern
防撞舱壁	collision bulkhead
分段划分图	block division plan
分段线	joint line
复板	doubling plate
腹板	web
干舷	freeboard
高级船员甲板	office deck
隔离舱	cofferdam
工字钢	H bar
轨道线	railway line
焊缝尺寸	weld size
焊缝符号	welding symbols
横舱壁	transverse bulkhead
横梁	beam
横剖线	body lines
横剖面	transverse sections
混合艏柱	combination cast and rolled stem
货舱	cargo hold
货舱口	cargo hatch
护舷材	fender
甲板边板	deck stringer
甲板边板	side stringer
甲板边线	deck line at side
甲板间肋骨	tweendeck frame
甲板室	deck house
甲板中线	deck line at center
甲板纵骨	deck longitudinal
甲板纵桁	deck girder
间断中内龙骨	intercostal center keelson
减轻孔	lightening hole
交错焊接	zig – zag welding
角钢	angle bar

角焊缝	corner weld
加强筋;扶强材	stiffener
驾驶甲板	bridge deck
基本结构图	general structure plan
机舱	engine room
机舱棚	engine casing
节点详图	node detait plan
结构吃水	scantling draft
结构图,施工图	construction plan
金属船体制图	drawings for metal hull of ships
基平面	base plane
救生服	life – saving suit
救生阀	Life raft
救生圈	buoy ring
救生艇	life boat
救生衣	life jacket
基线	base line
基线	molded base line
基座纵桁	girder of foundation
抗扭箱	torsion box
框架肋板	bracket floor
K 行板,平板龙骨	keel strake
肋板	floor
肋板边线	connecting line for floor end on top
肋骨	frame
肋骨号数	frame number
肋骨线	frame line
肋骨型线图	frame body plan
肋骨型线图	model frame line plan
梁拱	camber
梁拱线	camber curve(line)
梁肘板	beam knee
两柱间长	length between perpendiculars
理论线	assembled molded lines
菱形板	gusset plate
流水孔	drain hole
龙骨线	keel line
罗经甲板	compass deck
露天甲板	weather deck
锚链舱	chain locker

面板	face plate
木结构	wooden structure
内表面	inner surface
内底板	inner bottom plate
内底边板	margin plate
内底横骨	reverse frame
旁底桁	bottom side girder
旁内龙骨	side keelson
膨胀阱	expansion trunk
平板龙骨	plate keel
平底线	bottom flat line
平面舱壁	plane bulkhead
平面分段	flat section
平面图	plan view
平台	platform
平台甲板	platform deck
强横梁	web beam
强肋骨;特大肋骨	web frame
强力甲板	strength deck
强胸横梁	panting beam
切口尺寸	size of notches
起货机平台	derreck platform
轻舱壁	screen bulkhead
球扁钢	bulb plate
球扁钢	flat bulb steel
球面舱壁	domed bulkhead
曲线板	French curve
人孔	manhole
人字架	A – bracket
上层建筑	superstructure
上甲板	upper deck
设计吃水	design draft
设计水线	designed water line
艏垂线	forward perpendicular
艏尖舱	fore peak
艏楼	forecastle
艏楼甲板边线	forecastle deck side line
艏楼甲板中线	forecastle deck center line
艏舷弧	sheer at forward perpendicular
双层底	double bottom

竖桁	vertical girder
水密舱壁	watertight bulkhead
水密肋板	watertight floor
水平扶强材	horizontal stiffener
水平桁	horizontal girder
水线	water lines
水线面	water plane
调节水舱	auxiliary tank
通道、走廊	corridor
通焊孔	clearance hole
透气孔	air hole
T 型材	t – bar
外板	shell plate
外板展开图	shell expansion plan
外廓线	profile
完工图	finished plan
艉垂线	After perpendicular
艉封板	transom plate
艉尖舱	after peak
艉尖舱壁	after peak bulkhead
艉楼	poop
艉楼甲板	poop deck
艉楼甲板边线	poop deck side line
艉楼甲板中线	poop deck center line
艉舷弧	sheer at after perpendicular
艉轴管	shaft tube
污水井	drain well
下甲板	lower deck
舷边角钢	gunwale angle
舷侧外板	side plate
舷顶列板	sheer strake
箱形中底桁	duck keel
舷弧	sheer
舷弧线	sheer line
舷墙	bulwark
舷墙顶线	bulwark top line
舷伸甲板	sponson deck
细点画线	Dat – and – dask fine line
斜横梁	cant beam
斜肋骨	cant frame

斜剖线	Diagonal
型表面、理论表面	molded surface
型材端部削斜	end snip for stiffeners
型吃水	draft molded
型宽	breadth molded
型深	depth moulded
型线	molded line
型线光顺	fairing of lines
型线图	lines plan
型值	offsets
型值表	offset table
细实线	continuous thin line
细虚线	Fine dash line
虚线、假想线	imaginary line
压载水舱	ballast water tank
站	stations
站线	station ordinates
折断线	break line
折角线	knuckle lines
正视图	front elevation
制荡舱壁	wash bulkhead
制图员	draftsman
支柱	pillar
中底桁	bottom center girder
中横剖面	midship section
中横剖面图	midship section plan
中间肋骨	intermediate frame
中内龙骨	center keelson
中线面	middle – line plane
中站	midstation
中站面	midstation plane
中纵舱壁	centerline bulkhead
中纵剖面	central longitudinal section
中纵剖面图	longitudinal section in center plane
肘板	bracket
轴包套	shell bossing
转圆线	rounded lines
主甲板边线	main deck side line
主甲板中线	main deck center line
主肋板	solid floor

主肋骨	main flame
总布置图	general arrangement plan
总长	length overall
纵舱壁	longitudina bulkhead
纵骨	longitudinal
纵剖面	buttock
纵剖面	longitudinal section
纵剖面图	longitudinal section plan
纵剖线	buttock line

参考文献

[1] 杨永祥,茆文玉,翁士纲.船体制图[M].哈尔滨:哈尔滨工程大学出版社,1995.
[2] 上海市造船公司编写组.船体制图[M].上海:上海人民出版社,1976.
[3] 船舶技校教材编委会.船体识图[M].哈尔滨:哈尔滨船舶工程学院出版社,1995.
[4] 杨永祥,管义锋.船体制图[M].北京:国防工业出版社,2005.
[5] 杨永祥.船舶与海洋平台结构[M].北京:国防工业出版社,2008.
[6] 中华人民共和国国家标准.GB/T4476—2008 金属船体制图[S].北京:中国标准出版社,2009.
[7] 中华人民共和国国家标准.GB/T3894—2008/ISO1964:1987 造船船舶布置图中元件表示法[S].北京:中国标准出版社,2009.
[8] 中华人民共和国国家标准.GB/T3893—2008/ISO/FDIS3828:2007 造船及海上结构物甲板机械术语和符号[S].北京:中国标准出版社,2008.